GUANLI XINXI XITONG
管理信息系统
LILUN YU YINGYONG
理论与应用

主　编　韦映梅
副主编　王　琰　王志华

河南大学出版社
·郑州·

图书在版编目(CIP)数据

管理信息系统理论与应用/韦映梅主编.—郑州:河南大学出版社,2014.4
ISBN 978-7-5649-1462-2

Ⅰ.①管… Ⅱ.①韦… Ⅲ.①管理信息系统 Ⅳ.①C931.6

中国版本图书馆 CIP 数据核字(2014)第 067602 号

责任编辑　阮林要
责任校对　武桂丽
封面设计　郭　灿

出版发行	河南大学出版社
	地址:郑州市郑东新区商务外环中华大厦2401号　邮编:450046
	电话:0371-86059750(职业教育出版分社)
	0371-86059701(营销部)　网址:www.hupress.com
排　版	郑州市今日文教印制有限公司
印　刷	郑州市智丰印刷厂
版　次	2014年8月第1版　　印次　2014年8月第1次印刷
开　本	787mm×1092mm　1/16　印张　20.5
字　数	486千字　　印数　1—3000册
定　价	38.00元

(本书如有印装质量问题,请与河南大学出版社营销部联系调换)

前　　言

当今时代是知识经济的时代、竞争的时代,计算机的应用范围已经渗透至社会、经济、企业经营管理和人们日常生活的各个领域。随着互联网的发展,管理信息系统在企业管理中的应用也越来越广泛,从而大大提高了企业的管理水平。

管理信息系统是对一个组织进行全面管理的人机系统,它综合了信息技术、管理理论与方法等综合性知识,主要用于辅助企业管理人员进行基层操作、中层控制、高层决策,帮助组织优化业务流程,提升管理效率和效益,从而获得竞争优势和发展。

本书全面介绍了管理信息系统的理论与实践的相关知识,结构合理而严谨,内容丰富且新颖,理论与实践相结合。全书分为十一章,包括管理信息系统导论、技术基础、开发方法、系统规划、系统分析、系统设计、系统实施、信息质量管理与信息系统控制、信息系统安全运维管理和管理信息系统的典型应用等内容,全面讲述了管理信息系统的思想、理论、方法、技术、工具和应用,并注重反映国内外管理信息系统的最新成果。本书内容翔实,案例丰富,实用性较强,既可作为普通高校信息管理与信息系统、管理科学与工程、工商管理等经管类相关专业的教材,也可作为企事业单位和信息系统相关人员的参考书。

本书按照理论以必需、够用为力度,突出实践技能培养的原则,紧密结合最新企业信息管理实践,系统地介绍了管理信息系统开发的一般理论和实践方法,同时增加了网络信息管理、业务流程重组等新知识,我们希望本书在系统性、实用性、可读性等方面符合时代要求。

本书由韦映梅担任主编,由王琰、王志华担任副主编,具体编写分工如下:第一章和第十一章由王志华编写,第二章和第三章由杨艳编写,第四章和第八章由王琰编写,第五、六、七章由韦映梅编写,第九章和第十章由张媛媛编写。全书最后由韦映梅、李宗民统稿。

本书编写过程中参考了较多国内外文献和资料,在此谨向这些文献和资料的作者表示衷心的感谢。因业务水平有限,不当之处在所难免,请读者批评指正。

编　者
2014 年 6 月

目　　录

第一章　管理信息系统导论 …………………………………………………（ 1 ）
　　第一节　管理信息系统的基本概念 …………………………………………（ 3 ）
　　第二节　管理信息系统的发展历程 …………………………………………（ 11 ）
　　第三节　管理信息系统及其在管理中的应用 ………………………………（ 13 ）
　　第四节　管理信息系统与其他学科的关系 …………………………………（ 17 ）
　　第五节　信息系统中的道德和社会问题 ……………………………………（ 18 ）
第二章　计算机及数据库 ……………………………………………………（ 22 ）
　　第一节　计算机技术基础 ……………………………………………………（ 24 ）
　　第二节　数据库技术基础 ……………………………………………………（ 32 ）
　　第三节　程序设计语言 Java 基础 ……………………………………………（ 43 ）
第三章　通信、网络与无线技术 ……………………………………………（ 54 ）
　　第一节　通信技术基础 ………………………………………………………（ 55 ）
　　第二节　计算机网络基础 ……………………………………………………（ 64 ）
　　第三节　无线技术基础 ………………………………………………………（ 75 ）
第四章　管理信息系统战略规划 ……………………………………………（ 82 ）
　　第一节　概述 …………………………………………………………………（ 84 ）
　　第二节　管理信息系统战略规划模型 ………………………………………（ 87 ）
　　第三节　管理信息系统战略规划的方法 ……………………………………（ 92 ）
　　第四节　管理信息系统规划与业务流程重组 ………………………………（107）
　　第五节　管理信息战略规划实施的可行性研究 ……………………………（113）
第五章　管理信息系统的分析与开发方法 …………………………………（118）
　　第一节　概述 …………………………………………………………………（120）
　　第二节　管理信息系统的开发方法 …………………………………………（122）
　　第三节　管理信息系统的开发方式 …………………………………………（144）
　　第四节　管理信息系统的开发工具 …………………………………………（146）
第六章　管理信息系统的分析 ………………………………………………（149）
　　第一节　系统分析概述 ………………………………………………………（151）
　　第二节　系统分析基础知识 …………………………………………………（151）
　　第三节　业务流程调查分析 …………………………………………………（155）
　　第四节　数据流程调查分析 …………………………………………………（163）
　　第五节　数据字典及其他逻辑处理方法 ……………………………………（171）

第六节　新系统逻辑模型的建立…………………………………………(180)
第七章　管理信息系统的设计………………………………………………(186)
　　第一节　系统设计概述……………………………………………………(188)
　　第二节　系统设计的主要内容……………………………………………(193)
　　第三节　系统总体设计……………………………………………………(194)
　　第四节　系统详细设计……………………………………………………(206)
　　第五节　系统设计报告……………………………………………………(224)
第八章　管理信息系统的实施………………………………………………(227)
　　第一节　系统实施概述……………………………………………………(229)
　　第二节　系统测试与调试…………………………………………………(231)
　　第三节　系统文档管理……………………………………………………(239)
　　第四节　系统的转换、管理和维护………………………………………(240)
　　第五节　系统评价…………………………………………………………(245)
第九章　信息质量管理与信息系统控制……………………………………(250)
　　第一节　信息质量管理……………………………………………………(252)
　　第二节　信息系统控制……………………………………………………(257)
第十章　信息系统安全运维管理……………………………………………(262)
　　第一节　运维管理的概述…………………………………………………(264)
　　第二节　运维管理的方法…………………………………………………(266)
　　第三节　风险与信息安全…………………………………………………(271)
　　第四节　数据备份与容灾管理……………………………………………(273)
第十一章　企业系统管理信息系统的典型应用……………………………(278)
　　第一节　供应链管理系统…………………………………………………(280)
　　第二节　客户关系管理系统………………………………………………(284)
　　第三节　企业资源计划……………………………………………………(293)
　　第四节　电子商务…………………………………………………………(299)
　　第五节　决策支持系统……………………………………………………(310)

参考文献………………………………………………………………………(318)

第一章 管理信息系统导论

【学习目标】

通过本章的学习,使学生理解并掌握管理信息系统涉及的基本概念并明确相关概念间的区别,了解管理信息系统的应用和发展历程,了解管理信息系统中的道德和社会问题,为学习管理信息系统打下良好的基础。

知识要点	目标要求	相关知识
基本概念	能够理解并掌握管理信息系统的主要概念及特征	(1) 信息的概念、特征及类型 (2) 管理信息的概念、特征及类型 (3) 系统的概念、特征及类型 (4) 信息系统的概念、特征及功能 (5) 管理信息系统的概念及特征
管理信息系统的发展	能够了解管理信息系统的发展历程	(1) 电子数据处理系统 (2) 管理信息系统 (3) 决策支持系统
管理信息系统的应用	能够了解管理信息系统的应用方向	(1) 管理信息系统在企业的应用 (2) 管理信息系统在政府的应用 (3) 管理信息系统对社会的影响
管理信息系统的道德和社会问题	能够了解管理信息系统的道德和社会问题	(1) 个人隐私问题 (2) 智能犯罪问题 (3) 人际交往问题 (4) 人格发展问题

开篇案例

弗里特雷分部的管理信息系统

案例背景

弗里特雷(Frito-Lay)分部(快餐食品多样化的生产和销售)曾经有过两次基于计算机信息系统的安装经历,第一次安装的系统只能帮助公司的财务人员计算员工的工资,第二次安装的系统旨在支持公司的各层管理需要,安装的系统在制订生产计划、降低库存等方面确实发挥了较好的作用。但令人遗憾的是,管理信息系统输出的报告大多不能支持公司的决策,在很多时候罗伯特会将这些打印出的报告直接扔进垃圾箱里。如果某个地区的销售量急速下降,罗伯特至少需要三个月才能发现问题出现在什么地方。

具体案例

鉴于管理的无秩序和滞后,弗里特雷安装了计算机化的新的管理信息系统。每个工作日里,弗里特雷(Frito-Lay)分部(百事可乐公司的一个快餐食品事业部)的销售人员都在不停地向他们的手持计算机中敲入信息(包括竞争对手的相关信息),然后他们将采集到的信息传入到办公室的管理信息系统中,经过加工处理之后,这些信息变成了对管理上有意义的信息,之后被传送到德州达拉斯城的公司总部。公司的首席执行官——罗伯特(Robert)将在几小时内得到一份完整的报告,从报告中寻找公司未来发展趋势的重要线索,并且发现整个弗里特雷市场中的问题和机会。

该系统帮助公司解决了一次刚刚发生在圣安东尼奥和休斯敦的问题,那个地区的超级市场中的销售量曾经急速地下降。罗伯特打开他的计算机,调出了南德克萨斯州的数据,并且很快就找出了原因。一个当地的竞争对手最近刚推出了一种叫"艾·茄林多"(El Galindo)的白玉米片,这种玉米片的名字很好听,因此商店的管理者就用比摆放弗里特雷"托斯迪多"(Tostitos)牌玉米片还多的货架来摆放这种产品。根据这条信息,罗伯特马上就采取了行动,他立即命令产品开发人员生产一种用白玉米加工的托斯迪多玉米片。三个月之内,他的新产品就摆上了货架。公司凭借管理信息系统的快速反应能力击败了竞争对手,成功地挽回了损失的市场份额。

案例说明

在该案例中,管理信息系统在连接价值链的过程中起到一个桥梁的作用,为业务提供大量的信息,使过去依赖于中介(内外部)才能沟通的两个部门直接沟通,加强了协调与合作,也使信息方便地进行远程传递,业务处理不再受地理位置的限制,提高了企业效率和效益,创造了手工系统所无法实现的经营能力。即如案例中所说的,它把供应商、客户和竞争者的信息提供给经理们,通过连接价值链各段的信息数据,弗里特雷的经理们能更好地确定内部原料供应的状况,根据生产能力安排生产活动,按最有效的市场路径安排运货线路,且在利用信息沿着价值链去观察和运作市场的同时,还能不断监控和调整其运作行为。

提问和思考

通过这个案例,可以看出来弗里特雷分部每天都在不停地收集着各种信息,同时这些信息在被加工处理后变成了对公司管理更有意义的信息。这些信息究竟是什么?哪些是有用的哪些是没用的?什么是管理信息系统?管理信息系统有什么特点?支持哪些管理职能?这些都是本章要回答的问题。

第一节　管理信息系统的基本概念

管理信息系统是在各行各业、各种经济活动中得到广泛运用的一种应用工具，也带来了良好的经济效益和社会效益，并向世人展现出了其不可替代的强大作用。随着互联网的日益普及和信息技术的飞速发展，在结合了系统论、控制论、管理学及运筹学等众多学科理论的基础上，管理信息系统现在已经发展成了一门独立的学科体系，它在企业经济网络化、企业竞争全球化的今天将展示出前所未有的风采。

管理信息系统首先是一个系统，然后才是信息系统，并且这个信息系统要对管理活动进行支持，所以要想理解管理信息系统的概念，我们首先来了解信息、管理信息、系统、信息系统等基本概念。

一、信息

信息是构成人类社会发展的三大要素（物质、能源、信息）之一，也是管理信息系统的基础，而且信息技术的快速变革也确实加快了人类社会发展的步伐，它也是我们研究管理信息系统的最基本概念之一。

1. 信息的概念

"信息"一词的起源由来已久，在我国古代词汇里"信息"的一般含义与"消息"几乎完全是等同的。在《辞海》里把"信息"解释为：① 音讯、消息；② 通信系统传输和处理的对象，泛指消息和信号的具体内容和意义。在我国"信息"这一词语最早出现在唐代诗人李中的《暮春怀故人》中："梦断美人沉信息，目穿长路依楼台。"但是，"信息"这个词语作为科学概念出现的时间却很晚了，一直到 20 世纪初期，"信息"才被赋予了现代科学意义上的内涵。

对于信息的定义目前也是众说纷纭，研究者往往根据自己研究的侧重不同而给信息作了不同的诠释，比如美国数学家维纳就在其代表作《控制论和社会》一书里面首次给出了信息（Information）这样一个定义："信息是人们在适应外部世界，并使这种适应反作用于外部世界的过程中，同外部世界进行互相交换的内容和名称。"1928 年哈特莱（R. V. L. Hartley）在《信息传输》中将信息理解为："选择通信符号的方式。"1948 年香农（C. E. Shannon）在《通信的数学原理》中给信息下了这么一个定义："有新的内容、新的知识的消息。"1950 年维纳（N. Wiener）在《人有人的用处——控制论与社会》中指出："信息这个名称的内容就是我们对外界进行调节并使我们的调节被外界所了解时，与外界换来的东西。"中国人民大学的陈禹教授则认为："信息是人们对事物了解的不确定的减少或消除。"这些定义从不同侧面提出对信息的不同看法，都具有一定的合理性。

综上所述，在管理信息系统里我们理解的信息一般来说是一种数据，包含了数字、文本和多媒体等多种内容，它反映了客观世界中各种事物的特征和变化。通常来说，信息对于接收者有一定的行为或决策影响,比如数字经过加工处理后得到的数据;行驶中的汽车仪表盘上显示的是数字(数据),司机可以依据仪表盘上的数据来决定自己是减速、提速或保持现有车速,此时这个数据就称为信息。

2. 信息的特征

信息和物质、能源都是息息相关的,在社会中扮演中介的角色,信息的根本是对物质的存在与运动状态、属性、方式的表征。信息的特征一般表现在以下几个方面。

(1) 信息是具有普遍性和客观性的

信息的普遍性是指信息随时随地随处地存在着,这是由物质存在及其运动的普遍性所决定的,也就是说,信息是客观地存在于任何时间、任何地点的。

(2) 信息的无限性和相对性是有机统一的

物质世界的时空无限性决定了信息的无限性,就是说在人类所能认识的有限空间里,由于事物本身的多样性及运动的关联性和连续性,使得信息的存在具有无限多样的属性。但是,从人类自身的认识论方面来看,人类的认知角度、认知深度、认知目的、认知能力以及其所具有的信息或知识水平的差异又决定了信息的相对性。

(3) 信息是具有共享性和时效性的

同样的一条信息可以允许被很多人同时或随时使用,但信息的共享性也是相对而言的,如百事可乐公司的管理人员可以共享百事可乐的销售信息,却不能共享可口可乐公司每天的销售信息。信息的共享性是信息区别于物质的一个根本特点,假如 A 提供了一条信息给 B、C,A 并没有失去什么,而 B 和 C 却共享了这条信息。同时信息一般又具有时效性,如上面提到的百事可乐的管理人员今天得到的如果是若干年前的销售信息,对其决策可能就没有什么影响力,所以信息在采集和传输过程中要准确及时,这样才能保证使用者获得的是有效的信息。

(4) 信息是具有可存储性和可传输性的

信息的可存储性是指信息本身是看不到、摸不着的,它必须要借助于某种载体被记录、被保存起来才能被使用,比如计算机的各种存储设备、数据库等都可以作为信息的载体。信息的可传输性是指信息可以在某一处向其他指定方向移动的过程,如通过 Internet 传输新闻、邮件、短信息等。

3. 信息的类型

信息因为分类标准的不同而被分为很多类别,在此,为了更深入地研究和使用信息,我们简单地对信息的分类进行介绍。

按信息的产生领域可以把信息划分为人类信息和非人类信息。人类信息是指人类在从事某种社会活动时所产生或者获得的信息,非人类信息是指未被人类感知的各种社会自然信息。

按信息的加工深度可以把信息划分为原生信息和派生信息。原生信息是指未经加工的原始信息,具有零散性、无规则性和非系统性;派生信息是指对原生信息进行加工后产生的相对集中的、系统化的信息。

按信息的运动状态可以把信息划分为动态信息和静态信息。动态信息是指反映物质处于相对运动状态的信息,具有变化性、相对性;静态信息是指反映物质处于相对静止状态的信息,具有相对稳定性。

按信息的应用领域可以把信息划分为管理信息、社会信息、科技信息等。管理信息主要是用于各种组织的内部管理、组织、指挥、控制和协调等方面的研究,本书主要就是侧重研究管理信息的;社会信息是主要作用于社会、人口、婚姻等研究领域的;科技信息则主要是应用于科学、技术等研究领域的。

按信息的保密程度可以把信息划分为公开信息、半公开信息和保密信息。公开信息属于一种公共资源,其使用和传递均不受限制;半公开信息则是指具有一定保密性质的信息,其使用和传递必须受到一定程度的限制;保密信息是指在传递、使用范围和使用时间等方面均受到严格限制的信息。

按信息的加工顺序可以把信息划分为一次信息、二次信息和三次信息等。

按信息的反映形式可以把信息划分为数字信息、图像信息和声音信息等。

二、管理信息

现代企业活动一般包括管理活动和生产活动两大类。在生产活动中,一般是通过输入原材料、劳动力等资源,经过一定的加工程序,最终得到满足人们需要的产品;而在管理活动中,围绕和伴随着一系列的活动,执行着决策、计划和调节等职能,从而保证生产活动高效有序地进行。伴随生产活动的是物流,伴随管理活动的是信息流,也就是管理信息。物流的畅通与否在很大程度上依赖于管理信息水平的高低和质量的好坏,管理信息正在现代企业的生产经营中起着不可替代的作用。

1. 管理信息的概念

在管理学之父费雷德里克·泰勒的《科学管理原理》和《科学管理》中,人们认识到管理是建立在一定原则和明确法规之上的一门学科,它可以适用于人类的一切活动,从比较单一的个人行为到一些复杂多变的大公司的业务活动。自此,掀开了人们对于管理的认识与研究,不同的研究者为管理信息作了不同的界定,因其研究侧重不同,定义千差万别,但都具有统一的特征,即管理信息就是反映与控制管理活动的各种信息,是经过加工的管理数据,是管理活动中一项极为重要的资源。

2. 管理信息的特征

管理信息除了具有信息的一般特点之外,还有一些自己的特点,具体表现在以下几个方面。

(1) 离散性

离散性一般是指原始数据的来源,它的来源一般分布在所反映的对象和过程的所在地,也就是企业中各个生产环节和各有关职能管理部门。凡是管理活动都会产生大量的信息,也使得管理信息具有量大的特点。

(2) 多样性

信息处理的方法是多种多样的,包括模型法、算术运算法和逻辑运算法等。随着企业管理水平的提高,必然要用到一些现代数学方法,采用一些比较复杂的优化模型,比如网络优化模型、线性规划模型、系统仿真模型等比较复杂的模型;算术运算法包括产值和产品产量完成情况计算、产品成本计算等;逻辑运算法主要包括检索、核对、分类、合并、总计、转录等。

(3) 复杂性

在企业中,管理信息的产生、收集、加工处理和使用一般都不会在同一地点或同一职能部门,信息的传递次数、加工次数、周期、使用频率等都会有所不同。管理信息的发生、加工和使用在空间和时间上的不一致性使信息的处理工作变得更加复杂。

(4) 非消耗性

管理信息一经收集、加工之后,就可以供不同部门不同的人多次使用,这并不影响信息本身的内容。

3. 管理信息的类型

管理离不开信息,在管理的整个过程中信息占据着特殊的地位。管理活动是管理者向管理对象施加影响和管理对象向管理者做出回应这两个相互联系过程的统一,而整个活动是在一定的环境里面进行的。如果没有管理者、管理对象、管理环境以及管理活动的相关信息,任何管理活动都是无法进行下去。根据管理信息的内容可以将其分为以下几种类型。

(1) 宣传类管理信息

这类信息指的是对客观事物进行宣传、表彰的信息或者宣传材料等。

(2) 描述类管理信息

这类信息一般用于描述管理活动所发生的时间、地点、规律、要求等,一般表现为静态的,这类信息在管理活动中是最普遍和最大量存在的。

(3) 概率类管理信息

这类信息一般用作管理活动中决策确定的依据,如统计类信息等。

三、系统

系统是现代系统学科的研究内容,它是客观世界的一种普遍现象。系统这个词语最早出现于古希腊语中,它的原意为事物中共性部分和每一事物应该占据的位置,也就是部分组成整体。

1. 系统的概念

系统(System)这个词现在频繁出现在学术领域和社会生活中,但不同的人在不同的场合往往赋予了它不同的含义。按照一般系统论的创立者贝培朗菲(L. von Bertalanffy)的观点:"系统是处于一定的相互关系并与环境发生关系的各个组成部分(要素)的总体(集)。"而我国著名的科学家钱学森教授则主张:"极其复杂的研究对象称为系统,即相互作用和相互依赖的若干组成部分合成的具有特定功能的有机整体,而且这个系统本身又是它所从属的一个更大系统的组成部分。"美国国家标准协会(ANSI)对系统的定义为:

"各种方法、过程或技术结合到一块,按一定的规律相互作用,以构成一个有机的整体。"而国际标准化组织委员会(IOSTC)对系统的定义是:"能完成一组特定功能的,由人、机器及各种方法构成的有机集合体。"

而在管理信息系统的研究中,我们通常采用的是描述性定义:系统首先是一个具有特定功能的有机整体,它是在一定的法则(rules)下由相互联系和相互制约的若干组成部分(elements)结合而成的。

2. 系统的特征

理解系统的特征是认识系统、研究系统、掌握系统变化规律的关键。系统的主要特征包括整体性、目的性、层次性和相关性等。

(1) 整体性

整体性也称为系统的集合性,这个特点是系统最重要的特点,是系统论的基本原理。系统之所以被称为系统,首先就是因为系统是具有整体性的。系统的整体性指系统是由若干部分组成的具有一定特定功能的有机整体,各组成部分一旦组成系统整体,就表现出独立部分所不具有的性质和功能。我们在评价某个系统时,也要从整体出发,从整体目标、总体要求出发,在开发某个系统的时候,也必须首先树立全局观念。

(2) 目的性

目的性是指系统需要预先确定一个既定目标去引导其行为。系统在与环境的相互作用中,在一定的范围之内,其发展与变化会表现出坚持趋向某种预先确定的状态。人工控制系统是为了实现某些特定的目标,所以必须依据系统反馈的信息不断来调整系统行为才能达到预期目标。在开发一个新的系统时,首先要确定明确、合理的系统目标。

(3) 层次性

这也是系统的一个基本特点。由于构成系统的各个组成部分的不同,系统的各部分在功能、结构、地位等各方面表现出不同的秩序或层级关系,形成具有质的差异的系统等级。一个系统中可以分出不同的子系统,各个子系统又可以向下分出不同层级的小系统,使系统的作用更为具体,系统功能能够得到更好的实现。

(4) 相关性

相关性是由系统的根本特点派生出来的一个特点。由于系统是由多个相互作用又相互联系的部分组成,如果某一部分发生了变化,则其他相关联的部分也要进行相应的调整和变化,才能保证系统整体的最优状态。

3. 系统的类型

根据不同的分类标准,系统可以有不同的分类。

按系统的起源,系统可以分为人工系统和自然系统。人工系统是人类为了某个目的而设计的系统,自然系统则是指自然形成的不可还原的系统。

按系统与环境的关系,系统可以分为开环系统和闭环系统。开环系统是指与环境之间可以进行物质、信息等交换的系统,闭环系统是指与环境之间没有信息、物质交换的系统。

按系统的抽象程度,系统可以分为实体系统、概念系统和逻辑系统。实体系统是最具体的系统,目标非常明确,又称之为物理系统;概念系统是最抽象的系统,只表现了系统的主要特征、描述了系统的大致轮廓;逻辑系统是介于实体系统和概念系统之间的一种系统。

按系统的复杂程度,系统可以分为物理系统、生物系统和人类社会及宇宙系统。物理系统是复杂程度较低的一种系统,如框架结构;生物系统是复杂程度适中的一种系统,如低等有机动物;人类社会及宇宙系统是复杂程度较高的一种系统,如人类社会系统。

四、信息系统

1. 信息系统的概念与特点

信息系统(Information System,简称 IS)的定义比较多,但也基本大同小异。信息系统是与信息的加工、传递、存储以及利用等有关的系统。任何一类信息系统都是由信源、信道和信宿(通信终端)三个部分构成的。很早以前的信息系统并不涉及计算机等现代技术,甚至可以完全是纯人工的。但是,随着现代通信技术和计算机技术的普及,信息系统的处理能力得到快速提高,现在的各种信息系统中均已离不开现代通信技术和计算机技术,我们现在所说的信息系统一般均指人、机共存的系统。信息系统一般包括数据处理系统、管理信息系统、决策支持系统和办公自动化系统。从技术层面上讲,信息系统有四个特点:第一,涉及的数据量很大,一般情况下,大部分数据需要存放在各种辅助存储器里,内存里面只暂存当前需要处理的一小部分数据;第二,涉及的绝大部分数据是持久的,即不随程序运行的结束而消失,而是会长期保留在计算机或其他存储系统里;第三,涉及的数据常为多个应用程序所共享,甚至会在一个单位或可能在更大范围内共享;第四,系统除具有数据采集、传输、存储和管理等基本功能外,还可向用户提供信息检索、统计报表、事务处理、规划、设计、指挥、控制、决策、报警、提示、咨询等信息服务。

2. 信息系统的功能

在 20 世纪的五六十年代,计算机在信息处理领域发挥了其独到的作用,它以处理速度快、存储量大和极其广泛的应用领域向人们展示了其强大的生命力。一时间,以电子计算机为基本处理工具的信息处理技术和系统风靡整个西方世界。各企业纷纷出资购买计算机,并抽出大量人力、物力建立信息处理系统,以取代日常的人工信息系统,并解决手工情况下人们想做而又没有能力做的数据处理、信息分析,甚至管理决策等工作,以期为企业带来巨大利益。信息系统的具体功能有以下几个方面。

(1) 数据的收集

数据的收集就是把零星分布各处的相关数据集中在一起,转化成信息系统所需要的形式,在进行数据收集阶段要注意数据的完整性、及时性和准确性。常用于收集数据的方法有自下而上的广泛收集、有目的的专项收集和随机收集积累法。

(2) 数据的处理

数据的处理含义比较广泛,对数值型的数据进行各种算术运算,对非数值型的数据进行提取、转换或排序等,对数据进行查询、统计、预测、编辑等,都可以视为对数据的加工处理。

(3) 数据的存储

数据的收集和传输都需要时间,这使数据的处理表现为一个持续的过程,在进行数据的加工处理时不仅会用到当前的数据,也会用到过去的数据,而且加工处理后的数据也需要保存,所以需要用物理介质来保存有关的数据和信息。数据的存储一般分为集中和分散两种方式。

(4) 数据的传输

传输是信息系统中重要的一部分,在数据传输时要保证信息是正确的,还要注意保证数据的实时性,使数据能及时传输到指定的目标,如果加工后的数据不能准确及时地传递给使用人员,就可能失去了它的意义。

(5) 信息的管理

信息的管理主要是对系统中数据的收集、加工、传输和使用等进行统一管理的控制,以保证信息的准确性、及时性和安全性。比如,要规定好收集信息的种类、地点、名称、数据格式、采集时间、访问权限、保存年限等。

(6) 信息的使用

信息的使用一般包含两个方面:一个是技术,另外一个是如何实现价值转换。前者主要解决的问题是如何高速度、高质量地把信息传递到信息使用人员手里;后者是信息使用概念上的深化,是在信息内容使用深度上的提高,信息内容使用的深度又可以分为提高效率阶段、及时转化价值阶段和寻找机会阶段。

3. 信息系统的发展趋势

由于科学技术的日新月异,现代信息系统也在不断地进步和完善,日益体现出网络化、柔性化、敏捷化等的趋势。

(1) 网络化

管理信息系统的结构经过了主机/终端、单机、客户机/服务器、浏览器/服务器等多个阶段,从基于单机的事务处理系统到基于网络的分布式信息系统,其规模和复杂程度都得到了很大提高,当前基于 Internet/Intranet/Extranet 的信息系统成为主流的信息系统架构。

(2) 柔性化

柔性化就是要求管理信息系统能够按照系统环境的变化而重新组合或设计,包括数据、系统、功能等多个层次。数据柔性可以理解为数据的灵活处理和输出,可以满足多种需求而不需要系统进行大的改变。系统柔性主要是指系统由于运行环境的变化而进行灵活的扩充和重组。功能柔性则是指可以根据环境和需求的变化而进行动态增减、组装。当前有很多软件理论和技术均支持系统的柔性需求。

(3) 敏捷化

敏捷化是指系统要根据环境的变化进行快速调整与重组,一般由可重构、可重用和可扩充共同构成。敏捷化是为适应现代市场变化速度快的要求,也是提高企业核心竞争力的要求。

(4) 个性化

这个需求是很典型的,现在市场有很多通用的软件产品,但不能否认的是软件系统必须和具体的应用环境相适应才能最大化地发挥其作用并取得最大收益,即使最成熟的软件产品也是这样。

(5) 发展性

发展性要求企业的信息系统能够适应未来发展的规模,能够适应未来的技术和管理等条件。

(6) 先进性

信息系统要不断引入先进的管理思想和技术条件,如将企业流程重组、客户关系管理等思想引入信息系统,使系统可以充分发挥和体现现代的管理思想。

五、管理信息系统

从信息系统的知识中,我们知道信息系统是一个含义非常广泛的概念,而管理信息系统只是信息的一个分支。同时,管理信息系统也是一个结构复杂、规模庞大的系统,对于这类系统的认识,一般可以从概念、特征和发展等不同的角度来进行。

1. 管理信息系统的概念

管理信息系统是一个不断发展的概念,随着各种技术的日趋发展,人们对管理信息的认识也逐步加深,管理信息系统的概念也在不断充实和完善。

管理信息系统的创始人 Gordon B. Davis 在 1985 年给管理信息系统(MIS)下了一个定义:"管理信息系统是一个利用计算机硬件和软件,手工作业,分析、计划、控制和决策模型,以及数据库的用户机器系统。它能提供信息支持企业或组织的运行、管理和决策功能。"这个定义比较全面地描述了 MIS 的目标、功能和组成,反映了 MIS 当时的水平。

在《中国企业管理百科全书》中管理信息系统的定义是:"MIS 是一个由人、计算机等组成的能进行信息的收集、传递、存储、加工、维护和使用的系统。管理信息系统能实测企业的各种运行情况,利用过去的数据预测未来,从企业全局出发辅助企业进行决策,利用信息控制企业的行为,帮助企业实现其规划目标。"

从企业管理角度来讲,管理信息系统是企业为了应对环境的挑战,以信息技术为基础作出的一种管理和组织的抉择。

从组织角度来讲,管理信息系统是组织的一个组成部分或是组织的自然延伸,比如很多电子商务企业如果没有信息系统,企业将不复存在。

从技术角度来讲,管理信息系统是收集、处理、仿真和传递来自组织环境内外部的信息,通过处理、反馈等活动以支持组织决策和管理的一组相互关联的组成部分。

综上所述,管理信息系统就是一门新兴学科,它有着系统性、综合性、边缘性的特征,它面向管理,利用系统的观点、数学的方法,利用计算机、现代通信技术,形成自己独特的内涵,是这些学科思想、方法和技术的综合应用。

2. 管理信息系统的特征

管理信息系统面对的是管理,管理是为了达到组织的最终目的,应用一切先进思想、方法去合理地计划、组织、协调和控制组织的各种资源,所以,可以借助于管理信息系统来实现组织管理的目标和管理的职能。所以,管理信息系统具备以下几个特征。

(1) 系统性

管理信息系统的开发具有系统性包括多层次的意思:首先,管理信息系统涉及人、财、物等多方面的资源,需要进行各方面的协调;其次,系统开发要综合考虑包括应用环境、期望值等各方面的因素;再次,管理信息系统的开发需要软、硬件的协调以达到特定的功能,相互补充、配合;最后,系统是人、机的系统,需要管理与技术的双重支持。

(2) 主题性

这个特征可以理解为管理信息系统是面向管理决策的,是为了解决某个领域的问题而开发的,是面向具体管理决策的人工系统的。

(3) 人机系统

计算机系统在管理信息系统里扮演着非常重要的角色,计算机的运算能力与储存能力是人所不能及的,但人仍然是决定性的因素,因为系统需求的提出、系统设计、系统分析、系统实施、系统评价等均是由人来进行的。所以,系统的决定因素是人。

(4) 现代管理方法和手段的有机结合

管理信息系统的建议是应该从管理的角度进行分析,融入先进的管理思想以改造传统的一些不合理的业务流程,如引入敏捷制造、客户关系等理念。所以,管理系统是与现代管理方法、手段有机结合的系统。

3. 管理信息系统的发展

在 20 世纪的 70~90 年代,国际上社会系统学派最杰出的代表性研究成果就是总结出了反映信息系统发展进程的阶段理论。对于企业信息化的发展阶段,不同的研究者有着不同的观点,也建立了很多不同的模型。比如有的学者认为它包括七个阶段:辅助工作、业务上的管理支持、附加的顾客价值、竞争优势、战略洞察力、转变和知识网络,也有的研究者认为它有工作自动化、信息管理和经营转型三个阶段。

第二节 管理信息系统的发展历程

关于管理信息系统的发展历程,不同的研究者的观点不尽相同。根据对历史资料与发展状况的考察,可以看到计算机技术、网络通信技术和数据库技术的发展促进了管理信息系统的发展。信息系统的发展经历了从单机到网络,再从低级到高级,由电子数据处理系统再到管理信息系统,然后是决策支持系统,由数据处理到智能处理的过程。

一、电子数据处理系统

电子数据处理系统(Electronic Data Processing System,简称 EDPS)是以提高数据的处理效率为主要目标的系统,它实现了数据处理的计算机化,解决的一般是功能单一、涉及范围较小的,并且高度结构化的问题,如会计核算系统、铁路订票系统、企业员工工资发放系统、库存物资统计系统等。它可以提供的信息是对企业状况的直接反映,即企业的实时信息。它经历了单项数据处理和综合数据处理两个阶段。

二、管理信息系统

20世纪70年代初,由于计算机技术的发展,工资计算、库存控制等数据处理系统也得到了广泛应用。这时人们已经不能满足于计算机对数据的简单处理,而试图利用计算机的强大功能对管理过程中的大量信息进行综合处理,管理信息系统逐渐成熟。在这个时期,MIS最大的特征是有一个中心数据库和计算机网络系统,能够把组织中的数据以及信息集合起来进行快速的处理,统一使用,并根据不同的管理层给出不同的报告,达到控制企业行为活动的目的;还可以辅助管理者进行监督和控制,以便有效地利用企业的资源(人力、物力、财力、信息等)。另一个特征是通过预测、计划、优化、管理、调节和控制等手段,利用定量化的科学管理方法来支持管理决策。MRP、CMIS、MRPII等都是最为典型的软件应用系统。这里的管理信息系统特指狭义的管理信息系统,而广义的管理信息系统包含企业管理中涉及的所有部分。随着MIS应用软件的进一步使用,MIS的不足之处也显现出来。大部分MIS以解决结构化的管理问题为主,缺乏灵活性,限制了信息资源的利用程度;过多地强调组织的信息处理流程,而忽视了人在决策过程中有着不可替代的决定性作用。

三、决策支持系统

决策支持系统不同于传统的管理信息系统,它是在计算机和人的交互过程中帮助决策者探索最可能的方案,为管理层面提供可以帮助决策的信息。它运用知识库、模型库、数据库等最新的技术解决非结构化和半结构化的问题,如最优经济订货批量决策、运输路程最短问题、合理优化的生产调度等。随着计算机通信、网络技术、数学处理手段及人工智能、管理科学等技术和管理思想的发展,数据仓库、数据挖掘及联机分析处理的应用,决策支持系统现在正向着智能化DSS、群体DSS和行为导向DSS的方向发展。比如,保险业利用专家系统进行索赔估计,经理支持系统(Executive Support System,简称ESS)帮助管理层面的领导解决一些不断变化的宏观、战略方面的非结构化问题,如是否要在广告宣传方面投入更多的精力、是否要开拓更多的市场、在何地区开拓新市场,等等。

从以上介绍可以看出,MIS、EDPS和DSS分别代表着信息系统发展过程中的某个阶段,而且它们目前仍然不断地各自发展着,当然发展过程中也有相互交融的部分。MIS是面向管理的信息系统,EDPS是面向业务的信息系统,DSS则是面向决策的信息系统。DSS在组织中可以是一个独立运行的系统,也可以作为MIS的一个高层子系统而存在。

综上所述,管理信息系统从最初的较为简单的业务处理发展到具有管理功能,再到现在的支持决策功能,从提高管理效率、创造企业价值到提供市场机会,系统的功能越来越强大,系统的结构越来越复杂,涉及的范围越来越广,对组织的影响也越来越大。

第三节 管理信息系统及其在管理中的应用

一、管理的概念

自从人类有了集体活动,就有了管理存在的必要,管理伴随着人们生活、生产的各个方面。随着科技水平的不断提高、社会生产力的不停发展,管理逐渐演变为一项专门的社会职能,而其本身的重要性和复杂性也在日益加深,但对于"什么是管理"这个问题却众说纷纭。综合研究者的定义,可以找出管理的共同特征:① 管理活动是为实现组织的目标服务的,它是一个有明确目的的活动过程;② 管理活动的整个过程是由一系列相互关联、相互影响、持续进行的活动构成,如计划、组织、领导、控制等活动,这也是管理的几项基本职能;③ 管理活动要在一定的环境条件下进行,这个环境既可以提供机会,也会构成一定的威胁。

根据以上所归纳的特征,可以归纳出管理是指通过计划、组织、领导、控制与创新等方式,结合人力、财力、物力和信息等资源,高效达成组织目标的完整过程。从管理的协调作用方面来讲,管理是通过协调人力、物力、财力及信息以达到组织的目标。从管理作为一个过程的作用来讲,管理是计划、组织、领导、控制的总和。《现代管理学》(我国高校管理学教程)一书中把管理定义为:"在社会活动中,一定的人和组织依据所拥有的权利,通过一系列职能活动,对人力、物力、财力及其他资源进行协调或处理,以达预期目标的活动过程。"

管理有很多种类型,也有很多种分类方法,如工商企业管理、社会管理、行政管理、人力资源管理等。目前,在现代市场经济中企业管理最为普遍。企业系统的管理又可分为对企业结构、企业战略、企业制度、企业文化、业务模式、业务流程等系统的管理。事实上,每一种组织都需要对其资产、人员、设备和事务等所有资源进行管理,每个人也一样需要管理,如管理自己的时间、学习、职业、健康、情绪、财富、人际关系、社会活动、精神面貌、饮食起居等。

二、管理信息系统在管理应用中的影响

信息在整个的社会经济系统的运转、处理中始终起着很重要的作用,它在预测、控制、人类认知等方面也有极大的影响作用。信息技术不仅仅影响着各个组织系统的状态,最重要的是它在不断地修改着它们的结构和运行规则。所以,管理信息系统已经渗透于社会经济系统的各个领域,下面我们分别从企业管理、政府公务和社会几个方面来看它的应用和影响。

1. 管理信息系统在企业管理中的应用

管理信息系统和企业的组织结构之间存在着相互促进和相互依赖的关系。一般而言，企业的组织结构相对来说是比较稳定的，但是随着经济全球化的发展，企业之间的竞争在不断加剧，从而使得企业对管理信息系统的要求和依赖程度越来越高，管理信息系统也从原来的辅助地位逐步走向主导地位，与此同时，这样的依赖和需求也促进了管理信息系统的发展和加速提高，以适应企业管理的需要。管理信息系统的应用对企业组织结构的影响主要表现在以下几个方面。

（1）促使组织结构的扁平化

传统意义上的企业组织结构一般采用"金字塔"式的纵向多层次集中管理的方式，位于组织高层的领导直接下达命令来控制整个工作流程，这些高层领导的信息主要是从中层领导那里得到，关于企业运行情况的具体信息，却极难收到。这种控制方式容易导致企业应变能力较差、管理效率较低，而且运行成本偏高。与此相对，当企业的管理信息系统建立起来以后，位于高层的领导可以很方便地得到自己所需要的企业基层的详尽信息，对中层管理人员的需要会大大减小，这样很容易就降低了组织内部信息交流的成本。这种运行方式使得决策层与执行层之间的比例大大缩小，从而使企业组织结构由原来的"金字塔"式向"扁平化"发展。

（2）网络化的办公条件

随着经济全球化的发展，企业的管理人员可能随时处在任何一个位置，互联网的发展弥补了这个问题。企业管理人员在家里或在旅途中休息时随时可以处理公务，不必强调固定的办公室，这种办公方式也可以称为虚拟办公室。甚至有些公司干脆成立虚拟组织，即组织上的临时性、不确定性，虚拟组织要求随着市场机遇的来临或消失而随时组织或解体。因而，组织是虚拟的。

（3）组织结构上的敏捷性

现在市场需求瞬息万变，企业间的竞争也日益激烈起来，为了适应市场的需求，就要求企业通过组织结构的灵活定位来实现对生产的经营控制。为此，企业需要改变传统的以车间、部门为基础的组织形式，而应该采用像课题组、项目组等为基础的组织形式。

（4）企业流程重组成功率

企业流程重组是一个系统工程，实际上就是在信息的基础上对企业流程的再次思考和重新设计，管理信息系统除了对企业管理效率的提高和成本的降低具有非常显著的作用外，还有促进企业运作方式和管理过程的变革等更深层次的作用。这些作用是遵循信息的规律，通过采用全新的信息资源开发与利用方式，安排合理的信息流转路径来实现的。所以说，管理信息系统对企业流程重组起着至关重要的作用，是 BPR 成功的保证。

2. 管理信息系统在政府公务中的应用

政府机关一般是以各种流程来安排其事务的，每一种流程又可以被划分为若干个组成部分，不同的部分通常是由不同的人来操作或完成的。因此，管理信息系统在政府机关单位的应用主要体现在对所有工作流程的管理和规范方面。

以往，管理信息系统是用一些相对独立的功能来分别实现这些步骤，虽然最终也能够达到目的,但有时候不能很好地处理各个流程和组成部分之间的关系,这种现象出现在政府机关的工作中是很不恰当的,也会使用户的使用负担增加很多。集成工作流技术和管理信息系统技术的解决方案就可以成功解决这个协调的问题,同时,它还具有一些其他的优点,这是管理信息系统在政府机关事务管理中的一种应用案例。

通过把工作流技术与管理信息系统集成起来的工作流管理信息系统的基本特点是数据库应用流程化。政府机关里的行政事务工作大都是由一些紧密相连的环节组成的业务流程组,所以,在这样的组织里所需要的软件系统不仅要能够解决独立环节的业务问题,而且要求可以自动地把这些环节连接起来,达到每一个环节所做的工作可以自动被下一个环节利用的目的,这就是最基本工作流的需求。并且每一个环节也需要数据库技术来解决,所以就有了在工作流中应用数据库技术的要求。也就是说,每个业务处理单位内部需要管理信息系统的功能来进行诸如数据的整理、检索、统计、输出等,但是各个业务处理单位之间又必须以工作流的方式串联起来,把每一个业务工作单体的处理结果在组织中按照一定的程序流传输出,并能够进行流程的监督、控制等。

目前,有一种可行的工作流管理信息系统的解决方案是电子邮件加数据库等于工作流管理信息系统(WMIS)。把各阶段的工作内容以相应的表格表现出来,并且用电子邮件来连接某个工作的不同处理阶段,然后在表中标示出当前阶段所应该填写的各个输入选项。当某个表格的每个输入项全部处理完毕以后,马上以电子邮件的形式被发送到下一阶段的处理人员那里,下一阶段的处理人员立刻就可以在他们的邮箱中看到他们所做的所有工作的进展情况,对其中任何一项工作都可以通过人工选择或系统自动的方式展开下一阶段,也就是说,打开下一步工作所需要填写的表格。于是,一项协作性很强的工作就可以表现为一个个的邮件、信息流,或者说是工作流。不仅仅如此,在这些电子邮件中显示和输入的数据都要来自数据库中,也就是说,必须要把邮件处理系统和数据库系统集成起来才可以完成工作。

目前,较新的工作流技术是把数据库技术和基于电子邮件的流程管理技术结合起来,既可以在邮件处理系统中访问企业的业务数据,又可以在企业的数据库软件里生成相应的邮件。比如,计划人员可以在企业管理信息软件(即管理信息系统)里生成一项计划的申请文件,也可以在电子邮件软件里(如Outlook)里生成相应的申请文件,并发给相关人员或项目负责人,相关人员或项目负责人在收到邮件后,可以在邮件上直接答复(在答复时还能超级链接到管理信息系统里查看有关的细节),如果申请文件在邮箱里或管理信息系统里被答复,计划人员不仅可以在邮箱里看到回复意见,还能在管理信息系统里看到批准情况,而且负责人在答复的同时还可以根据申请产生一些相关的协同工作,以便于分配其他人的工作。

3. 管理信息系统对社会的影响

MIS不仅可给企业、政府或其他的组织机构带来明显的效益,而且分布在各企业和组织机构里的信息系统所构成的信息网络也可对整个社会产生巨大的影响,这种影响涉及人类活动的各个方面。MIS对社会产生的显著影响主要体现在以下几个方面。

(1) 促进产业结构的变化和经济的发展

由于信息技术在不断发展,信息服务的对象扩大到社会需求的不同领域,如金融信息网、贸易信息网、经济信息网、科技信息网、政务信息网等，使信息服务呈现多元化趋势。所以，信息产业在国民生产总值中所占的比重也在迅速增大，促使产业结构的组成发生变化。信息技术在改造传统产业方面也起到了重要作用，信息技术和信息系统的应用使就业结构也发生了很大变化，从事信息系统工作的人员数量需求会大幅增加。

管理信息系统在第一产业、第二产业、第三产业也可以显著提高工作效率。比如，企业可以通过各种信息渠道获得多方信息，能够得以及时地掌握国际市场的行情；也可通过各种信息渠道推销自己的产品，寻找可以合作的伙伴，了解其他竞争企业的特点，掌握其优劣势；可以通过信息捕捉降低企业的管理成本并不断提高和完善产品的质量，提高企业的国际竞争能力。

(2) 提高政府的办公效率

管理信息系统在政府中的应用必然会有助于节省办公费用，并可以提高办公效率和改善服务质量。建立包括各种公众所关心的集成化政府信息和服务系统，使人们可以利用这些系统了解政府的各种政策或者利用该系统得到自己需要的各种信息，从而达到促进政务公开、增加社会透明度、保证社会公平、抑制社会不正之风的目的。建立国家公安信息网络，保证各级公安部门信息能够迅速传递到需要的地方，使公安人员能对各种犯罪案件更好地进行联络和统一行动。通过政府管理信息系统，能够加强政府部门之间的信息沟通，确保各种信息能够迅速有效地在政府各部门之间、个人之间或团体之间快速传递，提高管理效能并且加强政府工作人员与人民大众的联系。政府管理信息系统的普及和远程多媒体会议等的推广应用还可以节约大量的人力、物力、时间等。

(3) 加速金融贸易的发展

通过电子数据交换系统，可以把海关、商检、银行、保险、交通、运输等部门联系在一起，自动生成计划、订货、生产、销售、结算的全过程。与繁琐的纸质文件相比，采取 EDI 可以明显降低纸张文件的处理成本，避免重复工作和处理中的人为差错，缩短时间，提高工效，使企业参与国际贸易，直接参与到国际竞争中去，加速国际贸易的发展，大大推动经济活动的跨国化和全球化。随着各种信用系统的普及和网络技术的发展以及银行业务网络的建立和完善，人们通过各种金融手段（信息系统）都可以完成付账、转账或其他金融业务。

(4) 提高科研活动效率，加快科技成果的转化

通过管理信息系统，可以加快信息的获取、输出，提高科研工作选题的正确性，借鉴各研究课题的相关方法或手段，达到缩短科研过程、提高科研效率的目的。通过互联网，科研人员可以不受时间、地域的限制进行各种跨学科甚至跨国界的广泛的学术交流和学术会议，联合进行"重大难题"的攻关。不同地域、不同国家之间可以共享科研数据资源，各企业通过网络资源，可以迅速得到自己所需要的各种信息、科技成果或合作单位，能够使科技成果得到快速的转化。

(5) 提高教育质量，改善国民素质

引入远程教学系统，可以充分利用现有的师资、图书资料、教学实验设备等教育资源，有效降低教育成本，提高教育效率，克服教育资金投入不足等困难。远程教育系统可以促进基础教育、职业教育、高等教育和成人教育的发展，促进国际间、区际或校际之间的教学

交流,促进教学方式和教学手段的改革,提高教育教学水平。通过网上的各种教育资料,接受教育的学生还可以在家里或任意一个地方浏览世界各国的图书馆存书,查询各种学习资料。这种新的教育教学方式将更有利于培养知识全面的高素质人才。

(6) 改善医疗保健的服务质量

通过家用计算机与远程医疗服务系统连接,病人也可以在家里或任意一个可以联网的地方接受外地医生的诊疗或多位医生的会诊。尤其是经常需要保健服务的家庭应当使用医疗保健系统,这套系统将根据服务对象的症状和以往病历,向他们提出自我照顾、同医生对话和安排就诊等建议,促进病人自我照顾和医疗保健的及时性。通过远程医疗保健系统,人们可以充分有效地利用现有的先进医疗条件,克服资金投入不足或者交通等条件的制约。同时,可以使医务人员和医疗专家系统互相帮助补充以弥补单个医生在知识体系和医术方面的不足,边远地区的医生可以从技术高的医疗中心取得需要的数据资料,以提高自身的医疗服务水平和效率。

(7) 改变人们的日常生活及工作方式

通过各种信息网络系统的信息,人们可获取自己需要的包括新闻、体育、娱乐、旅游、交通、股票、购物、教育等各种信息。通过家用的计算机,就可以随时点播影视节目、查阅感兴趣的世界各地的电子刊物、阅读互联网上各地图书馆和数据中心的所有资料,可以通过各种商务信息网络找寻自己所需要的商品型号、性能、价格,对所选的商品可以在网上进行订购。信息系统让人与人之间的沟通不再受时间和地域的限制,人们可以在家里或任何一个地方处理公务并与同事保持应有的联系,突出了以家庭为中心的观念。管理信息系统的广泛应用改变了人们的日常生活及工作方式,给人们的生活习惯和心理带来了深远的影响。

第四节 管理信息系统与其他学科的关系

MIS 不单单是一个应用工具,而是一门综合性的学科,它主要涉及了技术和社会两个领域,是介于经济管理理论、管理运筹学、统计学和计算机科学之间的一门边缘性、系统性、综合性的交叉学科。它综合运用了多门学科的方法和概念,融合后形成了一套全新的方法和体系。MIS 是在管理科学的基础上发展起来的,管理科学向 MIS 提出了要求,而现代技术尤其是数据通讯技术和计算机为 MIS 提供了最有力的支持,同时管理运筹学和数学模型及方法为 MIS 提供了预测、决策功能。

管理科学是管理信息系统这门学科产生的直接原因,它向管理信息系统工程提出了要求,管理信息系统的发展首先是管理科学的发展,如果不了解管理科学,管理信息系统的开发和研究将缺乏明确的目标和基本的原则。

管理信息系统也依赖于现代信息技术,面向现代化管理活动中大量复杂的数据,没有现代信息技术的支持,不可能完成对数据的加工处理,也谈不上对管理进行预测、控制和辅助决策。

管理信息系统中的预测与决策功能的实现又需要动用管理运筹学、数学模型和方法来达成。而且，管理信息系统还需要从哲学、信息理论、控制理论、系统理论、行为科学等学科或理论体系中吸取有用的方法、概念和观点。

第五节　信息系统中的道德和社会问题

英国的历史学家阿诺尔德·J.汤因比曾经说过："技术每提高一步，力量就增大一分。这种力量可以用于善恶两个方面。"信息系统的发展也是一样的，它带给我们的诸多便利是显而易见的，但事物的发展规律决定了它不可能永远单纯向好的一面发展，信息化的快速更新换代更是一把双刃剑，在给我们生活带来便利的同时也带来了一些道德和社会问题。科学技术的进步不会使人们的道德水平自然而然地提高，这个观点在信息系统的发展中也是适用的，当罪犯利用先进的科学技术（如信息系统技术）进行各项犯罪活动的时候，先进的技术就成了他们的"帮凶"，会使罪恶行为更加恶劣。计算机犯罪在不远的将来极有可能成为严重的社会问题。就像老祖宗发明火药的初衷并不是为了杀人，但它后来却成了杀人的凶器之一一样，人们开发信息系统显然并不是为了危害人类，但最终也有可能成为危害人类的凶手。所以，在技术发展的同时，要与伦理学携手，把价值观引入科学技术的发展过程中，要把对知识、科学、真理的追求与人类自身的生存与发展联系起来，依照人类总体的价值尺度，根据人类自身对事物的认可程度来有目的地发展先进的科学技术。

在信息系统的发展中，已经出现或可能出现的道德及社会问题有很多，主要包括以下几个方面。

（1）个人隐私问题

现在大家通过网络就能够简捷快速地获得大量知识，如医学、人口、社会及政治等，可以收集所需的社会资料，可以协助某些部门进行网上抓捕罪犯，可以寻求某些特殊的帮助等，这些功能的实现目前都是通过各种各样的数据库链接在统一的通信网络上，但是这些存在于网络上的数据库也可能带来诸多不利的后果：一旦某些人的情况进入到某个信息库，就有可能在没有经过本人同意或授权的情况下，被某个人或某个单位所获取，这就非常有可能导致个人的隐私遭到破坏，构成对人的尊严的严重挑战。即便某个信息系统不是公开到网络上的，但由于可以接触到该数据库的人员庞杂，如果有别有用心的管理员为了获取某项利益而出卖该信息系统里的个人资料，那么这部分信息也就在非授权的情况下被使用。在这个领域里显然存在着权利的冲突以及个人与社会的矛盾：一方面是社会为保卫自己，会打击那些试图以个人隐私为掩护的犯罪活动；另一方面是个人保护自己的生活免遭那些并非以社会补救为目的的外部侵犯的权利，个人选择时间、场合以及在多大程度上，其信念、态度、行为和观点与他人分享或者向他人隐瞒的权利。未来的通讯收集网络和监控系统对人们的监控和信息收集应该控制在不侵犯个人隐私权的限度之内，这样才能够保证人们的尊严不被侵犯。社会必须努力平衡个人的隐私权和社会需要这两者之间的关系,这对个人的正常生活和社会的平稳运行都是至关重要的。

(2) 智能犯罪问题

随着计算机、网络等技术的日益普及应用,越来越多的机关、企业和家庭使用计算机及信息系统来处理和解决一些日常生活、工作中遇到的问题。可是,层出不穷的智能犯罪却给我们带来了很多烦恼,它时时刻刻都在威胁我们正常的生活和工作秩序。智能犯罪影响的范围非常大,而且类型繁多,造成的损失无法估量。虽然现在社会已经逐渐意识到智能犯罪对人类的危害,但是由于智能犯罪与通常意义上的偷窃、抢劫、诈骗等方式完全不一样,所以对于智能犯罪而言存在着取证困难、起诉困难等问题,而且总的防范费用较高,因而至今还没有找到对这类犯罪活动进行惩罚和打击的有力措施。

(3) 人际交往问题

信息技术的发展使得很大一部分雇员可以坐在家里通过个人计算机来完成自己的工作。文员和专业技术人员在劳动人员中所占的比重越来越大,人们的工作越来越脱离生产第一线。可以通过各种信息系统在家里处理和完成工作,这确实给我们的工作和生活带来很多便利,但是,工作环境和条件的改变也必将给人们之间的交往带来前所未有的影响。这种影响是双方面的:一方面,信息技术将终端带入了各种场合,人和机器的接触日渐频繁,程度日益加深,这直接导致了人们相互之间的面对面直接交流的机会大大减少,同事之间频繁接触交往所建立起来的富有情感友爱的工作关系会不断淡化,增加了人们的孤独感;另一方面,把工作地点转移到家里,则意味着家庭成员之间、邻里之间会有较多的面对面接触的时间和机会。因为工作繁忙、在家时间短暂而造成的家庭隔阂将会得以改善和解决。家庭成员之间的关系、邻里之间的关系将可能成为未来社会人际关系的主要形式。婚姻、家庭道德、邻里关系的协调将在未来社会的伦理关系中重新占据主导地位。而且,人和人之间可以通过日益扩大的网络化通信进行远距离交往,缩短人与人之间的距离,有助于那些由于工作繁忙以及各种其他原因无法见面的亲朋好友之间的联系。当然,正如电话以其快速、简单、直接的方式给人与人的联系带来极大方便的同时,也减少了书信交往或直接见面那种虽然费时较长却充满柔情蜜意的细微感觉。远距离交往的质量远不如面对面交往令人满意,是否能满足人们情感上的需要还是问题。人是社会性的动物,人和人之间的情感交流在一个人的成长过程中起着十分重要的作用。社会信息化所造成的人际交往方式的改变对个人和社会的影响都是不可低估的。在信息化过程中,怎样合理利用信息技术来建立良好的人际交往方式,从而保障和加强人与人之间的情感交流和心灵沟通,是一个值得深入研究的问题。

(4) 人格发展问题

在信息化、自动化高度发展的条件下,人们每天和机器、数字等打交道,长期在相对比较单一孤寂的环境中工作和生活,必然会加剧人们的心理紧张程度,所以工作环境的这种变化对人格发展会有消极的影响。而且,未来的人机系统必将是向高度精确化、自动化发展的,可是在人的世界里,交往是丰富多彩而又有些模糊不清的,如果也向自动化、精确化发展而缺少人情味的话,将是不可思议的。怎样在发展信息技术的同时造就出具有责任心、敢于负责、精明能干又富有人情味的新型人格,这是伦理学应当予以重点关注的。

信息系统发展的道德和社会问题还有很多,这些问题在伦理学里将会有专门的归纳和解析。总之,科学技术是一把双刃剑,社会信息化的发展也一样,我们应该尽量预防并制止破坏的发生、发展,而不是事后弥补。在这方面,伦理学应当承担起自己的使命。

小　　结

本章主要讲述了管理信息系统中所涉及的一些基本概念及特征、管理信息系统的应用和发展历程、管理信息系统与其他学科的关系以及管理信息系统中存在的社会问题。

通过本章的学习,要掌握信息、管理信息、系统、信息系统和管理信息系统的概念、特征、类型等,要了解管理信息系统发展的三个阶段:电子数据处理系统、管理信息系统和决策支持系统。通过了解管理信息在企业、政府中的应用来理解其在管理中的重要性。科技的发展是把双刃剑,要了解信息系统发展中存在的一些问题,包括个人隐私问题、智能犯罪问题、人际交往问题、人格发展问题等。

复习题

【思考题】

1. 结合国内外情况,以自己的观点描述一下管理信息系统的发展趋势。
2. 结合身边的事件,以自己的观点阐述信息系统中存在着哪些社会和道德问题。

【简答题】

1. 简述信息的概念,并结合身边的实例说明信息的特点。
2. 简述管理信息的概念,并结合身边实例说明管理信息系统的特点。
3. 简述系统的概念,并结合身边实例说明系统的特点。
4. 结合实例简述信息与管理决策的关系。
5. 简述信息系统与管理信息系统的概念。

【案例题】

我校有一个规模很大的图书馆,日常管理是通过人工加计算机来满足的,并实现了网上借阅和查询的功能。同时,我校经济管理学院也有自己的图书资料室,但是使用的是人工管理方法和传统的借书卡片来借还图书、保管借阅纪录的方式。经济管理学院的图书资料室主要是专业方面的资料,和学校图书馆的资料可以形成互补,但很大一部分图书在学校图书馆也可以借阅到,学院图书资料室主要是为了方便教师借阅,并且可以提供相对较长时间的借阅期限。但实际运行中经济管理学院的图书资料室存在以下几个问题:第一,教师的借阅情况难以管理,难以统计;第二,图书期刊的信息难以统计;第三,当教师在经济管理学院查不到某本书的时候,不能很容易地查出该图书资料是没有还是已被借出,同时,学院图书管理员也不能提供学校图书馆关于该书的情况。目前,经济管理学院的领导为了改变这种状况,试图通过建立一个图书管理信息系统来解决当前存在的问题,以前的借阅纪录和图书资料信息全部要导入到新系统中。

　　阅读上述材料回答下列问题：经济管理学院是否有建立图书管理信息系统的必要？如何建立一个集成的管理信息系统？说明统一的管理信息系统的优点有哪些？说明建立统一的管理信息系统时应该注意的问题？

第二章　计算机及数据库

【学习目标】

信息系统是管理信息系统的最终体现,只有将信息系统所使用的信息技术和管理技术有机结合起来,才能真正发挥管理信息系统的作用。通过本章的学习,将对信息系统的技术基础有较为全面的了解。透过计算机的发展历史和发展趋势,更好地审视我们所处的阶段,利用好所具备的技术资源,本章所介绍的计算机技术主要包括计算机硬件技术、计算机软件技术及应用等。其中重点介绍数据库技术、数据资源管理技术和程序设计语言,包括数据处理的概念模型、模型转换以及结构化查询语言 SQL。对于 Java 开发语言也要有基本的理解。

知识要点	目标要求	相关知识
计算机系统基本知识	(1) 能够理解并掌握计算机系统的基本概念及组成 (2) 能够掌握计算机系统的组成和分类	(1) 计算机的诞生、发展及发展趋势 (2) 计算机系统的概念 (3) 计算机系统的组成 (4) 计算机系统的分类
计算机硬件系统	(1) 了解计算机硬件的组成 (2) 了解计算机硬件的结构和性能指标	(1) 计算机的主要部件 (2) 计算机的总线结构 (3) 计算机硬件的性能指标
计算机软件系统	(1) 了解计算机软件的基本知识 (2) 了解计算机软件的分类	(1) 计算机软件的概念 (2) 系统软件、应用软件、中间件软件
数据库基本知识	(1) 能够理解并掌握数据库的基本概念 (2) 能够理解数据管理技术的发展过程 (3) 能够理解数据库系统的结构	(1) 数据库、数据库管理系统、数据库系统的概念 (2) 数据处理的发展过程 (3) 数据库系统和数据库管理系统的关系
数据模型	(1) 理解概念模型中实体的相关概念 (2) 理解实体之间的联系 (3) 掌握实体—联系表示方法	(1) 实体的相关概念 (2) 一对一联系,一对多联系,多对多联系 (3) E-R 模型的绘制
E-R 模型向关系模型的转换方法	掌握 E-R 模型向关系模型的转换步骤	E-R 模型向关系模型的转换步骤
结构化查询语言 SQL	掌握和使用 SQL 语言	SQL 的数据查询、定义和操纵的方法

程序设计语言 Java 基础	(1) 掌握 Java 程序设计基础知识 (2) 掌握 Java 语言的控制语句、数组和方法	(1) Java 体系、JVM、API (2) Java 基础语法 (3) Java 程序结构、条件语句、循环语句、跳转语句 (4) Java 方法的定义、main 方法以及异常处理

开篇案例

沃尔玛的信息系统战略

案例背景

20 世纪 70 年代，沃尔玛率先将卫星通讯系统运用于公司的发展，新世纪开始，沃尔玛又投资 90 亿美元开始实施"互联网统一标准平台"的建设。凭借先发优势、科技实力，沃尔玛的店铺冲出阿肯色州，遍及美国；走向世界。由此可见，与其说它是零售企业，不如说它是科技企业。

具体案例

沃尔玛领先于竞争对手，先行对零售信息系统进行了积极投资的经典事例：1969 年，最早使用计算机跟踪存货；1974 年，全面实现 S.K.U.单品级库存控制；1980 年，最早使用条形码；1984 年，最早使用 CM 品类管理软件；1985 年，最早采用 EDI；1988 年，最早使用无线扫描枪；1989 年，最早与宝洁公司(Procter&Gamble)等大供应商实现 VMIECR 产销合作。在信息技术的支持下，沃尔玛能够以最低的成本、最优质的服务、最快速的管理反应进行全球运作。尽管信息技术并不是沃尔玛取得成功的充分条件，但它却是沃尔玛成功的必要条件。这些投资使得沃尔玛可以显著降低成本，大幅提高资本生产率和劳动生产率。沃尔玛的全球采购战略、配送系统、商品管理、电子数据系统战略在业界都是可圈可点的经典案例。可以说，所有的成功都是建立在沃尔玛利用信息技术的基础之上。

从沃尔玛的成功可以看出，信息技术的采用虽然投资巨大，但是它能降低成本，带来无限的收益与竞争力，可谓沃尔玛成功的一大法宝。

有人说"信息技术始于战略，而不是系统"，这句话是十分正确的。从沃尔玛的成功可以看出，沃尔玛正是正确地运用了信息技术，适时地调整自己的战略，紧随着市场的变化和信息技术的发展而不断改进自身的信息系统，所以能够保证高效、快速、优质地完成服务，最终取得了巨大的成功。

众所周知，全世界最为强大的电子信息系统在美国。而在美国曾有这样一个说法：沃尔玛的电子信息系统是全美最大的民用系统，甚至超过了电信业巨头美国电报电话公司。沃尔玛拥有如此先进的科技装备，这在当时美国商界是极为罕见的，这与沃尔顿先生追求卓越的经营管理理念是密不可分的。他认为，高新技术的快速引进和成功运用可以极大地提高沃尔玛的工作效率,促进高效分销,提高公司的盈利水平和核心竞争力,起到"点石成金"之功效。

在互联网时代,为了顺应数码时代的需求,沃尔玛应用数字化工具,导入了新经济管理模式,从而获得新的竞争能力。目前,沃尔玛的新型交互式网站仍在建设之中,据美国著名的经济权威杂志《商业周刊》的网络专家分析,这项措施将使沃尔玛相当于新建了25个新商场,同时也使消费者网上购物的选择范围扩大了将近两倍。

案例说明

随着世界经济的不断发展和现代科技的日新月异,社会生产方式和人们生活方式的巨大变化使消费需求进一步多样化、个性化,从而要求零售方式必须不断创新,以适应时代的变化。当代零售业态的发展呈现出了以下几种趋势:新的零售业态层出不穷、零售生命周期缩短、零售技术日益重要、各业态之间的竞争日趋激烈、经营向两极化方向发展、垂直营销系统进一步发展、无店铺销售迅速成长、零售界的全球化趋势。这些复杂多变的形式都要求企业的发展必须依靠强有力的信息系统战略,这样才能满足当今零售业销售的需求。而沃尔玛正是凭借着对零售业不同阶段的认识,使用不同阶段的信息技术才能得以领先于其他竞争对手,从而铸造沃尔玛帝国的传奇。

提问和思考

从沃尔玛的成功可以看出,信息系统对企业的发展和成败有至关重要的作用,企业利用先进的信息技术是企业适应市场和时代发展的重要标志。那么,究竟什么是信息系统?信息系统需要什么的信息技术?信息技术又是怎么发展的?我们现在能利用的技术资源有哪些?本章针对这些内容进行详细讨论。

第一节 计算机技术基础

本节从计算机概述、计算机硬件系统和计算机软件系统等三个方面进行介绍,重点了解计算机系统的基本概念及组成,掌握主要技术指标;了解计算机硬件的组成和分类;了解计算机软件的基本知识和分类,并能结合实例加强理解。

一、计算机概述

1. 计算机的诞生

1946年2月14日,由美国军方定制的世界上第一台电子计算机"电子数字积分计算机"(Electronic Numerical Integrator and Calculator,简称ENIAC)在美国宾夕法尼亚大学问世了。ENIAC(中文名:埃尼阿克)是美国奥伯丁武器试验场为了满足计算弹道需要而研制成的,这台计算器可谓是庞然大物,占地 150m^2,重达 28t,使用了 17840 支电子管、1500 个继电器,功耗为 170KW,其运算速度为每秒 5000 次,造价约为 487000 美元。ENIAC 的问世具有划时代的意义,表明了电子计算机时代的到来。

2. 计算机的发展

计算机的发展通常可划分为以下五个阶段。

(1) 第一代计算机:真空电子管计算机(1946~1958 年)

该阶段计算机逻辑元件采用的是真空电子管,主存储器采用汞延迟线、阴极射线示波管静电存储器、磁鼓、磁芯,外存储器采用的是磁带。软件方面采用的是机器语言、汇编语言。应用领域以军事和科学计算为主。其特点是体积大、功耗高、可靠性差、速度慢(一般为每秒数千次至数万次)、价格昂贵,但为以后的计算机发展奠定了基础。

(2) 第二代计算机:晶体管计算机(1958~1964 年)

该阶段计算机逻辑元件采用晶体管,主存储器采用磁芯,软件方面出现了操作系统、高级语言及其编译程序,应用领域以科学计算和事务处理为主,并开始进入工业控制领域。与第一代计算机相比,其体积缩小、能耗降低、可靠性提高、运算速度提高(一般为每秒数十万次,还可高达 300 万次)、性能有很大的提高。

(3) 第三代计算机:集成电路计算机(1964~1970 年)

该阶段计算机逻辑元件采用中、小规模集成电路(MSI、SSI),主存储器仍采用磁芯,软件方面出现了分时操作系统以及结构化、规模化程序设计方法。其特点是速度更快(一般为每秒数百万次至数千万次),而且可靠性有了显著提高,价格进一步下降,产品走向了通用化、系列化和标准化等。应用领域开始进入文字处理和图形、图像处理领域。

(4) 第四代计算机:大规模集成电路和超大规模集成电路计算机(1970 年至今)

该阶段计算机逻辑元件采用大规模和超大规模集成电路(LSI 和 VLSI)。软件方面出现了数据库管理系统、网络管理系统和面向对象语言等。1971 年世界上第一台微处理器在美国硅谷诞生,开创了微型计算机的新时代。应用领域从科学计算、事务管理、过程控制逐步走向家庭。

(5) 第五代计算机:生物计算机、光子计算机和量子计算机等(未来)

该阶段计算机将突破传统的冯·诺伊曼机器的概念。逻辑元件已不是常规的电子元件,而是生物芯片、集成光路和一些新的材质。软件方面则是集中了生物算法、光子运算和量子计算等理论的知识,是微电子技术、电子仿生技术、光学技术、量子技术和超导技术相互结合的产物。相信通过不断的改进和创新,第五代计算机将彻底改变人们的生活。

3. 计算机系统的概念

一般来说,由一台或多台计算机和相关软件组成并完成某种功能的系统称为计算机系统,它由计算机硬件和软件两部分组成。硬件包括中央处理器、存储器和外部设备等,软件是计算机的运行程序和相应的文档。前者是借助电、磁、光、机械等原理构成的各种物理部件的有机组合,是系统赖以工作的实体。后者是各种程序和文件,用于指挥全系统按指定的要求进行工作。计算机系统具有接收和存储信息、按程序快速计算和判断并输出处理结果等功能。

从广义的角度讲,计算机系统还应包括使用者和相关规章制度,也就是说,广义的计算机系统包括使用人、规章制度、硬件设备、软件数据等。无论是系统开发还是系统维护都需要人的参与,计算机系统良好的运行状态离不开人的参与,所以人在广义的计算机系统中起着主导作用。计算机硬件、计算机软件及其与人的有机结合才是计算机系统的全部。

4. 计算机系统的组成

由于冯·诺伊曼结构的计算机占主流地位,因此我们下面介绍均以此结构作为主体来介绍。计算机系统可分为硬件系统与软件系统两类,其中硬件系统主要包括主机和外部设备等,软件系统主要包括系统软件和应用软件等,还包括了若干种分类,如图2-1所示。

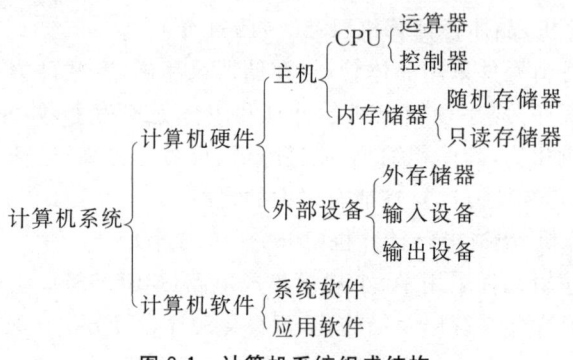

图2-1　计算机系统组成结构

计算机系统的特点是能进行精确的计算和快速的判断,并且通用性好,使用容易,还能互联互通。计算机系统最底层是硬件系统,是进行信息处理的物理装置,最上层是使用计算机的用户。用户与硬件系统之间的接口界面是软件系统,它大致可分为系统软件、支援软件和应用软件三层。

5. 计算机系统的分类

计算机系统可按系统的功能、性能等进行分类。

① 专用机与通用机:早期计算机均针对特定用途而设计,具有专用性质。20世纪60年代起,开始制造兼顾科学计算、事务处理和过程控制三方面应用的通用计算机。特别是系列机的出现、标准文本的各种高级程序语言的采用、操作系统的成熟使一种机型系列选择不同软件、硬件配置,就能满足各行业大小用户的不同需要,进一步强化了通用性。但特殊用途的专用机仍在发展,如连续动力学系统的全数字仿真机、超微型的空间专用计算机等。

② 巨型机、大型机、中型机、小型机、微型机:计算机是以大、中型机为主线发展的。20世纪60年代末出现小型计算机,70年代初出现微型计算机,因其轻巧、价廉、功能较强、可靠性高而得到广泛应用。70年代开始出现每秒可运算五千万次以上的巨型计算机,专门用于解决科技、国防、经济发展中的特大课题。巨、大、中、小、微型机作为计算机系统的梯队组成部分,各有其用途,都在迅速发展。

二、计算机硬件系统

1. 计算机硬件的组成

计算机硬件是指构成计算机的所有实体部件的集合,通常这些部件由电路(电子元件)、机械等物理部分组成。它们都是看得见、摸得着的物品,被称为"硬件"(Hardware)。计算机硬件的功能是输入并存储程序和数据,以及执行程序把数据加工成可以利用的形式。

计算机由运算器、存储器、控制器、输入设备和输出设备等五个逻辑部件组成,如图2-2所示。

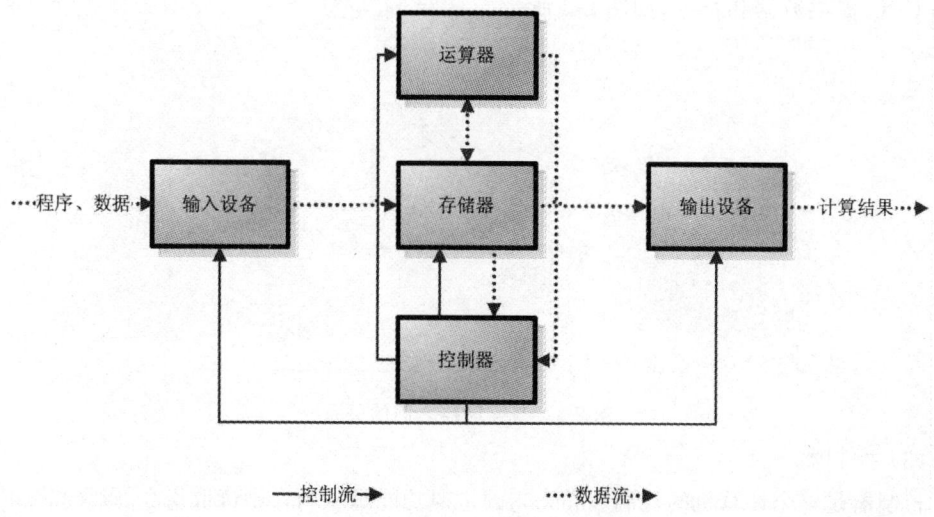

图2-2 计算机的组成部件

在计算机的组成部件中,运算器和控制器是信息处理的中心部件,它们被合称为"中央处理单元"(Central Processing Unit,简称CPU)。运算器可以进行加、减、乘、除等基本运算。存储器不仅能存放数据,而且也能存放指令,计算机能区分是数据还是指令。控制器能自动执行指令。操作人员能通过输入、输出设备和主机进行通信。计算机内部采用二进制来表示指令和数据。操作人员将编好的程式和原始数据送入主存储器中,然后启动计算机工作,计算机应在不需干预的情况下启动、完成逐条取出指令和执行指令的任务。

(1) 运算器

运算器是对信息进行运算处理的部件。它的主要功能是对二进制数码进行加、减、乘、除的算术,逻辑与、非、或的运算以及移位、求补等操作。运算器的核心是算术逻辑运算部件ALU(Arithmetic Logic Unit)。运算器的性能是影响整个计算机性能的重要因素,精度和速度是运算器重要的性能指标。运算器中还有若干个通用寄存器,用来暂存操作数,并存放运算结果。

(2) 存储器

存储器是用来存放数据和程序的部件。存储器是一个很大的信息存储库,被划分为许多存储单元,每个单元通常可存放一个数据或一条指令。在计算机系统中,较大规模的存储器往往进行分级存储,成为存储系统。

按照与 CPU 的接近程度,存储器分为内存储器和外存储器,内存储器又经常被称为主存储器(简称主存或内存),属于主机的组成部分;外存储器被称为辅助存储器(简称外存或辅存),属于外部设备。CPU 不能像访问内存那样直接访问外存,外存要与 CPU 或 I/O 设备进行数据传输,必须通过内存进行,当 CPU 处理速度很高时,为了使访问存储器的速度与 CPU 速度匹配,在内存和 CPU 之间增加了高速缓冲存储器(Cache)。Cache 的存取速度比内存快,但容量也比内存小很多,用来存放当前执行程序中的活跃部分,快速地向 CPU 提供数据和指令,如图 2-3 所示。

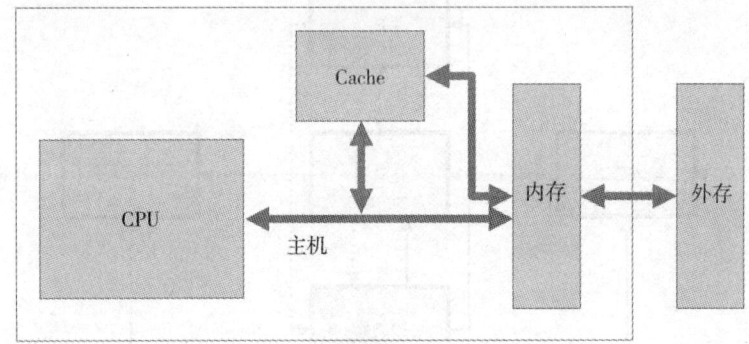

图 2-3　各存储器之间的关系

(3) 控制器

控制器是整个计算机的控制核心。它的主要功能是从内存中读取指令、翻译指令代码,并向计算机各部分发出控制信号,控制它们执行指令所规定的任务。当一条指令执行完毕,控制器会自动地去取下一条将要执行的指令,重复上述过程直至所有的指令执行完毕。控制器主要由指令部件、时序部件、微操作控制线路和中断控制逻辑组成。指令部件是对指令进行计数、寄存、译码、地址形成的操作的部件;时序部件是用来产生各部件所需要的定时控制信号的部件;微操作控制线路是用来产生机器所需的全部的微操作信号,作用是把操作码译码器输出的控制电位、时序信号以及各种控制条件进行组合,按一定时间顺序产生并发出一系列的微操作控制信号;中断控制逻辑用来控制中断处理掉的硬件逻辑。

(4) 输入设备

向计算机输入数据和信息的设备被称为输入设备。它是计算机与用户或其他设备通信的桥梁,用于把原始数据和处理这些数据的程序输入到计算机中。计算机能够接收各种各样的数据,既可以是数值型的数据,也可以是非数值型的数据。然后输入设备将数据和程序转化为计算机内部所能识别和接收的信息方式,并按照顺序把它们送入存储器中。常见的输入设备有鼠标、键盘、扫描仪、摄像头和光电输入机等。

(5) 输出设备

输出设备是计算机的终端设备,用于接收计算机数据的输出显示、打印、声音、控制外围设备操作等,把各种计算结果以数字、字符、图像、声音等形式表示出来。常见的输出设备有打印机、显示器、绘图机和投影仪等。

2. 计算机的总线结构

总线(Bus)是计算机各种功能部件之间传送信息的公共通信干线,它是由导线组成的传输线束,按照计算机所传输的信息种类,计算机的总线可以划分为数据总线、地址总线和控制总线,分别用来传输数据、数据地址和控制信号。总线是一种内部结构,它是CPU、内存、输入、输出设备传递信息的公用通道,主机的各个部件通过总线相连接,外部设备通过相应的接口电路再与总线相连接,从而形成了计算机硬件系统。在计算机系统中,各个部件之间传送信息的公共通路叫总线,微型计算机是以总线结构来连接各个功能部件的。

总线按功能和规范可分为以下五大类型。

① 数据总线(Data Bus):在 CPU 与随机存储器 RAM(Random Access Memory)之间来回传送需要处理或是需要储存的数据。

② 地址总线(Address Bus):用来在指定 RAM 中储存数据的地址。

③ 控制总线(Control Bus):将微处理器控制单元(Control Unit)的信号传送到周边设备,一般常见的为 USB Bus 和 1394 Bus。

④ 扩展总线(Expansion Bus):可连接扩展槽和电脑。

⑤ 局部总线(Local Bus):在局部取代扩展总线,提供更高速的数据传输。

其中前三种是微型计算机中主要使用的总线,也即通常意义上的总线或者称为系统总线,总线的分工明确,很适合计算机部件的模块化生产,从而促进了微型计算机的普及。

总的来说,总线是计算机的重要组成部分,它传递着 CPU 和其他部件之间的信息,以实现数据传输,使计算机系统具有组态灵活、易于扩展等优点。总线的性能直接影响计算机系统的整体工作性能。

3. 计算机的性能指标

计算机的性能不是由某项指标决定的,而是由它的系统结构、指令系统、硬件组成和软件配置等多方面的因素综合决定的。对于大多数普通用户来说,可以从以下六个指标来评价计算机的性能。

(1) 字长

字长是由加法器、寄存器、数据总线位数决定的。它标志着计算机的运算精度、指令字长度、存储单元长度等,在计算机中为了灵活地表达和处理信息,常常以字节(Byte)作为基本单位。不同计算机字的长度不同,可以是 8 位、16 位、32 位和 64 位等。

(2) 运算速度

运算速度是衡量计算机性能的一项重要指标。通常所说的计算机运算速度(平均运算速度)是指每秒钟所能执行的指令条数,一般用"百万条指令/秒"(Million Instruction Per Second,简称 MIPS)来描述。同一台计算机执行不同的运算所需时间可能不同,因而对运算速度的描述常采用不同的方法,常用的有 CPU 时钟频率(主频)、每秒平均执行指令数(IPS)等。微型计算机一般采用主频来描述运算速度。一般来说,主频越高,运算速度就越快。

（3）存储器容量

存储器容量分为内存储器容量（主存）和外存储器容量,内存是 CPU 可以直接访问的存储器,需要执行的程序与需要处理的数据就是存放在主存中的。内存容量的大小反映了计算机即时存储信息的能力。随着操作系统的升级、应用软件的不断丰富及功能的不断扩展,人们对计算机内存容量的需求也不断提高。内存容量越大,系统功能就越强大,能处理的数据量就越庞大。外存储器容量通常是指硬盘容量（包括内置硬盘和移动硬盘）。外存储器容量越大,可存储的信息就越多,可安装的应用软件就越丰富。

（4）可靠性

可靠性使用平均无故障工作时间（Mean Time Between Failures,简称 MTBF）来表示,即计算机硬件运行时两次故障之间能正常工作时间的平均值,MTBF 越大越可靠。假设 λ 表示单位时间内失效的元件数与元件总数的比例,则 $MTBF=1/\lambda$。

例如,$\lambda=0.1\%h$,则 $MTBF=1/\lambda=1000h$。

（5）可维护性

可维护性是指系统出了故障能恢复,即维修效率,用平均修复时间（Mean Time to Repair,简称 MTTR）表示,指从故障发生到机器修复平均所需要的时间。

（6）可用性

可用性是指计算机的使用效率,它以计算机系统在执行任务的任意时刻能正常工作的概率 A 来表示,即

$$A=MTBF/(MTBF+MTTR)$$

除此之外,评价计算机性能还会看性能、价格、扩展性、耗电量等。

三、计算机软件系统

计算机软件（Computer Software,也称软件、软体）是指计算机系统中的程序及文档,程序是计算任务的处理对象和处理规则的描述,文档是为了便于了解程序所需的阐明性资料。程序必须装入机器内部才能工作,文档一般是给人看的,不一定装入机器。相对于计算机硬件而言,软件是计算机的无形部分,但它的作用很大。若只有好的硬件,而没有好的软件,则计算机是不能发挥出它的优越性的。因此,在设计计算机系统时,必须通盘考虑计算机软件系统和硬件系统的结合,以达到最佳的效果。

管理信息系统是由计算机硬件、网络和通讯设备、计算机软件、信息资源、信息用户和规章制度组成的,以处理信息流为目的的人机一体化系统。计算机软件是管理信息系统的重要组成部分,主要分为三类：系统软件、应用软件和中间件。

1. 系统软件

系统软件是为了计算机能正常、高效工作所配备的各种管理、监控和维护系统的程序及有关资料。系统软件的任务：一是更好地发挥计算机的效率,二是方便用户使用计算机。系统软件主要包括操作系统、各种语言的解释程序与编译程序（如 BASIC 语言解释程序等）、各种服务性程序（如机器的调试、故障检查和诊断程序等）、各种数据库管理系统

（ORACLE 等）。

2. 应用软件

应用软件是用户可以使用的各种程序设计语言，以及用各种程序设计语言编制的应用程序的集合，分为应用软件包和用户程序。应用软件包是利用计算机解决某类问题而设计的程序的集合，供多个用户使用。从服务对象的角度，又可将其分为通用软件和专用软件两类。

通用软件：这类软件通常是为解决某一类问题而设计的，而这类问题是很多人都要遇到和需要解决的，如文字处理、表格处理、电子演示等。

专用软件：在市场上可以买到通用软件，但有些具有特殊功能和需求的软件是无法买到的。比如某个用户希望有一个程序能自动控制扫描仪，同时也能将各种事务性工作集成起来统一管理。因为它对于一般用户是太特殊了，所以只能组织人力开发。当然，开发出来的这种软件也只能专用于这种情况。

3. 中间件

随着计算机技术的发展，IT 厂商出于商业和技术利益的考虑，所生产产品之间存在差异，虽然技术在不断进步，但差异并没有因此减少。计算机用户出于历史原因和降低风险的考虑，必然也无法避免出现多厂商产品并存的局面。于是，如何屏蔽不同厂商产品之间的差异、如何减少应用软件开发与工作的复杂性，就成为技术不断进步之后人们不能不面对的现实问题。于是，中间件应运而生。中间件试图通过屏蔽各种复杂的技术细节使技术问题简单化。

中间件是一种独立的系统软件或服务程序，分布式应用软件借助这种软件在不同的技术之间共享资源，中间件位于客户机服务器的操作系统之上，管理计算资源和网络通信，现在是与操作系统、数据库并列的三大基础软件之一。顾名思义，中间件处于操作系统软件与用户的应用软件的中间，如图 2-4 所示。中间件在操作系统、网络和数据库之上，应用软件的下层，总的作用是为处于自己上层的应用软件提供运行与开发的环境，帮助用户灵活、高效地开发和集成复杂的应用软件。

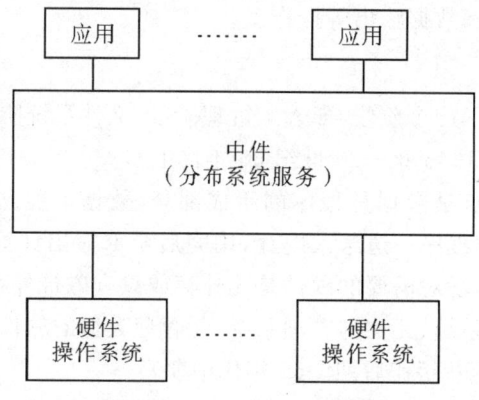

图 2-4　中间件位置示意图

中间件技术已经日渐成熟，并且出现了不同层次、不同类型的中间件产品，大致可分为消息中间件、交易中间件、对象中间件、应用服务器、企业级应用集成以及安全中间件等。

第二节 数据库技术基础

本节重点介绍数据库技术基础，主要从数据库概述、数据模型、E-R 模型到关系模型转换以及 SQL 语言的介绍展开介绍，要求掌握数据库理论知识，掌握数据模型分类以及规范化设计方法，熟悉 E-R 模型到关系模型的转换，重点掌握 SQL 语言的使用方式。

一、数据库概述

1. 数据和数据处理的概念

描述事物的符号记录称为数据。数据的种类有数字、文字、图形、图像、声音等。数据与其语义是不可分的。

如描述一个企业的情况可用组织机构代码、企业名称、成立时间、注册地址等，可以这样描述：

（100002323、中国某建设投资集团、199801、北京市东城区）

这里的企业记录就是数据。对于这条记录，了解其含义的将得到如下信息：中国某建设投资集团，1998 年 1 月成立，注册地是北京市东城区，组织机构代码号是 100002323；若不清楚各数据分项对应的结构，就不会了解具体含义。因此，数据的形式本身还不能完全表达其内容，需要经过语义解释。数据的解释是对数据含义的说明，数据的含义就是数据的语义，所以，数据与其语义是不可分的。

数据处理是把来自科学研究、生产实践和社会经济活动等领域中的原始数据，用一定的设备和手段，按一定的使用要求，加工成另一种形式的数据的过程。

数据处理主要包括数据收集，数据转换，数据的筛选、分组和排序，数据组织，数据运算，数据存储，数据检索和数据输出等操作。

2. 数据处理的发展

数据处理大致经历了三个阶段，即人工管理阶段、文件系统阶段和数据库阶段。

（1）人工管理阶段（1946 年—20 世纪 50 年代中期）

这个阶段的主要特点是数据是程序的组成部分，数据不独立，修改数据必须修改程序。程序执行时，数据随程序一道送入内存，用完后全部撤出计算机，不能保留。数据大量重复，不能共享。该阶段对需要的硬件是无外存或只有磁带外存，输入、输出设备简单，所需的软件则为无操作系统、无文件管理系统、无管理数据的软件。

（2）文件系统阶段（50 年代后期—60 年代中期）

这个阶段的主要特点是数据管理方面实现了数据对程序的一定的独立性，数据不再是程序的组成部分，修改数据不必修改程序，数据有结构，被组织到文件内，存储在磁带、磁盘上，可以反复使用和保存。文件逻辑结构向存储结构的转换由软件系统自动完成，系统开发和维护工作得到减轻。该阶段的硬件有了显著的提高,外存有了很大的发展,除了磁带机,还出现了大容量的硬盘和灵活的软磁盘;软件方面出现了操作系统、文件管理系统和多用户的分时系统以及专用于商业事务管理的高级语言 COBOL。

(3) 数据库阶段(60年代后期—至今)

该阶段的主要特点是要面向全组织的复杂数据结构,大容量磁盘已经出现,硬件价格大幅下降。联机实时处理业务增多,出现了复杂数据结构,数据冗余度小、易于扩充,数据与程序独立,有了统一的数据控制功能。

3. 数据库

数据库是长期存储在计算机内有组织的共享数据的集合。数据库中的数据按一定的数据模型组织、描述和储存。它可以供用户共享,具有尽可能小的冗余度和较高的数据独立性,使得数据存储最优,数据操作最容易,并且具有完善的自我保护能力和数据恢复能力。

数据库应用范围十分广泛。例如,可以将描述企业的企业名称、成立时间、注册地址等相关信息存储在一个数据库中;为了加强对企业的管理,可以对每一个企业进行分类编号,如使用组织机构代码编号,然后将描述企业的组织机构代码、企业名称、成立时间、注册地址、法人代表、联系方式、邮编等相关信息存储在一个数据库中。数据库系统与文件系统的区别和联系表现在以下三点:

① 数据库系统实现整体数据的结构化,这是数据库的主要特征之一,也是数据库系统与文件系统的本质区别。

② 数据库系统存储数据的方式灵活,可以存储数据库中的某一个数据项、一组数据项、一组记录或一个纪录,而文件系统中数据的存取单位是记录。

③ 数据库系统的数据共享性高,易扩充,而文件系统中的文件是为某一特定的应用服务的,也不宜扩充。

4. 数据库管理系统

数据库的使用过程包括建立、存取、修改和删除数据库中的信息。由于人们对信息的需要增加,信息量急剧上升,信息数据有数字、文字、声音、图像等多种形式,所以对数据的处理必须使用一套操纵和管理数据的系统软件,这种软件就称为数据库管理系统(DataBase Management System,简称 DBMS)。数据库系统的一切操作,包括查询、更新及各种控制,都是通过 DBMS 进行。

DBMS 与数据模型有关,根据所采用数据模型的不同,DBMS 可以分成网状型、层次型、关系型、面向对象型等。在不同的计算机系统中,由于缺乏统一的标准,即使是同种数据模型的 DBMS,它们在用户接口、系统功能等方面也常常是不相同的。数据库管理系统在计算机系统中的地位如图 2-5 所示。

就目前而言,市面上的数据库管理系统很多,就不同的侧面对其进行分类。

(1) 根据数据组织与存储的方式分类

根据数据组织与存储的方式,可将其分为关系式数据库管理系统和非关系式数据库管理系统。关系式数据库管理系统有 SQL Server、Oralce、Db2、Sybase SQL Server、

Informix、MySql 等。

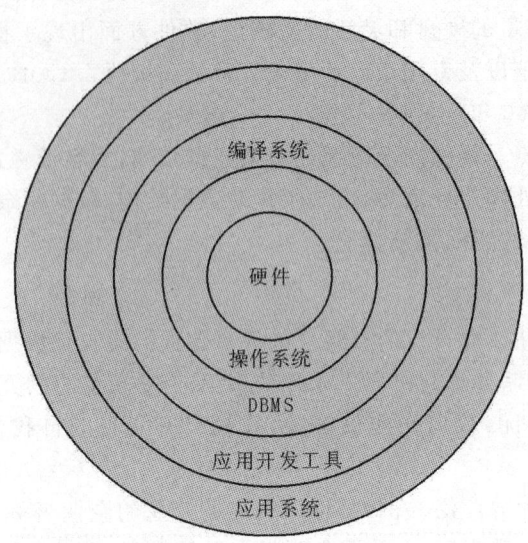

图 2-5 数据库管理系统在计算机系统中的地位

非关系式数据库管理系统有 Lotus/Domino、ExChange 等。

（2）根据数据管理的能力及规模分类

根据数据管理的能力及规模，可将其分为大型数据库管理系统、桌面数据库管理系统和移动数据库管理系统。

大型数据库管理系统有 SQL Server 企业版、Oralce、Db2、Sybase SQL Server。

桌面数据库管理系统有 Access、SQL Server 桌面版、Foxpro。

移动数据库管理系统有 SQL Server CE、Sybase SQL Anywhere 等。

数据库管理系统应该提供如下功能：数据定义功能（Data Definition Language，简称 DDL）、数据操纵功能（Data Manipulation Language，简称 DML）、数据库运行管理以及数据库建立与维护功能等。

5．数据库系统

在计算机系统中引入数据库管理系统，通过计算机上的操作系统来实现数据库功能，构成一个高效能的数据处理计算机系统，这种计算机系统称为数据库系统（Data Base System，简称 DBS）。实际上，它就是采用了数据库技术的计算机系统，通常由硬件平台及数据库、软件、数据库管理员、系统分析员、数据库设计人员、应用程序员和用户等部分组成。

数据库系统与数据库管理系统之间的关系：

① 数据库系统是建立在数据库管理系统基础之上的。

② 数据库管理系统主要实现对数据的组织存储与管理。

③ 数据库系统主要侧重于业务功能的实现。

二、数据模型

数据模型就是现实世界的模拟,也就是说,数据模型是用来描述数据、组织数据和对数据进行操作的。现有的数据库系统均是基于某种数据模型的,因此,了解数据模型的基本概念是学习数据库的基础。

1. 概念模型

概念模型又称信息模型,它以用户可以理解的方式描述一个系统,如显示主要对象类型及其关系的图表等。其表示方法最常用的是实体—联系(Entity-Relationship,简称 E-R)模型。E-R 模型独立于计算机系统,按用户的观点在信息世界对数据建模,强调语义表达能力。在数据库设计中完全不涉及数据在计算机系统中的表示方法。

涉及的概念主要有以下几个。

① 实体:客观存在并可相互区别的事物。它可以是具体的人、事、物,也可以是抽象的概念或联系(如企业与法人代表的关系等)。

② 属性:实体所具有的某一特性。一个实体由若干个属性来描述。

③ 码:唯一标识实体的属性集。

④ 域:属性的取值范围称为该属性的域。

⑤ 实体型:用实体名及其属性名集合来抽象和描述同类实体。例如:

法人代表:公民身份号码、姓名、性别、民族等;

企业:组织机构代码、企业名称、注册地、注册时间等;

实体集:同型实体的集合。

⑥ 联系:实体内部(实体的各属性间)的联系和实体之间的联系。

两个实体之间的联系可以分为以下几种类型。

一对一联系(1∶1):若对于实体集 A 中的每一个实体,实体集 B 中至多有一个实体与之联系,反之亦然,则称实体集 A 与实体集 B 具有一对一的联系,记为 1∶1。

一对多联系(1∶n):若对于实体集 A 中的每一个实体,实体集 B 中有 $n(n \geqslant 0)$ 个实体与之联系,反之,对于实体集 B 中的每一个实体,实体集 A 中至多有一个实体与之联系,则称实体集 A 与实体集 B 具有一对多的联系,记为 1∶n。

多对多联系(m∶n):若对于实体集 A 中的每一个实体,实体集 B 中有 $n(n \geqslant 0)$ 个实体与之联系,反之,对于实体集 B 中的每一个实体,实体集 A 中有 $m(m \geqslant 0)$ 个实体与之联系,则称实体集 A 与实体集 B 具有多对多的联系,记为 m∶n。

概念模型的表示方法为实体—联系方法,即 E-R 方法,也称为 E-R 模型。

数据库的总体概念结构可以用 E-R 模型中的 E-R 图来表示。E-R 图由以下几个基本元素构成。

矩形:代表实体集。椭圆:代表属性。菱形:代表实体间的联系集。线段:将属性与实体集相连或将实体集与联系集相连。除线段以外,每个元素上都标有它所代表的实体、属性或联系。

【案例 2-1】

企业和法人代表的 E-R 模型

若设计的数据库要求每家企业只能有一名法人代表,而一名法人代表可负责多家企业,则可以建立 E-R 模型,如图 2-6 所示。图 2-6 中,"法人代表"与"企业"两实体通过"负责"相互联系。由于一名自然人可作为多家企业的法人代表,而一家企业只能有一名法人代表,因此"法人代表"和"企业"之间表现为一对多的联系。

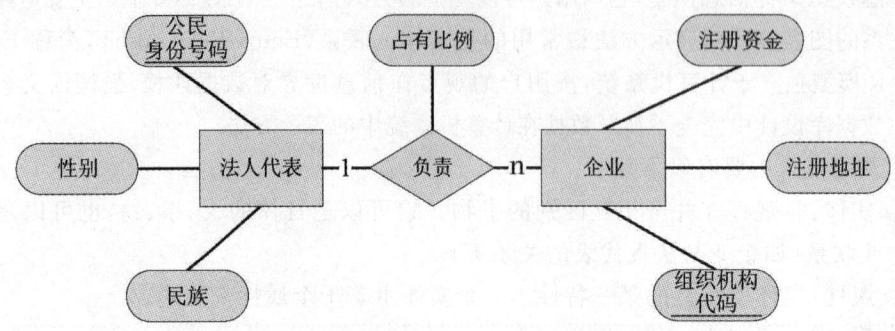

图 2-6 企业和法人代表的 E-R 模型

2. E-R 模型到关系模型的转换

(1) 转换原则

把 E-R 模型转换为关系模型可遵循如下原则:

① 对于 E-R 模型中每个实体型,都应转换为一个关系,该关系应包括对应实体的全部属性,并应根据关系所表达的语义确定哪个属性或哪几个属性的组合作为主关键字,主关键字用来标识实体。实体的属性就是关系的属性,实体的码就是关系的码。

② 对于 E-R 模型中的联系,情况比较复杂,要根据实体联系方式的不同采取不同的手段加以实现。下面着重讨论联系的转换方法。

(2) 标明主键和外键

一般用下划线表示主键,波浪线表示外键。

如:学生(学号,姓名,院系号);
  院系(院系号,院系名)。

(3) 转换方法

① 若实体间联系是 1∶1,可以在两个实体类型转换成的两个关系模式中任意一个关系模式的属性中加入另一个关系模式的键和联系类型的属性,如图 2-7 所示。

关系模型为:

学校(校名,地址,电话);

校长(姓名,性别,年龄,职称);

学校(校名,地址,电话,校长姓名,任职年月);

校长(姓名,性别,年龄,职称,校名,任职年月)。

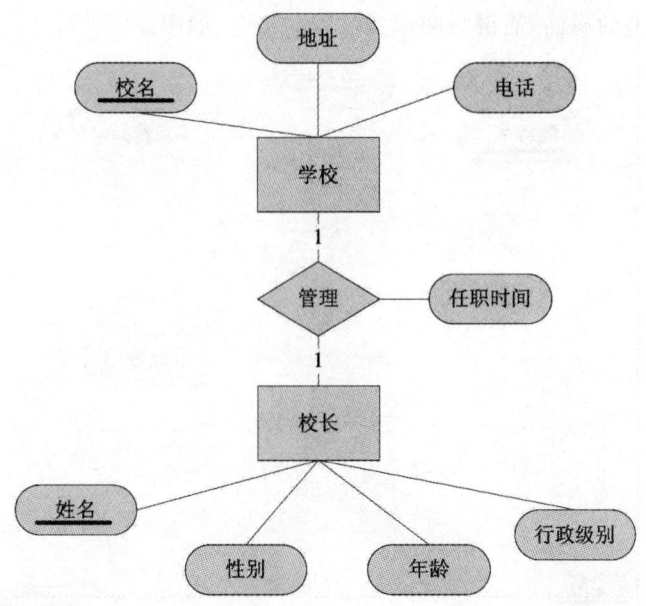

图 2-7 实体联系 1∶1 示意图

② 若实体间联系是 1∶n，则在 n 端实体类型转换成的关系模式中加入 1 端实体类型的键和联系类型的属性，如图 2-8 所示。

关系模型为：

系(系号,系名,电话)；

教师(工号,姓名,性别,年龄,系号,聘期)。

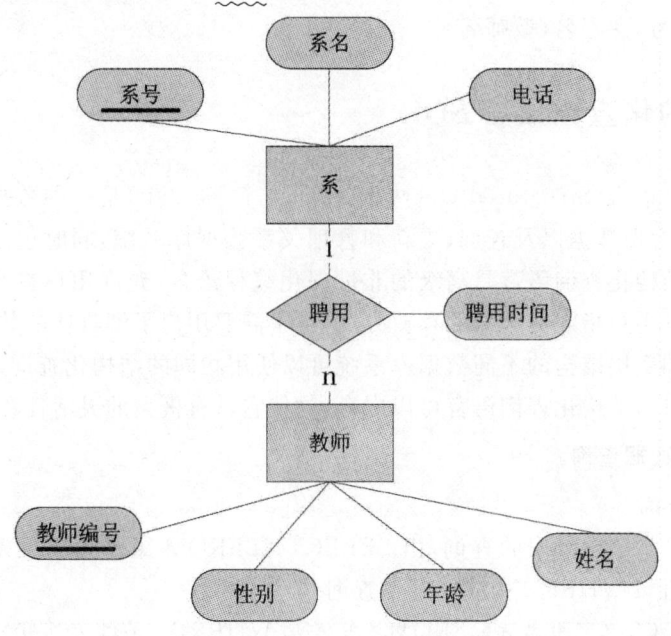

图 2-8 实体联系 1∶n 示意图

③ 若实体间联系是 m∶n，则将联系类型也转换成关系模式，其属性为两端实体类型

的键加上联系类型的属性,而键为两端实体键的组合,如图2-9所示。

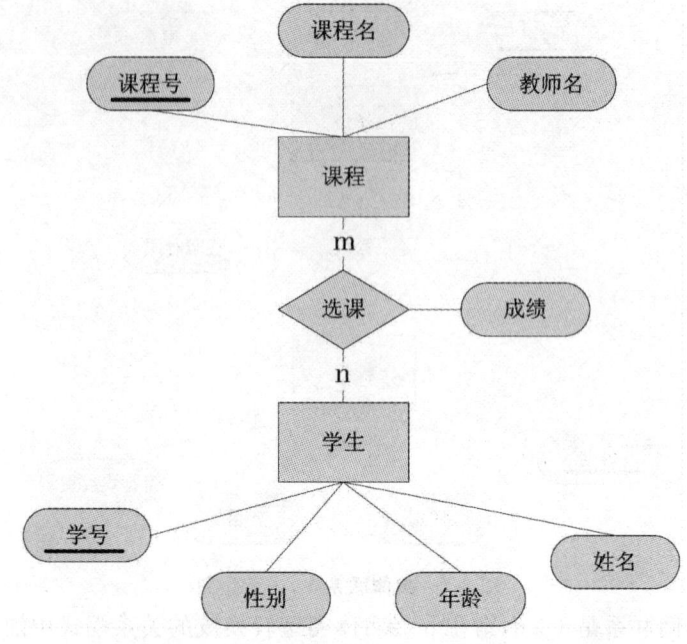

图 2-9　实体联系 m∶n 示意图

关系模型为:
学生(学号,姓名,年龄,性别);
选课(学号,课程号,成绩);
课程(课程号,课程名,教师名)。

三、结构化查询语言 SQL

结构化查询语言(Structured Query Language,简称 SQL)是一种数据库查询和程序设计语言,用于存取数据以及查询、更新和管理关系数据库系统,同时也是数据库脚本文件的扩展名。结构化查询语言是高级的非过程化编程语言,允许用户在高层数据结构上工作。它不要求用户指定对数据的存放方法,也不需要用户了解具体的数据存放方式,所以具有完全不同底层结构的不同数据库系统可以使用相同的结构化查询语言作为数据输入与管理的接口。结构化查询语言可以嵌套,这使它具有极大的灵活性和强大的功能。

1. SQL 的数据查询

(1) 简单查询

简单查询是基于单个表的查询,由 SELECT 和 FROM 短语构成无条件查询或者在后面增加条件语句 WHERE 构成有条件查询。

格式:SELECT〈字段名表〉FROM〈表名〉[WHERE〈条件表达式〉]

① 查询其中几个字段。

　　SELECT 学号,姓名 FROM student

② 用通配符 * 表示查询所有字段。
SELECT * FROM student
③ 用 DISTINCT 去掉查询中的重复记录。
SELECT DISTINCT 姓名 FROM score
④ 用 WHERE 子句查询满足条件的记录。
SELECT * FROM student WHERE 姓名="张三"

WHERE 子句的"条件表达式"中,允许使用 LIKE、IN、NOT IN 和 BETWEEN 等几个特殊运算符。通配符"%"代表 0 个或多个字符,通配符"_"代表 1 个字符。WHERE 子句中常用的查询条件如表 2-1 所示。

表 2-1 常用查询条件及示例

查询条件	运算符
比较	=, >, <, >=, <=, !=, <>, !>, !<
确定范围	BETWEEN AND
确定集合	IN, NOT IN
字符匹配	LIKE
多重条件	AND, OR, NOT
集合运算	UNION, INTERSECT, EXCEPT
谓词	EXISTS(存在量词), ALL, SOME, UNIQUE

⑤ 用 ORDER BY 子句对查询结果进行排序。
SELECT * FROM student ORDER BY 性别 ASC,考试成绩 DESC
ASC 表示查询结果按升序排列,DESC 表示查询结果按降序排列,SQL 默认查询结果升序排列,所以 ASC 经常被省略。

(2) 统计查询

统计查询是指 SQL 可以直接对查询结果进行进一步的统计操作处理,常用统计函数有计数 COUNT()、求和 SUM()、求平均值 AVG()、求最大值 MAX()、求最小值 MIN()。

① 使用统计函数和别名。
SELECT COUNT(*) AS 女生人数,AVG(考试成绩) AS 平均考试成绩 FROM student WHERE 性别="女"
命令中的 AS 用于给该列起一个别名,SELECT 子句中不仅有字段,也可以有表达式。

② 使用其他函数。
SELECT YEAR(DATE())－YEAR(出生日期) AS 年龄 FROM student WHERE 姓名="张三"

(3) 分组查询

分组查询是指先按某个字段的值将所有记录分组,然后对每个分组进行统计运算,分组依据的字段由 GROUP BY 子句指定。

① 使用 GROUP BY 子句。

例如：分别汇总男生和女生的人数。

SELECT 性别,COUNT(*) FROM student GROUP BY 性别

② 使用 GROUP BY 子句和 HAVING 子句。

使用 HAVING 子句可以对分组查询的结果再进行一次筛选，HAVING 子句总是跟在 GROUP BY 子句后面，不可单独使用。

例如：查询张姓学生的分性别汇总情况。

SELECT 性别,COUNT(*) FROM student GROUP BY 性别 HAVING 姓名 LIKE "张%"

（4）嵌套查询

若查询结果来自一张表，但相关查询条件却涉及另一张表，则可以使用嵌套查询来完成。

格式：

SELECT〈字段名〉FROM〈表名〉WHERE〈字段名〉[NOT] IN

（SELECT〈字段名〉FROM〈表名〉WHERE〈条件表达式〉）

例如：查询所有课程及格的学生情况。

SELECT * FROM student WHERE 学号 NOT IN（SELECT 学号 FROM score WHERE 成绩＜60）

命令执行时，先执行括号里的内层查询，再执行外层查询。当内层查询的结果只有一个值时，可以使用比较运算符，如＝、!＝等。

（5）多表查询

基于多个表的查询，首先要考虑表间的连接关系，最简单的方法是取两个表中的公共字段作为两个表的连接条件。

例如：查询张三的所有课程成绩。

SELECT student.学号,student.姓名,score.课程编号,score.成绩 FROM student,score WHERE student.学号＝score.学号 AND student.姓名="张三"

其中"student.学号＝score.学号"就是用于实现两表连接的查询条件，"姓名＝"张三""是用于筛选记录的查询条件。

在 FROM 子句中可以为表指定别名，以简化表名的书写。上面的例子可改写为：

SELECT a.学号,a.姓名,b.课程编号,b.成绩 FROM student a,score b WHERE a.学号＝b.学号 AND a.姓名="张三"

2. SQL 的数据定义

SQL 的数据定义包含三方面的内容：定义表结构、修改表结构和删除表。

（1）定义表结构

定义表结构的命令格式为 CREATE TABLE ＜表名＞（…），在括号中指定各字段的字段名、类型、精度、是否支持空值和字段完整性约束条件，以及表的完整性约束条件。

定义表结构的语法：

CREATE TABLE 表名称
(
列名称1 数据类型,
列名称2 数据类型,
列名称3 数据类型,
……
)

数据类型(data type)规定了列可容纳何种数据类型。下面的表格包含了 SQL 中最常用的数据类型,如表 2-2 所示。

表 2-2 SQL 中常用的数据类型及描述

数据类型	描述
• integer(size) • int(size) • smallint(size) • tinyint(size)	仅容纳整数 在括号内规定数字的最大位数
• decimal(size,d) • numeric(size,d)	容纳带有小数的数字 "size" 规定数字的最大位数,"d" 规定小数点右侧的最大位数
char(size)	容纳固定长度的字符串(可容纳字母、数字以及特殊字符) 在括号中规定字符串的长度
varchar(size)	容纳可变长度的字符串(可容纳字母、数字以及特殊的字符) 在括号中规定字符串的最大长度
date(yyyymmdd)	容纳日期

实例:如何创建名为 "Person" 的表。
该表包含四个列,列名分别是"Id"、"Name"、"Address" 以及 "City":
CREATE TABLE Persons
(
Id int,
Name varchar(255),
Address varchar(255),
City varchar(255)
)

(2) 修改表结构

修改表结构命令以 ALTER TABLE <表名>开头,后面根据不同的操作使用不同的命令。

如需在表中添加列,语法如下:

ALTER TABLE table_name

ADD column_name data type

要删除表中的列,请使用下列语法:

ALTER TABLE table_name

DROP COLUMN column_name

要改变表中列的数据类型,请使用下列语法:

ALTER TABLE table_name

ALTER COLUMN column_name data type

实例:希望在表"Persons"中添加一个名为"Birthday"的新列。

ALTER TABLE Persons

ADD Birthday date

(3)删除表

删除表命令 DROP TABLE〈表名〉,从数据库和磁盘上将表直接删除。

DROP TABLE Persons

3. SQL 的数据操纵

SQL 的数据操纵是指对表中数据的操作,包括数据的插入、更新和删除。

(1)插入记录

① 在命令中包含需要插入记录的具体字段值。

格式:

INSERT INTO〈表名〉(字段名表)VALUES(值列表)

命令中表的字段名顺序必须与值列表中的值顺序完全一致。

INSERT INTO Persons (Id,Name,Address,City) VALUES ("1001","李明","朝阳区河荫西路 123 号","北京市")

当 VALUES 子句中包含了每一个字段的值,并且顺序和表结构一样,则可以省略表名后的字段名表。

INSERT INTO 职员 VALUES ("1001","李明","朝阳区河荫西路 123 号","北京市")

② 从数组或内存变量中导入记录。

格式:

INSERT INTO〈表名〉FROM ARRAY〈数组名〉| MEMVAR

(2)更新记录

格式:

UPDATE〈表名〉SET 字段名=表达式[WHERE〈条件表达式〉]

如果省略 WHERE 子句,那么将对表中所有记录的某一字段进行更新。

UPDATE Persons SET Address="东城区东直门南大街 123 号" WHERE ID="1001"

(3)删除记录

格式:

DELETE FROM〈表名〉[WHERE〈条件表达式〉]

可以在不删除表的情况下删除所有的行,这意味着表的结构、属性和索引都是完整的。如果省略 WHERE 子句,那么将删除表中的所有记录。

DELETE FROM 职员

第三节 程序设计语言 Java 基础

Java 是一种可以撰写跨平台应用软件的面向对象的程序设计语言,是由 Sun Microsystems 公司于 1995 年 5 月推出的 Java 程序设计语言和 Java 平台(即 JavaSE,JavaEE,JavaME)的总称。Java 技术具有卓越的通用性、高效性、平台移植性和安全性,广泛应用于个人 PC、数据中心、游戏控制台、科学超级计算机、移动电话和互联网中,同时拥有全球最大的开发者专业社群。在全球云计算和移动互联网的产业环境下,Java 更具备了显著优势和广阔前景。

一、Java 程序设计基础

1. Java 体系

Java 由四方面组成:Java 编程语言、Java 类文件格式、Java 虚拟机和 Java 应用编程接口(Java API)。Java 平台由 Java 虚拟机(Java Virtual Machine,简称 JVM)和 Java 应用编程接口(Application Programming Interface,简称 API)构成。Java 应用编程接口为 Java 应用提供了一个独立于操作系统的标准接口,可分为基本部分和扩展部分。在硬件或操作系统平台上安装一个 Java 平台之后,Java 应用程序就可运行。Java 平台已经嵌入了几乎所有的操作系统,这样 Java 程序可以只编译一次,就可以在各种系统中运行。Java 应用编程接口已经从 1.1x 版发展到 1.2 版。常用的 Java 平台基于 Java1.4,最近版本为 Java1.7。

Java 分为三个体系:J2ME(Java 2 Platform Micro Edition,Java 平台微型版),J2SE (Java 2 Platform Standard Edition,Java 平台标准版),J2EE(Java 2 Platform Enterprise Edition,Java 平台企业版)。其中,J2ME 是针对一些小型的消费电子产品,如手机和 PDA 等的开发平台;J2SE 是标准的 JDK、开发工具、运行时环境和类库,适合开发桌面应用程序和底层应用程序;J2EE 采用标准的模块组件,已成为一种软件架构和企业级开发的设计思想。

2. JVM

JVM 是 Java Virtual Machine(Java 虚拟机)的缩写,JVM 是一种用于计算设备的规范,它是一个虚构出来的计算机,是通过在实际的计算机上仿真模拟各种计算机功能来实现的。Java 虚拟机包括一套字节码指令集、一组寄存器、一个栈、一个垃圾回收堆和一个存储方法域。JVM 屏蔽了与具体操作系统平台相关的信息，使 Java 程序只需生成在 Java 虚拟机上运行的目标代码（字节码），就可以在多种平台上不加修改地运行。JVM 在执行字节码时，实际上最终还是把字节码解释成具体平台上的机器指令执行。JVM 的工作流程和解释流程如图 2-10 所示。

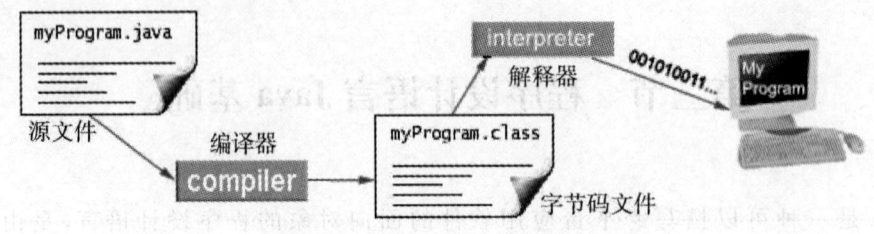

图 2-10　JVM 的工作流程和解释流程

JVM 不但读取并处理经编译过的 class 文件，而且负责针对不同平台运行 class 文件。

3. API

API 即为应用程序接口，指系统提供的大量的类和方法。Java API 通过支持平台无关性和安全性，使得 Java 适应于网络应用。Java API 是运行库的集合，它提供了一套访问主机系统资源的标准方法。

运行 Java 程序时，虚拟机将装载程序的 class 文件以及所使用的 Java API class 文件。所有被装载的 class 文件（包括从应用程序中和从 Java API 中提取的）和所有已经装载的动态库（包含本地方法）共同组成了在 Java 虚拟机上运行的整个程序。在一个平台能够支持 Java 程序以前，必须在这个特定平台上明确地实现 API 的功能。为访问主机上的本地资源，Java API 调用了本地方法。由于 Java API class 文件调用了本地方法，Java 程序就不需要再调用它们了。通过这种方法，Java API class 文件为底层主机提供了具有平台无关性、标准接口的 Java 程序。对 Java 程序而言，无论平台内部如何，Java API 都会有同样的表现和可预测的行为。正是由于在每个特定的主机平台上明确地实现了 Java 虚拟机和 Java API，Java 程序自身就能够成为具有平台无关性的程序。

4. Java 基础语法

Java 程序基础主要从 Java 基础语法开始，包括变量与数据类型、运算符、表达式、语句，数组、函数与方法，循环与选择语句，然后是 Java 面向对象思想中的类、类的功能、继承、抽象类和接口，继而到 Java 高级程序设计基础即多线程、Java I/O、Java API、JDBC 等。本节主要侧重于基础语法部分的讲解。

(1) 关键字

在 Java 语言中已经被赋予特定意义的一些单词如表 2-3 所示。

表 2-3　Java 的关键字

abstract	boolean	break	byte
case	Catch	char	class
const	continue	default	do
double	else	extends	final
finally	float	For	goto
If	implements	import	instanceof
int	interface	long	native
new	package	private	protected
public	return	short	static
strictfp	super	switch	synchronized
this	throw	throws	transient
try	void	volatile	while

（2）数据类型

Java 基本数据类型共八类：逻辑类 boolean，文本类 char(string)，整数类 byte、short、int、long，浮点类 double、float；除基本数据类型外，还包括引用数据类型：类、接口和数组等，如图 2-11 所示。

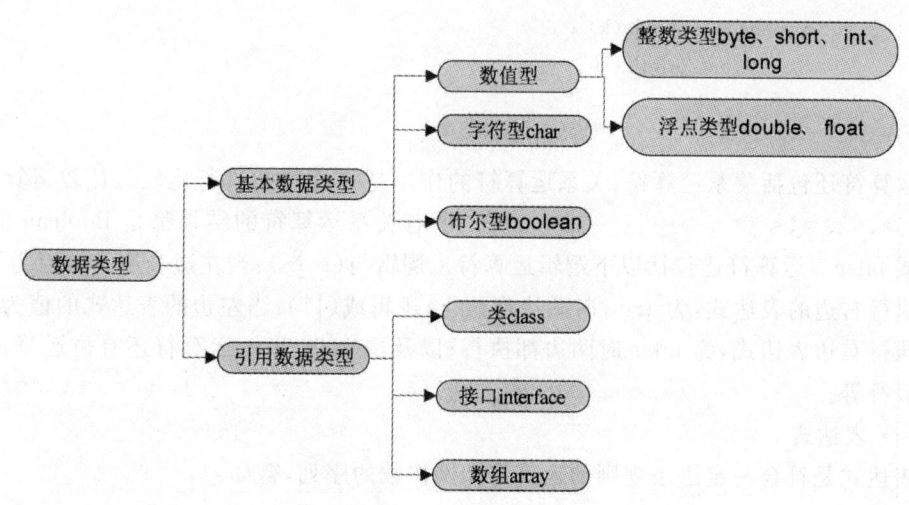

图 2-11　Java 数据类型分类

（3）运算符

Java 使用熟悉的算术运算符加、减、乘和除（＋、－、＊、／），其他的编程语言中也使用这些运算符。同样，Java 使用圆括号将一个表达式的几部分组合到一起并根据标准的代数规则建立优先地位。除此之外，Java 还使用余数运算符（％）（也称为取模运算符）生成两个整数相除所得的余数。这些算术运算符列在表 2-4 中。

表 2-4 Java 算术运算符

运算符	描述	示例	结果
+	加	11 + 2	13
-	减	11 - 2	9
*	乘	11 * 2	22
/	除	11 / 2	5
%	余数	11 % 2	1

关于算术运算符的程序段：

```
public class JavaDemo01
{
    public static void main(String args[])
    {
        int i = 10;
        // i++ ;
        // 以上代码相当于以下的程序段：
        // i = i+1;
        // ++i:表示先让数据自增,之后再进行操作
        // i++:表示先让数据进行操作,操作完成之后进行自增
        int k = 10+(++i) ;
        System. out. println(k) ;
        System. out. println(i) ;
    }
};
```

运算符还包括关系运算符，关系运算符的作用是将值彼此进行比较。比较运算符有 =、<>、<、>、<= 、>=、! =、== 等。所有关系运算符的结果都是 Boolean 值，即 true 或 false。运算符还包括以下逻辑运算符。逻辑与(&&)：当左边表达式的值为 false 时不执行右边的表达式，为 true 时两边都执行；逻辑或(||)：当左边的表达式的值为 true 时不执行右边表达式，为 false 时两边都执行；以及逻辑非(!)。运算符还有位运算符、对象运算符等。

(4) 表达式

表达式是符合一定语法规则的运算符和操作数的序列，譬如：

$$(a-b) * c - 5$$

对表达式中操作数进行运算得到的结果称为表达式的值，表达式的值的数据类型即为表达式的类型。表达式的运算顺序首先应遵照运算符的优先级，优先级相同则按照运算方向。

二、Java 控制语句

1. Java 程序结构

要编写 Java 程序,首先应该知道 Java 程序文件中必须包括什么内容,Java 程序的源程序文件结构如下:

package 语句,0~1 句,必须放在文件开始,作用是把当前文件放入所指向的包中。

import 语句,0~多句,必须放在所有类定义之前,用来引入标准类或已有类。

public Class Definition,0~1 句,文件名必须与类的类名完全相同。Class Definition,0~多句,类定义的个数不受限制。

Interface Definition,0~多句,接口定义的个数不受限制。

Java 程序的源代码文件要求包含三个要素:

① 以 package 开始的包声明语句,此句为可选。若有,且只能有一个 package 语句且只能是源程序文件的第一个语句;若没有,此文件将放到默认的当前目录下。

② 以 import 开始的类引入声明语句,数量可以是任意个。

③ Class Definition 和 Interface Definition 分别代表类和接口的定义。由 public 开始的类定义只能有一个,且要求源程序文件名必须和 public 类名相同,Java 语言对字符的大小写敏感,因此文件名相同意味着字母大小写也完全相同。如果源程序文件中有主方法 main(),它应放在 public 类中。这三个要素在程序中必须严格按上述顺序出现。

完成的 Java 源文件:

```
package com. democllection. examples. basics;
    import java. applet. Applet;
    import java. awt. *;
    public class Study {
    public static void main(String[] args) {
        for(int i = 0; i <= n; i++) {
            ……
        }
        ……
    }
}
```

上面代码中存在着 for 循环,即 Java 语言的控制语句,Java 语言的控制共有三类:条件语句(if else、switch)、循环语句(while、do while、for)、转移语句(break、continue、return)。下面我们详细对前两类控制语句进行介绍。

2. 条件语句

Java 提供三种用于编写语句的方式:if 语句、switch 语句和条件运算符。Java 中 if 语句与其他编程语言中所用的 if 语句类似,可以对某个表达式求值,若该表达式为 true,则执行一个代码块(包含一个或更多个语句);若该表达式为 false,则执行另一个代码块。

Java switch 语句与某些其他语言中所用的 select 语句类似,就像一个多路径 if 语句。它为某个变量求出多个值,然后根据正在求值的变量的内容执行多个代码块中的一个代码块。条件运算符实际上是 if 语句的简写形式。

if else 也存在以下三种形式。

形式一:
```
if(布尔类型 expression)
{
    语句 A;
}
```
只有当 expression 为 true 时,才会执行语句 A,否则就跳过语句 A。

形式二:
```
if(布尔类型 expression){
    语句 A;
}
else{
    语句 B;
}
```
当 expression 为 true 时执行语句 A,为 false 时就执行语句 B。

形式三:
```
if(布尔类型 expression1)
    语句 A;
else if (expression2)
    语句 B;
else if (expression3)
    语句 C;
else if (expressionX)
    语句 X-1;
else
    语句 X
```
符合某一条件,则执行对应的语句。

switch 语法格式:
```
switch(表达式){
case 常量 1:
    语句 1; break;
case 常量 2:
    语句 2; break;
    ……
default:
    语句 n;
}
```

注意:① case 后面的常量可以是整型或字符型数据,且不能有相同的值。

② 在没有 break 的情况下，满足第一个 case 后面的所有语句都会被执行。

3. 循环语句

一个循环语句一般包括四个部分：初始化、循环体、迭代语句和终止语句。通过递增或递减被检查项，以控制循环次数。Java 中有两种循环语句：固定次数循环语句和条件循环语句。for 循环一般是指固定次数循环语句，while 和 do while 则是条件循环语句。

（1）for 循环语法格式

```
for(表达式 1；表达式 2；表达式 3)
{
    执行语句……
}
```

其中表达式 1：计数器的初值；

表达式 2：逻辑检查项；

表达式 3：指出计数器的增量；

for 循环的例子：

```
public class Java Demo02
{
    public static void main(String args[])
    {
        // 打印 1~100
        for(int i=1;i<=100;i++)
        {
            System.out.print(i+"\t");
        }
    }
}
```

（2）while 循环语法格式

```
while(条件表达式)
{
    循环体
}
```

注意死循环：程序的循环条件没有修改，而一直运行下去，直到程序崩溃。

（3）do while 循环语法格式

```
do{
    循环体
}while(条件表达式)
```

三、Java 方法

1. 方法的定义

方法就是一段可以重复调用的代码段，表示对象可执行的行为。

方法定义：

```
public static 方法返回值 方法名称([参数列表])
{
    语句；
    Return 返回值；
}
```

结果类型可以为 void，也可以是任何有效数据类型；参数列表可以为空，也可以是以逗号隔开、任何有效的数据类型的标识符。

一个类中可以有 0 或多个方法声明，它们没有顺序要求。

创建一个方法的例子：

```
public class JavaDemo07
{
    public static void main(String args[])
    {
        printTab()；
    }
    // 定义一个方法，此方法用于打印 Hello World
    // public static 必须加上，因为是由主方法直接去调用
    // void：表示此方法不需要任何返回值
    // print：表示方法的名称，可以任意编写
    // 方法名称编写时：第一个单词首字母小写，之后每个单词的首字母大写
    public static void printTab()
    {
        System.out.println("************************")；
        System.out.println("* Hello World *")；
        System.out.println("************************")；
    }
}
```

2. main 方法

main 方法在 Java 程序中表示程序执行的起点。main 方法必须有并且只能有一个。main 方法是 Java 应用程序中唯一与用户直接交互信息的方法，必须声明为 public static 和 void 不能返回任何值。

例如：

```
public stratic void main(String args[ ])
{
    方法体；
}
```

3. Java 异常处理

Java 异常处理通过五个关键字 try、catch、throw、throws、finally 进行管理。基本过

程是用 try 语句块包住要监视的语句,若在 try 语句块内出现异常,则异常会被抛出,代码在 catch 语句块中可以捕获到这个异常并做处理;还有一部分系统生成的异常在 Java 运行时自动抛出。也可以通过 throw 关键字在方法上声明该方法要抛出异常,然后在方法内部通过 throw 抛出异常对象。finally 语句块会在方法执行 return 之前执行,一般结构如下:

```
try{
程序代码
}catch(异常类型1 异常的变量名1){
程序代码
}catch(异常类型2 异常的变量名2){
程序代码
}finally{
程序代码
}
```

catch 语句可以有多个,用来匹配多个异常,匹配上多个中的一个后,执行 catch 语句块的时候仅仅执行匹配上的异常。catch 的类型是 Java 语言中定义的或者程序员自己定义的,表示代码抛出异常的类型,异常的变量名表示抛出异常的对象的引用,如果 catch 捕获并匹配上了该异常,那么就可以直接用这个异常变量名,此时该异常变量名指向所匹配的异常,并且在 catch 代码块中可以直接引用。

Java 异常处理的目的是提高程序的健壮性,可以在 catch 和 finally 代码块中给程序一个修正机会,使得程序不因异常而终止或者流程发生意外的改变。同时,通过获取 Java 异常信息,也为程序的开发维护提供了方便,一般通过异常信息就能很快找到出现异常的问题(代码)所在。Java 异常处理是 Java 语言的一大特色,也是一个难点,掌握异常处理可以让写的代码更健壮和易于维护。

小　　结

本章主要讲述了计算机技术的基础知识,详细介绍了计算机系统、计算机软硬件系统;对数据库技术进行了详细描述,重点介绍了数据模型、规范化设计理论、模型的转换以及 SQL 语言;重点介绍了程序设计语言 Java 基础,涉及 Java 体系、语法、控制语句、数组以及方法等多个方面。

通过本章的学习,使大家对计算机技术基础有较为全面的了解,对计算机软、硬件组成有直观的认识,对管理信息系统涉及的数据库技术有较深理解,能够掌握建立数据模型的方法,能设计合理、规范的数据模型,能较好地使用 SQL 语言来查询,对 Java 设计语言语法有一定认识,能够掌握 Java 体系结构,能了解 Java 语言的处理机制以及调用方法。

复习题

【思考题】

1. 计算机的发展经历了哪几个阶段？每个阶段的特点是什么？
2. 计算机有哪些主要发展趋势？
3. 计算机系统的概念是什么？它由哪些部分组成？
4. 计算机系统的主要技术指标有哪些？
5. 计算机硬件由哪些部分组成？
6. 什么是计算机软件？计算机软件可以分为哪几类？
7. 数据库有什么特点？
8. 数据库管理系统有哪些功能？
9. 数据库系统由哪些部分组成？
10. 数据管理技术的发展经历了哪些阶段？
11. Java体系结构由什么组成？
12. Java控制语句分别适用于哪些情况？

【练习题】

1. 选择题

(1) 从宏观上，软件可以分为三大类，下列哪一项不属于这三类（　　）
　　A. 系统软件　　　B. 中间件　　　C. 应用软件　　　D. 编程软件

(2) WINDOWS系列是微软公司开发的一个窗口式操作系统，它主要运行于（　　）处理器上。
　　A. Intel生产的CISC芯片　　　B. RISC结构
　　C. VLIW　　　　　　　　　　D. EPIC

(3) UNIX系列操作系统主要运行于（　　）处理器上。
　　A. Intel生产的CISC芯片　　　B. RISC结构
　　C. VLIW　　　　　　　　　　D. EPIC

(4) （　　）是一种独立的系统软件或服务程序，分布式应用软件借助这种软件在不同的技术之间共享资源；中间件位于客户机/服务器的操作系统之上，管理计算资源和网络通信。
　　A. 系统软件　　　B. 中间件　　　C. 应用软件　　　D. 操作系统

(5) 下列设备属于输出设备的是（　　）
　　A. 键盘　　　B. 鼠标　　　C. 扫描仪　　　D. 打印机

(6) 下列设备属于输入设备的是（　　）
　　A. 显示器　　　B. 打印机　　　C. 鼠标　　　D. 绘图仪

(7) 下列哪一个指的是结构化查询语言（　　）
　　A. SQL　　　B. DDL　　　C. DML　　　D. DD

(8) 下列哪一个指的是数据库管理员（　　）

  A. DBA   B. DBMS   C. DB   D. DBS

2. 名词解释

(1) 计算机系统　(2) 计算机软件　(3) 存储器　(4) 系统软件　(5) 中间件
(6) 数据库管理系统　(7) JVM

第三章　通信、网络与无线技术

【学习目标】

通过本章的学习,应了解通信的基本概念和掌握计算机网络的基本原理,掌握计算机网络的基本结构、计算机网络的类型以及体系结构,了解互联网的历史、特点及提供的服务,掌握无线技术的原理、标准、SSID 及网络安全的要点,了解 Web 的应用及发展,了解云计算等相关知识。

知识要点	目标要求	相关知识
通信和计算机网络基本知识	(1) 了解数据通信的基本概念 (2) 掌握计算机网络的基本原理 (3) 掌握计算机网络的基本结构	(1) 数据通信系统,通信方式、传输介质和数据编码技术 (2) 多路复用和数据交换技术 (3) 计算机网络的概念 (4) 计算机网络的体系结构
发展历史	(1) 了解互联网的发展历史、特点 (2) 了解互联网提供的服务	(1) 互联网的形成和发展 (2) 互联网的服务 (3) 云计算
无线技术	(1) 掌握无线技术的原理 (2) 掌握 802.11 标准、SSID (3) 掌握网络安全的要点	(1) 无线技术优点与局限性 (2) 无线网络类型 (3) 802.11 标准 (4) 无线网络组建 (5) SSID 与通道 (6) WLAN 身份验证

开篇案例

无锡商行网络银行系统案例

案例背景

随着网络经济的国际化、市场化以及知识化程度的日益加深,商业银行从整体范畴上讲已进入了"微利阶段"。加入 WTO 给我国的银行业的发展带来了难得的机遇,但随之而来的也有巨大的挑战,尤其是中小商业银行,要同时面对国内四大商业银行及外资银行的竞争。

具体案例

无锡商业银行是一家在区域商业银行领域中规模较大、效益较好的金融机构,其下属有 29 家支行和一个营业部,所属网点 128 家,目前联网 117 家;对公储蓄存款总余额近 70 亿元人民币,各项贷款 45 亿元人民币;存款户数近 55 万户;日均交易量 3 万余笔,高峰交易量 7 万笔;如按每年 10%～20%的增长幅度计算,预计到 2002 年日均交易量 12.7 万笔,高峰 33 万笔;存贷款余额也将有更大的提高。无锡商业银行在全国商业银行领域中规模,特别是效益都是名列前茅的。

网上银行是网络经济的发展带来的一种新型的金融理念和运作模式。无锡商业银行认为它不仅是银行业务品种的良好宣传窗口,能迅速提升银行形象,增强客户对银行的信心,还可以大幅度降低经营成本,使银行专注于银行产品和服务的开发,以获得更高价值的客户和入世后的竞争优势。于是,无锡商业银行选准合作伙伴,推出了研发近一年半的网上银行新产品,并希望以建立功能强大的网上银行系统,达到后来居上的效果,以适应激烈的网络经济竞争环境。

案例说明

网上银行业务不仅仅是传统银行产品简单从网上的转移,其他服务方式和内涵发生了一定的变化,而且由于网络技术的应用,又产生了全新的业务品种。网上银行业务有许多优势:一是大大降低银行经营成本,有效提高银行盈利能力;二是无时空限制,有利于扩大客户群体;三是有利于服务创新,向客户提供多种类、个性化服务。由此可见,网上银行将为无锡商业银行带来新的利润点,体现了计算机网络技术的价值。

提问和思考

如果你是这家商业银行的信息主管,在开展网上银行业务上准备大展身手,那么你必须面对诸如如何开展网上银行业务,如何利用通信技术和网络,以及在网上开展何种服务方式,如何选择合适的方案等这些重要的问题,通过本章的学习,对此你会有详细的了解。

第一节 通信技术基础

本节从通信技术概念、通信方式、传输介质、多路复用和数据交换技术等方面进行介绍,重点在了解通信技术的基本概念,掌握通信方式的分类,掌握传输介质的特点及适用环境,对数据编码技术有一定的了解,对多路复用和数据交换技术有一定的认识。

一、通信技术的概念

1. 基本概念

通信是指人与人或人与自然之间通过某种行为或媒介进行的信息交流与传递,广义的通信是指需要信息的双方或多方在不违背各自意愿的情况下采用某种方法,使用某种媒质,将信息从一方准确安全传送到另一方。首先介绍数据通信的一些基本概念。

数据是指用来描述客观事物的数字、字母和符号。

信息是指人对现实世界事物存在方式或运动状态的某种认识。

因此,可以认为数据是信息的载体,是信息的表示形式,而信息是数据的具体含义。

数据通信是通信技术和计算机技术相结合而产生的一种新的通信方式。要在两地间传输信息必须有传输信道。根据传输媒体的不同,数据通信有有线数据通信与无线数据通信之分。但它们都是通过传输信道将数据终端与计算机结起来,而使不同地点的数据终端实现软、硬件和信息资源的共享。通信模型如图3-1所示。

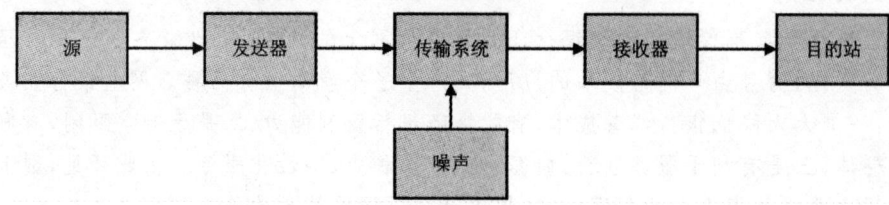

图 3-1 通信模型

其数据形式分为两种:① 模拟数据。模拟数据用连续的物理量来表示,如温度、压力,以及目前电话、无线电和电视广播中的声音和图像。② 数字数据。数字数据用离散的物理量来表示,如在计算机中用二进制代码表示的字符、图形、音频与视频数据。不同的数据必须转换为相应的信号才能进行传输。

信号是数据的表示形式,使数据能以适当的形式在介质上传输。信号存在两种形式:模拟信号和数字信号,如图3-2所示。模拟信号是一种连续变化的电信号,它用电信号模拟原有信息。模拟信号传输一定距离后,由于幅度衰减而失真。数字信号是用离散的不连续的电信号表示数据。

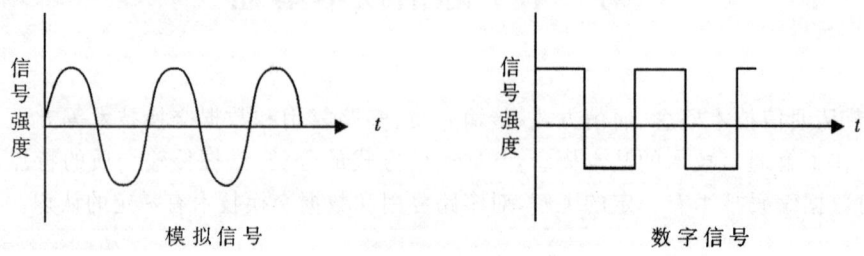

图 3-2 模拟信号和数字信号

通信信道(Communication Channel)是数据传输的通路,在计算机网络中信道分为物理信道和逻辑信道。物理信道是指用于传输数据信号的物理通路,它由传输介质与有关通信设备组成；逻辑信道是指在物理信道的基础上，发送与接收数据信号的双方通过中间结点所实现的逻辑联系，由此为传输数据信号形成的逻辑通路。逻辑信道可以是有连接的，也可以是无连接的。物理信道还可根据传输介质的不同而分为有线信道和无线信道，也可按传输数据类型的不同分为数字信道和模拟信道。

信道容量（Channel Capacity）是指信道传输信息的最大能力。数字信道一般用单位时间可以传输的最大二进制位（比特 bit）数来表示，模拟信道则由信道的带宽来表示。信道容量的大小还受信道质量和可使用时间的影响，当信道质量较差时，实际传输速率将降低。

2. 数据通信系统

数据通信系统是由数据终端子系统、数据传输子系统和数据处理子系统三部分组成的。数据终端子系统由传输控制器、数据输入输出设备组成，数据传输子系统由数据电路终端设备和信道构成，数据处理子系统由中央处理机和通信控制器组成，如图 3-3 所示。

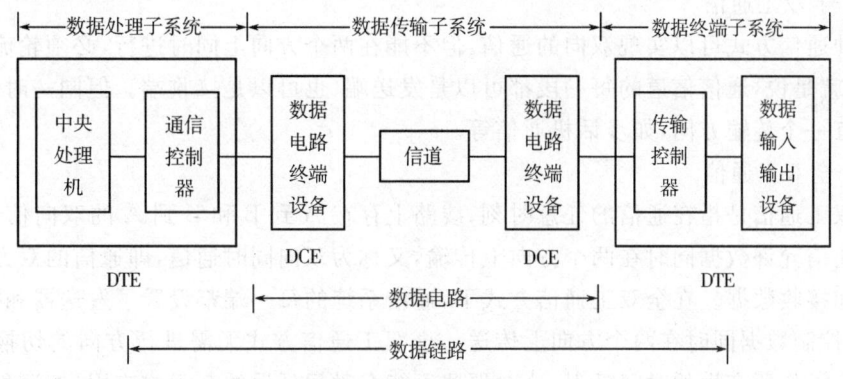

图 3-3 数据通信系统模型

（1）数据终端设备 DTE（Data Terminating Equipment）

数据终端设备 DTE 是指能生成并向数据通信网络发送和接收数据信息的设备，起着实现人与数据通信网之间的联系的作用，是人机之间的接口。在数据通信网络中，信息的发出者称为信源，信息的接收者称为信宿。常见的 DTE 有终端机、POS 机（电子收款机）、PC 机等。

（2）数据电路终端设备 DCE（Data Circuit-Terminating Equipment）

数据电路终端设备 DCE 是指连接数据终端设备与传输信道，将原始数据信号转换成特殊的电信号使其适合于在信道上进行传输的设备。它提供信号的变换和编码，建立、保持和释放线路连接等功能。

（3）通信控制器

通信控制器具备完成中央处理器与数据通信组网设备之间进行数据交换所必需的通信控制功能，如数据缓冲、速度匹配、串/并转换等。

二、通信方式和传输介质

1. 通信方式

对于点对点之间的通信,按消息传送的方向与时间关系,通信方式可分为单工通信、半双工通信及全双工通信三种。

(1) 单工通信

所谓单工通信是指消息只能单方向传输的工作方式,如遥控、遥测就是单工通信方式。单工通信信道是单向信道,发送端和接收端的身份是固定的,发送端只能发送信息不能接收信息,接收端只能接收信息不能发送信息,数据信号仅从一端传送到另一端,即信息流是单方向的。通信双方采用"按——讲"(Push To Talk,简称PTT)方式,单工通信属于点到点的通信。根据收发频率的异同,单工通信可分为同频通信和异频通信。

(2) 半双工通信

这种通信方式可以实现双向的通信,但不能在两个方向上同时进行,必须轮流交替地进行,也就是说,通信信道的每一段都可以是发送端,也可以是接收端。但同一时刻里,信息只能有一个传输方向,如步话机通信等。

(3) 全双工通信

全双工通信是指在通信的任意时刻,线路上存在A到B和B到A的双向信号传输。全双工通信允许数据同时在两个方向上传输,又称为双向同时通信,即通信的双方可以同时发送和接收数据。在全双工通信方式下,通信系统的每一端都设置了发送器和接收器,因此,能控制数据同时在两个方向上传送。全双工通信方式无需进行方向的切换,因此,没有切换操作所产生的时间延迟,这对那些不能有时间延误的交互式应用(如远程监测和控制系统)十分有利。这种方式要求通讯双方均有发送器和接收器,同时需要两根数据线传送数据信号。

2. 传输介质

传输介质是指在网络中传输信息的载体。常用的传输介质分为有线传输介质和无线传输介质两大类。

有线传输介质是指在两个通信设备之间实现的物理连接部分,它能将信号从一方传输到另一方,有线传输介质主要有双绞线、同轴电缆和光纤。双绞线和同轴电缆传输电信号,光纤传输光信号。

无线传输介质指我们周围的自由空间,我们利用无线电波在自由空间的传播可以实现多种无线通信。在自由空间传输的电磁波根据频谱可将其分为无线电波、微波、红外线、激光等,信息被加载在电磁波上进行传输。

不同传输介质的特性也各不相同,它们不同的特性对网络中数据通信质量和通信速度有较大影响。

(1) 双绞线

双绞线是目前使用最广、性价比最高、最灵活的一种传输介质。它是由两两成对的相互绝缘的铜导线组成,如图 3-4 所示,两条线扭绞在一起,可以减少干扰,传输的距离更远。电话系统使用的也是双绞线的一种,传输的距离在几公里。

图 3-4 双绞线

双绞线常见的有 3 类线、5 类线、超 5 类线和最新的 6 类线。

3 类线(CAT3):该类电缆的传输频率为 16MHz,最高传输速率为 10Mbps(10Mbit/s),主要应用于语音、10Mbit/s 以太网(10BASE-T)和 4Mbit/s 令牌环,最大网段长度为 100m,采用 RJ 形式的连接器,目前已淡出市场。

5 类线(CAT5):该类电缆增加了绕线密度,外套一种高质量的绝缘材料。线缆最高频率带宽为 100MHz,最高传输速率为 100Mbps,用于语音传输和最高传输速率为 100Mbps 的数据传输,主要用于 100BASE-T 和 1000BASE-T 网络,最大网段长为 100m,采用 RJ 形式的连接器。这是最常用的以太网电缆。

超 5 类线(CAT5e):超 5 类线衰减小、串扰少,并且具有更高的衰减与串扰的比值(ACR)和信噪比(Structural Return Loss)、更小的时延误差,性能得到很大提高。超 5 类线主要用于千兆位以太网(1000Mbps)。

6 类线(CAT6):该类电缆的传输频率为 1~250MHz,6 类线系统在 200MHz 时综合衰减串扰比(PS-ACR)应该有较大的余量,它提供 2 倍于超 5 类线的带宽。6 类线的传输性能远远高于超 5 类线,最适用于传输速率高于 1Gbps 的应用。

(2) 同轴电缆

同轴电缆(Coaxial)是指有两个同心导体,而导体和屏蔽层又共用同一轴心的电缆,如图 3-5 所示。最常见的同轴电缆由绝缘材料隔离的铜线导体组成,在里层绝缘材料的外部是另一层环形导体及其绝缘体,然后整个电缆由聚氯乙烯或特氟纶材料的护套包住。目前,常用的同轴电缆有两类:75Ω 和 50Ω 的同轴电缆。75Ω 同轴电缆常用于 CATV 网,故称为 CATV 电缆,传输带宽可达 1GHz,目前常用 CATV 电缆的传输带宽为 750MHz。50Ω 同轴电缆主要用于基带信号传输,传输带宽为 1~20MHz,总线型以太网就是使用 50Ω 同轴电缆,在以太网中,50Ω 细同轴电缆的最大传输距离为 185m,粗同轴电缆可达 1000m。

同轴电缆频带宽、损耗小,具有比双绞线更强的抗干扰能力和更好的传输性能。按特性阻抗值不同,同轴电缆可分为基带(用于传输单路信号)和宽带(用于同时传输多路信号)两种。同轴电缆是目前有线电视网中普遍采用的比较理想的传输介质。

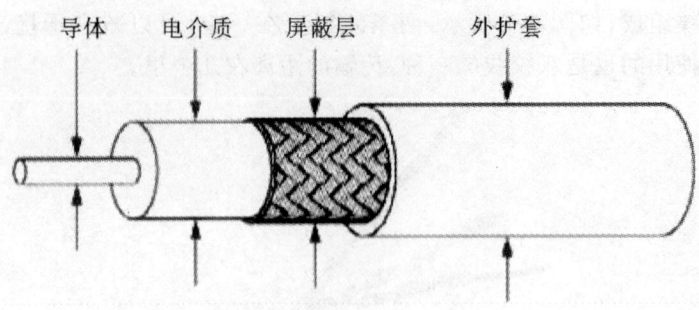

图 3-5 同轴电缆结构图

(3) 光纤

光纤是光导纤维的简称,是一种利用光在玻璃或塑料制成的纤维中的全反射原理而制成的光传导工具,如图 3-6 所示。随着通信技术和要求的发展,人们越来越多地使用光纤来传输数据。

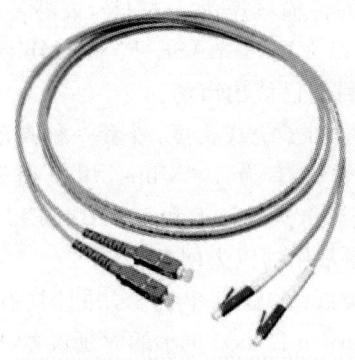

图 3-6 光纤

光纤裸纤一般分为三层:中心高折射率玻璃芯,中间为低折射率硅玻璃包层,最外是加强用的树脂涂层。

光纤按传输模式分为单模光纤(含偏振保持光纤、非偏振保持光纤)和多模光纤。单模光纤采用激光二极管 LD 作为光源,而多模光纤采用发光二极管 LED 作为光源。多模光纤的芯线粗,传输速率低、距离短,整体的传输性能差,但成本低,一般用于建筑物内或地理位置相邻的环境中。单模光纤的纤芯相应较细,传输频带宽、容量大、距离长,但需激光源,成本较高,通常在建筑物之间或地域分散的环境中使用。

(4) 无线传输介质

在自由空间利用电磁波发送和接收信号进行的通信就是无线传输。地球上的大气层为大部分无线传输提供了物理通道,就是常说的无线传输介质。无线传输所使用的频段很广,人们现在已经利用了好几个波段进行通信。紫外线和更高的波段目前还不能用于通信。无线通信的常用方法有无线电波、微波和卫星通信。

无线电波是指在自由空间(包括空气和真空)传播的射频频段的电磁波。无线电技术是通过无线电波传播声音或其他信号的技术。微波是指频率为 300MHz～300GHz 的电磁波,是无线电波中一个有限频带的简称,即波长在 1m(不含 1m)到 1mm 之间的电磁波,是分米波、厘米波、毫米波的统称。微波频率比一般的无线电波频率高,通常也称为"超高频电磁波"。如果两个微波塔相距太远,就需要一个中继站,如图3-7所示。

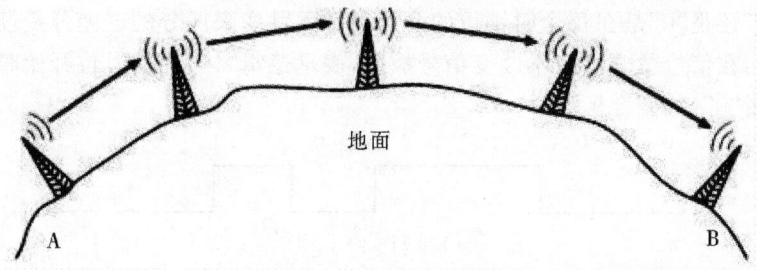

图 3-7　微波传输示意图

卫星通信简单地说就是地球上(包括地面和低层大气中)的无线电通信站间利用卫星作为中继而进行的通信。卫星通信系统由卫星和地球站两部分组成,如图3-8所示。卫星通信的特点是:通信范围大;只要在卫星发射的电波所覆盖的范围内,从任何两点之间都可进行通信;不易受陆地灾害的影响;只要设置地球站电路即可开通;同时可在多处接收,能经济地实现广播、多址通信;电路设置非常灵活,可随时分散过于集中的话务量;同一信道可用于不同方向或不同区间。

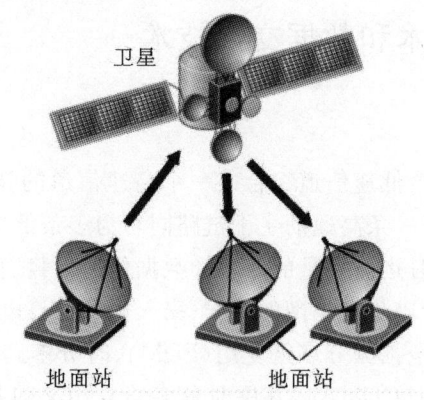

图 3-8　卫星传输示意图

3. 数据编码技术

在数字信道中传输计算机数据时,要对计算机中的数字信号重新编码进行基带传输,对数字数据进行编码主要采用以下三种数据编码技术。

(1) 非归零码

非归零码(Nonreturn to Zero Code,简称NRZ)是一种二进制信息的编码,用两种不同的电联分别表示"1"和"0",不使用零电平。信息密度高,但需要外同步并有误码积累。这种做法不用额外的转换,直接把数字数据编码成数字信号。

(2) 曼彻斯特编码

曼彻斯特编码(Manchester Encoding)也叫相位编码(PE),是一个同步时钟编码技术,这种编码的每一位中间有一个跳变,电平从低到高表示"0",电平从高到低表示"1"。

(3) 差分曼彻斯特编码

差分曼彻斯特编码是曼彻斯特编码的改进。它在每个时钟位的中间都有一次跳变，传输的是"1"还是"0"是在每个时钟位的开始由有无跳变来区分的。差分曼彻斯特编码的编码规则是：在信号位开始时不改变信号极性，表示逻辑"1"；在信号位开始时改变信号极性，表示逻辑"0"，如图 3-9 所示。

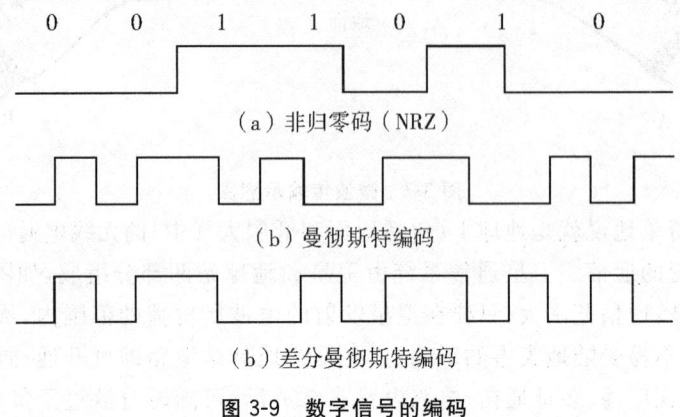

图 3-9 数字信号的编码

三、多路复用技术和数据交换技术

1. 多路复用技术

多路复用技术是把多个低速信道组合成一个高速信道的技术，它可以有效地提高数据链路的利用率，从而使得一条高速的主干链路同时为多条低速的接入链路提供服务，也就是使得网络干线可以同时运载大量的语音和数据传输。我们平时上网最常用的电话线就采取了多路复用技术，所以你在上网的时候，家人也可以打电话。

常见的多路复用技术包括频分多路复用(FDM)、时分多路复用(TDM)、波分多路复用(WDM)和码分多路复用(CDMA)，其中时分多路复用又包括同步时分复用和统计时分复用。

频分多路复用(Frequency-Division Multiplexing，简称 FDM)是指载波带宽被划分为多种不同频带的子信道，每个子信道可以并行传送一路信号的一种多路复用技术。FDM 常用于模拟传输的宽带网络中。在通信系统中，信道所能提供的带宽通常比传送一路信号所需的带宽宽得多。如果一个信道只传送一路信号是非常浪费的，为了能够充分利用信道的带宽，可以采用频分多路复用的方法。在频分多路复用系统中，信道的可用频带被分成若干个互不交叠的频段，每路信号用其中一个频段传输，因而可以用滤波器将它们分别滤出来，然后分别解调接收。

时分多路复用(TDM)是按传输信号的时间进行分割的，它使不同的信号在不同的时间内传送，将整个传输时间分为许多时间间隔(Time Slot，TS，又称为时隙)，每个时间片被一路信号占用。TDM 就是通过在时间上交叉发送每一路信号的一部分来实现一条电路传送多路信号的。电路上的每一短暂时刻只有一路信号存在。因数字信号是有限个离散值,所以 TDM 技术广泛应用于包括计算机网络在内的数字通信系统,而模拟通信系统的传输一般采用 FDM。

波分多路复用(WDM)是将两种或多种不同波长的光载波信号(携带各种信息)在发送端经复用器(亦称合波器,Multiplexer)汇合在一起,并耦合到光线路的同一根光纤中进行传输的技术;在接收端,经解复用器(亦称分波器或称去复用器,Demultiplexer)将各种波长的光载波分离,然后由光接收机做进一步处理以恢复原信号。

码分多路复用(CDMA)既共享信道的频率,也共享时间,是一种真正的动态复用技术。其原理是每比特时间被分成 m 个更短的时间槽,称为码片(Chip),通常情况下每比特有 64 或 128 个码片,每个站点(通道)被指定一个唯一的 m 位的代码或码片序列。当发送 1 时站点就发送码片序列,发送 0 时就发送码片序列的反码。当两个或多个站点同时发送时,各路数据在信道中被线形相加。为了从信道中分离出各路信号,要求各个站点的码片序列是相互正交的。码分多路复用技术主要用于无线通信系统,特别是移动通信系统,它不仅可以提高通信的话音质量和数据传输的可靠性以及减少干扰对通信的影响,而且增大了通信系统的容量。

2. 数据交换技术

在一种任意拓扑的数据通信网络中,通过网络节点的某种转接方式来实现从任一端系统到另一端系统之间接通数据通路的技术就称为数据交换技术,通常使用三种交换技术:线路交换、报文交换、分组交换。

(1) 线路交换

通过线路交换进行通信,就是要通过中间交换节点在两个站点之间建立一条专业的通信线路。利用线路交换进行通信需三个阶段:线路建立、数据传输和线路拆除。线路交换的特点是数据传输可靠、迅速、有序,但线路利用率低,浪费严重,不适合计算机网络。

(2) 报文交换

报文交换采用"存储—转发"方式进行传送,无需事先建立线路,事后更无需拆除。它的优点是线路利用率高,故障的影响小,可以实现多目的报文;缺点是延迟时间长且不定,对中间节点的要求高,通信不可靠、失序等,不适合计算机网络。

(3) 分组交换

分组由报文分解所得,大小固定。据每个分组的地址标志,将它们转发至目的地,这一过程称为分组交换。

分组交换适用于计算机网络,在实际应用中有两种类型:虚电路方式和数据报方式。虚电路方式类似"线路交换",只不过对信道的使用是非独占方式;数据报方式类似"报文交换"。

第二节　计算机网络基础

一、计算机网络的概念

1. 计算机网络的定义

计算机网络是指将地理位置不同的具有独立功能的多台计算机及其外部设备,通过通信线路连接起来,在网络操作系统、网络管理软件及网络通信协议的管理和协调下,实现资源共享和信息传递的计算机系统。

从逻辑功能看,计算机网络是以传输信息为目的,用通信线路将多台计算机连接起来的计算机系统的集合,一个计算机网络组成包括传输介质和通信设备。

从用户角度看,计算机网络是这样定义的:存在着一个能为用户自动管理的网络操作系统。该系统有调用完成用户所调用的资源,而整个网络像一个大的计算机系统一样,对用户是透明的。

从整体上来说,计算机网络就是把分布在不同地理区域的计算机与专门的外部设备用通信线路互联成一个规模大、功能强的系统,从而使众多的计算机可以方便地互相传递信息,共享硬件、软件、数据信息等资源。简单来说,计算机网络就是由通信线路互相连接的许多自主工作的计算机构成的集合体。

2. 计算机网络的发展

1954年建立第一代计算机网络:以单个主机为中心、面向终端设备的网络结构。系统中除主计算机(Host)具有独立的数据处理功能外,系统中所连接的终端设备均无独立处理数据的功能。

1969年建立第二代计算机网络:以分组交换网为中心的计算机网络。网络中的通信双方都是具有自主处理能力的计算机,功能以资源共享为主。

1983年建立第三代计算机网络:国际标准化组织于1983年提出了著名的开放系统互连参考模型,给网络的发展提供了一个可以遵循的规则。从此,计算机网络走上了标准化的轨道。

Internet的建立成就了第四代计算机网络:Internet的建立把分散在各地的网络连接起来,形成一个跨越国界范围、覆盖全球的网络。网络互连和以异步传输模式技术为代表的高速计算机网络技术的发展使计算机网络进入到第四代。

3. 计算机网络的组成

计算机网络是计算机应用的高级形式,它充分体现了信息传输与分配手段、信息处理手段的有机联系。从用户角度出发,计算机网络可看成一个透明的数据传输机构,网上的用户在访问网络中的资源时不必考虑网络的存在。从网络逻辑功能角度来看,可以将计算机网络分成通信子网和资源子网两部分,如图 3-10 所示。

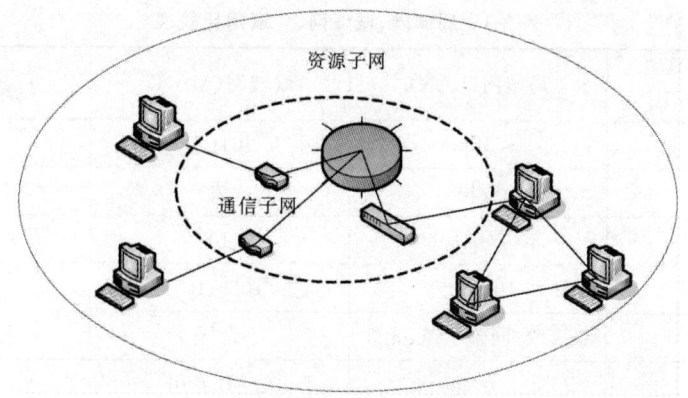

图 3-10 通信子网和资源子网

网络系统以通信子网为中心,通信子网处于网络的内层,由网络中的通信控制处理机、其他通信设备、通信线路和只用作信息交换的计算机组成,负责完成网络数据传输、转发等通信处理任务。当前的通信子网一般由路由器、交换机和通信线路组成。

资源子网处于网络的外围,由主机系统、终端、终端控制器、外部设备、各种软件资源与信息资源组成,负责全网的数据处理业务,向网络用户提供各种网络资源和网络服务。主机系统是资源子网的主要组成部分,它通过高速通信线路与通信子网的通信控制处理机相连接。普通用户终端可通过主机系统连接入网。

4. 计算机网络的类型

在计算机网络应用范围越来越广泛的今天,各种各样的网络越来越多。这就需要对计算机网络进行分类,使大家对现有的网络有一个清晰的、整体的把握。通过采取不同的分类标准,得到不同的分类方案。

按网络覆盖的地理范围,计算机网络可分为局域网(LAN)、广域网(WAN)和城域网(MAN)。

(1) 局域网

局域网覆盖的地理范围在 10km 以内,属于一个部门、一个单位或一个组织所有,如一个企业、一所学校、一幢大楼、一间实验室等。这种网络往往不对外提供公共服务,管理方便,安全保密性好。局域网组建方便、投资少、见效快、使用灵活,是计算机网络中发展最快、应用最普遍的计算机网络。与广域网相比,局域网传输速率快,通常在 100Mbps 以上,误码率低,通常在 $10^{-11} \sim 10^{-8}$。

(2) 广域网

广域网覆盖的地理范围在几十千米到几万千米,小到一个城市、一个地区,大到一个国家、几个国家、全世界。因特网就是典型的广域网,提供大范围的公共服务。与局域网相比,广域网投资大,安全保密性能差,传输速率慢,通常为 64kbps、2Mbps、10Mbps,误码率较高,通常在 $10^{-7} \sim 10^{-6}$。

(3) 城域网

城域网介于局域网与广域网之间,覆盖的地理范围从几十千米到上百千米,覆盖一座城市或一个地区。三种网络的比较如表 3-1 所示。

表 3-1　局域网、城域网、广域网比较表

网络类型 比较项	局域网(LAN)	城域网(MAN)	广域网(WAN)
覆盖范围	<10km	几百米	很广
传输速度	很快	快	慢
误码率	$10^{-11} \sim 10^{-8}$	$<10^{-9}$	$10^{-7} \sim 10^{-6}$
计算机数目	$10 \sim 10^3$	$10^2 \sim 10^4$	极多
传输介质	双绞线、同轴电缆、光纤	光纤	公共传输网
所有者	专用	公用/专用	公用
主要应用	分布式数据处理,办公自动化	LAN互联,综合声音、视频和数据业务	远程数据传输

按网络拓扑,计算机网络可分为总线型拓扑、星型拓扑、环型拓扑、树型拓扑、完备型拓扑、不规则型拓扑。计算机网络的拓扑(Topology)结构是指网络中的通信线路和各自的结点之间的几何排列,它决定了网络操作系统如何管理网络客户和网络资源,影响着整个网络的设计、功能、可靠性和通信费用等方面。常见的网络拓扑结构有总线型拓扑、星型拓扑、环型拓扑、树型拓扑、完备型拓扑、不规则型拓扑等。其中,总线型、星型、环型是局域网里使用较多的拓扑结构,树型、不规则形是互联网里使用较多的拓扑结构,完备型是计算机网络理想的拓扑结构。常见的拓扑结构如图 3-11 所示。

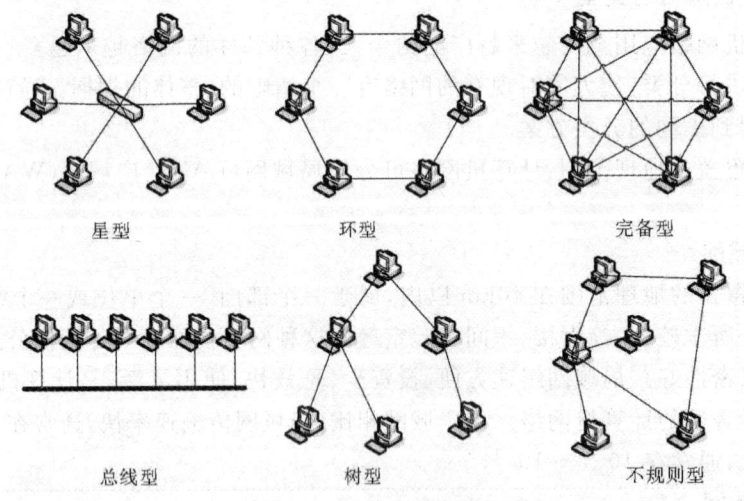

图 3-11　常见的拓扑结构

二、计算机网络的体系结构

1. 计算机网络协议

计算机网络协议是有关计算机网络通信的一整套规则,或者说是为完成计算机网络

通信而制定的规则、约定和标准。网络协议由语法、语义和时序三大要素组成。

语法：通信数据和控制信息的结构与格式。

语义：对具体事件应发出何种控制信息，完成何种动作以及做出何种应答。

时序：对事件实现顺序的详细说明。

2. 体系结构

网络体系（Network Architecture）是为了完成计算机间的通信合作，把每台计算机互连的功能划分成有明确定义的层次，并规定了同层次进程通信的协议及相邻之间的接口及服务。网络体系结构是指用分层研究方法定义的网络各层的功能、各层协议和接口的集合。计算机网络体系结构是指计算机网络层次结构模型和各层协议的集合。

为了实现不同厂家生产的计算机系统之间、不同网络之间的数据通信，就必须遵循相同的网络体系结构模型，否则异种计算机就无法连接成网络，这种共同遵循的网络体系结构模型就是国际标准——开放系统互连参考模型，即 OSI/RM，如图 3-12 所示。

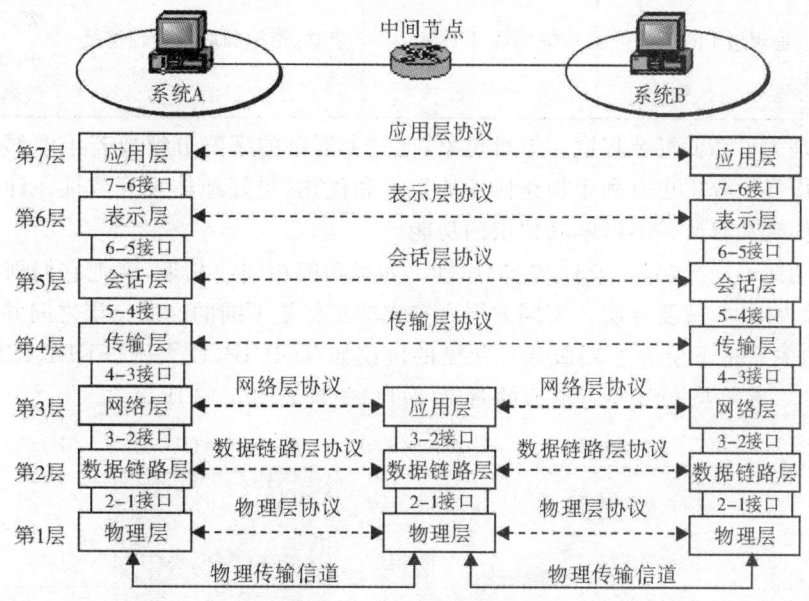

图 3-12　OSI 模型示意图

OSI 模型使用的数据格式、实现功能、连接方式以及典型设备如表 3-2 所示。

表 3-2　OSI 模型功能示意表

层数	OSI 模型	数据格式	功能与连接方式	典型设备
第 7 层	应用层 Application		网络服务与使用者应用程序间的一个接口	
第 6 层	表示层 Presentation		数据表示、数据安全、数据压缩	
第 5 层	会话层 Session		建立、管理和终止会话	

续表

第4层	传输层 Transport	数据组织成数据段 Segment	用一个寻址机制来标识一个特定的应用程序（端口号）	网关
第3层	网络层 Network	分割和重新组合数据包 Packet	基于网络层地址（IP地址）进行不同网络系统间的路径选择	路由器
第2层	数据链路层 Data Link	将比特信息封装成数据帧 Frame	在物理层上建立、撤销、标识逻辑链接和链路复用以及差错校验等功能。通过使用接收系统的硬件地址或物理地址来寻址	网桥、交换机、网卡
第1层	物理层 Physical	传输比特（bit）流	建立、维护和取消物理连接	光纤、同轴电缆、双绞线、中继器和集线器

分层是为了降低复杂程度。不难想象，把一个复杂的事物分解成若干个部分去分析就会简单得多。分层也有利于加速协议的发展和优化，更好地体现开放性。针对某一层所进行的优化和修改并不影响其他层的功能。

根据功能不同分层是 OSI 分层的原则。如果功能相同或相近，就把它们划分在同一个层上，如果不同，就要分层。不同的层所完成的工作是不同的。层与层之间并不是孤立的，它们的关系是下层为上层服务。常见的协议如 TCP/IP、以太网、FDDI、IEEE 802.3 和 IEEE 802.5 等与 OSI 参考模型的对应（对比）关系如图 3-13 所示。

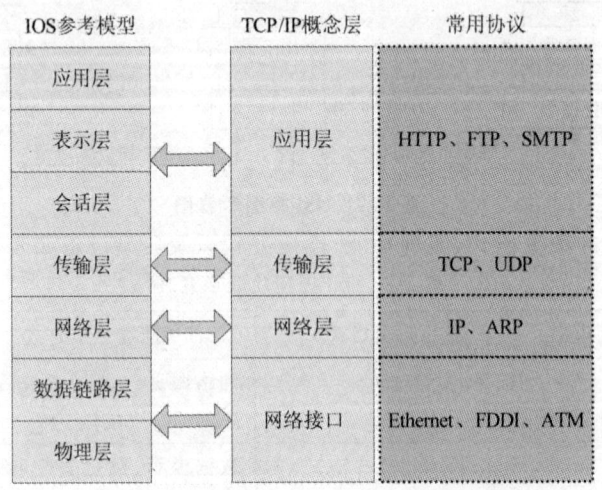

图 3-13 OSI 参考模型与 TCP/IP 概念层的对应关系

三、互联网与发展

互联网(Internet)是由一些使用公用语言互相通信的计算机连接而成的全球网络,即广域网、局域网及单机按照一定的通讯协议组成的国际计算机网络。互联网是一种公用信息的载体,这种大众传媒比以往的任何一种通讯媒体都要快。

经过十多年的发展,中国互联网已经形成规模,互联网应用走向多元化。互联网越来越深刻地改变着人们的学习、工作以及生活方式,甚至影响着整个社会进程。据有关数据显示,截至 2011 年 12 月底,中国网民数量达到 5.13 亿,全年新增网民 5580 万。互联网普及率较上年年底提升 4 个百分点,达到 38.3%。

1. IP 地址

IP 地址(Internet Protocol Address)是一种在 Internet 上的给主机编址的方式,也称为网际协议地址。常见的 IP 地址分为 IPv4 与 IPv6 两大类。IP 地址编址方案是:IP 地址编址方案将 IP 地址空间划分为 A、B、C、D、E 五类,其中 A、B、C 是基本类,D、E 类作为多播和保留使用。IPv4 就是有 4 段数字,每一段最大不超过 255。

(1) A 类 IP 地址

A 类 IP 地址是指在 IP 地址的四段号码中,第一段号码为网络号码,剩下的三段号码为本地计算机的号码。A 类网络地址数量较少,可以用于主机数达 1600 多万台的大型网络。

A 类 IP 地址的地址范围为 1.0.0.0 到 126.255.255.255。最后一个是广播地址。

A 类 IP 地址的子网掩码为 255.0.0.0,每个网络支持的最大主机数为 $256^3-2=16777214$ 台。

(2) B 类 IP 地址

B 类 IP 地址是指在 IP 地址的四段号码中,前两段号码为网络号码。B 类 IP 地址中网络的标识长度为 16 位,主机标识的长度为 16 位,B 类网络地址适用于中等规模的网络,每个网络所能容纳的计算机数为 6 万多台。

B 类 IP 地址的地址范围为 128.0.0.0 到 191.255.255.255。

B 类 IP 地址的子网掩码为 255.255.0.0,每个网络支持的最大主机数为 $256^2-2=65534$ 台。

(3) C 类 IP 地址

C 类 IP 地址是指在 IP 地址的四段号码中,前三段号码为网络号码,剩下的一段号码为本地计算机的号码。C 类 IP 地址中网络的标识长度为 24 位,主机标识的长度为 8 位,C 类网络地址数量较多,适用于小规模的局域网络,每个网络最多只能包含 254 台计算机。

C 类 IP 地址的地址范围为 192.0.0.0 到 223.255.255.255。

C 类 IP 地址的子网掩码为 255.255.255.0,每个网络支持的最大主机数为 $256-2=254$ 台。

由于互联网的蓬勃发展,IP 位址的需求量愈来愈大,使得 IP 位址的发放愈趋严格,全球 IPv4 位址在 2011 年 2 月 3 日分配完毕。地址空间的不足必将妨碍互联网的进一步发展。为了扩大地址空间,拟通过 IPv6 重新定义地址空间。IPv6 采用 128 位地址长度。在 IPv6 的设计过程中除了一劳永逸地解决了地址短缺问题以外,还考虑了在 IPv4 中解决不好的其他问题。

除上述地址段外,还有私有地址。私有地址(Private address)属于非注册地址,专门为组织机构内部使用,不用申请即可在内部直接使用。

以下列出留用的内部私有地址:A 类 10.0.0.0 到 10.255.255.255,B 类 172.16.0.0 到 172.31.255.255,C 类 192.168.0.0 到 192.168.255.255。

2. 互联网的服务

(1) 远程登录服务(Telnet)

远程登录(Remote-login)是 Internet 提供的最基本的信息服务之一,是在网络通讯协议 Telnet 的支持下使本地计算机暂时成为远程计算机仿真终端的过程。在远程计算机上登录,必须事先成为该计算机系统的合法用户并拥有相应的账号和口令。

(2) 文件传输服务(FTP)

文件传输是指在计算机网络上主机之间传送文件,它是在网络通讯协议 FTP(File Transfer Protocol)的支持下进行的。

用户一般不希望在远程联机情况下浏览存放在计算机上的文件,更乐意先将这些文件取回到自己计算机中。这样不但能节省时间和费用,还可以从容地阅读和处理这些取来的文件。Internet 提供的文件服务 FTP 正好能满足用户的这一需求。Internet 上的两台计算机在地理位置上无论相距多远,只要两者都支持 FTP 协议,网上的用户就能将一台计算机上的文件传送到另一台。

(3) 电子邮件服务(E-mail)

电子邮件(Electronic Mail)亦称 E-mail,它是用户或用户组之间通过计算机网络收发信息的服务。目前,电子邮件已成为网络用户之间快速、简便、可靠且成本低廉的现代通信手段,也是 Internet 上使用最广泛、最受欢迎的服务之一。

电子邮件使网络用户能够发送或接收文字、图像和语音等多种形式的信息。目前 Internet 上 60% 以上的活动都与电子邮件有关。使用 Internet 提供的电子邮件服务,实际上并不一定需要直接与 Internet 联网,只要通过已与 Internet 联网并提供 Internet 邮件服务的机构收发电子邮件即可。

(4) 信息浏览服务(Gopher、WWW)

Gopher 是基于菜单驱动的 Internet 信息查询工具。Gopher 的菜单项可以是一个文件或一个目录,分别标以相应的标记,是目录则可以继续跟踪进入下一级菜单,是文件则可以用多种方式获取,如邮寄、存储、打印等。

WWW 的含义是环球信息网(World Wide Web),它是一个基于超级文本(hypertext)方式的信息查询工具,是由欧洲核子物理研究中心(CERN)研制的。WWW 将位于全世界 Internet 网上不同网址的相关数据信息有机地编织在一起,通过浏览器(Browser)提供一种友好的查询界面:用户仅需要提出查询要求,而不必关心到什么地方去查询及如何查询,这些均由 WWW 自动完成。WWW 为用户带来的是世界范围的超级文本服务,只要操作鼠标,就可以通过 Internet 调来希望得到的文本、图像和声音等信息。通过使用浏览器,一个不熟悉网络使用的人可以很快成为使用 Internet 的行家。

除此之外,互联网还提供网络新闻服务(Usenet)、名址服务(Finger、Whois、X.500、Netfind)以及其他信息服务(即时通信工具、IRC、MUD)等相关服务。

3. 互联网通信工具

互联网领域的主要通信工具有两种:IM(即时通信)和 E-mail(电子邮件)。E-mail 是最传统的、私密的、简单的通信工具。已在上一部分作了详细介绍,这里更倾向于分析更具挑战性和时代魅力的通信工具——IM。即时通讯(Instant Messenger,简称 IM)是一种基于互联网的即时交流消息的业务,代表有 QQ、百度 Hi、MSN、阿里旺旺、FastMsg、UC、蚁傲,以及基于移动平台的微信、米聊等。

4. Web 应用

Web(亦作"WWW""W3""万维网",英文全称为"World Wide Web")是一个由许多互相链接的超文本组成的系统,通过互联网访问。在这个系统中,每个有用的事物称为一样"资源",并且由一个全局"统一资源标识符"(URI)标识;这些资源通过超文本传输协议(Hyper Text Transfer Protocol,缩写 http)传送给用户,而后者通过点击链接来获得资源。万维网联盟(World Wide Web Consortium,简称 W3C)又称 W3C 理事会,1994 年 10 月在麻省理工学院(MIT)计算机科学实验室成立。万维网联盟的创建者是万维网的发明者蒂姆·伯纳斯—李。万维网并不等同互联网,万维网只是互联网所能提供的服务之一,是靠着互联网运行的一项服务。

Web 应用与传统的桌面应用有很大的区别,其优缺点如表 3-3 所示。

表 3-3 Web 应用与桌面应用优缺点对比表

应用软件的类型	优点	缺点
Web 应用	1. 标准化的开发、发布和浏览方式 2. 客户机不需要安装专门的客户程序,只要安装了浏览器即可 3. 软件升级容易 4. 可以穿透防火墙 5. 易于异构平台上进行配置集成 6. 降低对用户的培训费用	1. 客户界面开发不如桌面应用程序方便,可以实现复杂的客户界面 2. 响应速度慢,难以满足实时系统的需求
桌面应用程序	1. 交互性强 2. 运行性能好 3. 网络负载小 4. 非常安全 5. 易于维护和跟踪用户的状态	1. 系统整合性差 2. 配置和维护成本高 3. 对客户机的要求高 4. 用户培训时间长 5. 软件伸缩性差 6. 软件利用性差

Web 应用的具体体现就是 Web 应用程序。Web 应用程序是一种可以通过 Web 访问的应用程序。Web 应用程序的一个最大好处是用户很容易访问应用程序。用户只需

要有浏览器即可,不需要再安装其他软件。

一个 Web 应用程序是由完成特定任务的各种 Web 组件(web components)构成的,并通过 Web 将服务展示给外界。在实际应用中,Web 应用程序是由多个 Servlet、JSP 页面/ASP 页面、HTML 文件以及图像文件等组成。所有这些组件相互协调为用户提供一组完整的服务。常见的计数器、留言板、聊天室和论坛 BBS 等都是 Web 应用程序,不过这些应用相对比较简单,而 Web 应用程序的真正核心主要是对数据库进行处理,管理信息系统(Management Information System,简称 MIS)就是这种架构最典型的应用。MIS 可以应用于局域网,也可以应用于广域网。基于互联网的 MIS 系统以其成本低廉、维护简便、覆盖范围广、功能易实现等诸多特性,得到越来越多的应用。

5. 云计算

在 21 世纪初期,正当互联网泡沫破碎之际,Web 2.0 的兴起使网络迎来了一个新的发展高峰期。在这个 Web 2.0 的时代,Flickr、MySpace、FaceBook、YouTube 等网站的访问量已经远远超过传统门户网站。用户数量多以及用户参与程度高是这些网站的特点。因此,如何有效地为如此巨大的用户群体服务,让他们参与时能够享受方便、快捷的服务,成为这些网站不得不解决的一个问题。而与此同时,凭借 Google 文件系统搭建起来的 Google 服务器群还能为 Google 提供强大的搜索速度与处理能力。于是,如何有效利用这些技术为更多的企业或个人提供强大的计算能力与多种多样的服务就是像 Google 这样拥有巨大服务器资源的企业在考虑的问题。正是因为一方对计算能力的需求,而另一方能够提供这样的计算能力,于是云计算就应运而生。同时有这种经历的还有亚马逊。

(1) 云计算的概念

目前,大众比较接受的说法是:云计算(Cloud Computing)是一种基于互联网的资源利用、计算新方式,它可为个人和企业用户提供按需即取的计算。网络服务提供者可以在数秒之内处理数以千万计的信息,达到与"超级计算机"同样强大的效能。由于用户需要的资源是在互联网上,而在计算机流程中,互联网常以一个云状图案来表示,因此我们形象地将其称为云计算,"云"同时也是底层基础设施的一种抽象概念。用户不需了解"云"中基础设施的细节,更不必具有相应的专业知识,也无需对其进行控制,只需要享受相应的服务即可。

所以云计算实际上是一种全新的网络服务模式,将传统的以桌面为核心的任务处理转变为以网络为核心的任务处理,利用互联网实现自己想完成的一切处理任务,使网络成为传递服务、计算力和信息的综合媒介,真正实现按需计算、网络协作。

(2) 云计算的特点

通过使计算分布在大量的分布式计算机上,而非本地计算机或远程服务器中,企业数据中心的运行将与互联网更相似。这使得企业能够将资源切换到需要的应用上,根据需求访问计算机和存储系统。云计算具有以下几个主要特征。

① 资源配置动态化。根据消费者的需求动态划分或释放不同的物理和虚拟资源,当增加一个需求时,可通过增加可用的资源进行匹配,实现资源的快速弹性提供;如果用户不再使用这部分资源时,可释放这些资源。云计算为客户提供的这种能力是无限的,实现了 IT 资源利用的可扩展性。

② 需求服务自助化。云计算为客户提供自助化的资源服务，用户无需同提供商交互就可自动得到自助的计算资源能力。同时，云系统为客户提供一定的应用服务目录，客户可采用自助方式选择满足自身需求的服务项目和内容。

③ 以网络为中心。云计算的组件和整体构架由网络连接在一起并存在于网络中，同时通过网络向用户提供服务。而客户可借助不同的终端设备，通过标准的应用实现对网络的访问，从而使得云计算的服务无处不在。

④ 服务可计量化。在提供云服务过程中，针对客户不同的服务类型，通过计量的方法来自动控制和优化资源配置。即资源的使用可被监测和控制，是一种即付即用的服务模式。

⑤ 资源的池化和透明化。对云服务的提供者而言，各种底层资源（计算、储存、网络、资源逻辑等）的异构性（如果存在某种异构性）被屏蔽，边界被打破，所有的资源可以被统一管理和调度，成为所谓的"资源池"，从而为用户提供按需服务；对用户而言，这些资源是透明的、无限大的，用户无须了解内部结构，只关心自己的需求是否得到满足即可。

（3）云计算的服务形式

云计算包括以下几个层次的服务：基础设施即服务（IaaS，Infrastructure-as-a-Service）、平台即服务（PaaS，Platform-as-a-Service）和软件即服务（SaaS，Software-as-a-Service）。这里所谓的层次是分层体系架构意义上的"层次"。IaaS、PaaS 和 SaaS 分别在基础设施层、软件开放运行平台层和应用软件层实现。

① IaaS：基础设施即服务。消费者通过 Internet 可以从完善的计算机基础设施获得服务。Iaas 通过网络向用户提供计算机（物理机和虚拟机）、存储空间、网络连接、负载均衡和防火墙等基本计算资源；用户在此基础上部署和运行各种软件，包括操作系统和应用程序。本层中还可细分为硬件即服务（HaaS）、通信即服务（CaaS）和数据即服务（DaaS）

② PaaS：平台即服务。PaaS 实际上是指将软件研发的平台作为一种服务，以 SaaS 的模式提交给用户。因此，PaaS 也是 SaaS 模式的一种应用。但是，PaaS 的出现可以加快 SaaS 的发展，尤其是加快 SaaS 应用的开发速度。

平台通常包括操作系统、编程语言的运行环境、数据库和 Web 服务器，用户在此平台上部署和运行自己的应用。用户不能管理和控制底层的基础设施，只能控制自己部署的应用。PaaS 是可以在上面开发、测试和部署软件的一种平台。这意味着，软件的整个生命周期都可以在 PaaS 上完成。这种服务模式专门面向应用程序的开发人员、测试人员、部署人员和管理员。这项服务提供了开发云 SaaS 应用程序所需要的一切资源。

③ SaaS：软件即服务。它是一种通过 Internet 提供软件的模式，用户无需购买软件，而是通过向提供商租用基于 Web 的软件来管理企业经营活动。

云提供商在云端安装和运行应用软件，云用户通过云客户端（通常是 Web 浏览器）使用软件。云用户不能管理应用软件运行的基础设施和平台，只能做有限的应用程序设置。比如说，Gmail 就是一种 SaaS，谷歌是提供商，大众则是消费者。我们对 Gmail 享有的管理权和用户级控制权非常有限，不过消费者可以通过设置来采取一系列有限的操作，如启用优先收件箱、签名和撤销发送邮件等。

因此，根据云计算所提供的服务，可以描述出云计算平台的架构图，如图 3-14 所示。

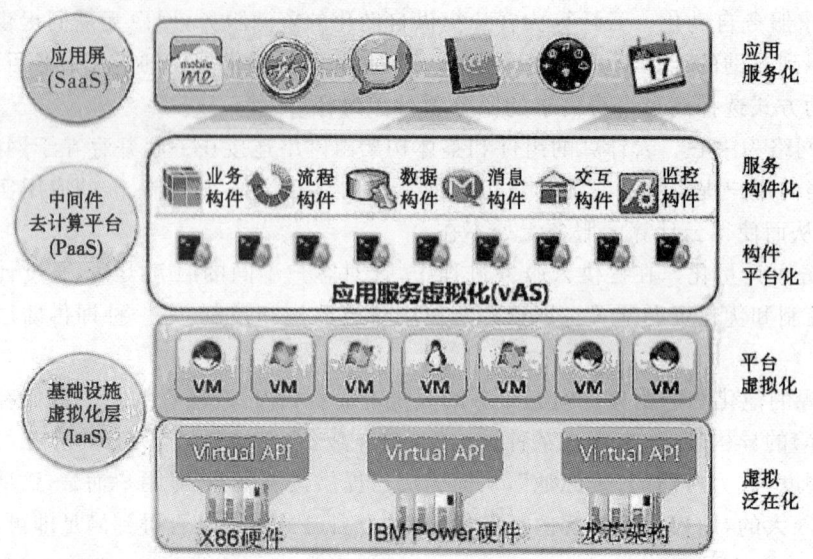

图 3-14 云计算平台的架构图

(4) 云计算的部署模型

美国国家标准和技术研究院的云计算定义中也涉及了关于云计算的部署模型。

① 公用云(Public Cloud)。简而言之,公用云服务可通过网络及第三方服务供应者开放给客户使用,"公用"一词并不一定代表"免费",但也可能代表免费或相当廉价,公用云并不表示用户数据可供任何人查看,公用云供应者通常会对用户实施使用访问控制机制,公用云作为解决方案,既有弹性,又具备成本效益。

② 私有云(Private Cloud)。私有云具备许多公用云环境的优点,如弹性、适合提供服务,两者差别在于私有云服务中,数据与程序皆在组织内管理,且与公用云服务不同,不会受到网络带宽、安全疑虑、法规限制影响;此外,私有云服务让供应者及用户更能掌控云基础架构、改善安全与弹性,因为用户与网络都受到特殊限制。

③ 社区云(Community Cloud)。社区云由众多利益相仿的组织掌控及使用,如特定安全要求、共同宗旨等。社区成员共同使用云数据及应用程序。

④ 混合云(Hybrid Cloud)。混合云结合公用云及私有云,这个模式中,用户通常将非企业关键信息外包,并在公用云上处理,但同时掌控企业关键服务及数据。

(5) 主流云计算应用

① 微软云计算。微软推出的首批软件即服务(SaaS)产品包括 Dynamics CRM Online、Exchange Online、Office Communications Online 以及 Share Point Online。每种产品都具有多客户共享版本,其主要服务对象是中小型企业。单客户版本的授权费用在 5000 美元以上。针对普通用户,微软的在线服务还包括 Windows Live、Office Live 和 Xbox Live 等。

② 亚马逊云计算。亚马逊的云名为亚马逊网络服务(Amazon Web Services),目前主要由四块核心服务组成:简单存储服务(Simple Storage Service)、弹性计算云(Elastic Compute Cloud)、简单排列服务(Simple Queuing Service)以及尚处于测试阶段的

SimpleDB。换句话说,亚马逊现在提供的是可以通过网络访问的存储、计算机处理、信息排队和数据库管理系统接入式服务。

③ 谷歌云计算。谷歌以应用托管、企业搜索以及其他更多形式向企业开放了他们的"云",推出了谷歌应用软件引擎(GoogleAppEngine),这种服务让开发人员可以编译基于Python的应用程序,并可免费使用谷歌的基础设施来进行托管。

第三节 无线技术基础

一、无线技术的概念

1. 无线技术基本知识

除了有线网络之外,还有各种不需要线缆就可在主机之间传输信息的技术,即无线技术。无线技术使用电磁波在设备之间传送信息。电磁波是通过空间传送无线电信号的一种介质。电磁频谱包括无线电和电视广播波段、可见光、x 射线和 γ 射线等。它们各有其特定的波长及相关能量的范围。其中,部分类型的电磁波不适合传送数据;部分波段受政府管制,由政府授权不同的组织用于特殊用途;另有一些特定波段则供公众使用,无需专门申请许可。公共无线通信最常用的波长包括红外光谱(IR)和无线电射频(RF)波段部分。

红外线是波长介于微波与可见光之间的电磁波,俗称红外光,波长在 760 纳米至 1 毫米之间,是波长比红光长的非可见光,覆盖室温下物体所发出的热辐射的波段。透过云雾的能力比可见光强。在通讯、探测、医疗、军事等方面有广泛的用途。

无线电射频(RF)波可以穿透墙壁及其他障碍物,适用范围比 IR 大得多。RF 波段的特定区域预留给没有许可证的设备使用,如无线局域网、无线电话、计算机外围设备等。这些频段包括 900 MHz、2.4 GHz 和 5 GHz 频率范围。这些范围被称为工业科学和医疗(ISM)波段,其使用受到较少限制。

蓝牙是一种利用 2.4 GHz 频带的技术,它仅限于低速、近距离通信,但优势是可以同时与许多设备通信。在用于连接计算机外围设备(如鼠标、键盘和打印机)时,这种一对多的通信能力就体现出了蓝牙技术相对于 IR 的优势。

2. 无线技术优点与局限性

与传统的有线网络相比,无线技术具有诸多优点,表现在以下三个方面。

① 能够随时随地进行连接。广泛分布在公共场合当中的无线接入点(称为热点),使人们能够轻松连接到 Internet 下载信息和交换电子邮件与文件。

② 无线技术的安装非常简单,而且家庭和企业无线设备的价格也在不断下降。而随着这些设备价格的下降,其数据速率和功能却在提高,并能支持更快、更可靠的无线连接。

③ 由于不受电缆连接的限制,网络可以利用无线技术轻易地扩展,新用户和来访者可以快速而轻松地加入网络。

但是无线技术也存在着以下缺点。

① 使用频段较为拥挤,容易受到干扰。无线 LAN(WLAN)技术使用 RF 频谱中无需许可证的频段。由于这些频段不受管制,因此被许多不同的设备使用。结果,这些频段非常拥挤,来自不同设备的信号经常相互干扰。此外,微波炉和无线电话等设备也使用这些频率,因而可能会干扰 WLAN 通信。

② 如何使无线技术更安全仍是研究重点。无线提供了便捷的访问,其广播数据的方式让任何人都能访问数据。但是,这种功能也会限制无线技术为该数据提供的保护,因为任何人(包括非预定的接收者)都可以截取到通信流。为解决这些安全问题,人们开发了许多保护无线通信的技术,如加密和身份验证。

③ 速度和可靠性仍然和有线网络有一定差距。目前,虽然无线技术发展迅速,由于受客观的地理、环境等因素影响较大,与有线网络相比,无论是速度还是可靠性都有不小的差距。

3. 无线网络类型

无线网络类型根据条件不同可分别进行不同的分类,有按照通信距离、通信结构、拓扑等不同情况分类的方法,以使用通信距离分类较为普遍。

按无线网络的通信距离分类,无线网络类型可分为无线个人区域网(WPAN)、无线局域网(WLAN)、无线城域网(WMAN)、无线广域网(WWAN)。

(1) 无线个人区域网(Wireless Personal Area Network,简称 WPAN)

无线个人区域网主要用于个人用户工作空间,典型覆盖距离为几米,可以与计算机同步传输文件,访问本地外围设备,如打印机等,目前主要技术包括蓝牙(Bluetooth)和红外(IrDA)。

(2) 无线局域网(Wireless Local Area Network,简称 WLAN)

无线局域网主要用于宽带家庭、大楼内部以及园区内部,典型覆盖距离为几十米至上百米,目前主要技术为 802.11 系列。它们可以让许多用户通过称为"接入点"(AP)的设备连接到有线网络。接入点用于连接无线主机和有线以太网络中的主机。

(3) 无线城域网(Wireless Metropolitan Area Network,简称 WMAN)

无线城域网的推出是为了满足日益增长的宽带无线接入(BWA)市场需求。虽然多年来 802.11x 技术一直与许多其他专有技术一起被用于 BWA,并获得很大成功,但是 WLAN 的总体设计及其特点并不能很好地适用于室外的 BWA 应用。当其用于室外时,在带宽和用户数方面将受到限制,同时还存在着通信距离等其他一些问题。因此,IEEE 决定制定一种新的、更复杂的全球标准,即 IEEE802.16 标准。

(4) 无线广域网(Wireless Wide Area Network,简称 WWAN)

无线广域网覆盖的区域非常广大。移动电话网络就是一种非常典型的 WWAN。这些网络使用码分多址(CDMA)、全球移动通信系统(GSM)、宽带码分多址(WCDMA)和长期演进技术(LTE)等技术,通常受政府机构的管制。

各类无线网络的关系、使用的标准、传输速率、覆盖范围以及应用如图 3-15 所示。

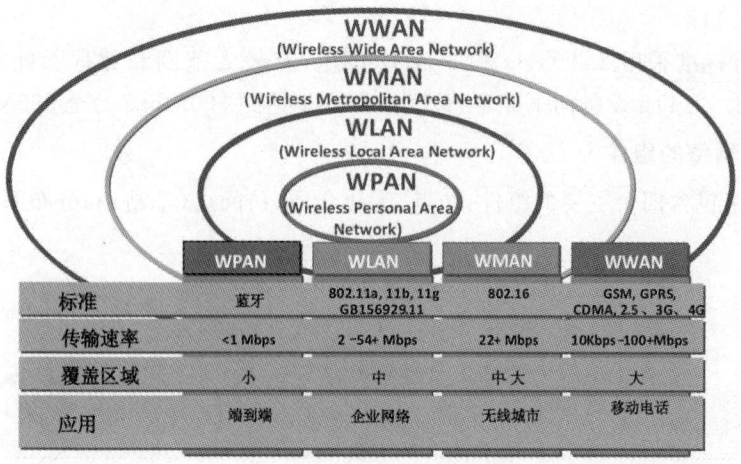

图 3-15 无线网络关系图

二、无线网络标准与组件

为确保无线设备之间能互相通信,已经产生了许多标准。这些标准规定了使用的 RF 频谱、数据速率、信息传输方式等。目前,常用的无线网络标准主要有美国 IEEE 所制定的 802.11 标准、欧洲电信标准协会(ETSI)制定的 HiperLAn 标准、HomeRF(家庭网络)标准以及蓝牙(Bluetooth)标准等。IEEE 802.11 标准用于管理 WLAN 环境。另一个名为 Wi-Fi Alliance 的组织负责测试不同制造商的无线 LAN 设备。设备上若印有 Wi-Fi 徽标,则表示该设备符合这些标准,并能与符合同一标准的其他设备交互操作。我们重点介绍 802.11 标准。

1. 802.11 标准

802.11 标准有四个附录,用于描述无线通信的不同特征,目前可用的附录有 802.11a、802.11b、802.11g 和 802.11n。这些技术统称为无线保真(Wi-Fi,Wireless Fidelity)。

(1) 802.11a

802.11a 标准使用 5GHzRF 频谱,与 2.4 GHz 频谱(即 802.11b/g/n 设备)不兼容,范围大约是 802.11 b/g 的 33%,与其他技术相比,实施此技术非常昂贵,因此 802.11a 标准的设备越来越少。

(2) 802.11b

802.11b 标准首次采用 2.4 GHz 技术,最大数据速率为 11 Mbps,范围大约是室内 46 米(150 英尺)、室外 96 米(300 英尺)。

(3) 802.11g

802.11g 标准采用 2.4 GHz 技术,最大数据速率增至 54 Mbps,范围与 802.11b 相同,与 802.11b 向下兼容。

(4) 802.11n

802.11n 标准采用 2.4 GHz 和 5 GHz 技术,有较大范围和数据吞吐量,与现有的 802.11b 和 8.02.11g 设备向下兼容,最大数据速率达到 300Mbps 乃至 600Mbps。

2. 无线网络的组件

无线网络包含四个主要的组件:站点、无线介质、访问点(基站)和分布系统,如图 3-16 所示。

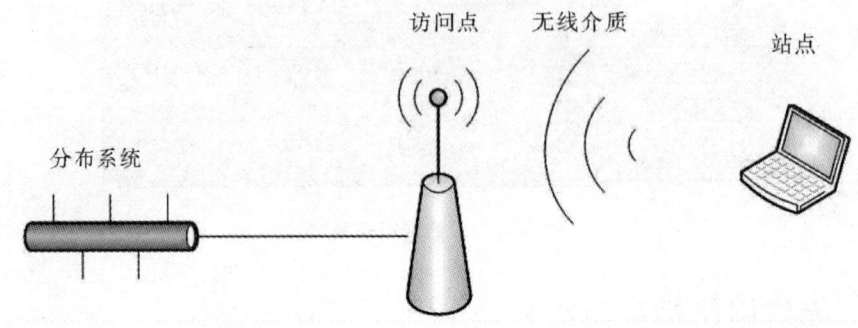

图 3-16 无线网络组件构成

(1) 站点

构建无线网络的目的就是为了在站点之间进行通信。站点是带有无线网络接口的设备。按照这个概念,站点通常指的是笔记本电脑(内置无线网卡)。另外,为了避免布线,在台式机上也可以安装无线网卡,这样台式机也就成为无线网络中的站点。

(2) 无线介质

通常,802.11 无线网络使用无线电波(ISM 频段),但也可以使用红外线。

(3) 访问点(基站)

访问点的使用是将无线用户的数据转发到有线网络(通常指分布系统),这样用户就能够进行网页浏览、发送电子邮件、聊天等。一个网络如果部署了多个访问点,用户就可以漫游了,如同手机一样能够在多个基站之间进行漫游。我们常见的访问点就是无线宽带路由器和无线 AP。

(4) 分布系统

分布系统如果只是用于一个封闭的无线局域网或几台电脑之间进行无线通信,是不需分布系统的。但如果电脑需要访问外界信息,就避免不了需要连接到外部网络(如 Internet),因为现在大部分网络还是有线的,所以通常无线网络可通过分布系统连接到外部网络。

分布系统通常是有线网络(如企业中的以太网、家庭中的 Internet 连接),但也可以是无线网络。一个无线网络并不需要同时包含这四个组件。

3. SSID

在构建无线网络时,需要将无线组件连接到适当的 WLAN,这可以通过使用服务集标识符(SSID)来完成。SSID 是一个区分大小写的字母数字字符串,最多可以包含 32 个字符。它包含在所有帧的报头中,并通过 WLAN 传输。SSID 用于标识无线设备所属的

WLAN 以及能与其相互通信的设备。

无论是哪种类型的 WLAN，同一个 WLAN 中的所有设备必须使用相同的 SSID 配置才能进行通信。

三、无线网络的安全问题

无线设备出厂时已经带有配置设置，如 SSID、密码和 IP 地址。攻击者利用这些默认设置可以轻松找到网络并渗入网络。即使禁用了 SSID 广播功能，他人也可以利用众所周知的默认 SSID 侵入您的网络。此外，如果不改变其他默认设置，如密码和 IP 地址，攻击者可以访问 AP 并更改这些设置。用户应将默认信息更改为更安全和更独特的信息。这些更改本身无法保护您的网络，因此，需要组合多种方法来保护您的 WLAN。

1. 限制访问 WLAN

限制访问网络的方法之一是精确控制哪些设备可以访问网络。这可以通过 MAC 地址过滤来实现。

① MAC 地址过滤使用 MAC 地址来分辨可以连接到无线网络的设备。当某个无线客户端尝试连接或关联 AP 时，就会发送 MAC 地址信息。如果启用了 MAC 过滤，无线路由器或 AP 会在预配置的列表中查找其 MAC 地址。只有具有已记录在路由器数据库中的 MAC 地址的设备，才允许其连接。

② 若在数据库中找不到其 MAC 地址，则会禁止该设备连接无线网络或通过无线网络通信。

③ 这种安全保护方法也存在一些问题。例如，所有访问网络的设备在尝试连接之前，必须将其 MAC 地址加入数据库中，否则就无法连接。此外，攻击者也可以使用其设备克隆其他具有访问权限的设备的 MAC 地址。

2. WLAN 的身份验证

身份验证是根据一组证书允许登录网络的过程，用于验证尝试连接网络的设备是否可以信赖。

使用用户名和密码是最常见的身份验证形式。在无线环境中，身份验证同样用于确保连接的主机已经过验证，但处理验证过程的方式稍有不同。如果启用身份验证，必须在允许客户端连接到 WLAN 之前完成。无线身份验证方法有三种：开放式身份验证、预共享密钥(PSK)和可扩展身份验证协议(EAP)。

（1）开放式身份验证

默认情况下，无线设备不要求身份验证，任何身份的客户端都可以关联，这称为开放式身份验证。开放式身份验证应只用于公共无线网络，如为数众多的学校和酒店的无线网络。若网络在客户端连接之后通过其他方式进行身份验证，则也可以使用开放式身份验证。

（2）预共享密钥(PSK)

使用 PSK 时，AP 和客户端必须配置相同的密钥或加密密码。AP 发送一个随机字符串到客户端。客户端接受该字符串,根据密钥对其进行加密(或编码),然后发送回AP。AP获取加密的字符串,并使用其密钥解密(或解码)。如果从客户收到的字符串在解密后与原来发送给客户端的字符串匹配,就允许该客户端连接。

PSK执行单向身份验证,即向AP验证主机身份。PSK不向主机验证AP的身份,也不验证主机的实际用户。

(3) 可扩展身份验证协议(EAP)

EAP提供相互或双向的身份验证以及用户身份验证。在客户端安装EAP软件时,客户端将与后端身份验证服务器(如远程身份验证拨号用户服务(RADIUS))通信。该后端服务器的运行独立于AP,并负责维护有权访问网络的合法用户数据库。使用EAP时,用户和主机都必须提供用户名和密码,以便对照RADIUS数据库检查其合法性。如果合法,该用户即通过了身份验证。

3. WEP

身份验证和MAC地址过滤可以阻止攻击者连接无线网络,但无法阻止他们拦截传输的数据。因为无线网络没有单独的边界,并且所有通信量都通过空间传输,所以攻击者很容易拦截或窃听无线帧。而经过加密之后,攻击者即使拦截了传输的数据,也无法使用它们。

有线等效协议(WEP)具有高级安全功能,用于加密通过空间传送的网络通信量。WEP使用预配置的密钥加密和解密数据。WEP密钥是一个由数字和英文字母组成的字符串,长度一般为64位或128位,有时也支持256位的密钥。为简化这些密钥的创建和输入,许多设备都有密码短语(Passphrase)选项。密码短语是方便记忆自动生成密钥所用字词或短语的一种方法。

为使WEP生效,AP以及每台可以访问网络的无线设备都必须输入相同的WEP密钥。若没有此密钥,设备将无法理解无线传输的内容。

4. WPA

WEP是一种防范攻击者拦截数据的极佳方式。但WEP也有缺陷,如所有启用WEP的设备都使用静态密钥,攻击者可以使用一些应用程序来破解WEP密钥。这些应用程序在Internet上很容易获得。攻击者一旦获取密钥,便可完全访问所有传输的信息。填补此漏洞的一种方法是频繁更改密钥,另一种方法是使用形式更高级、更安全的加密,称为Wi-Fi保护访问(Wi-Fi Protected Access,简称WPA)。

WPA也使用加密密钥,其长度在64位到256位之间。但与WEP不同的是,每当客户端与AP建立连接时,WPA都会生成新的动态密钥。因此,WPA比WEP更安全,其破解难度也要大很多。

小　　结

本章主要介绍了通信和计算机网络的基本概念和技术,包括数据通信系统、传输介质和通信方式、多路复用技术和数据交换技术；计算网络的概念、发展、组成、功能，以及计算机网络的类型和体系结构，并对互联网进行了概念性介绍，重点对无线网络、Web应用进行了详细的讨论，最后还介绍了当前流行的云计算技术。

随着计算机和通信技术的发展，人类进入了信息时代。同时，信息化的浪潮也推动着计算机网络技术的发展。互联网的兴起突破了人们在信息交往中所受的时空限制，极大地丰富了信息的内容和表现形式，为信息交流与资源共享提供了更多的途径和可能。由于越来越多的应用会部署在网络上，如何利用好计算机网路，如何利用好基于计算机网络的各种新技术、新应用，将是管理信息系统设计者和使用者关心的重点。

复习题

【思考题】

1. 简述数据通信系统模型及组成。
2. 什么是计算机网络？计算机网络有哪些类型？
3. 简述计算机网络通信协议的体系结构。
4. 计算机网络有哪些模式？请简述其特点。
5. 你认为什么是互联网？互联网可以提供哪些服务？这些服务能为企业带来哪些效益？
6. 简述无线技术的优点和局限性。

【练习题】

1. 选择题

(1) 以下的网络分类方法中，哪一组分类方法有误(　　)
   A. 局域网/广域网　　　　　　　　B. 对等网/城域网
   C. 环型网/星型网　　　　　　　　D. 有线网/无线网

(2) Internet的网络层含有四个重要的协议，分别为(　　)
   A. IP，ICMP，ARP，UDP　　　　B. TCP，ICMP，UDP，ARP
   C. IP，ICMP，ARP，RARP　　　　D. UDP，IP，ICMP，RARP

(3) 在OSI中，完成整个网络系统内连接工作，为上一层提供整个网络范围内两个终端用户之间数据传输通路工作的是(　　)
   A. 物理层　　　　B. 数据链路层　　　　C. 网络层　　　　D. 传输层

(4) 下列合法的IP地址是(　　)
   A. 128.36.7　　　B. 202.110.32.512　　C. 128.52.33.24　　D. 680273

2. 名词解释

(1) 多路复用技术　(2) WAN　(3) IP地址　(4) Web　(5) 云计算　(6) SSID
(7) WLAN

第四章 管理信息系统战略规划

【学习目标】

通过本章的学习,学生应该了解企业战略规划的内涵、任务及工作阶段,理解诺兰模型及其意义,了解关键成功因素法、战略目标转移法,掌握企业系统规划法,理解业务流程重组的基本原则与工作过程,掌握新系统方案构想及可行性研究的内容与方法。

知识要点	目标要求	相关知识
基本知识	(1) 能够理解并掌握管理信息系统战略规划等基本概念 (2) 能够理解管理信息系统战略规划的必要性等基本理论 (3) 能够理解管理信息战略规划的任务、特点 (4) 能够理解并掌握管理信息战略规划的内容、步骤与执行	(1) 管理信息系统战略规划的作用 (2) 管理信息系统战略规划的内容、特点 (3) 管理信息系统战略规划的步骤 (4) 管理信息系统战略规划的执行
模型	(1) 能够理解管理信息系统战略规划模型的内容和特点 (2) 能够掌握每一个模型的实践指导意义	(1) 诺兰阶段模型 (2) 管理信息系统战略规划三阶段模型 (3) 价值链模型
方法	(1) 能够掌握管理信息系统规划的各主要方法的含义 (2) 能够理解并掌握各主要方法的步骤及优缺点 (3) 能够针对管理具体问题对各种方法灵活应用	(1) 关键成功因素法 (2) 战略目标集转化法 (3) 企业系统规划法

开篇案例

管理信息系统在学校管理事务中的应用

案例背景

某培训学校主要从事各种培训业务,培训的项目多,每年招生的期数多,目前招生管理、教务管理、学生管理等工作均为手工操作,从而带来了以下难以解决的问题。

(1) 各期培训时间相对较短,招生数量大,各部门信息流量相当大。由于管理人员不足和管理人员的水平相对较低,管理混乱,学校领导无法得到快速准确的学生信息报表,影响学校领导的各项决策。

(2) 由于是培训学校,其性质决定了学生在报名后是否来报到以及报到后是否变动其所报培训专业等方面存在很大的不确定性,而且学生的一个极小的变动涉及部门很多,容易造成各部门学生信息的不一致性。

(3) 培训学校在外地也设立了若干招生代理点,由于采用的是传统的信息传递方式,信息传递存在一定的滞后性,给学校其他相关部门的工作带来了一定的影响。

为此,学校领导提出建立管理信息系统,以提高招生工作的效率,节省管理工作的费用,为学校的长期战略发展打下良好的基础。

案例内容

1. 学校相关现状

学校目前各管理部门的信息均为手工管理,有些部门利用计算机采用文件管理的方式进行管理。各部门管理科学,制度齐全,以前数据保存完整。学校领导对信息系统表现出积极的参与和支持,各部门管理人员也积极配合参与信息系统的开发。

目前,学校各行政管理部门共有计算机50台,各部门计算机均连入学校校园局域网。学校因为设有计算机专业,拥有足够的计算机工作人员。各部门管理人员大部分受过高等教育,能熟练操作计算机。

2. 系统目标

根据对组织目前管理状况的分析和企业目前的资源状况,与领导沟通,与学校战略目标相结合后,确定管理信息系统的目标如下。

(1) 系统以数据库为核心,采用 c/s 体系结构,既考虑了充分有效地利用服务器的资源,实现信息共享与共联,又考虑了各部门客户机的特点和性能。

(2) 系统采用图形化界面和"傻瓜"式操作设计,简单易用。

(3) 考虑系统规模和成本,异地数据传输采用文件方式通过 internet 传输。

(4) 系统设置多级用户权限和 u 令,保护信息安全。采用将用户表和权限表分离及记录过滤的策略,将用户的访问权限设置到模块级和记录级。

(5) 系统自动设置数据备份功能,保证系统数据安全。

3. 系统开发方案

(1) 开发方法。采用面向对象分析与设计方法。

(2) 系统模块开发优先。通过对学校管理的特点和信息流程等的分析,块开发的先后次序为招生管理、学生管理、教务管理和后勤管理。

(3) 开发人员组成。选择学校具有开发管理信息系统经验的教师和学校各管理部门负责人配合系统的开发。

(4) 系统开发进度。根据系统规模和开发人员的技术水平,暂定系统开发周期为6个月,各阶段的时间分配是:系统分析为45天,系统设计为45天,系统实施为30天,系统转换为60天。

(5) 系统转换方案。采用并行转换方案,系统开发最后两个月系统投入试运行,原手工系统与计算机系统并行运行两个月。两个月后检查两系统运行结果的差异,修正存在的问题后系统正式投入运行。

案例说明

通过对上述案例的分析,我们发现管理信息系统对一个组织,不管是企业或者部门来讲都是十分必要的。为了设计开发出对于目标组织来讲最合适的管理信息系统,我们必须首先充分地调查分析该组织的相关现状与组织管理目标,针对存在的问题,提出适宜的管理信息系统战略规划方案,从而为后续的设计、开发等工作打下良好的基础。

提问与思考

任何组织在开展工作时都是要首先提出工作计划的,其中工作目标是很重要的。此时一定会将工作目标与组织的总体目标联系起来,因为只有这样工作的开展才会是有效的。那么,我们在制定管理信息系统战略规划时如何能够使所要开发的管理信息系统符合组织的总体目标呢?

第一节 概 述

一、管理信息系统战略规划的作用

凡事预则立,不预则废。现代社会的各种组织的复杂性不言而喻,特别是企业的结构和活动内容,因此要顺利地实现信息管理的计算机化必须要经过长期的努力,为此我们必须对一个组织的管理信息系统的构建进行规划。20世纪70年代,管理信息系统的部分失败同当时人们对总体规划的认识以及总体规划本身技术的成熟度有很大的关系。目前,国内外信息化进程不断向前推进,信息管理系统的建设需求日趋紧迫。尽管信息管理系统已经有很大的发展,但不少已经建成或正在建设的系统仍然存在一系列问题,其主要原因就是在系统建设中缺乏科学的、有效的系统规划。

信息系统建设是投资大、周期长、复杂度高的社会技术系统工程。科学的规划可以减少盲目性,使系统有良好的整体性、较高的适应性,建设工作有良好的阶段性,以缩短系统开发周期,节约开发费用。一个有效的信息管理系统战略规划可以使信息管理系统和用户有较好的关系,可以促进信息系统应用的深化。一个好的规划还可以作为一个标准,可以考核信息系统人员的工作,明确他们的工作方向,调动他们的工作积极性。因此,系统规划是信息系统建设的关键之一,它比具体项目的开发更为重要。

具体来讲,管理信息系统战略规划有以下作用。

① 合理分配和利用信息资源,以节省信息系统的投资。

② 通过制定规划,找出存在的问题,更正确地识别出为了实现企业目标管理信息系

统必须完成的任务,促进信息系统的应用,带来更多的经济效益。
③ 指导管理信息系统开发,用规划作为将来考核系统开发工作的标准。

二、管理信息系统战略规划的内涵

所谓战略规划就是制定组织的长期目标并将其付诸实施,它是一个正式的过程和仪式。根据组织的总体发展战略和资源状况,对组织的信息系统的近期、中期、长期的使命和目标,实现策略和方法,实施方案等内容作出的统筹安排我们称为管理信息系统战略规划。而一个组织的信息管理系统的规划可以分为战略性规划和执行性规划。战略性规划是宏观的、指导性的规划,执行性规划则是对战略性规划的具体化和细化。

通过制定管理信息系统战略规划,可以合理分配和利用信息资源,节省信息系统的投资,争取以最少的投入获得最大的产出;通过制定规划,找出存在的问题,更正确地识别出管理信息系统必须完成的任务,促进管理信息系统的应用,带来更多的经济效益。

三、管理信息系统战略规划的内容

管理信息系统战略规划的内容甚广,由企业的总目标到各职能部门的目标。管理信息系统战略规划一般包括三年或更长期的计划,也包括一年的短期计划。管理信息系统战略规划的内容包括以下几个方面。
① 信息系统的目标、约束及总体结构。
② 组织(企业、部门)的状况,包括计算机软件及硬件情况、产业人员的配备情况以及开发费用的投入情况。
③ 业务流程的现状、存在的问题和不足,以及流程在新技术条件下的重组。
④ 对影响规划的信息技术发展的预测。这些信息技术主要包括计算机硬件技术、网络技术及数据处理技术等。这些技术的不断更新将给管理信息系统的开发带来深刻的影响(如处理效率、响应时间等),与管理信息系统的性能有着密切的联系。因此,在规划过程中需要吸收相关技术的最新发展,从而使所开发的管理信息系统具有更强大的生命力。

四、管理信息系统战略规划的特点

管理信息系统战略规划具有以下几个特点。
① 管理信息系统战略规划是面向全局、面向长远的关键问题,具有较强的不确定性,结构化程度较低。
② 管理信息系统战略规划是高层次的系统分析,高层管理人员是工作的主体。
③ 管理信息系统战略规划不宜过细。系统规划的目的是为整个系统确定发展战略、总体结构和资源计划,而不是解决系统开发中的具体问题。它要给后续工作以指导,而不是代替后续工作。在系统规划阶段,系统结构着眼于子系统的划分,对数据的描述在于划分"数据类",进一步的划分是后续工作的任务。

④ 管理信息系统战略规划是企业规划的一部分，并随环境发展而变化。系统规划阶段是一个管理决策过程，它要应用现代信息技术有效地支持管理决策的总体方案。它又是管理与技术结合的过程，规划人员对管理和技术发展的见识、开创精神、务实态度是系统规划的关键因素。

五、管理信息系统战略规划的步骤

管理信息系统战略规划一般分为以下几个步骤。
（1）确定规划的基本问题
确定规划的基本问题包括明确规划的性质、规划的年限、规划的方法、规划的方式以及规划的策略等内容。
（2）对现行的系统进行初步调查
对现行系统的总体情况及环境进行初步调查。初步调查的内容有企业的目标和任务、企业概况、企业外部环境、前信息系统的概况、前系统的业务流程和子系统的划分、新系统的开发条件等。实事求是地开展调查是分析与设计系统的基础，这一步骤的工作质量好坏对整个开发工作的成败起着决定性作用。
（3）进行战略分析
对管理信息系统的目标、开发方法、功能结构、活动计划、信息部门的情况，财务情况，风险和政策等进行分析。
（4）识别约束条件，制定系统建设资源的分配计划
根据企业的软硬件资源条件，确定所需要的人员、设备、技术、服务、资金等。
（5）明确战略目标
它应包括管理信息系统建成要达到的运行指标、服务的质量与范围、政策、组织以及人员等，不仅包括信息系统的目标，而且包括整个企业的目标。
（6）拟定信息系统的实现方案、策略
根据目前组织在决策支持和事务处理方面的信息需求，为整个组织或其主部门提出管理信息系统的总体结构方案，包括系统的组成、各子系统相互之间的关系等。
（7）可行性研究
针对所提出的实现方案、策略，分析其是否具有可行性。

六、管理信息系统战略规划的执行

当我们制定好一个战略规划以后，如何执行好战略规划就成为了战略规划的主要内容，这叫战略规划的操作化。通常，战略规划的实现和操作存在两个困难：第一，这种规划一般是一次性的决策过程，因此它是不能预先进行实验的。这些由管理学理论所构建出的模型与决策支持系统往往是得不到管理人员的承认的，他们更喜欢用自己的经验建立启发式模型。那么，到底选择哪种方案呢？规划决策一次性的性质难以确定哪种选择更正确。第二，参加规划的专家多为企业中的人员，他们对以后实现规划是有责任的。由于

战略规划总是要考虑外部的变化,因此要求进行内部的变革以适应外部的变化,这种变革又往往是这些企业人员不欢迎的。这样,他们就有可能在实现战略规划时持反对态度,从而影响规划执行的结果。

因此,为了执行战略规划,应该做到以下三点。

(1) 做好思想动员

让各种人员理解战略规划的意义,使各层干部均能加入战略规划的实施;要让高层管理人员知道吸收外部人员参加规划的好处,并善于把制定规划的人的意图让执行计划的人了解,对于一些企业战略计划的新思想一定要注意与企业的文化形式相符合,或者说应该以企业旧的习惯方式推行新的内容。但是,规划一旦制定了就不要轻易改动。

(2) 把规划活动当作一个连续的过程

在规划制定和实行的过程中要不断进行"评价与控制",也就是要不断地综合集成各种规划和负责执行这种规划的管理,不断地调整。一个好的战略规划管理应该包含建立运营原则、确定企业地位、设立战略目标、进行评价与控制等内容,这些内容在整个运行过程中是动态的和不断修改的。

(3) 激励新战略思想

战略规划的重要核心是战略思想,但由于平时的许多紧迫的工作而疏忽了战略的重要性,造成了紧迫性与重要性的矛盾。激励新战略思想的产生才是企业不断获得强大生命力的源泉。为了能产生很好的战略思想,必须加强企业领导中的民主气氛,发扬职工的主人翁精神,要注意做到以下两点:第一,明确战略思想的重要性,改变职工的压抑情绪,改变企业的精神面貌,上下级应思想沟通。一般来说,企业应当将老的管理方式注入新的规划,然后再去追求老的方式的改变。转变思想过程中,中层管理起着关键的作用,要特别重视。第二,要奖励创造性的战略思想,改变言者有罪的现象。对企业战略思想作出贡献的人应给予奖励。对于提出了很好的建议但是暂时无法实现的人,要做好其思想工作,不要挫伤其积极性。有些公司管理人员不仅不扶植新战略思想的苗子,反而为创造性思维所激怒,造成恶劣影响。因此,在选拔任用公司管理人员时应把对待创造性思维的态度当成重要条件。

第二节 管理信息系统战略规划模型

一个组织把信息技术应用到管理中去,一般要经历从初级到成熟的成长过程。因此,制定管理信息系统的战略规划,只有了解目前组织的管理信息系统发展所处的阶段,才能抓住管理信息系统规划的时机,明确企业管理的重要活动和过程,评价和选择适宜的系统战略规划方法,有的放矢地制定战略规划。本节将主要介绍典型的诺兰(Nolan)阶段模型、管理信息系统战略规划三阶段模型及价值链模型等。

一、诺兰(Nolan)阶段模型

1. 诺兰阶段模型的含义

诺兰阶段模型由哈佛商学院 R. Nolan 教授于 20 世纪 70 年代末提出,是西方国家企业进行管理信息系统规划的指导性理论之一。该模型认为,企业及地区信息系统的发展具有一定的规律性,要经过从低级到高级的阶段性发展过程,各个阶段是循序渐进的。进行信息系统的规划需要首先明确自己所处的阶段水平,然后采取相应的策略。R. Nolan 通过对 200 多个公司、部门发展信息系统的实践和经验的总结,提出了著名的信息系统进化的阶段模型,即诺兰阶段模型。

2. 诺兰阶段模型的主要内容

(1) 诺兰阶段模型的结构

诺兰认为,任何组织由手工信息系统向以计算机为基础的信息系统发展时,都存在着一条客观的发展道路和规律。数据处理的发展涉及技术的进步、应用的拓展、计划和控制策略的变化以及用户的状况等方面。1979 年,诺兰将计算机信息系统的发展道路划分为六个阶段。诺兰强调,任何组织在实现以计算机为基础的信息系统时,都必须从一个阶段逐步发展到下一个阶段,不能实现跳跃式发展。诺兰阶段模型的六个阶段分别是初装阶段、蔓延阶段、控制阶段、集成阶段、数据管理阶段和成熟阶段。诺兰阶段模型是信息系统规划工作的框架,是反映信息系统发展阶段特征的模型。如图 4-1 所示,水平方向列出了信息系统的六个发展阶段,垂直方向列出的是增长要素,曲线表示各个阶段的信息系统预算。从图中曲线可以看出,在初装和蔓延阶段信息系统预算费用增长态势迅速,而在控制阶段信息系统预算费用增长较缓慢,甚至没有增长,在集成阶段又开始迅速上升,在数据管理阶段到成熟阶段表现出稳定增长的态势,这是由信息系统各发展阶段的特点决定的。

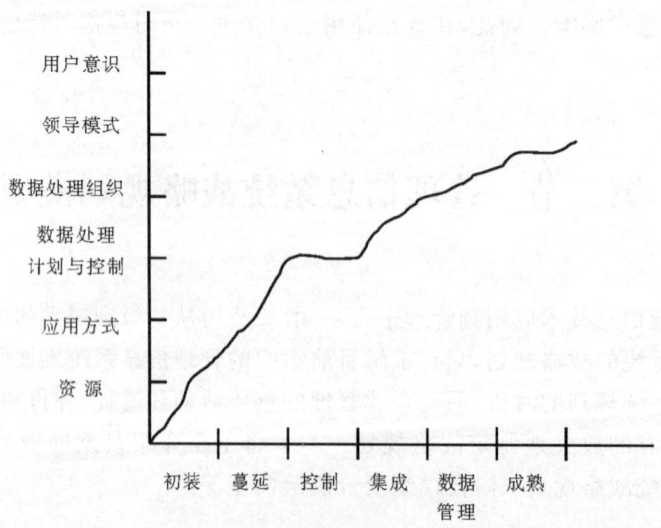

图 4-1 诺兰阶段模型

(2) 信息系统各发展阶段的特点

初装阶段:初装阶段是管理人员、用户对信息系统从不认识到有一些认识的阶段。管理者通过支持和组织开发、运行一两个简单的应用系统(工资管理、人事管理系统),通过系统运行所带来的效率和效益能够使管理者对信息系统的认识得到极大的提高。

蔓延阶段:随着计算机应用初见成效,信息系统从少数部门扩散到多数部门,并开发了大量的应用系统,使单位的事务处理效率有了提高,这便是蔓延阶段。显然,在该阶段中,数据处理能力发展得最为迅速,但同时也出现了许多有待解决的问题,如数据冗余性、不一致性、难以共享等。可见,此阶段只有部分计算机的应用收到了实际效益。

控制阶段:管理部门了解到计算机数量超出控制,计算机预算每年以 30%~40% 或更高的比例增长,而投资的回收却不理想。同时随着应用经验逐渐丰富,应用项目不断积累,客观上也要求加强组织协调,于是就出现了由企业领导和职能部门负责人参与的领导小组出面,对整个企业的系统建设进行统筹规划,特别是利用数据库技术解决数据共享问题。这时,严格的控制阶段便代替了蔓延阶段。这一阶段的发展速度较慢。出于控制数据处理费用的需要,管理者开始召集来自不同部门的用户组成委员会,以共同规划信息系统的发展。

集成阶段:组织从管理计算机转向管理信息资源,这是一个质的飞跃。从第一阶段到第三阶段,通常产生了很多独立的实体。在第四阶段,开始使用数据库和远程通信技术,努力整合现有的信息系统。由于重新装备大量设备,该阶段预算费用又一次迅速增长。

数据管理阶段:信息系统开始从支持单项应用发展到在逻辑数据库支持下的综合应用。组织开始全面考察和评估信息系统建设的各种成本和效益,全面分析和解决信息系统投资中各个领域的平衡与协调问题。

成熟阶段:高层管理者开始认识到管理信息系统是组织不可缺少的基础,正式的信息资源计划和控制系统投入使用,以确保管理信息系统支持业务计划。信息资源管理的效用充分体现出来。

(3) 增长要素

诺兰阶段模型还指明了信息系统发展过程中的六种增长要素。

计算机硬软资源:计算机技术从早期的磁带向最新的分布式计算机系统发展。

应用方式:计算机处理和应用方式从处理方式到联机方式。

计划控制:数据处理计划与控制从短期的、随机的计划到长期的、战略的计划。

管理信息系统在组织中的地位:管理信息系统从附属于别的部门发展为独立的部门。

领导模式:开始时,技术领导是主要的,随着用户和上层管理人员越来越了解管理信息系统,上层管理部门开始与管理信息系统部门一起决定发展战略。

用户意识:从作业管理级的用户发展到中、上层管理级。

3. 诺兰阶段模型的意义

诺兰阶段模型总结了发达国家信息系统发展的经验和规律。一般认为,模型中的各阶段都是不能跳跃的。因此,无论是确定开发管理信息系统的策略,或者是制定管理信息系统规划,都应首先明确本组织当前处于哪一生长阶段,进而根据该阶段特征来指导管理信息系统建设。人们注意到诺兰阶段模型中提出了"转折点"的思想,即企业管理的焦点有一个从技术管理到数据资源管理的过程。不少人认为这对当代企业信息化发展和信息技术的宏观管理仍然具有启发意义,但是也有不少学者提出了不同的见解,认为诺兰阶段模型的局限性比较明显。例如,数据资源管理对现在的企业来说十分重要,应当是一个基础性的起点,它会极大地影响应用系统的集成和进一步发展的水平。尽管如此,但是采用增长阶段的方法认识和分析组织内部的信息技术应用环境,实事求是地进行信息系统规划对管理者来说应当是一个重要的出发点。

二、管理信息系统战略规划三阶段模型

管理信息系统战略规划三阶段模型阐明了广义管理信息系统战略规划制定活动及其顺序、可选用的技术和方法。B. J. Bowman 等人通过对管理信息系统计划实践的观察、对文献的研究和对用于计划过程方法论的分析,提出了一个基本的、一般性的管理信息系统规划模型。在这一模型中,管理信息系统的总体规划由三个阶段组成,如图 4-2 所示。

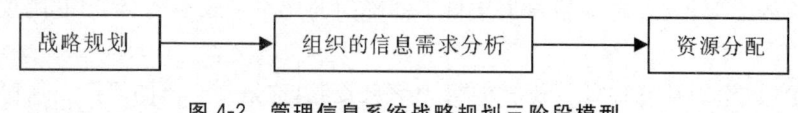

图 4-2　管理信息系统战略规划三阶段模型

1. 战略规划

战略规划是指在总的组织计划与管理信息系统计划之间建立关系。

本阶段要进行的工作有以下四项。

① 评价组织的战略与目标。

② 根据组织的目标和战略确定管理信息系统的使命,对 MIS 的建设或更新提出报告。

③ 对目前管理信息系统的功能、应用环境和应用现状进行评价。

④ 制定建设管理信息系统的政策、目标和战略。

2. 组织的信息需求分析

组织的信息需求分析即识别出组织的广泛的信息需求。

建立战略性的管理信息系统的总体结构,指导具体的应用系统开发规划。这一阶段要进行的工作有以下两项。

① 确定目前和规划中的组织在决策支持和事务处理方面的信息需求,以便为整个组织或其主要部门提出管理信息系统的总体结构方案。

② 制订主发展计划,即根据发展战略和系统总体结构,确定系统和应用项目的开发次序和时间安排。

3. 资源分配

资源分配是指对管理信息系统的应用系统开发资源进行管理。制订为实现主开发计划而需要的软、硬件资源,数据通信设备,人员,技术,服务,资金等计划,提出整个系统的建设概算。

依照这一模型,规划和设计方法论与三个阶段可建立对应关系,如表 4-1 所示。尽管

三阶段模型对管理信息系统总体规划只是做了简单的概括,但对于明确总体规划不同阶段的内涵及针对不同阶段对方法论的选择起着非常重要的指导作用。

表 4-1 总体规划方法论按阶段模型的分类

战略规划三阶段	战略规划	组织的信息需求分析	资源分配
各阶段对应的战略规划方法	战略目标集转化法	企业系统规划法 关键成功因素法 企业信息分析与一体化 目的—方法分析法	收费制系统法 投资回收分析 以零为基准预算法 资源分析

从方法论研究的角度,比较重要的是对组织信息需求分析阶段所使用的方法,即如何去识别和定义正确、完善的信息需求,确定一个组织的信息系统总体结构,并识别出应用系统及其优先次序。在本章第三节我们将介绍企业系统规划法、关键成功因素法、战略目标集转化法等,这是三种常用的总体规划方法,这些方法中的一些重要概念对我国管理信息系统界也有广泛的影响,特别是企业系统规划法,对国内的许多大型管理信息系统总体规划的制定起到了重要的作用。

由于管理信息系统目标和战略是来自组织战略的某种映射,而这种映射过程是比较复杂的,难以按照一种结构化的方法来完成。它更强烈地依赖于分析人员的洞察力。因此,这一阶段正式的规范化方法很少。事实上,目前所知的与战略性计划阶段相关联的也只有战略目标集转化法。不过这一方法还不够结构化,还带有主观性,在使用中需要有更多的管理者参与和评价。

资源分配阶段的一些方法往往来自于更一般的计划方法。因为这一阶段所涉及的主要问题是从整个组织的角度分配管理信息系统的开发和运行资源,制订分配的计划,因而带有一般资源分配问题的共性。因此,表 4-1 中列举的资源分配方法也可以广泛地用在各种计划之中。

三、价值链模型

一般而言,企业信息化的步骤首先是在企业生产经营管理中运用计算机等现代化信息技术;其次是完善网络建设,建设企业内部局域网络和互联网,实现信息共享;再次是在建立以财务管理为核心的管理系统的基础上,开展企业资源管理;最后是开展电子商务,探索物资采购、产品营销、技术交易、人才培训等经营活动的电子化和网络化。但是,管理者对自己企业中究竟有哪些业务和管理环节值得改善却并不是很清楚,运用迈克·波特的价值链模型可以帮助管理者认识信息技术究竟能够为企业做些什么。价值链模型将公司或企业运作视为一个活动链,企业的活动不断地将价值的差额加到公司或企业的产品或服务上,并能非常好地将信息系统运用到这些活动上,以使组织达到竞争优势。价值链的构成如图 4-3 所示。企业组织所从事的所有活动形成一个价值链,过程中的每一个环节都为顾客的产品或服务增加价值,这些活动可以分成两大类:支持价值过程和主要价值过程。通过价值链分析可以帮助管理者找到其中的重要活动和过程,并确定支持这些过程的信息技术和应用系统,即 IT 需要改善的重要环节。

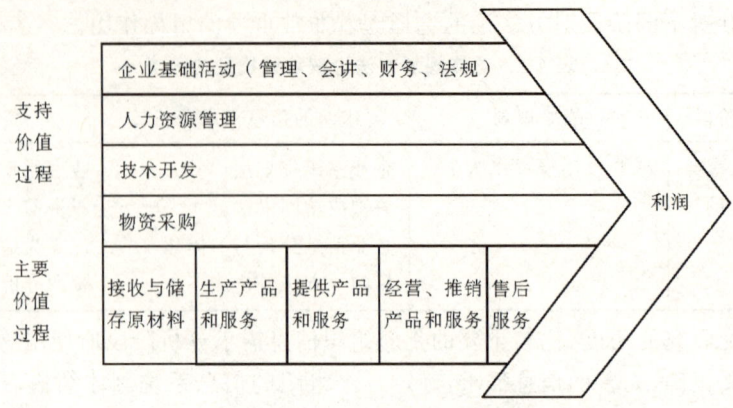

图 4-3　价值链的构成

美国最早的领带生产企业 Robert Talbott 公司一贯以其高质量的工艺、独一无二的设计和面料确保企业产品的价值,但是顾客的需求口味在不断变化。Robert Talbott 公司有四条领带生产线,每条生产线都有 300 种花样,但是要保证领带生产不落伍已经越来越困难。于是,公司借助价值链分析来发现潜在的 IT 应用领域。公司首先查看企业生产的各个过程,让顾客帮助评价所有环节对领带价值提高的贡献。最后评价的结果是:对产品价值贡献最大的过程是高质量的制造过程,其次是高质量真丝和其他面料的采购过程。Robert Talbott 公司建立了计算机辅助设计系统,获得了很好的效益。

同时,Robert Talbott 公司还借助顾客评价找出了使领带价值大幅度减少的过程,即销售人员向顾客许诺已经脱销的领带产品,这会极大地损害企业形象,并失去销售机会。因此,Robert Talbott 公司建立了新的订货与库存查询系统,销售人员可以通过计算机输入订单并查询库存,系统应用极大地提高了企业的竞争力。

该案例中 Robert Talbott 公司识别出主要价值过程是高质量的制造过程,支持价值过程是高质量真丝和其他面料的采购过程,进而确定建立了计算机辅助设计系统和订货与库存查询系统来改善这些环节,取得了很好的效果。

第三节　管理信息系统战略规划的方法

制定管理信息系统战略规划的方法有多种,主要有关键成功因素法(Critical Success Factors,简称 CSF)、战略目标集转化法(Strategy Set Transformation,简称 SST)和企业系统规划法(Business System Planning,简称 BSP)等三种。还有几种用于特殊情况,或者作整体规划的一部分使用,如企业信息分析与集成技术(BIAIT)、产出/方法分析(E/MA)、投资回收法(ROI)、征费法(Chargeout)、零线预算法、阶石法等,在这里就不再介绍。

一、关键成功因素法(Critical Success Factors,简称 CSF)

关键成功因素法(Critical Success Factors,简称 CSF)是 1970 年由哈佛大学的 William Zani 教授提出,10 年后由麻省理工学院(MIT)的 John Bockart 教授加以完善的一套用以定义组织信息需求的方法,其着重点是企业成功的关键因素。关键成功因素法的主要思想是"抓主要矛盾"。这是用以弥补在广泛的全面调查中难以获得最高领导信息需求的一个有效方法和技术,并且在访问谈话中解释这一方法和进行信息需求调查所需的时间较少。虽然 CSF 是从信息系统设计角度提出来的,但它也被用于企业计划的划定和评价方面。

1. 关键成功因素的基本概念

所谓"关键成功因素"是指在一个企业运营管理中的一些因素或领域,这些因素或领域的状态决定着企业的运营状况,这些因素或领域称为关键成功因素。关键成功因素总是与那些能确保企业具有竞争能力的方面相关的。如果这些领域(或部门)的运行结果令人满意,组织就能在竞争中获胜;否则,组织在这一时期的努力将达不到预期的效果。

关键成功因素在组织的目标和完成这些目标所需要的众多信息之间起着一种引导和中间桥梁的作用。通过对关键成功因素的识别,可以找出弥补所需的关键性信息集合,去建立那些重点的信息系统。

在不同类型的业务活动中,关键成功因素会有很大的不同,即使在同一类型的业务活动中,在不同时间内其关键成功因素也会不同。在多数企业中,通常有 3~6 个决定企业成功与否的因素。

2. 关键成功因素的来源

对于一个企业来说,关键成功因素有两类:一是企业所在行业的成功因素,二是自身的成功因素。这两类关键成功因素的来源是不同的,具体来说,企业的关键成功因素有以下四种来源。

(1) 行业的性质

行业的性质可能决定某些关键成功因素。例如,在汽车工业中,制造成本控制就是一项非常重要的关键成功因素;在超级市场业,产品的组合和产品价格则是其关键成功因素。

(2) 竞争策略、行业地位和地理位置

企业特定的竞争策略也会决定关键成功因素。例如,对于具有相似目标的两家百货公司,一个是享有极高声誉的百货公司,它会将优质的客户服务、商品的新潮款式以及质量控制作为竞争的关键成功因素;而另一个是以打折闻名的百货公司,它会将商品的定价、广告效力等作为竞争的关键成功因素。

一个企业在同一行业中处于不同的地位,或者同一行业中位于不同地理位置的企业,都有不同的关键成功因素。

(3) 环境因素

这里的环境是个广义的概念，如国民生产总值、世界经济形势、国家行业政策等。这些因素的变化将会导致许多企业的关键成功因素发生变化。例如，东南亚发生的金融危机促使许多国际企业改变了其关键成功因素。

(4) 暂时性因素

内部的一些变化常会引起企业暂时性的关键成功因素。例如，某企业的一些管理人员因对上级不满提出辞职，这时重建企业管理班子立即成为该企业的关键成功因素，直到重建工作的结束。

3. 关键成功因素法的应用步骤

一个组织要获得成功，就需要对关键成功因素进行认真的和不断的度量，并时刻注意对这些因素进行调整。关键成功因素法就是帮助识别关键成功因素的方法，它在确定组织的关键成功因素和信息系统关键成功因素方面都收到了较好效果。关键成功因素法的具体应用步骤如下。

(1) 战略目标识别

了解企业或管理信息系统的目标。组织目标应根据组织内外的客观环境条件来制定。在目标确定后，可视需要将按部门或业务单位分解为若干个合适的下级子目标。

(2) 识别所有的成功因素

可以使用适层分解的方法引出影响企业或管理信息系统目标的各种因素和影响这些因素的子因素，此步骤可以使用的工具是树枝因果图。例如，某企业有一个目标是提高产品竞争力，可以用树枝因果图给出影响它的各种因素，以及影响这些因素的子因素，如图4-4所示。

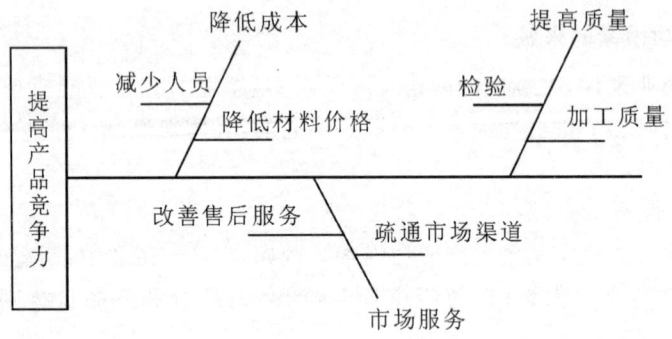

图 4-4　树枝因果图

(3) 确定关键成功因素

在众多的成功因素中，我们需要识别确定出关键成功因素。关键成功因素在组织目标的实现中具有关键作用，如果处理不当它将阻碍组织目标的实现。不同行业的关键成功因素各不相同，即使是同一行业的不同组织，由于各自所处外部环境的差异和内部条件的不同，其关键成功因素也不尽相同。即使是在同一类型的业务活动中，在不同时期内其关键成功因素也会不同。

(4) 确定关键成功因素的性能指标与评估标准

在战略层次上许多因素往往是定性的、比较笼统的,所以需要对这些因素进行分析,使之具体化。在确定了性能指标之后还需要确定企业期望的评估标准,如基础设施的水平应当达到什么程度、人员的培训工作应当达到什么水平等。指出和消除这些标准与组织现状之间的差距就是规划中将明确提出的信息系统建设的任务。

(5) 针对关键成功因素确定信息系统建设的方向和策略

关键成功因素的性能指标可以用来确定信息系统的需求。当这些需求建立起来以后,可以通过分析现有的信息系统以确定提供所需信息的报表是否已经存在或是否能够由现有的数据库生成。如果现有系统不能提供所需的报表,管理者就可以明确这一新的信息需求,并通过新开发的系统来满足。

一个企业要想获得成功,就需要对关键成功因素进行认真的选择和度量,并时刻注意这些因素之间的关系以便进行动态的调整。关键成功因素法的优点是能够使所开发的系统具有强烈的针对性,能够较快地取得收益,适用于在较短的时间内针对紧迫问题提出战略与对策。但是这种方法强烈地依赖规划者的自身理念与经验,因此具有较强的主观性。应用关键成功因素法需要注意的是,关键因素是不断变化的,因此需要经常进行重新识别。关键成功因素法用于管理高层一般效果较好,而用于中层管理人员不太适合,这是由于他们决策的问题往往具有结构化的特点,自由度较小。

二、战略目标集转化法(Strategy Set Transformation,简称 SST)

管理信息系统战略规划的一个重要的任务就是确定管理信息系统的战略和目标,使它们与组织总的战略和目标保持一致。战略目标集转化法就是从这个角度出发作出的规划。该方法是 1978 年由 William King 提出来的。他把组织的战略目标看成是一个"信息集合",包括使命、目标、战略和其他战略变量(如管理水平、发展趋向以及重要的环境约束等)等。管理信息系统的战略规划就是把组织的这种战略集转化为管理信息系统的战略集。

战略目标集转化法的具体步骤如下。

(1) 识别企业战略集

组织的战略集是在该组织的战略及长期计划的基础上进一步归纳而成的。在很多情况下,组织的目标和战略不是由书面给出的,或者它们所采取的形式对信息系统的总体规划用处不大。为此,信息系统的战略规划者就需要一个明确的战略集元素的确定过程。组织的战略集合的构造过程可按如下三个步骤进行。

① 说明企业中人员的结构,如供应商、顾客、经理、雇员、股东、竞争者等。

② 识别每类人员的目标。

③ 指出每类人员的任务及战略。

(2) 解释和验证组织的战略集

识别组织的战略集后,请管理人员和高级领导人对形成的目标和战略进行审阅、修改,最后形成包含企业目标、战略和战略属性的企业战略集。

（3）将企业的战略集转化成信息系统战略规划

① 针对企业战略集中的每个战略及相关目标与属性，找出一个或多个信息系统的目标。

② 从企业的战略和信息系统的目标中找出信息系统的约束条件。

③ 根据企业的战略属性、信息系统的目标和信息系统的约束条件，找出信息系统的设计战略。

例如，某企业的人员结构为股东、债权人、顾客等，企业的目标之一是改善现金流通，这是来自股东和债权人的目的。为达到这个目的，战略之一是改进信贷业务，由此引出信息系统的目标是提高开单速度，这个目标的约束主要是计算机和决策模型，其战略可能是新的设计方法。这样，就将企业目标转化成信息系统的战略规划。

管理信息系统的战略规划并不是一经制定就再也不发生变化的。事实上，各种内外部环境因素的变化都可能随时影响整个规划的适应性。因此，管理信息系统战略规划总是要不断修改以适应变化的需要。

三、企业系统规划法（Business System Planning，简称 BSP）

企业系统规划法（Business System Planning，简称 BSP）是由美国的 IBM 公司在 20 世纪 70 年代初提出来的，是现阶段影响最广的管理信息系统战略规划方法。它是一种对企业管理信息系统进行规划和设计的结构化方法，可以帮助企业作出信息系统的规划，来满足其近期和长期的信息需求。企业系统规划法主要基于用信息支持企业运行的思想，首先是从上而下的识别系统目标、识别企业的过程、识别数据，然后从下而上地设计系统目标，最后把企业的目标转化为信息系统战略规划的全过程。

1. 企业系统规划法的主要目标

企业系统规划法的主要目标是提供一个管理信息系统规划，用以支持企业短期的和长期的信息需求，并且作为整个企业规划中不可缺少的部分。其具体目标可归纳如下。

① 为管理者提供一种形式化的、客观的方法，不考虑各自的狭隘利益，并避免主观性，明确建立管理信息系统的优先顺序。

② 为建设具有较长生命周期的系统，保护系统的投资做准备。由于信息系统是基于业务活动过程的，因而不会因机构变化而失效。

③ 为了以最高效率支持企业目标，企业系统规划法提供了数据处理资源的管理。

④ 增加负责人的信心，坚信收效高的、主要的信息系统能够被实施。

⑤ 通过提供响应用户需求的系统来改善管理信息系统的管理部门和用户之间的关系。

⑥ 将数据作为一种企业资源加以确定。为使每个用户更有效地使用这些数据，要对这些数据进行统一规划、管理和控制。

2. 企业系统规划法的基本原则

（1）信息系统必须支持企业的战略目标

信息系统是一个企业的有机组成部分，对企业的总体有效性起着非常重要的作用，所以信息系统必须支持企业的战略目标。基于这种思想,可以将企业系统规划法看成一个转化过程,即将企业的战略转化成信息系统的战略。对于这一原则,企业的高级管理者必须认识到其重要性,只有这样才能够得到他们的大力支持和参与,从而保障管理信息系统战略规划的顺利进行。

(2) 信息系统的战略规划应当表达出企业的各个管理层次的需求

通常,在任一企业内同时存在着三个不同的管理层,即战略管理层、策略管理层和操作管理层。确定企业的目标,以及为达到目标决定所使用的资源等属于战略管理的内容;策略管理是指企业在实现其目标的过程中,为有效获得和使用企业资源而进行的管理活动;操作管理则是为保证有效完成具体的任务而进行的管理活动。不同层次的管理活动有着不同的信息需求,因此,有必要建立一个合理的框架,并据此来定义信息系统。

(3) 信息系统应该向整个企业提供一致的信息

由于传统的数据处理系统采用"自下而上"的开发方法,没有统一的规划,造成信息冗余、数据不一致,包括信息形式上的不一致、定义上的不一致和时间上的不一致。这一问题严重影响了信息系统作用的发挥。因此为了保证信息的一致性,必须制定关于信息一致性的定义、技术实现以及安全性的策略与规程,从而保证系统结构的完整性和信息的一致性,并在信息一致性的基础上为企业的各个部门所使用。

(4) 信息系统对组织机构和管理体制的变化应具有适应性

企业的组织机构和管理体制并不是一成不变的,而是与时俱进的。而开发一套管理信息系统是需要付出一定的人力、物力与财力的,为了延长一个信息系统的使用寿命就必须使其具有适应性,对组织机构和管理体制的变化应具有适应性,即应当有能力在企业的组织机构和管理体制的变化中发展自己而不受到大的冲击。为了实现上述目的,企业系统规划法采用定义企业过程的概念与技术,这种技术使信息系统独立于组织机构中的各种因素,即与具体的组织体系和具体的管理职责无关。对任一企业,可从逻辑上定义一组流程,只要企业的产品和服务基本不变,过程的改变就会极小。

(5) 信息系统应是先"自上而下"识别,再"自下而上"设计

企业系统规划法所支持的目标是企业各层次的目标,要实现这种支持就需要许多子系统,因此管理信息系统就由许多子系统组成。企业系统规划法对大型信息系统所采用的基本方法是"自上而下"地识别系统目标、识别企业过程、识别数据和"自下而上"地分步设计系统,这样既可以解决大规模的企业信息系统难以一次设计完成的困难,也可以避免自下而上分散设计可能出现的数据不一致、重新系统化和相互无关的系统设计问题。

(6) 具有易于实施性

系统规划应给后续工作提供指导,要便于实施。方案选择要追求实效,选择最为经济、简单、易于实施的方案。技术手段强调实用,不应片面求新、求异。

3. 企业系统规划法的步骤

企业系统规划法是通过全面调查,分析企业信息需求,制定信息系统总体方案的一种方法,其主要工作步骤如下。

(1) 项目的确立

多年的实践经验告诉我们,企业系统规划法想获得成功,首先必须得到最高领导和某

些最高管理部门参与研究的承诺。因为所构建的管理信息系统必须反映最高领导关于企业的观点,同时需要管理部门向工作组提供企业的现状,以及它们对于企业的理解和对信息的需求。整个工作过程中的基本材料大部分是直接或间接地从这些管理部门得到的。

(2) 前期准备工作

一个管理信息系统的建立过程是复杂的,因此必须有良好的总体规划。前期准备工作对整体规划起着重要的作用,仓促地规划工作会危及整个工程。具体来讲,应该从以下几个方面着手准备。

① 确定总体规划的范围。

总体规划通常涉及多个管理部门,一般要延伸到高层管理。

② 成立总体规划小组。

总体规划涉及较高的管理层次,要与多个管理部门接触,困难比较多。总体规划的成功很大程度上取决于管理部门的支持和对总体规划队伍的信任,因此必须建立一支值得信赖且具有权威性的队伍及总体规划小组。为了保证其权威性,规划小组必须在本单位的第一、二把手领导下工作,组长由在本单位具有工作实践经验、对管理人员有一定影响的人担任。总体规划小组设秘书一人,调查小组若干。调查小组成员除专职系统分析员之外,还要有有经验的管理人员。顾问可聘请社会上有经验的信息系统专家。

③ 制定工作计划。

这个工作计划应该包括研究计划、调查日程、采访对象、复查时间安排、规划报告大纲以及必要的经费等。

④ 调研。

通过调研,了解企业的一般情况,包括组织的环境、地位、特点,管理的基本目标,存在的主要问题,各种统计数字(人数、产值、产品、客户、合同)等。分析企业的决策过程、组织功能、关键人物等;了解现行信息系统的情况,包括概况,基本目标,技术力量,软、硬件环境,通信条件,经费,近两年来系统运行状况,各类统计数字(如程序量、用户数)等,以及用户对现有信息系统的看法、调查各类人员对信息系统的看法,努力使企业各级对系统的看法一致。通过介绍,让大家对企业和对信息支持的要求有全面的了解。

⑤ 准备调查表和调查提纲。

进行总体规划需要大量调查,这次调查比系统分析阶段的调查内容要粗一些,范围要广一些,因此称为系统初步调查。为了做好这次调查,要事先准备好调查表和调查提纲。调查表包括目标调查表、业务调查表、信息调查表等,调查提纲包括职责、工作目标及主要指标、存在问题、改进工作的可能性与困难、对信息系统的需求与估价等。调查表和调查提纲应预先发给调查对象。

⑥ 召开动员会。

动员会实际上是总体规划工作的开始,这是很重要的一步。许多企业对总体规划不重视,认为是"虚"的,不过是几张报告,起不了什么作用。因此,应向管理人员灌输总体规划的基本思想和效益。总体规划所涉及的单位负责人都应出席动员会,由高层的领导开会动员。动员会的内容包括宣布总体规划的业务领导,成立规划组;规划组介绍规划范围、工作进度、新系统的设想及关键问题,并介绍准备过程中收集到的情况,如国内外同类先进信息系统的情况。

(3) 确定管理目标

衡量一个管理信息系统的优劣,不在于它的设备是否先进,而在于它是否符合企业管理目标,是否能解决企业需要解决的问题。为了确定拟建的信息系统的目标,需要调查了解企业的管理目标和为了达到这个目标所采取的经营方针以及实现目标的约束条件。企业的目标一般包括若干个方面,如高等学校的管理目标包括两个方面:一是要出人才,二是要出科研成果。因此,每个目标可以分解成若干子目标,而子目标可以用一定的指标来衡量。由此,可以构建出一个目标树,整个目标体系可以用这个目标树来表述。

确定管理目标的步骤是:首先调查、采访各级管理部门,从组织的管理行为、管理制度、工作职责等方面提炼、归纳、汇总出各种目标;其次分析目标之间的因果关系、关联关系、层次关系,绘制出目标树;然后分析、归纳、调整目标树,使之更加合理,并减少冲突;最后根据企业的管理目标,确定支持企业管理的信息系统的目标。在目标分析过程中,应注意分析各子目标之间的关系,各子目标要服从它所属的目标,目标之间不能互相矛盾,也不应完全相关,确定解决目标冲突的办法,明确各项目标的具体指标和定量数据。各项目标的指标通常是根据上级指标、本企业历年统计、同类组织的最好指标等数字来确定的。

(4) 定义企业过程

定义企业过程(定义业务过程)是企业系统规划法的核心步骤。企业过程是指企业管理中必要且逻辑上相关的、为了完成某种管理功能的一组活动,如产品预测、材料库存控制等业务处理活动或决策活动。企业过程将作为信息总体结构、识别数据类以及随后许多工作的基础。企业过程定义是逻辑上相关的一组决策和活动的集合,这些决策和活动是管理企业资源所需要的业务过程,构成了整个企业的管理活动。按照企业过程所建造的信息系统,其功能与企业的组织机构相对独立,因此,组织结构的变动不会引起管理信息系统结构的变动。例如,高校的招生工作在有些高校是隶属于学生工作部的工作范围,在另一些高校则是属于教务处的工作范围,但是不论高校的招生工作是属于学生工作部的工作范围还是属于教务处的工作范围,其活动过程都是一样的。

企业过程的识别是一个非结构化的分析和综合过程,主要包括计划与控制、产品和服务、支持资源三个方面的识别过程。通过对后两种资源的生命周期分析,可以给出它们相应的业务过程定义,而计划与控制不是面向孤立的产品或资源,因此需单独考虑。

① 资源及其生命周期。

这里的"资源"是一个广义的概念,指被管理的对象。识别企业过程就是根据企业资源的生命周期进行的。企业资源共分为三类:关键性资源、支持性资源和协调性资源。关键性资源是指产品和服务,不同的企业的产品与服务不同。机械厂的产品是机械、零部件,科研单位的产品是科研成果,服务公司则提供各种服务。支持性资源是指为了实现企业的目标,必须使用和消耗的人员、资金和设备等。关键性资源和支持性资源是有形资源。协调性资源并无产品形式,是指企业的计划和控制。

资源的生命周期是指一项资源由获得到退出所经历的过程,一般划分为以下四个阶段。

第一,产生阶段。对资源的请求、计划等活动属于这个阶段。

第二,获得阶段。获得阶段是指资源的开发活动,即获得资源的活动。产品的生产、学生的入学、人员的聘用等都属于这个阶段。

第三,服务阶段。服务阶段是指资源的存储和服务的延续活动,如库存控制。

第四,归宿阶段。归宿阶段是指终止资源或服务的活动或决策,如产品的销售。

② 识别企业过程的方法。

a. 识别关键性资源和支持性资源的企业过程。

我们可以根据资源的生命周期来识别关键性资源和支持性资源的企业过程,关键性资源与支持性资源的生命周期分别如表4-2、4-3所示。资源生命周期的四个阶段给出了确定功能的一般规律。过程的识别实际上就根据以上资源的生命周期模型,找到每个相应阶段上的、必要的管理活动。对于识别出来的过程个数一般没有要求,可以根据企业的规模和管理活动的多少而定。一般从产生阶段开始,逐个阶段依次进行,且在识别的过程中注意保证每个阶段所识别的过程在层次上是一致的。然后在此基础上绘制出过程流程图,如图4-5所示。过程流程图可以检验是否识别出所有的过程,判定分析人员是否理解企业过程,也是今后定义信息结构的模型。

表4-2 关键性资源的生命周期

产生阶段	获得阶段	服务阶段	归宿阶段
市场计划	工程设计、产品开发	库存控制	销售
质量预测	质量检查记录	质量控制	质量报告
作业计划	生产调度	包装、存储	发运

表4-3 支持性资源的生命周期

支持性资源	生命周期			
	产生阶段	获得阶段	服务阶段	归宿阶段
人事	人事计划	招聘、调动	培训	辞退、退休
材料	需求计划	采购、进库	库存控制	应付款业务
财务	财务计划、成本计划	拨款、应收款	银行业务、总会计	应付款业务
设备	更新计划	采购、基建	维修、改装	折旧、报废

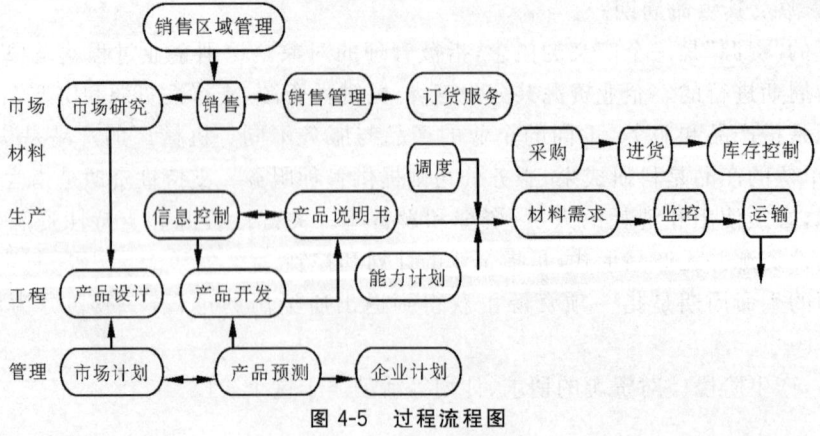

图4-5 过程流程图

资源的生命周期提供了识别过程的线索,但识别过程并没有固定的公式。开始时可以参照类似企业总结出来的情况。总体规划组的每个人都要参加这一工作,各人识别一套过程,然后一起讨论、汇总,得到统一的认识,并对每个过程进行较详细的定义。例如,对材料需求定义为"考虑到最优库存和节省订购量等条件,对原材料进行合理计算,以满足生产进度安排"。

b. 识别协调性资源的企业过程。

分析、讨论和研究前几个阶段收集到的有关计划和控制方面的资料,就可以得到与企业计划和控制有关的业务过程。

(5) 定义数据类

数据类是指支持企业过程所必需的逻辑上相关的数据。定义数据类即将数据按逻辑相关性归成类。识别数据类的目的在于了解企业目前的数据状况和数据要求,以及数据与企业实体、业务过程之间的联系,建立功能/数据类矩阵,为定义信息结构提供基本依据。其中企业实体是指企业实施管理的对象,一般按照人、地点、物体、概念和事件进行分类,如企业员工、设备、产品和材料等。定义数据类的基本方法仍然是对企业的基本活动进行调查研究。定义数据类的方法如下。

① 分解数据类。

与企业有关的可以独立考虑的事物都可定义为实体,如客户、产品等。每个实体可用四种类型的数据来描述,即文档型、事务型、计划型、统计(汇总)型。根据资源的管理过程,我们可以将数据分解成上述四种类型。这四种数据类型的特点如表 4-4 所示。

表 4-4 四种数据类型及其特点

类型	反映的内容	特点
文档型	反映实体的现状	一般一个数据仅和一个实体有关。可能为结构型(如表格)和描述型(如文本)
事务型	反映生命周期各阶段过渡,过程相关文档型数据的变化	一般一个数据要涉及各个文档型数据以及时间、数量等多个数据,这种数据的产生可能伴有文档型数据的操作
计划型	反映目标、资源转换过程等计划值	可能与多个文档型数据有关
统计型	反映企业状况,提供反馈信息	一般来自其他类型数据的采样,为历史性、对照性、评价性的数据。其数据综合性强

根据企业各组织机构的输入/输出数据的调查资料,把实体和数据类做在一张表上,就能够得到实体/数据类矩阵,如表 4-5 所示。

表 4-5 实体/数据类矩阵

数据类＼实体	产品	客户	设备	材料	资金	人员
计划	产品计划	市场计划	设备计划	材料需求	预算	人员计划
统计	产品需求	销售历史	利用率	需求历史	财务统计	人员统计
文档	产品规范	客户	工作负荷	原材料组成表	财务会计	职工档案
事务	订货	发送记录	进出记录	采购记录	应收业务	人事调动记录

② 数据/信息转换。

每个企业过程都有相应的输入和输出的数据类型。将实体/数据类矩阵中的数据与企业业务过程联系起来,把每个过程表示出其输入、输出数据,可以得到综合性的辅助决策信息,即数据类,如图 4-6 所示。

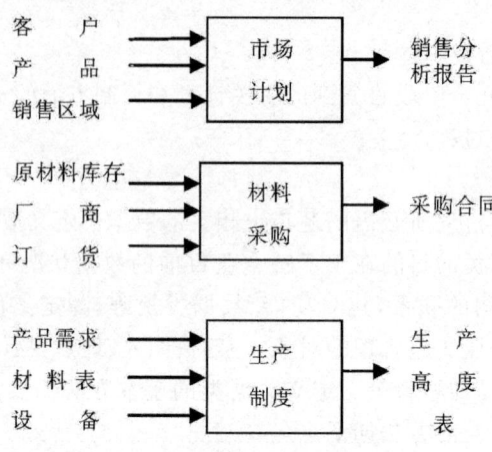

图 4-6 数据/信息转换示例

③ 绘制功能/数据类矩阵。

在分解数据类和数据/信息转换的基础上,就可以绘制出功能/数据类矩阵,以表达功能(过程)与数据类之间的联系。功能/数据类矩阵也称作 U/C 矩阵。将数据类作为列,功能(或过程)作为行,用功能与数据类交叉点上的符号 C(Creater) 表示这个类别的数据由相应的功能产生,用交叉点上的 U(Use) 表示这类功能所使用的相应的数据类,空着不填的表示功能与数据无关,如表 4-6 所示。

表 4-6 U/C 类矩阵

数据类\功能	客户	订货	产品	操作顺序	材料表	成本	零件规格	材料库存	成品库存	职工	销售区域	财务	计划	机器负荷	材料供应	工作令
经营计划						U							U	C		
财务计划						U						U	U	C		
资产规模												C				
产品预测	U		U								U		U			
产品设计开发	U		C		U		C									
产品工艺			U		C		C	U								
库存控制							C	C							U	U
调度			U											U		C
生产能力计划					U									C	U	

续表

功能\数据类	计划	财务	产品	零件规格	材料表	成品库存	材料库存	工作令	机器负荷	材料供应	操作顺序	客户	销售区域	订货	成本	职工
材料需求				U	U										C	
操作顺序					C									U	U	U
销售区域管理	C	U	U													
销　　售	U	U	U							C						
订货服务	U	C	U													
发　　送		U	U				U									
通用会计	U	U						U								
成本会计		U			C											
人员计划										C						
人员考核										U						

从表 4-6 中可以得出功能/数据类矩阵的三条规律：

　　a. 任何一行或列都是 U、C 共存的，不能空行或空列。

　　b. 每列最多只能有一个 C，有一个或多个 U。

　　c. 从数据的唯一性考虑，数据的产生必须来自唯一功能。

（6）定义信息系统总体结构

① 划分子系统。

有了功能/数据类矩阵之后，就可以定义信息结构系统的结构了，即划分子系统。企业系统规划法是根据信息的产生和使用来划分子系统的。它尽量把信息产生的企业过程和使用的企业过程划分在一个子系统中，从而减少了子系统之间的信息交换。划分子系统的步骤如下。

第一，调整 U/C 矩阵。

开始时数据类和过程是随机排列的，U 和 C 在矩阵中的排列也是分散的，因此必须加以调整。

首先，功能这一列按功能组排列，每一功能组中按资源生命周期的四个阶段排列。功能组是指同类型的功能，如"经营计划""财务计划""资产规模"属计划类型，归入"经营计划"功能组。其次，排列"数据类"这一行，使得矩阵中 C 最靠近主对角线。因为功能的分组并不绝对，在不破坏功能成组的逻辑性基础上，可以适当调配功能分组，使 U 也尽可能靠近主对角线。表 4-6 的功能/数据类矩阵经上述调整后，得到表 4-7 所示的 U/C 矩阵。

表 4-7　调整后的 U/C 矩阵

功能\数据类	计划	财务	产品	零件规格	材料表	成品库存	材料库存	工作令	机器负荷	材料供应	操作顺序	客户	销售区域	订货	成本	职工
经营计划	C	U													U	
财务计划	C	U													U	U

续表

功能\数据类	计划	财务	产品	零件规格	材料表	材料库存	成品库存	工作令	机器负荷	材料供应	操作顺序	客户	销售区域	订货	成本	职工
资产规模		C														
产品预测	U	U										U	U			
产品设计开发			C	C	U					U						
产品工艺			U	C	C	U										
库存控制						C	C	U								
调度		U						C	U							
生产能力计划								C	U	U						
材料需求		U		U					C							
操作顺序								U	U	U	C					
销售区域管理		U										C	U			
销 售		U										U	C	U		
订货服务		U										U	U	C		
发 送		U				U								U		
通用会计		U										U				U
成本会计															U	C
人员计划																C
人员考核																U

第二,画出功能组对应的方框,并起个名字,这就是子系统,如表4-8所示。

表 4-8 划分子系统

功能\数据类		计划	财务	产品	零件规格	材料表	材料库存	成品库存	工作令	机器负荷	材料供应	操作顺序	客户	销售区域	订货	成本	职工
经营计划	经营计划	C	U												U		
	财务计划	C	U												U		U
	资产规模		C														
技术准备	产品预测	U		U											U	U	
	产品设计开发			C	C	U									U	U	
	产品工艺				U	C	C	U							U		

续表

功能		计划	财务	产品	零件规格	材料表	材料库存	成品库存	工作令	机器负荷	材料供应	操作顺序	客户	销售区域	订货	成本	职工
生产制造	库存控制						C	C		U		U					
	调度			U					C	U							
	生产能力计划								C	U	U						
	材料需求			U	U				C								
	操作顺序								U	U	U	C					
销售	销售区域管理			U										C	U		
	销售			U										U	C	U	
	订货服务			U										U	C		
	发运			U					U					U			
财会	通用会计		U														U
	成本会计														U	C	
人事	人员计划																C
	人员考核																U

箭头把落在框外的 U 与子系统联系起来，表示子系统之间的数据流。例如，数据类"计划"由经营子计划系统产生，而技术准备子系统要用到这一数据类，如表 4-9 所示。

表 4-9 子系统之间的联系

功能	数据类	计划	财务	产品	零件规格	材料表	材料库存	成品库存	工作令	机器负荷	材料供应	操作顺序	客户	销售区域	订货	成本	职工
经营计划	经营计划														U		
	财务计划															U	U
	资产规模																
技术准备	产品预测	U															
	产品设计开发												U	U			
	产品工艺					U							U				
生产制造	库存控制																
	调度			U													
	生产能力计划																
	材料需求			U	U												
	操作顺序																

续表

			U								
销售	销售区域管理		U								
	销售		U								
	订货服务		U								
	发运		U		U						
财会	通用会计		U								U
	成本会计									U	
人事	人员计划										
	人员考核										

利用企业系统规划法划分子系统应遵循三条原则:第一,在功能上子系统应具有相对的独立性,一般一个子系统不应横跨两个或两个以上的企业业务过程;第二,在数据上子系统应具有自身的完整性,通常情况下一个数据类只能由一个子系统生成;第三,在结构上子系统应具有规模的适中性,不要太复杂。

② 确定子系统实施顺序。

由于资源的有限性,系统的开发总要有个先后次序,而不可能全面开发。因此划分子系统之后,就要根据企业目标和技术约束确定子系统实现的优先顺序。一般来讲,对企业贡献大的、需求迫切的、容易开发的优先开发。以下是确定子系统实施顺序的原则。

第一,系统需求程度与潜在效益评估。

通过对管理人员、决策者的调查访问进行定性评估。根据评估准则(如潜在效益、对企业的影响、迫切性等),对每个子系统在管理人员和决策人员中用评分的办法进行评估,每个子系统的得分作为考虑优先顺序的参考。

第二,技术约束分析。

对子系统之间的关联,可用表4-9进行分析。利用该表很容易评出每个子系统产生的数据有多少被其他子系统所共享。有较多子系统共享的数据应较早实现,当然也要考虑数据的重要性及关联的紧密程度。

(7) 评价信息资源管理

对信息系统相关的信息资源的管理加以评价和优化,使其能够随着企业战略的变化而改变,目的在于使信息系统能有效和高效地开发、实施和运行。

(8) 提出建议书和开发计划

建议书用来帮助管理部门对所建议的项目作出决策,开发计划则明确具体的资源、日程、估计工作规模等。

(9) 提交规划成果报告

向最高决策层提交完整和规范的信息系统规划报告。

四、三种方法的比较

关键成功因素法(CSF)能抓住主要问题与主要矛盾,使目标的识别重点突出。因为高层领导比较熟悉这种方法，所以使用这种方法所确定的目标高层领导乐于努力去实现。这种方法所确定的目标和传统的方法衔接得比较好，一般使用在确定管理目标上。

战略集合转移法(SST)是从另一个角度识别管理目标，反映了各种人的要求，而且给出了按这种要求的分层，然后转化为信息系统目标的结构化方法。它能保证目标比较全面、疏漏较少，但它在突出重点方面不如前者。

企业系统规划法(BSP)虽然也首先强调目标，但它没有明显的目标导引过程。它通过识别企业"过程"引出系统目标，企业目标到系统目标的转化是通过业务过程数据类等矩阵的分析得到的。由于数据类也是在业务过程基础上归纳出的，所以我们说识别企业过程是企业系统规划法战略规划的中心，而不能把企业系统规划法的中心内容当成U/C矩阵。

我们把这三种方法结合起来使用，将之称为 CSB 方法（CSF、SST 和 BSP 相结合）。这种方法先用关键成功因素法确定企业目标，然后用战略集合转移法补充完善企业目标并将这些目标转化为信息系统目标，用企业系统规划法比较两个目标并确定信息系统结构，这样就补充了单个方法的不足。当然，这也使得整个方法过于复杂而削弱了单个方法的灵活性。可以说，迄今为止信息系统战略规划没有一种十全十美的方法。

管理信息系统的战略规划属于某种非确定性的决策，即具有较强的灵活性和权变性的决策，往往需要采用多种规划方法，广泛收集信息，并对各方面的信息进行综合性的比较、分析和判断。这些方法都从某个侧面给人以启示，帮助管理者进行正确的思考和分析，但没有哪一种方法能够让人直接得到企业信息化发展的解决方案。信息系统战略规划的影响因素十分复杂，往往需要多种方法结合进行，各种方法的应用也有很大的灵活性。

第四节　管理信息系统规划与业务流程重组

企业流程重组是系统规划的重要内容，重组的方案及实现程度与系统实施密不可分。企业流程重组决定了信息系统的范围和边界，是系统规划中一个约束条件，需要把重组纳入系统规划中，并且同步实施。

一、业务流程重组的含义

业务流程重组（Business Process Reengineering，简称 BPR）最早是由美国学者哈默（Michael Hammer）和钱皮（James Champy）等于 20 世纪 90 年代初提出的一种管理思想。一经提出，即引起美国学者的广泛注意，成为管理学界的一个重大成就。业务流程重组被称作"恢复美国竞争力的唯一途径"，并将"取代工业革命，使之进入重建革命的时代"。

所谓业务流程重组是指对企业业务流程进行根本性的再思考和彻底的重新设计，以求在成本、质量、服务和速度等绩效标准上取得重大改善。业务流程重组是一种寻求改变现有的处理工作模式的技术，是对企业的业务流程做彻底的重建，目的是通过对企业内的部门和机构的重组来改善企业的各个方面，使生产得以最大化。业务流程重组是要对现存系统进行彻底的改造，是本质上的。业务流程重组后，企业的效益将会产生非线性跳跃的质变。

企业要进行重组的动机包括企业濒临破产，不进行重组只能倒闭；企业竞争压力较大，急需调整战略和进行重组；企业高层认识到业务流程重组的关键性，通过业务流程重组进行企业扩张。业务流程重组的目标在于实现管理的现代化，改变企业工作方式，使企业的组织更趋扁平化。企业将以前的组织部门进行合并重组，提高了企业部门间的相互了解，使管理过程化和职能综合化。

尽管许多企业的企业流程重组项目都取得了巨大的成功，但据估计70％以上的企业流程重组项目归于失败。企业流程重组不是神话，也不是洪水猛兽，而是一种新兴的管理思想，它的观点和方法对解决我国当前企业面临的问题或许有可借鉴之处。

二、业务流程重组的原则

业务流程重组是一项复杂的系统工程，它的实施要依靠工业工程技术、运筹学方法、管理科学、社会人文科学和现代高科技，也涉及企业的人、经营过程、技术、组织结构和企业文化等各个方面。从本质上说，业务流程重组的思想是建立在辩证唯物主义世界观之上的系统思想，突出联系、运动和发展的观点，强调主要矛盾和矛盾的主要方面。所以说，业务流程重组思想是一种着眼于长远和全局、突出发展与合作的变革理念。归纳起来，企业流程重组有以下几条原则。

① 组织结构应该以产出为中心，而不是以任务为中心。

这条原则是说组织在完成业务流程的所有步骤时，应该围绕目标或产出而不是单个任务来设计人员的工作，应该有一个人或一个小组来完成流程中的所有步骤。

② 如有必要，可以让那些需要得到流程产出的人自己执行流程。

按照传统的专业化精密分工要求，企业的各个专业化部门只做一项工作，同时又是其他部门的顾客。例如，会计部就只做会计工作，如果该部门需要一些新铅笔，就只能求助于采购部，于是采购部需要寻找供货商，讨价还价，发出订单，验收货物，然后付款，最后会计部才能得到所需的铅笔。这一流程的确能完成工作，并且对于采购贵重物品也能显示出专业化采购的优势。但是对于铅笔这类廉价的非战略性物品，这一流程就显得笨拙而缓慢了，并且用于采购的各项间接费用会超过所购产品的成本。

当我们建立管理信息系统后，通过数据库和专家系统，会计部可以在保持专业化采购所具有的优势条件下，自己做出采购计划。当与流程关系最密切的人——自己可以完成流程时，就大大消除了原有各工作组之间的摩擦，从而减少了管理费用。但是，这并不意味着要取消所有专业部门的专业职能。例如，企业的主要设备和原材料还是需要由采购部门来专门完成的。具体如何安排，应以全局最优为标准。

③ 将信息处理工作纳入产生这些信息的实际工作中去。

过去大部分企业都建立了这样一些部门,它们的工作仅仅是收集和处理其他部门产生的信息。这种安排反映了一种旧思想,即认为基层组织的员工没有能力处理自己产生的信息。而今伴随着信息技术的运用和员工素质的提高,信息处理工作完全可以由基层组织的员工自己完成。福特公司就是个很好的例子。在旧流程中,验收部门虽然产生了关于货物到达的信息,但无权处理它,而需将验收报告交至应付款部门。在新流程下,福特公司采用了新的计算机系统,实现了信息的收集、储存和分享,使得验收部门自己就能够独立完成产生信息和处理信息的业务,极大地提高了流程效率,使得精简75%员工的目标成为可能。

④ 将企业分散的资源集中起来视为一体。

集权和分权的矛盾是长期困扰企业的问题。集权的优势在于规模效益,而缺乏灵活性。分权即将人、设备、资金等资源分散开来,能够满足更大范围的服务,但带来了冗余问题,会造成官僚主义和丧失规模效益的后果。

如今,利用信息技术企业可以在保持灵活服务的同时,又获得规模效益。惠普公司就是一个很好的例子。惠普公司在采购方面一贯放权给下面的50多个制造单位在采购上的自主,因为他们最清楚自己需要什么,这样做灵活性强,且对市场反应快。但总公司可能损失采购时数量折扣优惠。现在该公司运用信息技术,重建采购流程,总公司与各制造单位使用一个共同的采购软件系统,各部门依然是订自己的货,但必须用标准采购系统。总部据此掌握全公司的需求状况,签订总合同,执行合同时,各单位根据数据库向供应商发出各订单,这一流程重建的结果使公司发货及时率提高,成本大为下降。

⑤ 以过程管理代替职能管理,取消不增值的管理环节。

以前的管理大部分采用的是职能管理,而不是过程管理。职能管理是一种用静态的眼光来看待管理问题的方法,优点是相对简单,容易划分职责范围;缺点是其中包含较多不增值的环节,并且对外界用户来说并不友好。过程管理则是一种动态的管理,优点是节省外部用户的时间,没有不增值的环节;缺点是管理相对复杂一些,需要支持的技术要多一些。经济全球化的趋势对企业管理水平提出了更高的要求,以前的职能管理已经不能满足现状,需要以过程管理代替职能管理,这是现代管理发展的必然趋势。

⑥ 以事前管理代替事后监督,减少不必要的审核、检查和控制活动,在业务流程中建立控制程序。

在大多数企业中,执行者、监控者和决策者是严格分开的。这是一种传统的假设,即认为一线工作者既没有时间也没有意愿去监控流程,同时他们也没有足够的知识和眼界去作出决策。这种假设就构成了整个金字塔式管理结构的基础。而今,信息技术能够捕捉和处理信息,专家系统又扩展了人们的知识,于是一线工作者可以自行决策,在流程中建立控制,这就为压缩管理层次和实现扁平组织提供了技术支持。而一旦员工成为自我管理、自我决策者,金字塔式的组织结构以及伴随着它的效率低下和官僚主义也都会消失。

⑦ 缩短信息途径。

信息处理的环节越短,信息作业越大,信息的真实性和可靠性也越强。在企业没有实现信息化前,人们往往会重复采集信息,层层处理。且由于不同人、不同部门和组织对于信息有各自的要求和格式,不可避免地造成企业业务延迟、输入错误和额外费用。如今,企业要实现信息化,在信息源采到信息之后,即可将其存储于在线数据库中,与企业全部员工共享。所以,信息流程要缩短,信息流动要加快。

⑧ 信息技术实现过程自动化,重视重组工作的社会性。

如果没有社会性方面的重组,只有技术的应用,那么最终将脱离企业实际需要;而没有技术的应用,只有社会性的重组,那仅仅是低层次的资源重组而已。只有将两者结合起来,才能真正体现出业务流程重组的魅力。由此,在业务流程重组中应考虑到要取得高层领导的参与和支持;要建立畅通无阻的交流渠道;要准确把握企业顾客的需求,做到顾客至上;要面向流程,重组业务流程。

三、业务流程重组的实施

1. 业务流程重组实施的时机和条件

实施业务流程重组的时候是需要选择时机和条件的。首先,需要高层领导的重视和全体员工的创造性合作。企业流程重组须由权威领导对整个过程负有自上而下的责任,而企业全体员工要积极主动配合,发挥每个人的聪明才智,上下形成合力。其次,要处理好企业信息化和企业流程重组的关系。企业信息化的时候是企业进行流程重组的好时机,此时,需要先做好企业流程重组,这样才能使企业信息化取得良好效果。要处理好企业信息化和业务流程重组的关系,不能把两者等同起来。企业信息化需要先做好业务流程重组,而信息技术对新业务流程的重组是有极大促进作用的。最后,要注意到业务流程重组的不成熟性。业务流程重组也要注意业务流程重组和其他管理思想的配合,比如即时管理思想(JIN),也包括精密分工思想,特别是在我国,基础管理很差,更要注意把BPR、JIN、精密分工等多种理论结合起来,建立起适合本企业的高效的流程。

2. 业务流程重组的过程

具体来讲,业务流程重组包括以下几个过程。

(1) 观念重组

我们要改变基本信念,转变经营机制,重建组织文化,重塑行为方式。我们不仅要敢于变革,还要相信变革,相信通过变革能够给组织带来新的面貌,甚至有时也只有通过变革才能使组织摆脱困境。

(2) 流程重组

由面向智能转变为面向流程:对企业的现有业务流程进行调研分析、诊断、再设计,最后构建新的流程。

(3) 组织重组

根据新的流程,相应建立新的流程管理机构。重新明确其权责范围,制定出各个流程之间关系规则和各流程内部的运作规则。

3. 业务流程重组的步骤

业务流程重组主要包括以下几个步骤。

(1) 启动

此阶段的主要相关活动包括任命领导者并成立专门的重组委员会；获得高层经理人员对业务重组的支持；准备计划书；定义重组的范围，确定重组的目标、实施的方法和进度的安排；组建并培训重组团队的成员等。

(2) 选择再设计的流程

一般而言，一个企业不会同时对其全部的主要业务流程进行再设计。因此，首先需要识别准备改变的主要业务，评估如果不进行改变将产生的后果，然后再选择需要重组的业务流程。选择需要再设计的流程时，一般从以下三个方面考虑：迫切性，即哪些流程遇到了最大的困难；重要性，即哪些流程对客户的影响大；可行性，即哪些流程可成功地进行再设计。

(3) 流程分析

流程分析就是对需要重新设计的流程进行分析，建立该流程的理想目标。一般而言，目标有降低成本、提高质量、缩短处理的时间、增进客户的满意度、增强企业的竞争力几种。

(4) 重新设计

重新设计业务流程是对现行制度及其背后的假设提出挑战。重新设计时要先进行工作简化，减少不必要的工作环节，并将散乱无章的工作步骤整合成有条理、有效率的过程，最后是应用信息技术。此阶段的主要相关活动包括利用创造性思维建立设计的方案；定义新的流程模型，用流程图描述这些流程；设计与新流程相适应的组织机构模型；定义技术需求，选择能够支持新流程的平台等。

(5) 评估

应用功能经济分析工具建立有关成本、选择最合适的方案。

(6) 执行

在实施流程重组时，最好有选择性地建立一个原型系统，进行小范围的实验，通过试运行取得满意成果后再进行大规模的推广。具体实施过程中将涉及许多方面的内容，如与员工有效沟通新的方案，制订并实施变更管理计划，制订阶段性实施计划并实施，制订新业务流程和系统的培训计划并对员工进行培训，等等。

4. 业务流程重组中应注意的问题

在业务流程重组的实际操作过程中，有很多问题需要关注方可提高重组的成功率，以下三个问题尤其需要我们关注。

(1) 面向业务流程

业务（企业）流程是指为完成企业目标或任务而进行的一系列逻辑相关的业务活动。在手工管理方式下，企业已经形成了一个比较成型的流程和管理方法。但是人们发现，在传统的劳动分工原则下，业务流程被分割为一段段分裂的环节，每一环节关心的焦点仅仅是单个任务和工作，而不是整个系统的全局最优；经理们将精力集中于个别任务效率的提高上，而忽略了最终目标，即满足顾客的需求。而实施业务流程重组就是要有全局的思想，从总体上确认企业的业务流程，追求全局最优，而不是个别最优。业务流程决定着组织的运行效率，是业务流程重组的核心领域。业务流程重组的关键技术就是重整业务流程。流程重组的根本设想就是以首尾相接的完整过程代替以往的各部门分割、难于管理的过程。

(2) 面向顾客

市场或顾客需求是企业一切活动的目标和中心。企业要准确地把握顾客的需求，包括顾客对产品和服务的需求内容和优化程度。业务流程重组的过程需要围绕着提高顾客的满意度来进行。企业组织的使命就是要了解市场和市场上顾客的需要，并有针对性地提供产品和服务。业务流程重组就是要压缩组织中的管理层级，缩短高层管理者与员工、顾客之间的距离，更好地获取顾客的意见和需求，从而能够及时进行经营决策调整，以提高顾客的满意度。

(3) 合理使用信息技术

我们已经看出企业流程重组与信息技术的紧密关系，但是两者绝非是等同的。它们的关系可以归纳如下：企业流程重组是一种思想，而信息技术是一种技术；企业流程重组可以独立于信息技术而存在，这种独立是相对的，在企业流程重组由思想到现实的转变过程中，信息技术起了催化剂的作用。

具体而言，现代信息技术在企业流程重组中究竟扮演什么样的角色呢？让我们看看下面的例子。IBM 信贷公司是为 IBM 公司的计算机、软件销售和服务提供金融支持的企业。其传统的作业流程如下：销售人员通过电话请求资金支持，电话由专人记录，并交至信用评级部，再转给营业部修改贷款协议，然后由信贷员确定利率，最后由工作组制定报价单，之后再交给销售员，整个流程要花费七天。对这种作业流程有两种改造方案：一种方案是运用计算机技术，将有关信贷申请的五个相关部门联网，而源程序不变，这种改革将减少 10% 的文件传递时间；另一种方案是取消专职办事员，而由全职办事员对整个过程负责，这样根本无需信息传递。该公司最后采用了第二种方案，运作效率得到很大的提高，处理时间由七天减少到四小时。

不难看出，实施企业流程重组不是单纯的技术问题，而是一种思维方式的转变。而多数企业却将信息技术镶嵌于现有的经营过程中，他们想的是"如何运用信息技术来改善现有流程"，却没有从根本上考虑"我们要不要沿用现有的流程"。其实，后者才是企业流程重组的观点，它不是单纯地搞自动化，也不是单纯地用技术来解决问题，而是一种管理创新。

那么，有没有不需要信息技术的企业流程重组项目呢？理论上应该是有的。但从全球范围看，随着国际互联网(Internet)、企业内部网(Intranet)和电子商务(Electronic Business)的飞速发展，信息技术正广泛而深入地介入我们的生活，改变着我们的生活方式和思维模式，在这种情形下，想脱离信息技术而完成企业流程重组几乎是不可能的。如果把企业流程重组比作一种化学反应，那么信息技术就是催化剂，离开了它，反应虽可进行，但难以达到理想的结果。

正因为如此，合理利用信息技术已成为企业流程重组的难点和要点所在。

四、管理信息系统规划与业务流程重组

1. 信息技术与企业流程重组

业务流程重组是一种管理思想,一种经营变革的理念。信息技术是一种技术,业务流程重组是可以独立于信息技术而存在的。这种独立是相对的,在业务流程重组由思想到现实的转变中,信息技术起到催化剂的作用。

从管理信息系统的角度来认识,业务流程重组主要是指利用信息技术,对组织内或组织之间的工作流程和业务过程进行分析和再设计,主要用于减少业务的成本、缩短完成时间和提高质量。

在管理信息系统建设中,仅用计算机系统去模拟原手工管理的过程并不能从根本上提高企业的竞争能力,重要的是重组企业流程。按照现代化信息处理的特点,对现有的企业流程进行更新设计是提高企业运行效率的重要途径。

业务流程重组的本质在于根据新技术条件下信息处理的特点,以事物发生的自然过程寻找解决问题的途径。企业在实现信息化的过程中,首先要实施业务流程重组,再利用信息技术促进业务流程重组的实现。这样的企业信息化过程实际上也是管理创新的过程。要处理好企业信息化和业务流程重组的关系,不能把两者等同起来。企业信息化需要先做好业务流程重组,而信息技术对新业务流程的重组是有极大促进作用的。

2. 基于业务流程重组的管理信息系统战略规划

业务流程重组方法为管理信息系统的规划提供规范的步骤和方法。然而,业务流程重组方法是在企业现有流程的基础上进行的。在定义业务流程的过程中没有面向流程的创新、重组和规范化设计。因此,这样规划的信息系统就难以适应企业经营环境的变化以及管理信息系统的发展,最终导致信息技术成为组织退化的原因。在系统规划阶段引进业务流程重组则可以有效地解决这个问题。

第五节　管理信息战略规划实施的可行性研究

一、可行性研究的意义

可行性研究是总体规划的最后阶段,是工程正式投入之前必须进行的一项工作。可行性研究是在初步调查、分析及开发方案构想的基础上,运用技术经济理论与方法,分析系统开发的必要性与开发方案的可行性,以得出是否继续开发的明确结论,并对新系统实现的投入与产出作出全面的评估。这对于保证资源的合理使用、避免浪费是十分必要的。

具体来讲,可行性研究对于构建管理信息系统的意义在于:它是编制和审批设计任务

书、签订合同的依据;它是筹措资金和向银行贷款的依据;它是从国外引进技术、设备及软件,并与外面谈判和签约的依据;它是新技术、新设备及系统建设资源组织的依据;它是安排开发计划以及开展各项建设前期工作的参考依据。

二、可行性研究的内容

可行性研究的任务是明确系统开发的必要性和可行性。必要性来自实现开发任务的迫切性,而可行性则取决于实现应用系统的投资和技术等条件。这项工作需要建立在初步调查的基础上。如果对新建管理信息系统的需求不迫切,或者条件尚不具备,就是不可行或不必要。一般来说,没有迫切的需要、勉强地开展系统的建设很难取得好的效果。因此,要根据信息系统的功能、工作组织、人员水平、目前存在的问题以及管理上对业务提出的要求来分析和论证开发系统的必要性。

除了分析建立系统的必要性之外,还要研究建设信息系统的可行性。可行性分析应从以下四个方面来考虑。

1. 经济可行性

经济可行性也称财务可行性,是系统可行性研究的核心内容。其基本方法是估算新系统开发、运行成本和效益,并将两者加以比较,若效益大于成本则可行,反之不可行。

(1) 成本分析

一般情况下,新系统的开发、使用包括以下几个方面的费用。

① 设备费。设备费包括计算机的硬件、软件、空调、电源、机房等费用。

② 人工费用。人工费用包括系统的开发劳务费、人员的培训费及试运行等方面所需要的费用。

③ 材料费用。材料费用包括系统开发过程的各种材料消耗费用,如打印纸、磁盘等。

④ 运行费用。运行费用是指系统投入使用以后,系统的使用需消耗的打印纸、磁盘、水费、电费及管理人员的工资等费用。

(2) 效益估算

效益估算可从直接经济效益、间接经济效益两个方面进行分析。直接经济效益是可以用钱衡量的效益,如信息系统运行之后所节约的开支等;而间接经济效益是不能用钱来衡量的,如信息系统提供了更多、更高质量的信息,提高了取得信息的速度,提高了决策时效和正确性等。

2. 技术可行性

技术可行性是指现有技术条件下是否可能实现,如对计算机硬件的要求、对通信功能的要求等。考察技术上的可行性主要根据现有的技术设备以及准备投入的技术力量和设备,分析系统在技术上实现的可能性。

从技术设备方面,主要从计算机的内、外存容量,联网能力,主频速度,输入、输出设备,可靠性与安全性等方面论述是否满足管理系统数据处理的要求、数据传送与通信能否满足要求、网络和数据库的可实现性如何等。

从技术力量方面,主要考虑从事系统开发与维护工作的技术力量。管理信息系统在系统开发、使用、维护各阶段需要的系统分析员,系统设计员,程序员,操作员,录入员及软、硬件维护员等各类专门人员。这些人员能否满足要求,若不满足要求,在一定时间内经过培训能否满足要求;若在一定时间内经过培训还不满足要求,则认为系统开发在技术上是不可行的。

3. 管理可行性

首先,管理的科学性是实现信息系统的先决条件,组织本身管理混乱、规章制度不健全、原始数据不全等都是信息系统实现的障碍。其次,管理人员尤其是组织主管领导对开发信息系统的态度是实现信息系统的关键,主管领导不支持的项目肯定是不行的。另外,由于信息系统的实施可能会触及部分管理人员的利益或给他们的工作提出更高的要求,管理人员必定会产生抵触情绪,此时就有必要等一等,并积极做工作,创造条件。

具体来讲,管理方面的可行性研究主要包括以下几个方面内容。

① 企业领导、部门主管对新系统开发是否支持,态度是否坚决。
② 管理人员对新系统开发的态度如何,配合情况如何。
③ 管理基础工作如何,现行管理系统的业务处理是否规范等。
④ 新系统的开发运行导致管理模式、数据处理方式及工作习惯的改变,管理人员能否接受。

4. 环境可行性

外部环境对于管理信息系统的构建也起着重要的作用,因此我们对外部环境也要加以分析研究。从外部环境上分析新系统开发的可行性,内容包括以下四个方面。

① 股东、客户或供应商对新系统开发是否支持,能否为他们带来利益。
② 新系统开发是否会引起侵权或其他法律责任问题。
③ 新系统是否符合政府法规或行业要求。
④ 外部环境的可能变化对新系统的开发的影响如何。

通过以上分析,就可以得出可行性研究的结论:立即开发、暂缓开发或不开发。可行性分析的结论应该明确指出以下内容之一:项目各方面条件都已经基本具备可以立即开发;目前项目实施的基本条件不具备,如资金缺口太大、项目技术难以在规定的时间内有所突破等,可建议终止项目,或者推迟到某些条件具备以后再进行;某些条件准备不充分,可建议修改、调整原来的系统目标,使其成为可行。不管可行性研究结论如何,都应对本阶段的工作进行总结,按照规范形式编写出可行性研究报告,并报送给用户批阅。

三、可行性研究报告的编写

可行性研究报告是开发人员对现行系统的初步调查、分析论证和规划的结论,是系统开发过程中的第一个正式文档。可行性研究报告的内容如下。

(1) 引言

说明系统的名称、系统目标和基本功能等,阐述定义报告中使用的专门术语及其定义等,标明包括用户单位、新系统开发的承担单位或组织、本系统与其他系统或机构的联系以及参考资料。

(2) 信息系统的建设背景、必要性和意义

报告要用较大的篇幅说明总体规划调查、汇总的全过程,要使人信服调查是真实的,汇总是有根据的,规划是可信的。

(3) 对现行信息系统的分析

分析企业的目标与任务、组织机构及管理体制,描述现行信息系统的状况,说明可供利用的资源及约束条件,分析现行系统存在的主要问题及薄弱环节。

(4) 新系统的开发方案

确定新系统的目标,说明新系统的功能,描述新系统的结构,提出计算机系统的配置,安排新系统开发的进度,阐述新系统实现后对组织机构、管理模式的影响。

(5) 新系统的可行性分析

说明开发新系统的必要性,分析开发新系统的经济可行性、技术可行性、管理可行性以及环境可行性。

小　　结

系统规划方法的研究主要集中在 20 世纪 70 年代和 80 年代,许多主要的规划方法都是这一时期提出的。到了 20 世纪 90 年代,管理信息系统研究领域的热门话题不再是规划方法,但是系统规划仍是开发管理信息系统的主要阶段之一。

管理信息的系统规划是企业针对管理信息系统的建立和发展所做的一种战略性计划,应与企业的战略计划相协调,保证管理信息系统的开发是支持企业的整体目标的。本章介绍了信息系统规划的作用、内涵、内容、特点和步骤以及一些理论模型,如诺兰模型等。关键成功因素法、战略目标集转化法、企业系统规划法是信息系统规划的常用方法。关键成功因素法是一种帮助企业的最高领导确定其信息需求的高度有效的方法,此方法是通过分析找出使企业成功的关键因素,根据这些关键因素来确定系统的需求,进行规划。战略目标集转化法是把企业的总战略、信息系统战略分别看成"信息集合",系统规划的过程则是由组织战略集转换成信息系统战略集的过程。企业系统规划法是为规划内部信息系统而提出的一种总体规划模式。它通过全面调查,分析企业信息需求,制定信息系统的总体方案,划分子系统和确定各子系统实施的先后顺序。

业务流程重组是管理学界的一个重大成就,本章阐述了企业流程重组的有关概念以及原则与如何实施,讨论了它与管理信息系统规划之间的关系。

可行性研究是用最小的代价在尽可能短的时间内确定系统是否有必要去开发,是否能够开发,是否值得去开发。它可以避免人力、物力和财力的浪费。

复习题

1. 管理信息系统开发时为什么必须进行系统规划?
2. 试述系统规划的主要内容和特点。
3. 系统规划一般有几个步骤?每个步骤的内容是什么?
4. 试述企业系统规划法的过程。
5. 什么是关键成功因素法?
6. 简述诺兰模型的意义。
7. 论述管理信息系统战略规划与企业发展战略规划有何关系。
8. 什么是业务流程重组?它与 MIS 之间有何关系?
9. 系统的可行性研究包含哪些内容?

第五章 管理信息系统的分析与开发方法

【学习目标】

通过本章的学习,使学生理解管理信息系统开发的基础条件,掌握管理信息系统开发的主要方法,理解管理信息系统的开发模式和方式,掌握管理信息系统开发的主流工具等。在实际应用过程中,应注意结合企业实际情况,分析每一种方法的优缺点,选择适合本企业开发需要的开发方法。

知识要点	目标要求	相关知识
系统开发方法	(1) 能够掌握管理信息系统开发的主要方法及其基本思想 (2) 能够理解并掌握系统开发方法的优缺点及使用场合 (3) 能够正确应用各种开发方法	(1) 系统的生命周期 (2) 结构化开发方法 (3) 原型法 (4) 面向对象开发方法 (5) 系统开发方法的整合
系统开发方式	(1) 能够理解各种管理信息系统开发方式的内容及优缺点 (2) 能够区分不同环境和资源状况、评价和选择适当的开发方式	(1) 自主开发 (2) 委托开发 (3) 合作开发 (4) 购买现成产品 (5) 各种开发方式的比较
系统开发工具	(1) 能够理解各种管理信息系统开发辅助工具和软件的优缺点 (2) 能够正确地选择相应的数据库开发软件	(1) 管理信息系统常用辅助工具 (2) 软件开发工具 (3) 数据库系统软件工具

开篇案例

阳光高考电子政务的案例

案例背景

我国自1977年恢复高考以来,招生录取工作一直采用各院校到生源所在省份现场录取的工作方式。录取的过程对于生源管理部门而言,录取等信息的整理工作不仅复杂而且工作量巨大,时效性要求非常严苛;对院校而言,需要派专人异地工作,为了要完成院校分配的计划,负责人需要耗时耗力地去及时获取不断变动的信息;对于考生而言,只有通知书才是获知信息的唯一渠道,信息滞后且易丢失。及时有效的信息对于主管部门、高校和考生而言都是至关重要的,但是获取信息的渠道过于单一,获取信息的平台几乎空白。一直到互联网逐步在国内得到普及后,信息的获取渠道和平台才呈现多元化。但是到后期,也出现了各级主管部门纷纷搭建平台的局面。对于考生而言,面对海量的信息平台无从选择,不知道应该相信谁或者选取哪个平台的信息;对于高校而言,需要管理的各级平台过多,各级平台的功能相似度过高,从而陷入了疲于应付同一问题且不断重复的怪圈中。

具体案例

为贯彻落实高校招生"阳光工程",教育部于 2005 年 5 月 10 日正式开通"阳光高考"信息平台。"阳光高考"信息平台是教育部招生"阳光工程"指定的信息发布平台,代表教育部向社会发布全国各高校分省分专业的招生计划,发布具有学历教育招生资格的高校名单以及各类考生的资格名单,发布各高校招生章程。该平台既是"阳光工程"的公示平台,又是高校招生的宣传平台,还是高校与广大考生和家长在线交流的咨询平台,如图 1 所示。它集权威性、多视角、互动性、自主管理、便捷高效等特点,为高校招生宣传提供了强大的网络工具。

图 1 "阳光高考"信息平台考生可视窗口

2008 年 1 月,教育部在"阳光高考"信息平台中正式启用政务功能,各省级教育行政部门、省级招办和各高等学校通过平台进行高考政策发布、招生计划发布、公示名单管理、招生章程报送审核及发布、公告管理及公文收发等,与"阳光高考"信息平台原有服务功能实现了"一体化整合"和"一站式服务"。该平台集招生公示、院校信息、在线咨询、招生计划、高考动态、志愿参考等内容,为考生和家长提供全方位的网上招生信息咨询服务,如图 2 所示。

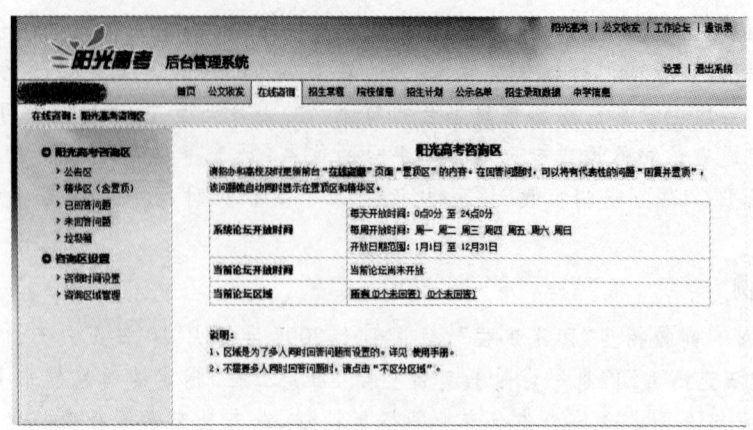

图 2　"阳光高考"信息平台院校管理端

教育部每年通过"阳光高考"信息平台举办全国普通高校招生网上咨询周活动。仅 2008 年首年，参与平台宣传咨询的高校达 2300 余所，咨询周期间 15 天，网站点击量 12.2 亿，访问人次 1137 万。"阳光高考"信息平台已成为高校招生宣传最重要的渠道。

案例说明

"阳光高考"是目前参与高校数量多、层次高、发布信息最权威和最丰富的信息平台。广大考生和家长通过这一平台，不仅可以了解教育部和各高校公布的各类招生信息，还可以了解各高校院系设置、录取规则、往年录取情况、学费、奖贷学金、食宿条件、基础设施等各方面的详细信息。"阳光高考"还开通了在线咨询，请考生及家长注意各高校的咨询时间安排。此外，平台还利用已有信息进行预决策分析。例如，平台开通的"高考填报志愿综合参考系统"依托历年高校招生录取数据库，从往年录取分数和位次角度为考生填报志愿选择报考院校提供参考，并从学科专业角度比较不同学校间的差异，包括学校基本信息、专业招生录取平均分、专业相关学科点设置(含本科、硕士和博士点)、学科排名以及是否属于国家重点学科等能够反映学科专业培养能力的数据信息，为考生提供多角度的参考。

提问和思考

"阳光高考"的权威让一些商业型网站失去许多商机，这促使他们努力地进行各种商业推广。其中，最令考生头疼和迷失的是在一些知名的搜索引擎中，无法通过"高考"等关键词搜索出官方、权威和可信的网站，而是这些商业网站的推广前置信息。如何更为有效地为考生提供真实可靠的信息源，是我们后续需要进一步管理的工作。

第一节　概　　述

管理信息系统从出现至今已经衍生出了许多开发方法，其中生命周期法、结构化开发方法、原型法和面向对象的开发方法在MIS开发实践中产生了重要的影响。这些方法各有优缺点,其中的生命周期法是诞生于20世纪70年代的主流方法,是结构化方法的基础,它严格的过程定义改善系统开发的过程,严谨的文档是过程改善和软件质量管理的重要基础,从软件认证可以看到这一点。生命周期法的基本思想是"自上而下,逐步求精",即严格划分系统开发的各个阶段,还从全局出发全面规划,然后自上而下逐步地实现。但是,生命周期法的局限在于周期过长、方法细腻苛刻和用户参与程度不高而不能应允需求变化,加大了系统风险。

以结构化系统分析与设计为核心的新生命周期法,即结构化开发方法,是生命周期法的继承与发展,是生命周期法与结构化程序设计思想的结合。它的出现使系统分析与设计结构化、模块化、标准化,而且面向用户,能够预料可能发生的变化。结构化开发方法克服了生命周期法的某些缺陷,由于它在本质上是生命周期法,其固有缺陷没有根本性改观,但依然是系统开发的主流方法。

出现于20世纪80年代的原型法一开始不进行全局分析,抓住一个原型,经设计实现后再不断扩充,使之成为全局的系统。原型法根据第四代语言(4GL),用工具快速构造原型,使系统开发周期较短,应变能力较强。它舍弃了结构化系统开发方法的某些繁琐细节,继承了其合理的内核,是对结构化开发方法的发展和补充。生命周期法和结构化开发方法都遵循了从抽象到具体的思想,按分解的方法将复杂问题简单化。原型法符合从实践、认识、再实践、再认识的认识规律,但过程定义不够清晰、文档不够完善、需求定义不够规范,不利于过程的改善。原型法的改进方向在于完善过程标准,规范需求定义,明确应用范围。

面向对象的开发方法在20世纪90年代就开始获得广泛的应用,面向对象的开发方法包括面向对象的系统分析(OOA)、面向对象的系统设计(OOD)和面向对象的程序设计(OOP)。面向对象的方法拥有自然的模型化能力,它支持建立可重用、可维护、可共享的代码,且将这些代码组织存放在程序设计环境的类库中。随着类库中的类不断增加,以后的程序设计过程会变得越来越简单,从而提高开发效率。面向对象的开发方法最重要的改变是思维方式,类和继承性提高了系统的可维护性,拓展了系统生命周期,构件化使软件生产走向工厂化。

上述这些开发方法既有区别,又有联系,因此可以组合使用。具体选择哪种或者哪几种方法的组合,应根据系统规模来确定。一般来说,较小的系统可采用原型法或面向对象的开发方法或两者结合;较大的系统则以结构化方法为主轴,结合原型法和面向对象的开发方法,尤其是在系统实现阶段能够采用面向对象的程序设计方法,现在的主流开发工具都支持OOP。可以预期的是,相互补充、相互促进的系统开发方式会成为今后若干年MIS或软件工程中所使用的主要方法。

另有工程化开发方法CIMS/MIS(计算机集成制造系统/管理信息系统),其主要特征有不存在稳定的系统状态、不可能有唯一解、宏观有序以及微观无序等开放系统的基本行为。其关键因素有三个方面,即人员、方法、工具。凭借现有的生命周期法、结构化方法、原型法、面向对象的开发方法等,单纯地采用任何一种方法来开发CIMS/MIS是很难取得成功。

第二节　管理信息系统的开发方法

人类对开发方法和工具的关注始于20世纪60年代,70年代产生了结构化生命周期法。结构化生命周期法的产生较好地给出了过程的定义,也大大改善了开发过程。但成本的超支问题的积累以及性能的缺陷阻碍了开发工作的进展。80年代以后,友好语言和自动化编程工具的出现推动了开发工作,维护费用却相当高。90年代出现的模块化和模块连接技术降低了维护成本,也提高了开发者的劳动效率。90年代中期,随着Web技术的出现与发展,开发方法也呈现出更好的发展趋势:信息部门除自己完成或借用外力完成外,部分工作可以与用户配合去做。

一、生命周期法

1. 系统开发的生命周期的划分

MIS开发阶段又分为系统分析、系统设计、系统实施三个阶段,因此MIS的生命周期共划分为系统规划、系统分析、系统设计、系统实施和系统运行与维护这五个阶段,如图5-1所示。

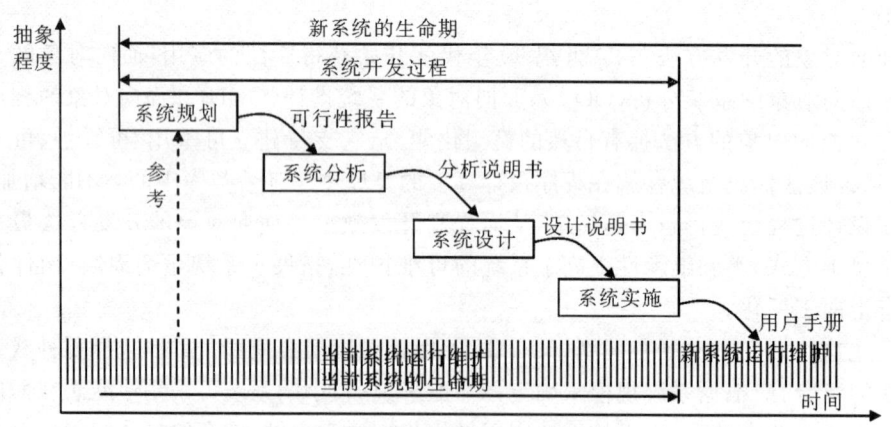

图 5-1　信息系统生命周期模型

2. 系统开发的生命周期各阶段的主要活动

生命周期法也称为瀑布式方法,它要求运用系统有序地去开发软件,从系统观念进行分析、设计、编码、测试和维护。把软件生存的周期依次划为若干个阶段,每个阶段都有相对独立的任务,然后逐步去完成。从对任务的抽象逻辑分析开始,一个阶段一个阶段地进行开发,且前一阶段任务的完成是后一阶段任务开始的前提和基础,而后一阶段任务的完成通常是使前一阶段提出的解决方案具体化,需要加进更多的物理细节。划分MIS的生命周期是为了对每一个阶段的目的、任务、采用技术、参加人员、阶段性成果与前后阶段的联系等作深入而具体的研究，如图 5-2 所示。合理的信息系统工作流程可以更好地实施开发工程，开发出一个更好的系统，更好地运用系统以取得更好的效益。

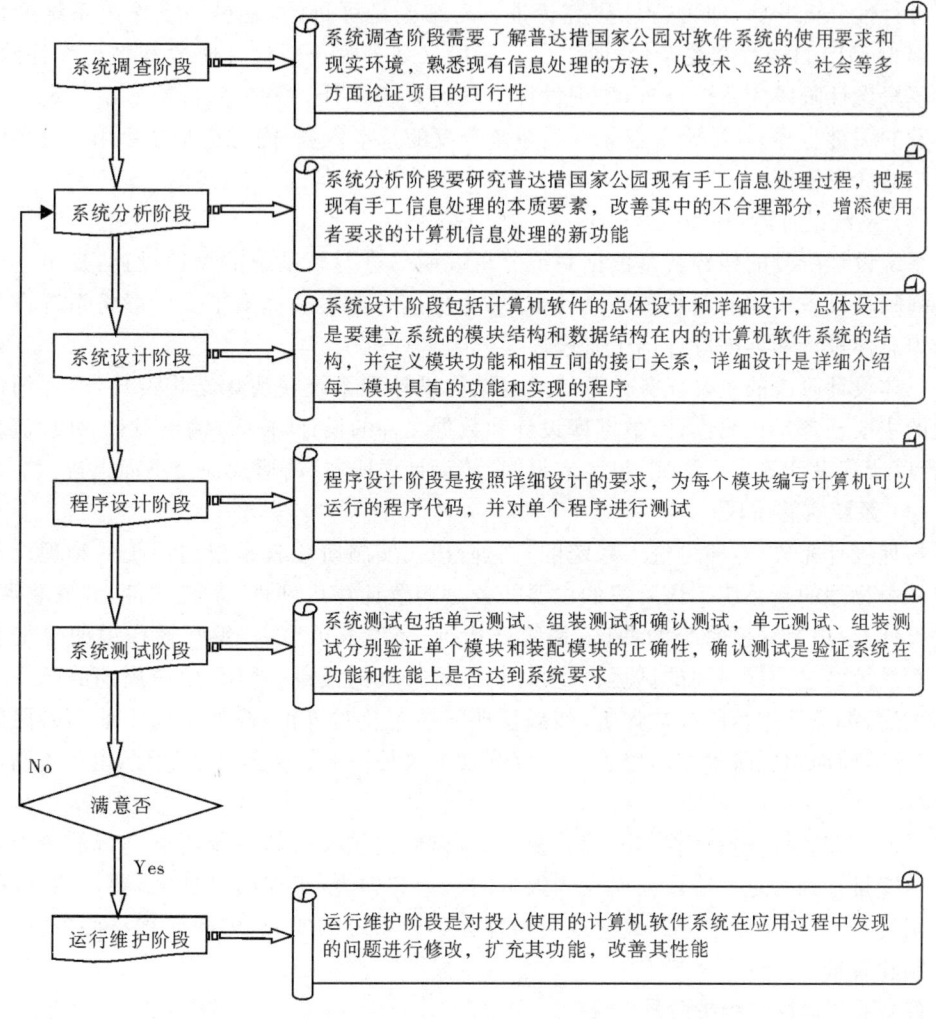

图 5-2　系统生命周期开发流程

（1）系统规划阶段

系统规划阶段是管理信息系统的初始阶段。它是以计算机为主要手段的管理信息系统，是其所在组织的管理系统的组成部分，它的新建、改建或扩建服从组织的整体目标和管理决策活动的需要。所以这一阶段的主要任务是：根据组织的整体目标和发展战略来确定管理信息系统的发展战略，明确组织总的信息需求，制订管理信息系统建设的总计划。

系统分析需要站在较抽象的高层次上进行分析和设计，对任务立项阶段所确定的目标进行可行性和必要性研究。所谓可行性研究主要是从技术可行性、经济可行性、社会可行性三个方面进行分析。寻求一种或多种在技术、经济、社会和法律诸方面可行的解决方案，对各种可能方案作出必要的成本效益分析。据此提出可行性分析报告作为是否继续进行该项工程的依据。

（2）系统分析阶段

系统分析阶段与系统设计阶段的目的都是为了做新系统设计。分析阶段的工作是从系统可行性分析开始，即可行性研究论证。若结论是可行的，就进一步作出系统逻辑设计。因为 MIS 自身存在复杂性，所以设计阶段又划分为逻辑设计阶段和物理设计阶段，并称逻辑设计阶段为系统分析，物理设计阶段为系统设计。系统分析是从系统定义到系统开发的关键步骤，其结论不仅是今后系统开发的基本依据，同时也是今后用户对系统进行验收的参考依据。

（3）系统设计阶段

系统设计阶段的任务就是依据系统分析说明书进行新系统的物理设计，提出一个由一系列物理设备构成的新系统的设计方案，并把这一方案表达出来。一般将系统设计阶段分为总体设计和详细设计两个阶段。

总体设计阶段的主要任务是系统网络结构设计和系统模块化结构设计，而详细设计阶段的主要任务是代码设计、数据库设计和数据文件的设计、输入/输出设计、处理流程设计、程序流程设计等。设计完成后，需以"系统设计说明书"的形式提交书面报告。

（4）系统实施阶段

物理设计完成后，即可进入系统的实施阶段。实施阶段就是根据系统的物理设计来构造一个物理的新系统。该阶段的主要任务是购置计算机硬件、系统软件，并安装调试；程序设计、程序及程序系统的调试；系统试运行；操作人员培训、编写操作说明等文字资料。新系统经过一段时间的试运行，要评价系统开发的质量。MIS 生命周期的每一个阶段结束后，都应该进行阶段性评价，如果发现问题应及时改正，假如是属于前面阶段的问题，应返回前面相应阶段作出修正。系统开发不仅是一个不断前进的过程，也是不断反复的过程。

另外还需制订一份完善的系统转换计划，以便提供投入新系统所要进行的各项活动的具体安排。因为这一阶段需要投入大量的人力和物力，工作交叉性大，要求相互联系、相互制约，任何一个环节上的疏忽或失误都会延误系统的实施，因此必须精心安排，并加强控制和管理。

（5）系统运行与维护阶段

运行阶段的任务是保障系统的正常运行并对系统进行维护与最终评价。经评价认可的系统可以正式交付使用，新系统便进入了长期的运行、维护阶段，原来的系统被更新的系统所取代。这一阶段的主要活动有系统转换，新系统正式替代原系统；新系统正式运行，并逐日提交运行记录；系统维护及对维护的评价，并提交每次的维护报告和维护评价报告；用户培训，为了使系统具有较长的生命力，每项的维护活动都应准确地记录下来，并作为正式的文档资料加以保存。在适当的时候要对系统进行再次评价，若经过修改或补充的系统仍不能适应新的需求，则该系统就应被新的系统所替代，即一个新系统的生命周期可能再次开始。

3. 生命周期法的优势及面临的问题

① 生命周期法要求用户一开始就能清楚地提出所有的需求，这相对而言比较困难，而且这种方法很难适应具体实施阶段会面临的不确定因素。越是生命周期的后面阶段，

由于需求变化而被迫更改而造成的代价越大。

② 实际项目实施过程中,很少完全遵循该模式提出的工作顺序,即明确地一个阶段一个阶段去完成,往往重复迭代,这无形中造成开发周期过长。

③ 可运行的程序一直要到项目的最后阶段才有具象的感受,因疏忽而导致的错误要到检验运行时才会被发现,造成了经济和时间上的损失。

二、结构化开发方法

1. 结构化开发方法的概述

结构化开发方法(Structured System Analysis & Design,简称 SSA&D)是目前为止最传统、应用最广泛的一种系统开发方法。结构化方法沿用"自上而下,逐步求精"的思想方法,从全局出发,全面规划分析,从而确定简明且易于导向的系统开发方式,对 MIS 开发起着巨大的推动作用。随着时间的推移,结构化开发方法已成为 MIS 开发的主流方法。结构化开发方法的基本思想采用系统工程的思想和工程化的方法,根据用户至上的原则,自始至终按照结构化、模块化,自顶向下地对系统进行分析与设计。结构化分析(SA)、结构化设计(SD)和结构化程序设计(SP)是结构化开发方法的三个步骤。它的工作流程仍然符合生命周期法的基本框架。结构化开发方法的根本特点是系统分析、系统设计、程序设计的结构化和模块化,这与面向对象的程序设计并不矛盾。在面向对象的事件代码和自定义方法的程序中,依然采用结构化程序设计的三种基本结构。

2. 结构化开发方法的基本思想

结构化开发方法的基本思想是使用系统工程的思想和工程化的方法,按用户至上的原则,结构化、模块化、自顶向下地对系统进行分析与设计和自底向上逐步实施的系统开发过程,如图 5-3 所示。其中最关键的一点就是从系统的角度出发来分析问题和解决问题,即面对要开发的系统,从层次的角度,自顶向下地分析和设计。

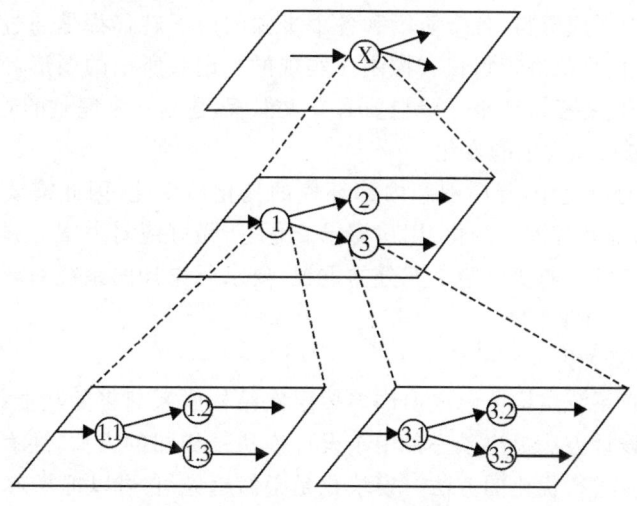

图 5-3 结构化开发方法的基本思想

具体来说,就是先将整个信息系统开发的过程划分为若干个相对独立的阶段(系统规划、系统分析、系统设计、系统实施等)。在前三个阶段坚持自顶向下地对系统进行结构化的划分;在系统调查和理顺管理业务时,应从最顶层的管理业务入手,逐步深入至最基层;在系统分析、提出目标系统方案和系统设计时,应从宏观整体考虑入手,首先要考虑系统整体的优化,然后再考虑局部的优化问题;在系统实施阶段,则坚持自底向上逐步实施的过程,即组织人员从最基层的模块做起(编程),然后按照系统设计的结构,将模块逐个拼接到一起进行调试,自底向上、逐步地构成整个系统。结构化开发方法的特点可以归结为以下六点。

(1) 用户至上

结构化开发方法强调用户是 MIS 开发的起点和最终归宿,因此用户的参与程度及满意度是系统的关键因素。一方面,开发过程应当面向用户,使用户更多地了解新系统,并随时从业务和用户的角度提出新的要求;另一方面,也可以使系统开发人员更多地了解用户的要求,更深入地调查和分析管理业务,使新系统更加科学与合理。

(2) 自顶向下的分析和设计,自底向上的系统实施

在系统规划、分析与设计时,要从整体全局考虑,自顶向下地工作;在系统实施阶段则根据设计的要求,先要编制一个个具体的功能模块,然后再由几个模块联调,最后是整个系统的联调、构建,即从模块到子系统再到系统的实现和构建过程。

(3) 深入调查研究

结构化开发方法强调符合实际、客观性和科学化,即强调在设计系统之前,深入实际,详细地调查研究,努力弄清实际业务处理过程的每一个细节,然后分析研究,制定出科学合理的目标系统的设计方案。

(4) 严格的工作阶段性和具体性

结构化开发方法把整个开发过程划分为若干个工作阶段,让每一个阶段有明确的步骤、顺序、任务和目标,达到预期的工作成效,以便计划和控制进度,协调各方面的工作。前一阶段的工作成果是后一阶段的工作依据。把本步骤所出现的情况、所产生的问题、所取得的成果完整地形成资料,各个阶段和各个步骤的向下转移都是通过建立各自的软件文档和对关键阶段、步骤进行审核和控制而实现的。记载所用的图形和书写的格式要标准化和规范化,并且要经过评审。资料要有专人保管,建立一套完整的管理与查询制度。

(5) 充分预测可能发生的变化

MIS 是动态的,它会随着周围和内部环境的变化而变化,因此需要充分设想可能发生的环境变化、内部处理模式变化、用户需求变化等,做好应对方案。强调在系统调查和分析时对将来可能发生的变化给予充分的重视,要求所设计的系统对环境的变化具有一定的适应能力。

(6) 结构化、模块化

结构化是信息系统结构分解成由许多按层次结构联系起来的功能结构图,即模块结构图。结构化的设计方法提出了一种用于设计模块结构图的方法,还有一组对模块结构进行评价的标准及进行优化的方法。模块化是必然趋势,它可以把复杂问题简单化,把大问题分解为小问题来解决,从而使新系统更易于实施和维护。

3. 结构化开发方法的开发过程

用结构化开发方法开发一个系统，并将整个开发过程划分为首尾相连的五个阶段：系统战略规划阶段、系统分析阶段、系统设计阶段、系统实施阶段、系统运行与维护阶段，如图 5-4 所示。因此，结构化开发方法也称为生命周期法（Life Cycle Approach，简称 LCA），必须严格划分工作阶段，然后逐步进行。每个阶段和主要步骤都有明确而详尽的编制文档要求，各个阶段和各个步骤的向下转移都是通过建立各自的软件文档和关键阶段、步骤进行审核、控制实现的。在实际工作中应尽量按照这条思路按部就班地进行，针对问题的难易程度和具体情况可以删除或略过其中某些对处理的问题没用的环节，但不可打乱其顺序，否则会对后续工作造成很大的不便。结构化开发方法开发系统的主要阶段和详细步骤如下。

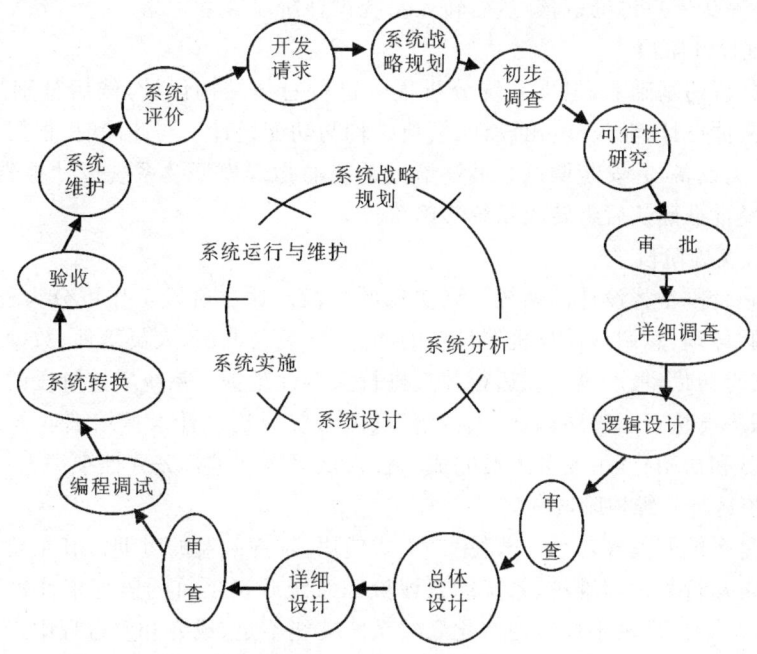

图 5-4　结构化开发方法的开发过程

（1）系统战略规划阶段

系统战略规划阶段的工作就是依据用户的系统开发请求，进行初步调查，明确问题，明确系统目标和总体结构，确定分阶段实施进度，然后进行可行性研究，得出是否继续开发的结论。若不可行，就终止开发工作；反之，则提交用户批准后转入系统分析阶段。信息系统规划是根据服从和服务于企业战略的角度，针对企业信息系统近、中、长期的使命和目标，实现策略和方法，实施方案等内容所做的统筹安排。站在企业战略层次，把企业作为一个有机的整体，全面考虑企业所处的环境、本身的潜力、具备的条件以及企业进一步发展的需要，勾画出企业在一定时期内所需开发的各类信息系统的应用项目，并且在一定条件下，运用合理的规划方法对企业的业务处理流程进行重新组合和流程再造，形成一定的文档提交领导审查，经过审核批准后进入系统分析阶段。

(2) 系统分析阶段

这一阶段的任务是对企业的环境、目标、现行系统的状况进行初步调查,明确问题,确定信息系统的发展战略,对建设新系统的需求作出分析和预测,分析建设新系统所依赖环境的各种约束及研究建设新系统的必要性和可能性。系统分析阶段的任务包括组织机构功能分析、管理业务流程分析、数据与数据流程分析、功能与数据之间的关系分析,建立新系统逻辑模型,形成系统分析报告,提交用户讨论审核,若用户认为不合适,则返回修改,直至用户确认并批准后,才转入系统设计阶段。根据需要和可能给出拟建系统的备选方案,从技术和经济角度对方案进行可行性分析,写出可行性分析报告,提交审核批准后,对现行系统进行详细调查,在此基础上再进行组织机构功能分析、管理业务流程分析、数据与数据流程分析、功能与数据之间的关系分析,建立新系统逻辑模型,形成综合性的系统分析报告,并提交用户讨论审核,然后转入系统设计阶段。

(3) 系统设计阶段

在系统分析的基础上,根据系统分析报告进行总体结构设计,然后分别进行代码设计、数据库/文件设计、输入/输出设计、模块结构与功能设计。与此同时,根据总体设计的要求,购置有关设备,并安装调试。最终给出系统的物理模型及系统设计报告,提交用户讨论审核。经批准确认后将转入系统实施阶段。

(4) 系统实施阶段

系统实施阶段是将设计的系统付诸实现的阶段。这一阶段工作可分为程序设计,程序调试(单调、分调、总调),计算机等设备的购置、安装与调试,人员培训,数据准备和初始化,系统调试与转化,最后投入试运行并且进行完善性维护。系统实施阶段的任务包括程序设计(由程序员执行)、程序调试、人员培训(由系统分析设计人员培训业务人员和操作员)、数据准备和初始化(由业务人员完成)、投入试运行并进行完善性维护。

(5) 系统运行与维护阶段

该阶段是系统开发成功后,交付用户正式使用,发挥效益的时期。其主要工作内容包括系统的日常运行管理与维护、系统综合评价和系统开发项目的监理审计等。在系统运行过程中,可能会出现由于环境的变化导致系统功能不足,或者开发过程中未能发现或无法解决的功能要求,这时需要对系统进行修改、维护和局部调整。当系统运行一段时间之后,系统运行的环境可能会发生根本性的变化,出现一些不可调和的大问题,此时用户将会进一步提出开发新系统的要求,也就标志着系统生命的结束和新系统的诞生。

4. 结构化开发方法的优势及面临的问题

结构化开发方法适应于开发那些能够很好定义其需求、结构化程度比较高的大型信息系统或包含复杂技术的系统等,但是从它的开发优势和弊端来看,结构化开发方法不适合用于开发小型系统。

(1) 结构化开发方法的优点

① 强调系统开发过程的整体性和全局性;强调系统的思想和系统的方法,整体思路清晰,能够从全局出发思考问题;强调从整体来分析和设计整个系统,可以诊断出原系统中存在的问题和结构上的缺陷。

② 严格地区分开发阶段。将系统生命周期分解为几个阶段,每个阶段的目标明确,

任务相对独立、简单,便于不同专业的人员分工协作,从而降低软件开发的难度。方法则是面向功能和流程的,能够进行流程的优化和流程的再造,这一点是其他开发方法难以做到的。

③ 避免了开发过程中盲目混乱的状态。每个阶段都有明确的要求、严格的标准与规范,以及与开发的软件系统完全一致的高质量的文档资料。每一阶段的工作成果是下一阶段的工作依据,比较容易把握工作进度、总体管理和控制。

(2) 结构化开发方法面临的问题

随着时间的推移,结构化开发方法也逐渐暴露出许多缺点和不足,主要表现在起点过低,所使用的工具落后,即多为手工方式。

① 难以适应迅速变化的环境。在结构化开发方法中,用户与开发人员之间的对话交流主要发生在系统分析阶段。但在之后的设计、编码,直到系统提交的各个阶段中,开发人员极少与用户接触,难以确保系统真正符合用户需求。

② 违背认识事物的规律性。供求双方希望在系统分析阶段内就预先将所有的问题讨论清楚,完全确定系统的目标和需求,用文档的形式固定下来,并以此作为以后开发工作的根据。但是实际上这种做法潜藏着某种危机,且不符合人们循序渐进地认识事物的规律,因为参与开发的管理者在没有见到具体的物理系统之前,常常不知道究竟计算机能够完成哪些功能,他们的专业素养很难把握未来系统的需求。

③ 系统开发的周期较长。由于结构化开发方法是一个阶段接着一个阶段逐步顺序进行的,所以一旦进入到下一阶段,前一阶段的任务将无法再进行。所有步骤的完成严格按照时间和步骤序列进行,想缩短时间只能在步骤上严格压缩,却实现无法交叉和重叠。因此,结构化开发方法更适合于开发那些能够很好定义自身需求,且结构化程度较高的大型系统等,而不适合用于开发小型系统。

三、原型法

原型法(Prototyping Approach,简称 PA)是 20 世纪 80 年代随着计算机软件技术的发展,特别是在关系数据库系统、第四代程序设计语言和各种功能强大的辅助系统开发工具的基础之上提出的一种具有全新的设计思想和开发工具的系统开发方法。

1. 原型法概述

为了解决上述问题,在新的应用软件开发及生成环境的支持下,产生了原型法。20 世纪 80 年代,随着计算机软件技术的发展,特别是在关系数据库系统(Relational DataBase System,简称 RDBS)、第四代程序生成语言(4Th Generation Language,简称 4GL)和各种系统开发生成环境产生的基础之上,提出的一种从设计思想、工具、手段都是全新的系统开发方法。

原型法是指由系统分析设计人员与用户合作,在短期内定义用户基本需求的基础上,开发出一个只具备基本功能、实验性的简易应用软件的方法。一开始就根据用户的要求,由开发者与用户共同确定系统的基本要求和主要功能,在强有力的软件开发环境的支持下,短时间内就构造出初步满足用户要求的初始模型系统。然后,开发者与用户一起对模型系统进行反复的评价、协商修改,最终扩充形成实际系统。原型法适合于处理过程明确简单的系统和涉及面窄的小型系统;适合于开发大型系统的最终用户界面;同时适合于用户需求不确定,或事先说不清具体要求,或能够说清楚要求但开发者不好把握的系统。因此原型法一经问世,立即得到了广泛的重视,迅速得到推广。

原型法有两种原型构造方法,一种是丢弃型原型法,另一种是进化型原型法,如图5-5所示。

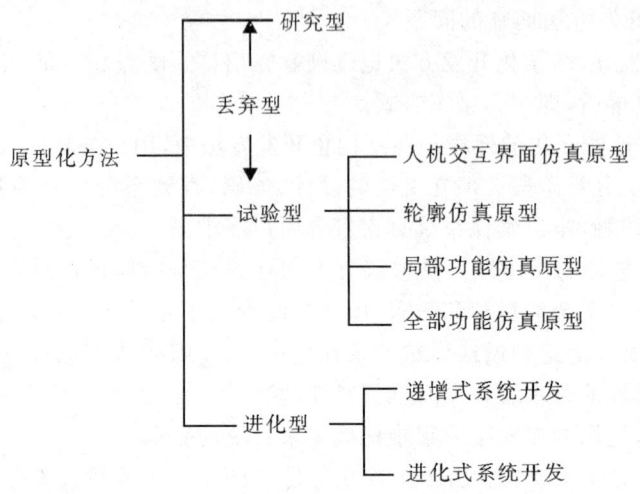

图 5-5 原型化方法的演绎

(1) 丢弃型原型法

这种原型法来源于工程中一种初始测试思想,又可分为研究型和试验型两类。当初始测试完成后,原型就被抛弃,取而代之的是初步设计。测试的目的是获取用户对需求的正确理解和反馈,并可以初步评估系统具有的功能。

(2) 进化型原型法

进化型原型法又分为递增式和进化式。这种原型构造方法是连续不断地提炼系统,通过一次又一次试验和测试生成最终系统。这种原型法是基于重复开发工程产品的思想,原型系统快速地被建立起来,并交付给用户使用,通过在用户使用过程中对原型进行多次的加强和修改,从反复中得出进化的工作系统的连续版本,使系统版本逐步接近用户真正想要的系统。

2. 原型法的基本思想

原型法的基本思想是借助于功能强大的辅助系统开发工具,按照不断寻优的设计思想,通过反复的完善性实验而最终开发出符合用户要求的 MIS 过程和方法。即首先快速开发一个原型,然后运行这个原型,再不断评价和改进该原型,使之逐步完善,直至用户满意为止。它不苟求一次性完成系统的分析设计,也允许系统的初步分析和设计的不完善,需要进一步修改。但需要有一个快速反馈的开发环境,让用户参与,与设计者一起共同完善、修改并确立需求规格。因此,原型法的开发必须满足以下四个条件。

① 原型的开发周期必须短,且需控制低成本。
② 要求用户全程参与评价原型。

③ 原型必须是可运行的。
④ 根据原型的运行结果评价原型,再根据评价结果修改原型。

作为开发 MIS 的一种方法,原型法从原理到流程都非常简单。无论从方法论的角度还是从实际应用的角度来看,原型法都备受推崇,在实际应用中也取得了巨大的成功。与前面介绍的结构化开发方法相比,使用原型法开发 MIS 具有以下四个特点。

(1) 对于系统的需求不需要事先定义

系统需求的预先定义在某些情况下是可能的,但是在某些情况下,项目的开发者或用户又很难做到。一方面是开发人员对用户的业务不太熟悉,或者对于开发人员来讲,要开发的是一种全新的系统,如某种决策支持系统、专家系统等;另一方面是用户对计算机所能实现的能力不甚了解,当他们看到了一个具体的系统之后才能清楚地了解自己的需求。所以,在新系统开发的初期,对于所有的需求都不要求预先定义。

(2) 需要较快地建立系统模型

结构化开发方法采用结构化的语言、标准的图表等作为表达新系统的工具,这比通常的叙述性语言更为规范、严谨。但是,它也缺少实际模型的直观性和动态性。在系统开发过程中,多数人特别是系统的用户希望在对系统评价前能够看到一个系统运行的实际例子,哪怕是比较粗略的也好。显然,提供一个能演示的模型要比提供书面的文件、图例、表格更为直观、形象。而原型化的方法是为用户提供一个生动的动态模型,并能使用户在模型的演示中提出修改和完善的意见。

(3) 对系统的修改是必要的

用户的需求在不断地变化,在预先定义的方法中难以实现,从某种意义上来讲,它将用户的定义在系统分析阶段基本上就"冻结"了。而原型法却认为,对系统的反复修改是正常的,也是不可避免的,应该鼓励用户对系统提出更多、更高的要求,以此来保障新系统能提供给用户满意的处理功能,使得系统提供的信息满足用户管理和决策的要求。

(4) 要有快速的系统建立工具

原型法要求对系统模型可以进行反复修改,要不断适应用户多变的需求。因此,对系统模型建立的周期要短、模型的建立要迅速,否则就失去了原型法的特点。这就要求原型法具有一定的、必要的工作环境,即要有快速的模型建造工具。近几年来,随着计算机软件技术的发展,必要的原型化软件工具已进入市场,集成化的软件开发平台已得到应用,因而,使迅速建立系统模型,方便、快速地修改系统模型成为可能。

3. 原型法的开发过程

原型法的开发过程是一个循环的、不断修改完善的过程,如图 5-6 所示。首先用户提出开发要求,然后开发人员识别和归纳用户要求,根据识别归纳的结果构造出一个原型(即程序模块),并与用户一道评价这个原型。如此反复修改原型,直到用户满意为止。

原型法的开发过程主要包括下列四个阶段。

(1) 确定系统的基本要求和功能

系统基本要求和主要功能的确定是建立原型的首要任务和构造模型的依据,它是用户通过对系统输出的描述来完成的。开发者根据用户的要求来确定系统的范围、应具有的功能、人机界面等,得到一个初始模型。

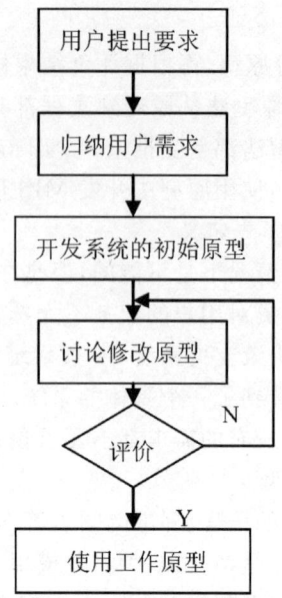

图 5-6 原型法的开发过程

(2) 构造结构仿真模型

系统开发人员在对系统基本要求和功能了解的基础上,依据模型以尽可能快的速度和尽可能好的工具构造一个结构仿真模型。

(3) 运行、评价、修改原型框架

原型框架构造完成后,就要立即投入运行,开发人员和用户要对其试用、检查,并分析效果。由于构造原型强调的是快速,便省略了许多细节,因此必须在试用过程中发现各种不合理部分并且提出改进意见。在试用中开发人员和用户要不断地沟通,尤其是对用户不满意的地方要认真修改,如此反复,直至用户满意为止。

(4) 确定模型后的处理

如果开发者与用户对原型比较满意,决定将其作为正式原型,但双方还需继续进行细致的工作,把为了强调快速而在开发原型过程中省略的许多细节逐个补充、完善与求精,最后形成一个适用的管理信息系统。

4. 原型法的优点及面临的问题

(1) 原型法的优点

与结构化开发方法相比,原型法具备以下几个优点。

① 认识论上的突破。

开发过程是一个循环往复的反馈过程,它符合认识的逐步发展、螺旋式上升的规律。开始时,用户和设计者对于系统功能要求的认识是不完整的、粗糙的。通过建立原型、演示原型、修改原型的循环过程,设计者以原型为媒介,及时取得来自用户的反馈信息,不断发现问题,反复修改,完善系统,确保用户的要求得到较好的满足。原型法的使用不仅改进了用户和系统设计者之间的信息交流,而且也改进了所有和系统相关的技术人员之间的信息交流。

② 改进了用户和系统设计者的信息交流方式。

用户的直接参与使得问题发现及时,因而可以减少产品的设计性错误,开发人员在开发周期中就能对系统作出改进。原型法更多地遵循了人们认识事物的规律,更易于接受,具体表现:人们对事物认识的不可一次完成,并把工作做得尽善尽美;认识和学习的过程都是循序渐进的;人们对于事物的描述往往都是受环境的启发而不断完善的;人们批评指责一个已有的事物比空洞地描述自己的设想要容易得多,改进一些事物要比创造一些事物容易得多。在大多数情况下,设计中的错误是对用户需求的不完善或不准确的安排造成的,实质上也是信息交流上存在的问题。当用户和开发人员采用原型法后,改善了信息沟通的状况,设计错误必然大大减少。原型法很具体,使用户能很快地接触和使用系统,容易被不熟悉计算机应用的用户所接受,可提高用户参与系统开发的积极性。

③ 更加贴近实际,用户满意程度提高。

由于原型法展示了一个灵活的原型系统供用户使用和修改,从而提高了用户的满意程度。原型法将模拟的手段引入系统分析的初期阶段,沟通了人们的思想,缩短了用户和系统分析人员之间的距离,解决了结构化开发方法中最难以解决的一个环节。当用户并不相信初始系统的需求时,采用现实系统模型做试验要比参加系统设计会议、回忆静态屏幕设计、输出及查看文件资料更有意义。原型法就向用户及设计人员提供了一个活灵活现的原型系统,这样,用户主动进行修改,系统的满意程度必然会提高。

④ 降低了开发的风险度和开发成本。

由于原型法使用原型系统的测试开发思想及方案,只有原型使用户与开发人员对风险程序的意见一致时,才能继续开发最终系统,因而减少了开发失败的可能性。原型法的应用中无需多余的认证文档资料,还可以充分利用最新的软件工具,摆脱了老一套的工作方法,使系统开发的时间、费用都大大减少,效率、技术等方面得到了很大提高,系统对内外界的适应能力也大大增强,同时还因用户的全程参与,减少了用户培训的时间,简化了管理,也就降低了系统开发的成本。

(2) 原型法面临的问题

① 开发工具要求高。

原型法需要有现代化开发工具的支持,否则开发工作量太大、成本过高,就失去了采用原型法的意义。应该说开发工具的水平高低是决定原型法能否顺利实现的第一要素,开发支持工具要求高则是原型法的第一个局限。

② 解决复杂系统和大系统问题很困难。

根据目前的支持工具状况,原型法基本上都是在进入设计阶段之后才具备开发基础。这是因为,在分析阶段直接模拟用户业务领域内的活动,从而演绎出需求模型是相当困难的。这就意味着可实现的原型都是经过设计人员加工的,设计人员的误解总是映射到原型中。因此,对于一个大型的系统(原型制作、评审、反馈),如果我们不经过系统分析就进行整体性划分,想要直接用屏幕来反复逐个的模拟难度会很大;复杂系统(如复杂的控制系统)功能种类多、技术复杂、实现困难,与性能仿真模拟工具和应用业务领域知识密切相关,进入实用阶段的很少,所以原型法很难解决大系统和复杂系统的问题,这是第二个局限。

③ 管理水平要求高。

原基础管理不善、信息处理过程存在混乱的问题使系统开发和使用有着一定的困难。首先是由于对象工作过程不清,构造原型有一定困难;其次是由于基础管理不好,没有科学合理的方法可依,系统开发容易走上机械地模拟原来手工系统的道路。

④ 系统的交互方式必须简单明了。

对于大量运算的、逻辑性较强的程序模块,原型法很难构造出模型来供人评价,因为这类问题没有那么多的交互方式,也不是三言两语就可以把问题说清楚的。另外,对于有大量批处理的系统,由于交互方式问题,使用原型法也会遇到某些困难。

归根结底,目前的原型法只能缩短用户与软件需求定义间的间距,并不能消灭这个距离。而且距离缩短的程度与选用的开发方法、原型化方法及工具有关,同时与使用原型法的软件开发人员的技术水平也有关。

5. 原型法在应用中应注意的问题

原型法作为一种具体的开发方法,也有其局限性,在使用时应注意以下几点。

(1) 应当重视开发过程的控制

由于原型法缺乏统一规划和对系统开发的分析设计,仅按照"构造原型——修改——再修改"等粗略过程反复迭代,用户可能提出过多的甚至无关紧要的新的修改要求,又没有约束原型完成和资源分配的标准,从而使开发过程难以控制,项目的管理和系统的维护比较困难。因此,用户和开发者不仅需要达成一个具体的开发协议,规定一些开发的标准和目标,还要建立完整准确的文字档案。特别要注意的是,在每次原型的改进、完善中都必须做好相应的文档记录和整理,这是很容易被忽视而又不能忽视的问题。

(2) 应将原型法与结构化开发方法有机结合

在具体的开发中,为了得到有效的开发软件,弥补原型法的不足,在整体上仍可使用结构化开发方法或生命周期法。系统规范化是系统开发的关键,开发应当做到完整、一致和准确。可把原型作为需求描述的补充和量化,以代替传统的数字审核与确认,提高需求描述的质量;再就是把系统分析设计和建造原型结合起来,在分析的同时考虑设计的要求和目标。实实在在的系统原型能给用户和开发人员一个直观的对象,便于在系统早期就认识和评价系统,从而打破使用与开发分割的状态。

(3) 应当充分了解原型法的使用环境和开发工具

原型法有很多的优点和很大的推广价值,相应地对它的开发环境要求更高。开发环境包含软件环境、硬件环境和开发人员,最主要的是软件环境。尤其需要支持开发过程中主要步骤的工程化软件支撑环境,以解决原型的快速构造,以及从原型系统到最终系统形成的各种变换和这些变换的一致性。如果没有充分了解和掌握这些软件环境工具,原型法的所有优点都将难以实现。

支持原型开发的有力工具一般认为是第四代语言(4GL)和软件开发工具,如数据库语言、图形语言、决策支持语言、报表生成器和应用程序生成器等。

四、面向对象的开发方法

面向对象技术是将问题世界看成众多"对象"组成的,每个对象都有自己的特点和功能。也就是说,每个对象都有自己的数据和程序;对象之间是相互独立的,不具有直接的因果关系;对象通过自己的行为向外界的其他对象传递"消息",对象也接受其他对象传来的"消息",对象之间通过这种消息传递机制相互联系。对象接受什么样的消息、进而产生什么样的行为、再次向外界传递什么样的消息完全由它自己的属性特点决定。对象之间的这种相互联系和影响使之构成了一个整体的问题世界,而在没有外力的时候,对象则保持着"静止"状态。以面向对象的观点来分析模拟的问题世界,开发者不必找到所有事件的起点,也不必设计整个系统变化发展的每一个细节。这种方法需要做的是找到构成问题的一个个"对象",认清每个对象的特点,在接到外部"消息"的时候做什么动作。

显然,面向对象不是看待世界的唯一正确观点,但是它确实是一种较为自然的、易于理解的世界观,尤其是面对复杂的问题时,它更是一种有效的方法。后面我们还会说明面向对象的开发方法的许多优点。因而,当 SmallTalk、C++、Java 等面向对象的程序设计语言出现的时候,便受到了普遍的欢迎,得到了广泛的应用。

1. 面向对象的开发方法概述

20 世纪 80 年代,面向对象开发(Object Oriented,简称 OO)是从各种面向对象的程序设计方法(如 Smalltalk、C++)逐步发展而来的。面向对象方法不像功能分解方法只能单纯反映管理功能的结构状态,而数据流程模型只是侧重事物的信息特征和流程,信息模拟只能被动地迎合实际问题需要的做法,从面向对象的角度进行系统的分析与设计,为人们认识事物,进而为开发系统提供一种全新的思路和方法。

面向对象是一种分析、设计、思维和程序设计的方法。面向对象方法所追求的基本目标是使分析、设计和实现一个系统的方法尽可能接近人们认识一个系统的方法,也就是使描述问题的问题空间和解决问题的方法空间在结构上尽可能一致。其基本思想是:对问题空间进行自然分割,以便更接近人类的思维方式;建立问题空间的信息模型,以便对客观实体进行结构模拟和行为模拟,从而使设计的软件尽可能直接地描述现实世界;构造模块化、可重用、维护性好的软件,且能控制软件的复杂性和降低开发维护费用。在面向对象的开发方法中,对象作为描述信息实体的统一概念,把数据和对数据的操作合为一体,通过方法、消息、分类、继承、封装和实例化等机制构造软件系统,且为软件重用提供了强有力的支持。

以对象为主体的 OO 方法可以进一步解释为以下四个问题。

(1) 系统调查和需求分析(定义问题)

客观事物是由对象组成,即 LCA 中的需求分析阶段,对系统将要面临的具体管理问题以及用户对系统开发的需求进行调查研究,确定系统开发的目标和任务,即要先弄清干什么的问题。

(2) 分析问题的性质和求解问题(抽象地识别对象)

对象是由属性和方法组成的。在繁杂的问题域中,抽象地识别出对象及其行为、结构、属性(Attribute)、方法(Method)等。一般称之为面向对象的分析，即OOA。

(3) 整理问题(详细设计问题)

对分析的结果作进一步的抽象、归类(Class)、整理，最终以范式的形式将它们确定下来。一般称之为面向对象的设计，即OOD。

(4) 程序实现

用面向对象的程序设计语言将上一步整理的范式直接映射(即直接用程序设计语言来取代)、封装(Encapsulation)为应用软件。这种封装既满足软件工程的一切要求，又可以直接被面向对象的程序设计语言所接受。一般称之为面向对象的程序，即OOP。

2. 面向对象的开发方法基本概念

所谓"面向对象"是一种认识客观世界的世界观，它是从结构组织角度模拟客观世界的一种方法论。从外界看待这些对象，这些独立的对象有着一系列奇妙的特性。例如，"对象"有着坚硬的外壳，从外部来看，它就像一个黑匣子，除了用来与外界交互消息之外，外界不需要了解对象的内部构造。再如，对象可以和其他对象结合在一起形成新的对象，结合后的对象具有前两者特性的总和；可以从一个对象"产生"一系列新的对象，这些新的对象将拥有其父辈对象的特征，也就是所谓的继承，但是这些新的对象也可以拥有其父辈不曾有的新特性；对象可能拥有的行为都是定义好的，但是，同一个定义的行为面对不同的"消息"，会做出不同的动作。因而，客观世界可以看成由许多不同种类的对象构成，每个对象都有着自己的内部状态和运动规律，不同对象间的相互联系和相互作用构成了完整的客观世界。

让我们从对"对象"开始进一步了解面向对象的开发方法。

(1) 对象(Object)

对象(Object)可以理解成一个实体或一种关系，通俗来说就是某种"东西"。一张票据、一台电脑可以看成是"对象"，一个页面按钮和按钮上的文字都是"对象"。客观世界中的任何事物都可以在一定的前提下看作对象，不同前提下所形成的对象称为问题域对象。客观世界的对象向问题域映射，其结果就是问题对象(简称对象)。对象可定义为：对象是一个封闭体，它由一组数据和施加于这些数据上的一组操作构成，包含标识、数据、操作和接口。

(2) 类(Class)

面向对象的基本概念之一就是类(Class)。一些对象具有相同或相似的属性和行为，我们把这些共性抽象出来，就提出了类的概念。对象的集合就是类(包括表示对象状态的属性集和表示对象行为的方法集)。类的定义如下：类是所有相似对象的状态变量和行为构成的模板，包括标识、继承、数据结构、操作和接口。

类具有层次性。一个类可以派生出许多其他的类，我们把这个类称为父类，这些派生出来的类称为子类。子类仍然可以继续派生出其自己的子类。子类可以继承父类拥有的属性和方法，也可以扩展自己的属性和方法。如图5-7(左)所示，"汽车"类有自己的属性特征，如有轮子、有方向盘等，而"轿车"、"客车"和"卡车"都属于汽车类，都有汽车的属性，有车轮、有方向盘等，但是轿车的车轮可能不同于客车的车轮，也不同于卡车的车轮。这三种车在其他方面还有很多的不同，但是它们都具有汽车的共同特征，在这个关系中，"汽车"类是"父类"或称为"基类","轿车"、"客车"和"卡车"被称为"子类"或"派生类"。再进一步,如果另外还有一个称为"交通工具"的类,那么"交通工具"就是"汽车"的父类,这时"汽车"就是"交通工具"的子类了。这些关系体现出了类的层次性。"火车"是一个概念,或者说是一个类,具有一定的特征,如在铁轨上跑、有多节车厢等,火车又分为"客车"、"货车"和"罐车",这也体现了类的层次性。"火车"的概念相对于"客车"、"货车"和"罐车"更为抽象,抽象出了各种火车具有的共同性质;"客车"、"货车"和"罐车"相对"火车"更为具体。这种抽象与具体的关系被称为"泛化"(Generalization)关系,也称为"继承"(Inheritance)关系。使用规范的 UML 表达,如图 5-7(右)所示。当然,类之间还存在其他的关系。

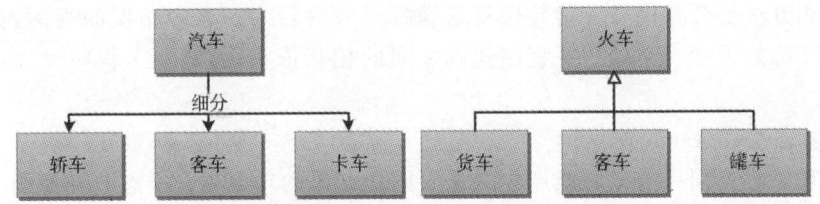

图 5-7　概念之间的层次细分关系(左)与规范的继承表达(右)

类的这种层次性带来了很多方便。例如,在 Java 语言中,许多基础的类不需我们编写,Java 实现给定了一些基础的类,通过这些类,我们可以构造出一些新的类。在微软的 NET 框架下编程,很多基础的类以及类中的函数都是现成的,是微软公司已经开发好了的,开发人员所要做的就是查阅相关的使用手册,对已有的类直接使用或改造后再使用,构成自己的程序系统。另外,程序员也可以使用其他人或自己已经编写好的类,在新的系统开发项目中直接使用。

(3) 消息(Message)

通过对象间的相互合作来推动面向对象世界。对象间的这种相互合作需要一个机构协助进行,这样的机制称为"消息传递"。消息传递过程中,由发送消息的对象(Sender)将消息传送至接收消息的对象(Receiver),从而引发接收消息的对象的一系列操作。所传送的消息实质上是接收对象所具有的操作方法的名称和相应参数。系统可以简单地看作是一个彼此通过传递消息而相互作用的对象集合。

(4) 继承性(Inheritance)

之前,我们提到了父类的特性可以被子类继承。继承(Inheritance)是面向对象技术的一个重要概念,有必要在这里单独说明。父类也称为基类或超类,子类是父类派生出来的,被称为派生类。这意味着父类包含有子类共有的特性,更具有通用性;子类继承了父类的通用性,同时也可以通过扩展或重写父类的特性而具有自己的特性,使子类更具有特殊性。子类继承了父类的特性,也继承了父类的父类的特性,这样层层继承下去。利用继承,我们只要在原有的类的基础上进行修改,就可以得到新的类,这样就大大减少了系统开发的工作量。因此,继承是实现软件重用或泛化的重要手段。

继承可分为单一继承和多重继承两类。单一继承是指一个子类只有一个父类,多重继承是指一个子类有多于一个的父类。继承又可以分为实现性继承和接口性继承。实现性继承是指被派生的类继承其父类的属性和行为,而接口性继承则是指被派生的类仅仅实现其父类的接口方法。

(5) 封装性(Encapsulation)

封装是将事物包起来,使外界不知其实际内容。在程序设计中,封装是将一个实体的属性(数据)和操作(程序代码)集成一个对象整体。封装又称为信息隐藏,是因为它向用户隐藏了细枝末节,反映了事物的独立性,使对象对外形成一道屏障,只保留有限的对外接口与外界发生联系。当我们站在对象以外的角度观察对象时,只需注意它对外呈现的行为,而不必关心它内部的细节。这样,当对象的方法改变时,只要接口不变,对象的客户在访问方法时就不会有任何危险。对象的隐藏或封装部分是它们私有的实现的部分,可见的属性和方法是公共接口。封装性只是暴露对象的行为的客户角度的视图,保护对象免于受到外部的干扰。它减少了程序代码之间的相互依赖性,有利于程序设计的灵活性和可重用性。

(6) 多态性(Polymorphism)

不同对象收到同一消息可能产生完全不同的结果的现象叫作多态。在使用多态的时候,用户可以发送一个通用消息,但实现的细节则由接收对象自行决定。这就可以使同一消息调用不同的方法。子类从父类继承了属性和操作,但是,这种继承不一定就是原封不动继承,一些子类可以将继承来的操作改变。多态性(Polymorphism)是指同一个操作作用于不同的对象可以有不同的解释,并产生不同的结果。也就是说,消息发送给不同的对象时,接收的对象将根据它所属类中定义的操作去执行,因而产生不同的结果。因此,多态性体现了面向对象技术的灵活性。

3. 面向对象的开发方法的开发过程

面向对象的开发方法开发的主要步骤如下。

(1) 系统调查和需求分析

该阶段的工作就是对系统要面临的具体管理问题及用户对系统开发的需求进行调查研究来确定系统目标,对所要研究的系统进行系统需求的调查分析,搞清楚系统要干什么的问题。

(2) 面向对象分析(OOA)

系统分析是对问题域进行的分析,明确需要解决的问题是什么,系统需要做些什么。OOA 则是围绕对象进行的,具体工作如下。

① 分析问题,描述需求。

为建立一个系统,开发人员首先要明确系统的需求,即系统要完成哪些功能。这个过程需要开发人员反复与用户交流、沟通和明确,然后得到具体、详尽的书面的需求描述。

② 识别对象和类。

在用例描述的基础上,找出系统中客观存在的对象,包括识别与系统交互的外部实体、与系统交互的人员的角色、实际问题中的概念实体、系统运行中可能出现的事件等,一般可以从需求的描述中找出名词、短语的方法来识别可能潜在的对象。

③ 构造对象模型(属性、行为)。

对于对象的属性要仔细分析,识别对象的行为目的是为了确定对象的操作。对于属性还要考虑简洁,尽量减少冗余,比如一个属性可以从另外一个属性导出,则考虑仅用其中一个属性。

④ 构造对象动态模型(对象之间的关系)。

以上步骤定义了对象及其具有的属性和操作,接下来要确定对象之间的关系。首先要识别对象所属的类,具有相似的属性和行为的对象同属于一个类;其次要形成不同层次的类之间的关系,比如父类和子类。

在系统分析阶段,主要是确定对象之间的静态关系,对象之间的消息传递机制是动态的,放到系统设计阶段更为合适。通过面向对象系统分析得到的模型称为 OOA 模型。这一步的主要工作是研究问题域和用户需求、发现对象、定义对象的属性和操作。而 OOA 模型是抽象层次较高的系统模型,它忽略了针对具体实现的细节。

(3) 面向对象设计(OOD)

OOA 和 OOD 两者之间没有十分明确的界限,允许 OOA 表述的问题域信息不完整,可以重复进行 OOA,也可以在 OOD 阶段完善细化。面向对象系统设计(OOD)的主要工作是在 OOA 的基础上考虑系统实现的问题,进行系统的结构设计和详细设计。OOD 模型的抽象层次较低,包含了与计算机具体实现有关的设计细节,它要考虑的计算机实现条件包括硬件选择、操作系统的选择、网络设施的选择、数据库的选择、编程语言的选择等。OOD 阶段的成果是 OOD 模型,其中的对象、对象的属性、操作和对象之间的关系都必须是明确的,而且是所选择的编程语言可以实现的。

① 系统体系结构设计。

系统体系结构设计包括系统总体结构设计、分布方案、并发控制、人机交互、数据管理等。在这个过程中,可能会增加一些对象类、对 OOA 阶段的对象类进行补充修改、对 OOA 阶段的类之间的关系也可能改动。

② 对象设计。

对象设计也可以称为详细设计。在 OOA 中已经给出了对象的基本属性和操作,这一步要进一步细化和完善。在这一步中,还要有对象类型的识别,对象分为实体对象、接口对象和控制对象。实体对象是在问题域中直接认识的对象,它代表了要存储的数据的实现或抽象的东西。接口对象是一种技术性的对象,用于连接应用软件和外界系统或用户。例如,用户接口屏幕、实体对象的数据通常都是经由接口对象与外界联系的。控制对象主要是用来协调实体对象和接口对象的活动。实体对象在 OOA 阶段中已经识别了,而在 OOD 阶段要识别接口对象和控制对象。接下来要确定实体对象、接口对象和控制对象之间的各种关系,完善对象类的结构图。

(4) 面向对象的程序(OOP)

此阶段是程序实现阶段,即选用面向对象的程序设计语言实现设计阶段抽象整理出来的范式形式的对象,形成相应的应用程序软件。由面向对象法开发的系统有较强的应变能力,因而具备重用性好、可维护性好等特点。

4. 面向对象的开发方法建模

为了更好地理解问题,人们通常采用建立问题域模型的方法。模型就是为了更直观地理解事物而对其作出的一种抽象和可视化的描述。一般模型由一组图形、符号和组织等组成，利用它们来定义和描述问题域中的概念和术语。模型可以帮助我们思考问题和定义术语，在选择术语时做出适当的假设，并且帮助我们保持模型的定义和假设的一致性。模型是提供和组织大量信息的一种有效机制。模型的另一个用途也是为了便于用户和各个领域专家的审查。由于模型的规范化和系统化，开发人员对目标系统的认识的片面性和不一致性通常容易暴露出来。通过审查，可以及时发现错误，并及时清除掉。

采用面向对象的开发方法开发系统，通常需要建立几种形式的模型，它们主要包括用例模型、分析模型、设计模型、配置模型、实现模型和测试模型等。使用用例驱动的开发方法是通过首先建立使用用例的模型，再以该模型为核心构建出一系列的模型，各个模型之间的关系如图 5-8 所示。

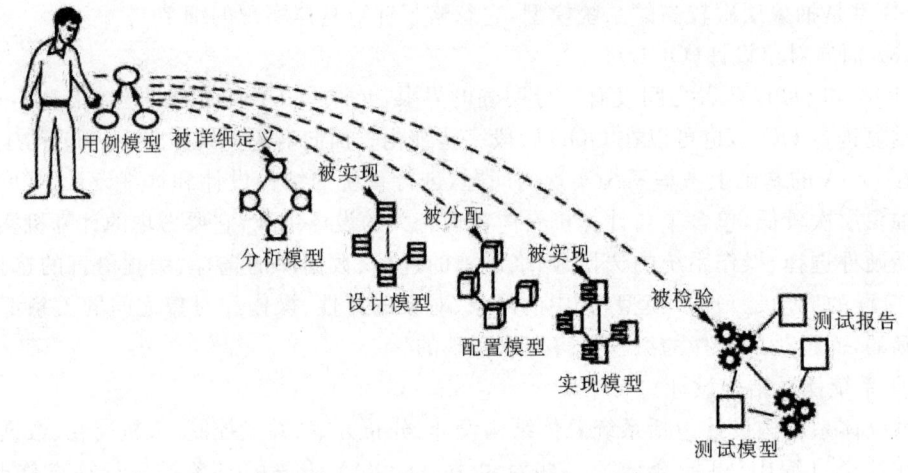

图 5-8　使用用例开发方法的一系列模型

用例模型包含所有的用例及其与用户之间的关系。

分析模型包含问题域涉及的类、属性和关系，其作用是更详细地提炼用例，并将系统的行为初步分配给提供行为的一组对象。

设计模型将系统的静态结构定义为子系统、类、接口，由它们之间的协作来实现用例。

配置模型定义计算机的物理节点，以及构件到这些节点的映射。

实现模型包含构件和类到构件的映射。

测试模型更清晰地描述用于验证用例的测试用例。

所有这些模型都是相关的，只是每种模型的侧重点略有不同，它们合起来表示整个系统。在分析阶段，构造出一个完全独立于实现的分析模型；在设计阶段，则把求解域的结构逐步加入到模型里；在实现阶段，则需要把问题域和求解域的结构都编成程序代码，还需进行严格的测试和验证。

5．面向对象的开发方法的优势及面临的问题

（1）面向对象的开发方法的优势

之前提到了面向对象具有的封装性、继承性、多态性和容易维护性等特点，然而，这些并不是面向对象技术得到重视的主要目的。随着软件系统越来越复杂、庞大，系统复杂程度就达到了一定极限，人们用传统的方法处理系统、维护系统就显得力不从心。有了对象的概念，人们可以通过提升抽象级别来构建更大的、更复杂的系统。这种应对复杂系统的能力才是面向对象而流行的真正原因。其主要特点除了前边提到的封装性、继承性和多态性之外，还有其他的优势，表现在以下两个方面。

① 易维护性。

从面向对象的观点来看，系统是由众多对象组成的，因对象之间的相互作用和影响使得系统得以运转起来。而每一个对象都封装了数据和操作的实例，这种封装性增加了整个系统的稳定性，当少数对象发生变动时，对整个系统的影响并不是很大，维护起来也比较容易。另外，当系统需要增加新的对象类的时候，一般不需要从头编写类的代码，只需找到已有的相关的类，进行继承即可，而只需要对部分代码进行修改。这样编写代码的工作量大大减少，这就是所谓的可重用性，也就是继承性、多态性带来的好处。由此可见，面向对象技术相对于传统的面向过程的结构化开发方法来说，维护起来更加容易。

② 更符合人类对客观世界的认知模式。

从计算机系统开发的角度来看，面向对象是一种方法论；从更广义的角度来看，它是一种看待客观世界的认知模式。从本质上说，面向过程和面向对象是一个古已有之的认识论的问题。我们可以把世界看成是由一系列的事件过程组成的，然而，当我们面对的世界的宽度和广度足够大的时候，要想把这些事件过程一丝不差地刻画出来就成了一件不容易的事情；从另一个角度，以对象的观点看待世界，即认为世界的本质是由对象组成，平时看上去互相无关的独立的对象在不同的驱动力和规则下产生运动，然后这些过程便展现出了我们这个生动的世界。在面向过程，世界的一切都不是孤立的，它们相互紧密联系在一起，缺一不可，相互影响，互相作用，并形成了一个个具有严格因果律的系统；而更多的系统组成了更大的系统，所有系统之间的联系也是紧密不可分割的。

（2）面向对象的开发方法面临的问题

和传统开发方法相比较而言，面向对象的开发方法颇具优势。

从系统开发的角度来看，传统的开发方法强调的是区分和分解系统的功能。由此产生的软件系统的可维护性差，如果需求发生了变化，整个系统就要有很大的变动，甚至需要重新设计。面向对象的开发方法是基于稳定的对象和类，它首先强调区分来自应用领域的对象，然后进行软件设计。由于这种开发方法是建立在应用领域自身基础之上的，所以能够更好地支持需求的变化，即使需求发生了变化，大多数的对象类也可以保持基本不变，如果修改，可以通过继承性方便地实现。

从系统的稳定性角度来看，传统的开发方法在把数据和过程分离时，经常存在使用错误的数据和使用错误的模块的可能。对于一个复杂和大型的系统，维护数据和程序的一致性是成本较大的一项工作。另外，程序的维护难度也很大。当一处发生变动时，相关的数据、其他部分的程序都要变动，就会存在潜在的隐患。面向对象把数据和过程封装在对象中，当一个对象的数据发生变化的时候，不会对整个系统产生影响，这种封装性保证了数据与过程的一致性，从而保证了系统的稳定性。

但是，面向对象的开发方法也存在着明显的不足。首先，必须依靠一定的软件技术支持；其次，在大型管理信息系统开发上具有一定的局限性，若不经自顶向下的整体划分，而是一开始就自底向上地采用OO方法开发系统，会造成系统结构的不合理、各部分关系失调等问题。

五、管理信息系统开发方法的整合

由于管理信息系统的规模大小不同,处理功能的繁简不一,涉及的管理层次也有高低之分,而研制开发一个系统的方法也有多种,如结构化开发方法、原型法、面向对象的系统分析和设计法等。每一种方法又都有自己适用的范围。如何根据实际情况,选择一种合适的方法保证系统研制的高效率、高质量已成为系统开发的重要问题之一。

结构化开发方法是在对传统的自发的系统开发方法批判的基础上,通过很多学者的不断探索和努力而建立起来的一种系统化方法。这种方法的突出优点就是它强调系统开发过程的整体性和全局性,强调在整体优化的前提下来考虑具体的分析设计问题,即自顶向下的观点。它强调的另一个观点是:严格区分开发阶段,强调一步一步严格地进行系统分析和设计,每一步工作都及时地总结,发现问题及时地反馈和纠正,从而避免开发过程中的混乱状态。结构化开发方法是一种目前被广泛采用的系统开发方法。

与结构化开发方法相比,原型法摒弃了那种一步步周密细致地调查分析、逐渐整理出文字档案、最后才能让用户看到结果的繁琐方法。前述的结构化开发方法以其严密的理论基础、严格的阶段划分、详细的工作步骤、规范的文档要求以及"自顶向下逐步求精"的方法使它在MIS开发方法中起到了主导作用。这种相互补充、相互促进的系统开发方式将会是今后若干年信息系统或软件工程中所使用的主要方法。然而,随着时间的推移、技术的进步,结构化开发方法的弊端逐渐暴露了出来,诸如开发过程繁琐复杂、系统开发周期长、系统难以适应内外环境变化等问题。最突出的表现是它的起点太低,所使用的工具(主要是手工绘制各种各样的分析设计图表)落后,此外,这种方法要求系统开发者在调查中就充分地掌握用户需求、管理状况以及预见可能发生的变化,但这不大符合人们循序渐进地认识事物的规律性。所以要想将原型法应用于一个大型信息系统开发过程中的所有环节是根本不可能的,因此它多被用于小型局部系统或处理过程比较简单的系统的设计和实现环节。

面向对象的开发方法以对象为基础,利用特定的软件工具直接完成从对象客体的描述到软件结构之间的转换,这是OOP方法最主要的特点和成就。OOP方法的应用解决了传统结构化开发方法中客观世界描述工具与软件结构的不一致性的问题,缩短了开发周期,解决了从分析和设计到软件模块结构之间多次转换映射的繁杂过程,是一种很有发展前途的系统开发方法。但是,同原型法一样,OOP方法需要一定的软件支持才可以应用,另外,在大型MIS开发中,如果不经自顶向下的整体划分,而是一开始就自底向上地采用OOP方法开发系统,同样也会造成系统结构不合理、各部分关系失调等问题。所以,OOP方法和结构化开发方法目前仍是两种在系统开发领域相互依存、不可替代的方法。

CASE方法是一种除系统调查外,全面支持系统开发过程的方法,同时也是一种辅助的系统开发方法。CASE环境的出现从根本上改变了开发系统的物质基础,从而使得利用CASE开发一个系统时,在考虑问题的角度、开发过程的做法以及实现系统的措施等

第五章 管理信息系统的分析与开发方法

方面都与传统方法有所不同,故常有人将它称为 CASE 方法,并与结构化开发方法、原型法、OOP 方法并称为四大开发方法。在实际开发一个系统时,CASE 的环境应用必须依赖于一种具体的开发方法,如结构化开发方法、原型法、OOP 方法等。因此,从方法学的特点来看,它具有前面所述方法的各种特点,同时又具有其自身的独特之处——高度自动化的特点。值得注意的是,在这个方法的应用以及 CASE 工具自身的设计中,自顶向下、模块化、结构化却是贯穿始终的,这一点从 CASE 自身的文档和其生成的系统文档中都可看出。CASE 技术的应用有如下的特点:CASE 只是一种辅助的开发方法,其应用须依赖于一种具体的开发方法,如原型法、结构化开发方法等。但其出现改变了开发系统考虑问题的视角,区别于传统方法。

由上可知,只有结构化开发方法与面向对象的开发方法是真正能较全面支持整个系统开发过程的方法。其他几种方法尽管有很多优点,但都只能作为结构化开发方法与面向对象的开发方法在局部开发环节上的补充,暂时还不能替代上述两种方法在系统开发过程中的主导地位,尤其是在占目前系统开发工作量最大的系统调查和系统分析这两个重要环节。这里再一次强调所列举的几种方法不是相互独立的,它们经常可以综合应用。

除此之外,另有螺旋模型,它是将生命周期法和原型法结合的一种开发方法,如图5-9所示。这种方法结合了生命周期法的整体开发过程,又结合了原型法的可视性。

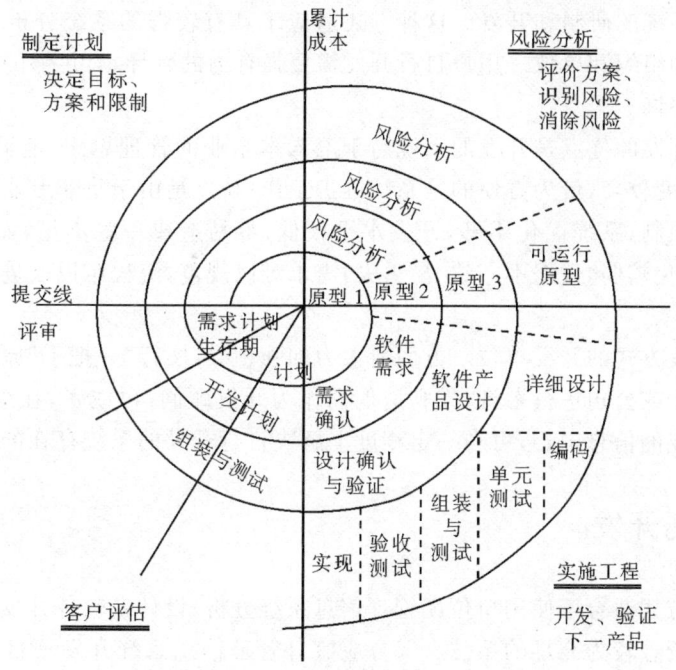

图 5-9 螺旋模型开发方法

第三节 管理信息系统的开发方式

管理信息系统的开发方式主要有用户自行开发、委托开发、联合开发、直接购买软件包等方式。这几种开发方式各有优缺点，使用单位需要根据自身的技术力量、资金情况、外部资源等各种因素综合考虑和选择。但是，不管选择哪种开发方式，都需要使用单位的领导和业务人员参加，并在系统开发的全过程中培养本单位的系统开发、设计人员和系统维护队伍。

一、用户自行开发

独立开发适合于有较强的管理信息系统分析与设计队伍和程序设计人员、系统维护队伍的组织和单位，开发的系统能够适合本单位的需求且满意度较高，最为方便的是系统维护工作。这种方式是指系统的用户在没有或只有少数专家协调指导下，自己组织力量进行管理信息系统的研制和开发。这种方式适应于具有较强的系统分析、设计和编程及系统维护力量的组织和单位。用户自行开发需要强有力的领导，有足够的技术力量，并需要进行一定的咨询。

用户自行开发的优点是开发的系统易于溶入本企业的管理思想，能够适应本单位的需求，用户满意度较高，最为方便的是系统维护工作；缺点是由于是非专业开发队伍，容易受业务工作的限制，系统优化不够，开发水平较低，容易造成一些不足，如系统开发时间长，系统整体优化较弱，数据不一致、易丢失，需求难以规范，流程难以改进，容易出现模拟或复制。

采用此开发方式的开发单位一方面要大力加强领导，实行"一把手"原则；另一方面可向专业开发人士或公司进行咨询，或聘请他们作为开发顾问；再或者，在组织中成立由专业技术人员组成的信息中心，可在一定程度上解决自行开发的系统存在的问题。

二、委托开发

委托开发方式适合于使用单位无管理信息系统分析、设计及软件开发人员，或开发队伍力量较弱但资金较为充足的单位。双方应签订管理信息系统开发项目协议，明确新系统的目标、功能、开发时间、费用、系统标准、验收方式及人员培训等内容。此种开发方式需要使用单位的业务骨干参与系统的论证工作；开发过程中，需要开发单位和使用单位双方及时沟通，并进行协调和检查。

委托开发方式的优点是对用户来说省时省事，开发的系统技术水平较高；缺点是费用高，系统维护需要开发单位的长期支持。

采用此开发方式的企业，开发单位可以采用招标的方式来确定。用户将自己的需求和条件以招标书的方式进行招标,用户单位除了负责按总体规划和企业目标拟定招标书、评价招标书和负责系统实现后的验收工作,不再建立专门的队伍,使系统研制工作纳入社会化生产的轨道,管理信息系统研制开发公司进行投标。这样一方面可以提高系统质量,另一方面也能以法律为依据,确保系统研制工作的顺利进行和按期完成。

三、联合开发

联合开发方式适合于使用单位有一定的管理信息系统分析、设计及软件开发人员,但开发队伍中的其中一方面力量较弱,希望通过管理信息系统的开发建立完善和提高自己的技术队伍,便于系统维护工作的单位。这种方式是双方共享开发成果,实际上就是一种半委托性质的开发工作。

联合开发的优点是相对于用户自行开发和委托开发的方式而言,更为节约资金,并可以培养、增强使用单位的技术力量,便于系统维护工作,系统的技术水平较高;缺点是双方在合作中沟通容易出现问题,需要双方及时达成共识,进行协调和检查。

采用此开发方式的企业,合作双方要目标一致,有很好的合作基础,在各方面沟通上基本畅通,以及双方人员配合上无接缝等。具备了这些基本要素,联合开发才能顺利进行,否则会导致研发中途停滞,或开发目标被迫降低等现象。

四、直接购买软件包

软件开发越来越向专业化方向发展。专业企业为了集中财力和物力,提高系统开发的经济效益,也会选择用购买管理信息系统的成套软件或开发平台的方式来代替自行开发、委托开发和联合开发的形式来获得专业软件。

这种开发方式的优点是节省时间和费用,所取得的软件的技术水平也较高;缺点是通用的软件难以满足个性化需要,要有一定的技术力量做软件改善和接口等二次开发工作。

采用此开发方式的企业在购买软件前,需要考核和比对市场上的同质软件,找到与企业自身最为接近的。

此外,还有咨询开发的方式。这种方式是以企业自有力量为主,聘请企业之外的专家来协助。它的主要工作方式是请专家对系统分析进行解析和指导,帮助做系统的总体规划和系统分析,而系统的具体实施则由企业自己完成。这种方式是自行开发方式的一种补充。

总之,不同的开发方式有不同的优缺点,需要根据使用单位的实际情况进行选择,各种开发方式也可综合使用。

第四节　管理信息系统的开发工具

计算机辅助软件工程(Computer Aided Software Engineering,简称 CASE)方法解决系统开发问题的基本思想是:结合系统开发的各种具体方法,在完成对目标系统规划和详细调查后,若系统开发过程的每一步都相对独立且彼此形成对应关系,则整个系统开发就可以应用专门的软件开发工具和集成开发环境(CASE 工具、CASE 系统、CASE 工具箱、CASE 工作台等)来实现。

一、CASE 的基本思想

严格地讲,CASE 只是一种开发环境,而不是一种开发方法。它是 20 世纪 80 年代末从计算机辅助编程工具、第四代语言(4GL)及绘图工具中发展而来的。目前,CASE 仍是一个发展中的概念,而各种 CASE 软件也较多,但没有统一的模式和标准。采用 CASE 工具进行系统开发,必须结合一种具体的开发方法,如结构化开发方法、面向对象的开发方法或原型法等,CASE 方法只是为具体的开发方法提供了支持每一过程的专门工具。因而,CASE 工具实际上把原先由手工完成的开发过程转变为以自动化工具和支撑环境支持的自动化开发过程。

二、CASE 方法的特点

CASE 方法具有以下几个特点。
① 解决了从客观对象到软件系统的映射问题,支持系统开发的全过程。
② 促进软件开发过程的标准化和软件重用性。
③ 加快了软件开发速度,缩短了系统开发周期。
④ 作为一种辅助性的开发方法,CASE 可以为系统开发过程中的具体工作自动生成开发过程中的各种软件文档。
⑤ 在实际开发系统时,CASE 工具的应用必须依赖于一种特定的开发方法,从而简化了软件开发的管理和维护。

现在,CASE 中集成了多种工具,这些工具不仅可以单独使用,也可以组合使用。而 CASE 的概念是由一种具体的工具发展成为开发信息系统的方法学。

三、开发工具

为提高软件开发的效率和减轻开发人员的劳动强度而设计的软件称为软件工具。软件工具是为了支持计算机软件的开发、维护、模拟、移植或管理而研制的程序系统。

软件工具涉及的面很广,种类繁多,目前分类方法也很多。较为流行的分类方法是按生存周期,通常分为以下五大类。

① 软件需求分析工具。利用形式化语言描述并与自然语言相近,可产生需求分析的文档和相关的图形,如 DFD 图。例如,问题描述语言 PSL、问题分析器 PSA 都是需求分析工具。

② 软件设计工具。软件设计工具有两种:一种是图形、表格、语言的描述工具,如结构图、数据流程图、判定表、判定树和 IPO 图等;另一种则是转换与变换工具,如程序设计语言 PDL 可实现算法描述到接近可执行代码的描述转换。

③ 软件编码工具,如各种高级语言编译器、解释器、编辑连接程序和汇编程序等。软件开发的主要工具就是软件编码工具。

④ 软件测试和验收工具,如静态分析程序 DAVE、程序评测系统 PET。

⑤ 软件维护工具,如 PERT、TSN、GANTT 图等。

有些软件工具支持多个软件开发阶段,因此,难以明确地将其归入上述五类中的某一类。对于依赖数据库技术的 MIS 开发而言,目前主要采用面向对象的开发工具。很多 DBMS 支持多个软件开发阶段,既作为系统开发平台,又可作为系统开发编程工具。

小 结

本章主要讲述了管理信息系统开发的基础条件、几种主要的开发方法及开发方式。

系统开发所采用的开发方法是管理信息系统开发的关键,不同的开发方法侧重点不同。比较常用的系统开发方法主要有结构化开发方法、原型法、面向对象的开发方法和 CASE 方法等。结构化生命周期法是目前各种开发方法中理论比较严谨、应用比较广泛、成功率比较高的一种开发方法,主要是因为它应用了系统的思想和系统工程的工作方式,其缺点可以通过与原型法、面向对象的开发方法结合使用得到较好克服;原型法在了解用户需求、提高用户满意程度、提高开发速度等方面表现尤其突出,但对于大型复杂系统开发可以作为系统调查分析加以采用;面向对象的开发方法作为一种全新的开发方法尽管是研究的热点,但在管理实际中如何分析、设计,如何构造对象是相当复杂的一项工作,当前在面向对象的程序方面已经有了长足的进步,难点仍然是面向对象的分析和设计;严格意义上讲,GASE 只是一种开发环境而不是一种开发方法。开发者针对各自系统的特点,选择相关方法指导系统开发。

管理信息系统的开发方式有用户自行开发、委托开发、联合开发和直接购买软件包等。它们有各自的优点和不足,要根据资源、技术力量、外部环境等各种因素进行选用。

复习题

【思考题】

1. 目前有哪些常用的管理信息系统开发方法？试比较这些开发方法的优缺点。
2. 什么是原型法？它最适合于哪类信息系统的开发？
3. 什么是面向对象的开发方法？它的基本思想是什么？
4. CASE 方法的基本思想是什么？它有什么特点？
5. 结构化开发方法的基本思想是什么？它有什么特点？它的开发过程经历了哪些阶段？
6. 分析并比较不同开发方法的优缺点。
7. OOA、OOD、OOP 分别指什么？
8. 管理信息系统开发方式有哪些？他们分别有什么特点？

【练习题】

名词解释

（1）生命周期　（2）结构化开发方法　（3）原型法　（4）面向对象的开发方法
（5）计算机辅助软件工程　（6）管理信息系统开发方式

【案例题】

大家经常使用银行卡，包括借记卡、信用卡，很多时候客户通过 ATM（自动柜员机）来进行各项操作，包括取款、转账、存款。请认真思考一下操作的流程，写下 ATM 自动柜员机所具有的基本功能。

第六章　管理信息系统的分析

【学习目标】

通过本章的学习，学生应理解系统分析的目标、主要任务和一般步骤；掌握系统分析过程中的调查方法、调查目的和调查内容，能够进行业务流程分析并绘制出业务流程图；熟悉数据流程分析并能绘制出数据流程图；还需要充分了解数据字典和其他逻辑处理的方法。掌握系统分析报告的编写内容，尤其要学会在实际的系统分析中运用以上知识。

知识要点	目标要求	相关知识
系统分析概述	(1) 能够了解系统分析的目标 (2) 能够了解系统分析的主要任务 (3) 能够熟悉并掌握系统分析的一般步骤	(1) 系统分析的概念、内容与方法 (2) 系统分析的目标和主要任务 (3) 详细调查的基本知识 (4) 系统分析的一般步骤
系统详细调查方法	(1) 掌握业务流程调查与分析，掌握业务流程图的绘制方法 (2) 熟练掌握数据流程的调查与分析，掌握数据流程图的绘制方法 (3) 掌握数据字典与其他逻辑处理方法	(1) 组织结构图、业务功能图的绘制方法 (2) 业务流程调查的任务和方法 (3) 业务流程图的概念、绘制方法 (4) 业务流程分析的目的和内容 (5) 数据流程调查的内容 (6) 数据流程图的绘制方法 (7) 绘制数据流程图的注意事项 (8) 数据流程分析的内容 (9) 数据字典包含的条目 (10) 逻辑处理的描述工具
新系统逻辑模型的建立	(1) 能够掌握新系统逻辑模型包含的内容 (2) 能够编制新系统逻辑模型	新系统逻辑模型包含的内容
系统分析报告	(1) 了解系统分析报告包含的内容 (2) 能够编制系统分析报告	系统分析报告包含的内容

开篇案例

丰田汽车公司流程重组实现零库存管理

案例背景

零库存是一种特殊的库存概念,它不等于不要储备或没有储备。所谓的零库存是指凭借信息系统的精确统计,所有物料(包括原材料、半成品和产成品等)在采购、生产、销售、配送等多个经营环节中,形成无仓库存储且均以周转中的形式。相应地,零库存管理已从最初的一种减少库存水平的方法发展成为内涵丰富,包括特定技术、知识和方法的管理哲学。

零库存充满了诱惑,也充满了风险,是众多企业渴望的状态。早在20世纪80年代,美国企业就逐步了解并认识了零库存管理理论。其中典型代表当属Dell计算机公司,其运用直销模式以实现产成品的零库存,通过"供应商管理库存"(Vendor Management Inventory,简称VMI)的方式实现原材料的零库存管理。1989年,零库存管理方式在日本制造业已经被广泛采用,其中的代表性成功案例当属日本丰田汽车公司。经过几十年的发展,零库存管理在日本已经拥有了供、产、销的集团化协同团队,还形成了以零库存管理为核心的供应链体系。

具体案例

杜绝浪费,这对于每一个企业都是涉及提高效率、增加利润的大事,但恐怕任何一家企业都比不上丰田公司做得精细。丰田公司对浪费作了严格区分,将浪费现象分为生产过量的浪费、窝工造成的浪费、搬运上的浪费、加工本身的浪费、库存的浪费、操作上的浪费和制成次品的浪费七种。它创造出了一种独特的生产模式,被称为"丰田生产方式"。这种生产方式,简单地说,就是基于杜绝浪费的思想,追求科学合理的制造方法而创造出来的一种生产方式,即"零库存计划"。

为此,丰田公司采用了一种"防范体系"。为了建立这种防范体系,丰田公司在细节处真正做足了工夫。丰田在推进提高效率、缩短工时以及降低库存的活动中,通过流程重组来设法消灭这种过量生产的浪费,精确计算"单位时间"等基础单位:

单位时间=制造一件产品所需要的时间,也能从产品的需求量里推出来

=一天的需求件数/一天的可动时间

可动时间=一天内机器可以开动的时间

在丰田生产方式中,"开动率"和"可动率"是严格区分的。

开动率=一天的规定作业时间内,有几小时使用机器制造产品的比率

假设工作时限为8小时/天,而某台机器每天只使用4小时,那么这台机器的开动率就是50%。

开动率=为了干活而开动的比率

最理想的可动率是保持在100%。若机器单是开动状态但是均为空转时间,即使整天开动,开动率也是零。为了保证机器正常转动的比率,因此必须按期进行保养维修和故

障排除。

但是由于汽车的产量因每月销售情况不同而有所变动,开动率当然也会随之而发生变化。若销售情况不佳,开动率就下降;反之,若订货量增多,就要长时间加班或倒班,有时开动率为100%,有时甚至会达120%或130%。这就是丰田汽车公司创造的工作方法:必须做的工作要在必要的时间去做,以避免生产过量的浪费,以避免库存的浪费。

案例说明

零库存生产不仅需要过硬的管理手段来支撑,还会冲击甚至重组旧有的产业链条。虽然成功的零库存的确为企业带来了可观的利润,但是零库存也很难应对其周围环境的突发情况。例如,在2003年的非典时期,已经实行了零库存的医药厂商就出现不能及时供应医药品,而流失大量的市场机遇的现象。如何防范零库存带来的风险,是否可以利用信息系统来预测和规避零库存会形成的隐患是后期需要考虑的问题。

提问和思考

你能将丰田汽车公司为实现零库存而进行的业务重组与福特公司的业务重组进行比较吗?说说它们的相同点和不同点。

第一节 系统分析概述

系统分析(System Analysis,简称 SA)也称逻辑设计或需求分析,是从系统的观点出发,对现行系统的内部外部情况进行调查、研究、分解和剖析,为确定新系统的目标和新系统的方案提供科学依据,为接下来的系统设计以及系统实施工作打下坚实的基础,同时也为系统验收工作提供依据。系统分析是对信息系统总体规划的深入,在信息系统规划过程中,通过对整个开发系统进行全面调查,制定出信息系统的总体逻辑结构和开发策略及计划。它是战略的且宏观的考虑,其目的是为了避免开发工作的盲目性、片面性,使得信息能够被充分共享并发挥资源的作用。因此,在规划阶段中所忽略的细节需要在系统分析阶段逐步地清晰化。系统分析是通过系统规划的指导,集中精力,对现行系统进行深入详细的调查研究,进一步明确系统的目标,并认真分析用户的需求,要搞清新系统将要做什么,并用科学的方法将系统的方案表达出来,分析新系统方案,然后建立出新系统的逻辑模型。

第二节 系统分析基础知识

系统分析由美国兰德公司在1945年为美国空军研究"洲际战争"计划中的"研究与开

发"(Research and Development,简称 R&D)项目中首次提出。早期,系统分析沿着两条不同的路线迅速发展:一条路线是运用数学工具和经济学原理分析和研究新型防御武器系统,后在交通、计算机、通讯、公共卫生设施、消防、医疗、电网和导航等领域也得到广泛应用;另一条路线是与大学相联系的生物学、自动控制、工程学和通讯理论等领域的研究与教学活动。之后,系统分析发展成为一种有效的方法体系。

系统分析阶段的主要任务是对现行系统的详细调查以及进行用户需求分析,也就是解决新系统应该"做什么"的问题,在此基础上,确定出新系统的逻辑模型,并且完成系统分析报告,如图 6-1 所示。系统的逻辑方案要用模型表示出来,模型的基本构架以数据流程图为核心,其中包括数据字典、IPO 图和处理逻辑表达工具的一系列图表。该逻辑方案不仅要能够充分反映用户的信息需求并且和用户取得一致的意见,而且要能够使系统设计员和程序员由此设计和开发出一个计算机化的信息系统。

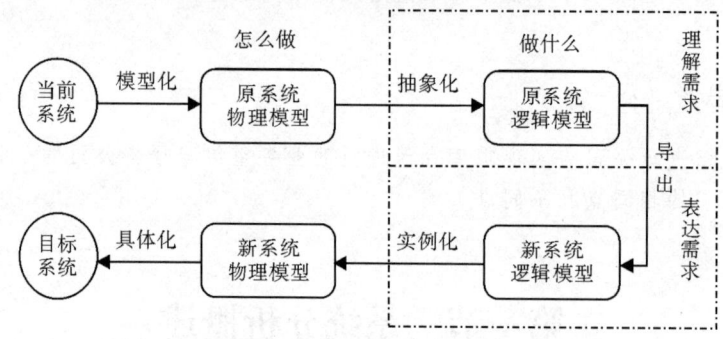

图 6-1　系统分析的任务

根据系统的本质及基本特征,可将系统分析的内容划分为系统的整体分析、结构分析、层次分析、相关分析和环境分析等五个方面。

（1）整体分析

根据系统分析的原理,任何系统都是由众多的子系统构成的,子系统又是由单元和元素构成的,系统的性质、功能与运行规律只有在整体意义上才能显示出来。首先,系统的整体体现出各个组成要素所没有的新性质、新功能,以及整体运行规律,即"加和定理"（及整体大于各部分之和）;其次,作为系统整体的组成要素的性质和功能不同于它们在独立时的性质与功能,当它们作为系统的一部分与周围环境发生作用,它代表着系统整体。

（2）结构分析

结构分析是系统分析的一个组成部分。所谓的系统结构是指系统内部诸要素的排列组合方式。同样一些要素,排列组合方式的不同,就有可能具有完全不同的性质、功能与特征。对于一个复杂的系统而言,如果没有办法确定它的合理结构和整体优化的方案,系统的分析和设计也就无法进行。因此,正确了解和掌握结构分析法是确定管理信息系统的合理结构的一个方面。

（3）层次分析

系统分析中的层次分析法产生于 20 世纪 70 年代,由美国著名运筹学家萨蒂提出,其基本思路是:明确问题中所包含的因子及其相互关系,并将各因子划分为不同的层次,对形成的多层次结构中的各个层次进行比较和分析,建立系统分析的判断矩阵,将不同政策方案按重要性或适用性的大小排序，为最优方案的选择提供依据。任何系统都具有一定的结构层次，系统结构的层次性又叫等级性和侧面性。任何一个系统从纵向把它划分为若干高低不同的等级，其中低一级的结构是高一级结构的组成部分，如 ERP 系统由账务系统、人力资源系统、物流配送、供应链管理和客户关系管理等若干系统组成。从横向上也可分为若干相互联系、相互制约，且各自独立的平行部分。系统层次分析是系统的稳定性和连续性的重要保证，也是系统发挥其最佳功能的前提条件之一。

（4）相关分析

构成系统的各个子系统、单元和要素之间以及它们与环境之间相互联系和相互作用的特征叫作系统的相关性，又叫有机关联性。相关分析要求在研究过程中，尤其是在问题界定、目标设定和方案规划中，要运用相关性分析等方法去观察各种问题的各个方面，以及目标之间，方案之间，子目标与总目标、子方案与总方案之间的协调和一致关系，注意考虑各种因素对政策执行效果可能会产生的影响，从而设计出理想的或较优的政策方案。在系统整体中，各要素并不是孤立存在的，而是由系统的结构联结在一起，相互依存、相互作用，主要表现为以下几个方面：首先，相关性体现在系统与要素之间的不可分割的联系；其次，相关性体现在要素与系统整体的关系中；再次，相关性表现在系统与环境的相互影响的关系上；最后，相关性还表现在系统发展的协同性上。

（5）环境分析

系统理论认为，系统与环境是相互联系和相互作用的。系统以外的条件或环境是其存在和发展的前提条件，即一个系统总是处于更大的系统之中，并成为更大系统的子系统，因而更大的系统则构成该子系统的生态环境。反过来，系统的存在和发展也改变着周围的环境，系统作用的不同会引起环境发生变化。系统与环境这种不断的物质、能量和信息的交换，使系统具有环境适应性特征。

一、可行性研究

开发新系统的需求往往是由于对原系统的不满，即原系统可能存在的问题充斥各个环节，内容分散，甚至于含糊不清，不能达到现有工作和管理水平的需求。因此，要求系统分析人员就用户提出的各种问题和初始要求有针对性地进行分析和识别，通过可行性研究确定开发系统的必要性。

可行性研究是指在当前组织的具体条件是否能满足系统目标的要求，以及系统开发工作必须具备的资源和条件。可行性研究的目的就是用最少的代价在尽可能短的时间内确定问题，以及确定是否能够解决这些问题。系统开发可行性研究包括以下几方面：目标和方案的可行性、技术方面的可行性（人员和技术，管理、组织系统开发方案，计算机软、硬件，环境条件及运行技术等方面）、经济方面的可行性和社会方面的可行性等，并最终生成系统可行性报告，供系统分析参考。

二、系统详细调查

除了系统的可行性研究之外,系统分析阶段的主要活动包括系统详细调查、系统需求分析和新系统逻辑方案的提出。

系统详细调查是用户需求分析的必要前提,是指集中时间、人力,需要完整掌握现行系统的现状,并对现行系统做充分的调查(弄清现行系统的边界、组织结构、人员分工、业务流程、各种计划、单据和报表的格式、种类及处理过程、企业资源、约束情况以及薄弱环节和用户要求等几个方面),为下一步的系统化分析并提出新系统的逻辑方案设计做好准备。详细调查内容主要包括系统界限和运行状态、组织机构和人员分工、业务流程调查、各种计划、单据和报表、资源情况、约束情况等七个方面。

详细调查的原则可划分为以下几方面。

(1) 真实性

所谓真实性是指系统调查资料真实和准确地反映现行系统状况,不依照调查者的意愿反应系统的优点或不足。

(2) 规范性

规范性是指有一套循序渐进、逐层深入的调查步骤和层次分明、通俗易懂的规范化逻辑模型描述方法。

(3) 全面性

任何系统的实现都是由许多子系统有机地结合在一起。

(4) 启发性

需要调查人员的逐步引导、不断启发,尤其在考虑计算机处理的特殊性而进行的专门调查的过程中,更应该善于按使用者能够理解的方式提出问题,打开使用者的思路。

系统详细调查的内容可从定性、定量两个方面具体划分:首先定性调查主要是指对现有系统的功能进行总结,包括组织结构的调查、管理功能的调查、工作流程的调查和数据流程的调查等方面;其次定量调查的目的则是弄清数据流量的大小、时间分布和发生频率,掌握系统的信息特征,以此确定系统规模并估计系统建设工作量,为下一阶段的系统设计提供科学依据。

系统调查的方式和方法很多,实际中可以根据系统调查的具体需要确定调查方法,大致可以通过重点调查、焦点小组访谈、问卷调查法、召开调查会、调查人员直接参加业务实践、查阅企业的有关资料、个别访问和由用户的管理人员向开发者介绍情况等方式来开展。总的原则是,以了解清楚现状为最终目标。调查前要做好调查详细计划和用户调查前的培训;调查要从系统的实际情况和管理现状出发,避免先入为主;调查过程中,分析与综合相结合对组织有完整的了解;分析员在调查过程中采集到的大量原始素材起到至关重要的作用,也是调查制胜的关键。

三、系统需求分析

系统需求分析工作是系统生命期中非常重要的一步,通常包含管理业务调查、管理功能调查等多个方面。只有通过对系统需求分析,才能把用户对系统性能和功能的总体要求的描述转换为具体的需求规格说明,从而奠定系统开发的基础。该阶段的主要任务有:在现有系统详细调查的基础之上,依据组织所遇到的新的发展机会、问题或挑战,对系统原有的经营管理目标、组织结构和功能、数据流程和业务流程等进行分析研究,指出存在的问题,提出改进的意见。把一个复杂的系统进行由粗到细、由表及里的分析,以保证用户和系统分析员对系统既有总体的认识,又有局部的深刻理解。了解用户需求是一件持续性的工作,不是做完就可以结案的短期任务。需求分析包括对需求的汇集、记录和分析三项关联活动。需求汇集最困难的部分并不是记录用户要什么,而是在探索性、开发性地帮助用户找出他们到底要什么。详细调查所得到的数据通常要加以分析,有时分析的结果又要补充一些新的数据,详细调查与用户需求分析通常是在交替进行,并用一系列图、表和文字表示出来——这部分工作是系统分析的核心。

第三节 业务流程调查分析

一、管理业务调查分析

管理信息系统的环境是管理系统,这里的环境是指那些不包括在本系统之中但又对本系统产生较大影响的因素的集合。对于基于计算机的管理信息系统而言,其环境就是管理系统,它的输入来自环境,输出则交付给环境。因此,对现行管理业务的调查十分重要,其中包括业务流程调查、管理功能调查和组织结构调查等内容。

业务流程分析包括流程分析的内容与任务,以及业务流程图的绘制和流程重组等方面的内容。业务流程分析的基础是业务流程调查、现有信息载体的相关调查。业务流程分析的目的是通过对现行业务流程的剖析,经过调整、整合以后,重构目标系统的业务流程。它的基本工具是业务流程图,业务流程图要通过标准的符号进行绘制。业务流程分析是数据流程分析的基础,对整个系统分析起到基础性作用。MIS 开发过程可以看成是一系列进化的流程图,即业务流程图→数据流程图→处理流程图→程序流程图→代码→测试→构建。

1. 业务流程调查

对系统的组织结构和功能进行分析后,还要从实际业务流程的角度将系统调查中有关该业务流程的资料串联起来,作进一步的分析。业务流程分析有助于我们了解该业务的具体处理过程,发现并处理系统调查工作中出现的错误和疏漏,修改或删除该业务中不合理的部分,从而优化业务处理流程。业务流程调查的任务及方法分为目的、方法和内容几个方面。

(1) 目的

为了在新系统建设中进行克服或改进,需要分析现行系统中存在的问题,如管理思想和管理方法落后,或是系统业务流程不尽合理,以及计算机信息系统的建设,为优化原业务流程提供新的可能性。这时,也就需要对现有业务流程进行分析,在分析的基础上进行企业流程改革,并产生新的更为合理的业务流程。

(2) 方法

调查业务流程需要顺着现有系统信息流动的过程逐步地进行,调查所有环节业务处理内容、处理顺序、信息来源、处理方法、信息去向、提供信息的时间和形态(报告、单据、屏幕显示等)。

系统调查过程中,业务流程调查的工作量非常大,不仅要完成好自身工作,还要考虑所调查业务与其他业务间的联系,并且自始至终都要保证和用户之间良好的沟通。

(3) 内容

需要分析现行的流程、业务流程的优化,并确定新的业务流程和新系统的人机界面。要分析现行业务流程的每个处理过程是否合理,据此对该过程进行改进或优化、合并或删除。最后画出优化后的新系统的业务流程图,并拿出人机的分工搭配方案。

2. 组织结构与管理功能的调查

系统详细调查、分析一般从组织结构与功能调查分析开始,这部分工作比较容易完成,为后续详细调查提供支持。组织结构与功能调查分析一般包括组织结构调查、管理功能分析、组织结构与业务功能关系分析、组织变革与功能重组的分析。

(1) 组织结构调查

组织结构描述的是组织内部各部门及其相互关系,通常借助于组织结构图来分析。组织结构图是将调查中所了解的组织结构全面且准确地描绘在图中,呈现树状的层次结构,反映组织内各部门之间的隶属关系,如图 6-2 所示。

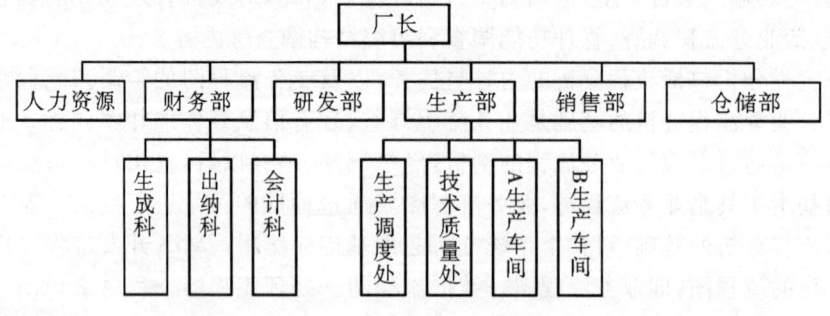

图 6-2 某企业的组织结构

(2) 管理功能分析

组织结构的划分是随着功能的扩展或缩小、人员的变动等因素而变化。功能指完成某项工作的能力,以功能为基点分析问题,那么系统将会相对于组织的变化而有一定的独立性,也就可以获得较强的生命力。所以,在分析组织情况时还应该画出业务功能一览表。这样做可以使我们在了解组织结构的同时,对于依附于组织结构的各项业务功能也有一个概貌性的了解,也可以对各项交叉管理、交叉部分各层次的深度以及各种不合理的现象有一个总体的了解,在后面的系统分析和设计时应特别注意避免这些问题。图6-3为某企业的销售管理功能结构。

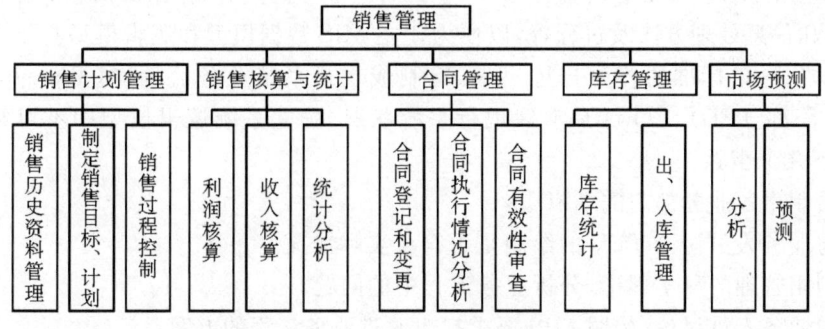

图6-3 某企业的销售管理功能结构

(3) 组织与业务功能关系分析

由于组织结构图只能反映组织内各部门间的隶属关系,而不能明确组织内部各部门的主要业务功能以及各部门间的联系程度。为了弥补这方面的不足,通常增设组织与业务功能表来反映组织中各部分在承担业务时的关系。通过对组织与业务功能的分析,进一步理顺组织的功能,并提高管理效率。表6-1反映了某学校的组织与业务功能关系,其中横向表示组织名称,纵向表示业务功能名称,中间栏表示组织在执行业务过程中的作用。

表6-1 某学校的组织与业务功能关系

	教务处	管理学院	信息工程学院	计算机学院	机电学院	理学院	土建学院	设计学院	外语学院	人事处	网络中心	基建处	……
教学	☆	★	★	★	★	★	★	★	★	☆			
教学管理	★	☆	☆	☆	☆	☆	☆	☆	☆				
教材供应	★	√	√	√	√	√	√	√	√				
教学保障		√	√	√	√	√	√	√	√	★	☆		
人事管理	√	√	√	√	√	√	√	√	√	★	√	√	
设备采购											★		
……													

注:表中"★"表示该业务是对应组织的主要业务,"☆"表示该单位是参加协调该业务的辅助单位,"√"表示该单位是该业务的相关单位,空格表示该单位与对应的业务无关。

(4) 组织变革与功能重组的分析

管理信息系统会受到组织结构的影响,同时管理信息系统对组织结构和功能也会产生重大影响。这种影响产生的结果有可能使组织结构发生重大变革或组织的功能出现重新组合。

组织结构由传统组织向现代组织转变,如扁平化组织和学习型组织等。按照业务流程,对功能进行重新思考和设计,比方说企业流程重组等。

3. 业务流程分析

业务流程分析是一项工作量大、繁琐而又细致的工作。因此,业务流程分析的主要任务是调查系统中各环节的管理业务活动,掌握管理业务的内容、作用及信息的输入、输出,数据存储和信息处理方法及过程等,以便为建立 MIS 数据模型和逻辑模型打下基础。在此基础上,用尽量标准的符号描述出来,绘制成现行系统业务流程图(Transition Flow Diagram,简称 TFD)。TFD 是掌握现行系统状况、确立系统逻辑模型中不可缺少的环节,有以下几个步骤。

① 绘制出各业务部门的 TFD。
② 与业务人员讨论 TFD 的绘制是否符合实际情况。
③ 利用管理的科学理论,分析业务流程中的问题。
④ 与业务人员讨论,按照 MIS 要求提出改进业务流程的方案。
⑤ 将新业务流程提交决策和评审机构,进而确立切实合理的业务流程。

二、业务流程图

业务流程图(TFD)是一种描述管理系统内部各单位、人员之间的业务关系,作业顺序和管理信息流向的图表。它用一些规定的符号和连线表示某个具体业务的处理过程,帮助分析人员找出业务流程中的不合理流向。TFD 基本上按业务的实际处理步骤和过程进行绘制,是一种用图形方式反映实际业务处理过程的"流水账"。绘制这本"流水账"对开发者理顺和优化业务过程有帮助。规范的业务流程图反映了现行系统各机构的业务处理过程和它们之间的业务分工与联系,以及连接各机构的物流、信息流的传递和流动关系,体现现行系统的界限、环境、输入、输出、处理、数据存储等内容。

TFD 是一种用尽可能少、尽可能简单的方法进行描述业务处理过程的方法。它的优点是符号简单明了,所以非常易于阅读和理解业务流程;不足的是对一些专业性较强的业务处理细节缺乏足够的表现手段,因此它比较适用于反映事务处理类型的业务过程。

1. 业务流程图绘制的基本内容

业务流程图是系统分析员进行业务流程分析的依据,也是系统分析员、用户相互交流的思想工具。有关业务流程图的画法目前尚不太统一。但仔细分析后会发现这些图大同小异,只是在一些具体的规定和基本符号上不太一致,而在反映业务流程方面是一致的。

业务流程图的基本符号有六个,有关解释可以直接用文字标于图内,基本符号如图 6-4 所示。这些符号所代表的内容与信息系统中最基本的处理功能一一对应。圆圈表示业务处理单位,方框表示业务处理内容,报表符号表示输出信息(报表、报告、文件和图形等),不封口的方框表示存储文件,卡片符号表示收集资料,矢量连线表示业务过程联系。TFD 所用符号参见标准 GB1526-89。

2. 业务流程图的绘制

业务流程分析是指在已经整理出的业务功能基础上将其细化,利用系统调查的资料

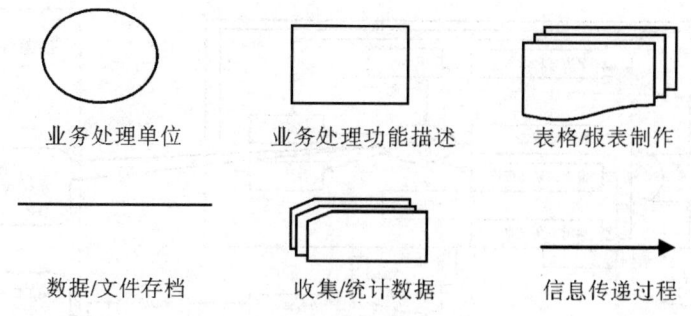

图 6-4 业务流程图的基本符号

将业务处理过程中的每个步骤用一个完整的图形将其串起来。TFD 是根据系统调查表中所得到的资料和问卷调查的结果,再按业务实际处理过程用给定的符号将它们绘制在同一张图上。在绘制 TFD 的过程中发现问题,分析不足进而优化业务处理过程,所以说绘制 TFD 是分析业务流程的重要步骤。TFD 的绘制并没有严格的规则,只需简明扼要地如实反映实际业务过程。

下面通过两个例题来具体说明 TFD 的绘制。

【例 6-1】 分析高校所推广的校园一卡通信息系统业务流程并绘出业务流程图。

一卡通信息系统实际上就是学校各项管理系统中的一个职能域,是全校信息系统的一个子系统。首先我们对此系统进行业务流程的分析。

学校要根据每年新生数量和相关服务机构的需求及现有的设备投入情况,制订计划,然后进入具体实施阶段。在学生入学前一个学期,制卡部门要依据各部门协商的结果将新生的相关卡片制作完毕,并将卡和执行明细以各系部为单位分发到位。新生入学报到时直接到各个院系领取,在缴费机器上缴费后便可以开始在学校有关机构使用。一卡通管理部门利用网络准确无误地记录所有卡片的使用和消费情况,以便存档备查。

学生凭借一卡通可以在学校范围内就餐、打水、洗浴、借书、办理上网和刷卡进出学生公寓。一卡通能将所有学生全年 365 天每天 24 小时的使用情况全部记录在案,并定期存档以备不时之需。学生退学、毕业、挂失和补办等工作需要学生提出申请后,经有关部门批准后补办。在对高校的一卡通信息系统业务流程分析后,下一步进行业务流程图设计,如图 6-5 所示。

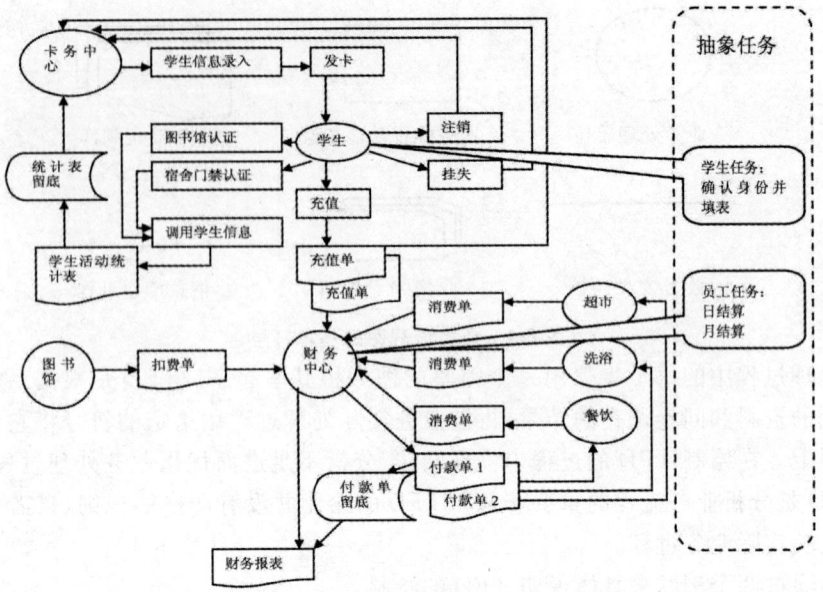

图 6-5　高校一卡通信息系统业务流程图

从图 6-5 业务流程图来看，一卡通管理信息系统包含基本信息管理、使用情况管理、图书馆管理、宿舍门禁管理、充值管理、挂失补办管理这六大处理功能。下面将系统中的图书馆管理业务扩展开来，绘出业务流程图，如图 6-6 所示。

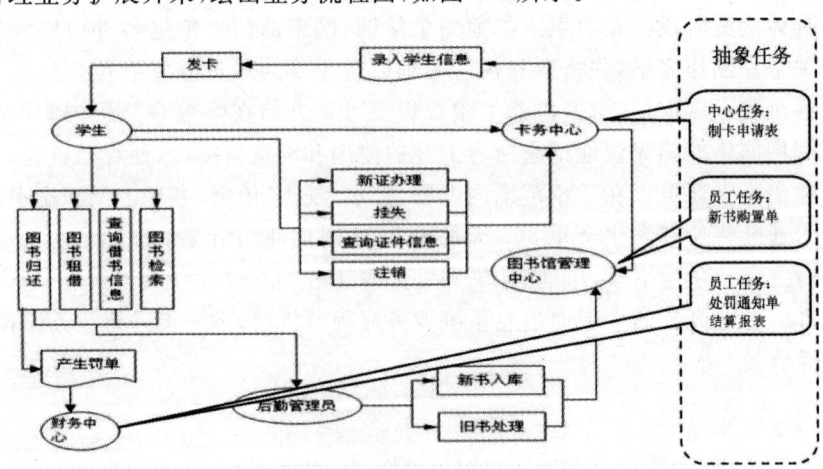

图 6-6　图书馆管理业务流程图

【例 6-2】 绘制某企业人事管理信息系统的业务流程图：人事管理系统联合企业内部财务部门、人力资源部和员工所在业务部门共同使用本系统。员工的个人信息由人力资源部录入并分配到相关业务部门，日常的工作由员工所在部门负责管理并定期在系统内提交。财务部门使用本系统在结算周期内对员工劳动结算，并按照规定正常、补发或扣发劳动薪酬。人事管理信息系统业务流程图如图 6-7 所示。

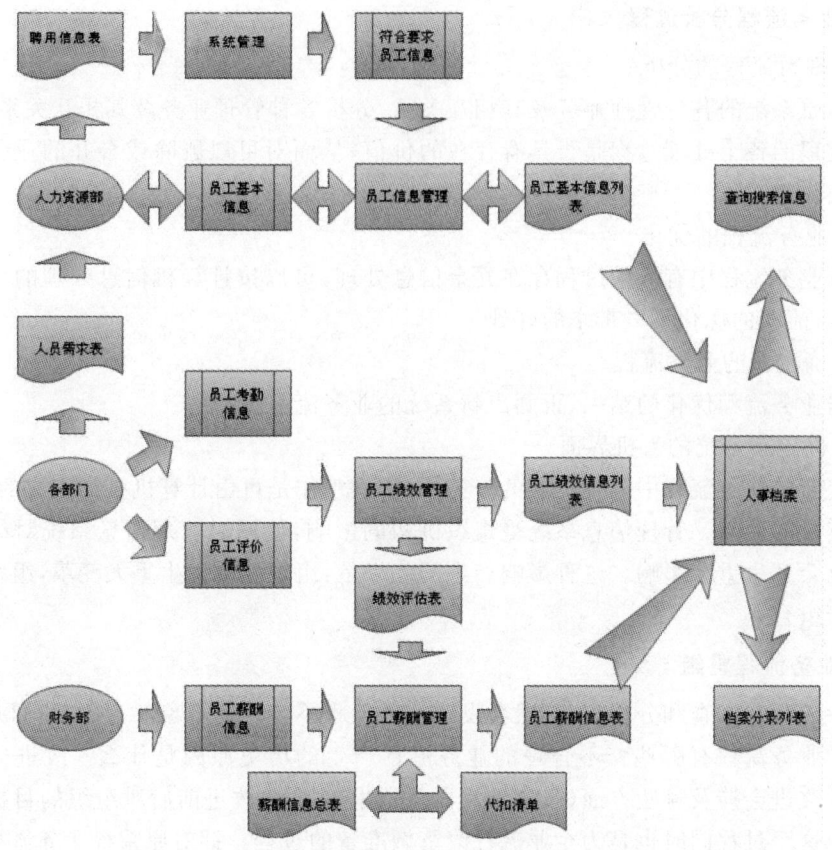

图 6-7 人事管理信息系统业务流程总图

系统绩效管理业务流程图是对员工考勤和员工评估信息的管理工作描述,具体业务流程图如图 6-8 所示。

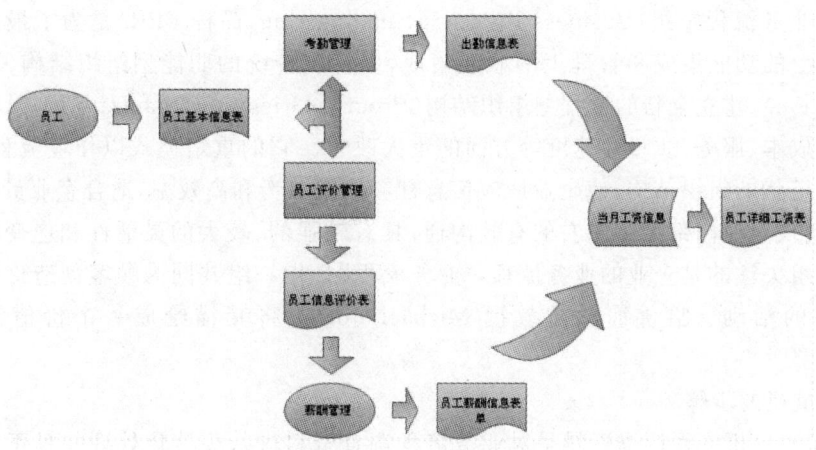

图 6-8 系统绩效管理业务流程图

3. 业务流程分析过程

(1) 现行流程的分析

描述原系统的各种管理业务及其相互关系,分析各种管理业务及其相互关系,分析原有业务流程的各个处理过程是否具有存在的价值,从而对可以删除或合并的业务流程进行优化或改进。

(2) 业务流程的优化

现行业务流程中有哪些过程存在冗余信息处理,可以按计算机信息处理的要求进行优化,分析流程的优化可以带来的好处。

(3) 确定新的业务流程

根据业务流程优化的结果,再画出新系统的业务流程图。

(4) 确定新系统的人机界面

确定新的业务流程中人与机器的分工,即哪些工作是可由计算机自动完成的,哪些工作必须有人的参与。管理信息系统受组织机构的影响,但同时管理信息系统对组织结构和功能也会产生重大影响。这种影响产生的结果是:组织结构发生重大变革,组织的功能出现重新组合。

4. 业务流程重组

在业务流程调查和分析中,必然会发现业务流程不合理的现象。为此,我们必须明确不合理的业务流程有哪些?不合理的业务流程产生的历史原因是什么?改进措施有哪些?以及改进会涉及哪些方面(包括涉及面及技术支持)?改进前后对组织的目标的影响有多大?这个过程同时也是为企业流程改革做准备的过程。针对原系统业务流程图和需求调查,对原系统业务流程进行修改,使之更加合理和优化,就必须进行业务流程重组。这里主要讨论业务流程重组的目标和步骤。

(1) 重组的目标

实行业务流程重组(Business Process Reengineering,简称 BPR)是为了最大限度地实现技术上的功能集成和管理上的职能集成,以打破传统的职能型组织结构(Function-Organization),建立全新的过程型组织结构(Process-Oriented Organization),从而实现企业经营在成本、服务、质量和速度等方面的重大改善。它的重组模式以作业流程为中心,打破金字塔状的组织结构,使企业适应信息社会的快节奏和高效率,适合企业员工参与企业管理,实现企业内部上下左右的有效沟通,具有较强的、较大的灵活性和应变能力。业务流程重组关注的是企业的业务流程,"业务流程"是指一组共同为顾客创造价值而且又相互关联的活动。哈佛商学院教授 Michael Porter 将其描绘成一个价值链(Value Chain)。

(2) 重组的步骤

① 深入分析流程调查资料是对业务流程调查资料进行规范化处理并且正确绘制各层次的业务流程图,在 TFD 基础上,结合内外环境对业务流程进行初步分析、概括和诊断。

② 找出现行系统业务流程中存在的所有问题,且对每项提出可行的解决办法。这是

在第①步的基础上找问题,并对每项进行研究。

③ 对找出的问题进行逐项分析研究,提出新系统业务流程的改进模式和改进要点,形成流程改进报告。

④ 根据现行 TFD 和改进要点,绘制新系统的 TFD,也就是改进后的业务流程。

⑤ 在新的 TFD 的基础上,制订流程重组计划并对计划进行评审。

⑥ 对提出的流程重组实施计划进行可行性分析。

(3) 重组的原则

① 组织结构以产出为中心,而不是以任务为中心。

② 让需要得到流程产出的人自己执行流程。

③ 将信息处理工作纳入产生这些信息的实际工作中。

④ 将各地分散的资源视为一体。

⑤ 将并行工作都联系起来,而不是仅仅联系它们的产出。

⑥ 使决策点位于工作执行的地方,在业务流程中建立控制程序。

⑦ 从信息来源地一次性地获取信息。

第四节 数据流程调查分析

管理业务流程图虽然形象地表达了管理中信息的流动、存储过程,但仍没有完全脱离物质要素。为了更好地使用计算机进行信息管理,必须舍去物质要素,收集有关资料,绘制系统的数据流程图,为进一步分析做好准备。

一、数据流程调查分析

在业务流程调查过程中绘制的业务流程图虽然形象地表达了管理中的时间次序、控制关系,但仍没有完全脱离物质要素,如组织结构、物质、人员、材料等。为了用计算机进行信息管理,就必须进一步舍去物质要素,单从数据流动过程(指数据在系统中产生、传输、使用、加工处理、存储的过程)来考察实际业务的数据处理模式。

1. 数据流程调查

① 弄清楚各环节的处理方法和计算方法,通过数据流程调查可以绘制出现行系统的数据流程图。

② 收集现行系统全部输入、输出单据(如入库单、凭证、收据和输出报表等)和数据存储介质(如清单、账本)的典型格式。

③ 在上述各种单据的典型样品上或用附页注明制作单位、存放地点、报送单位、发生频度(如每月制作几张)、发生的高峰时间及发生量等基础统计数据,并注明各项数据的类型(字符、数字)、长度、取值范围(指最大值和最小值)。

2. 数据流程分析

数据流程分析是把数据在组织（或原系统）内部的流动情况抽象地独立出来，舍去具体组织机构、信息载体、处理工作、材料、物资等，单从数据流动过程来考察实际业务的数据处理模式。

数据流程分析的目的是要发现和解决数据流通（包括信息的流动、处理、传递、存储等）中的问题。这些问题可能包括数据流程不畅、前后数据不匹配或数据处理过程不合理等。问题产生的原因：有的是属于原系统管理混乱，数据处理流程本身有问题；也有的可能是我们调查了解数据流程的过程有误或作图有误。通过数据流程分析，我们可以发现这些问题并解决这些问题，最终得到一个通畅的数据流程。通畅的数据流程是新系统得以顺利开发、使用的基础。

二、数据流程图

1. 数据流程图的基本内容

数据流程图（Data Flow Diagram，简称 DFD）是一种能全面地描述信息系统逻辑模型的主要工具，它可以用少数几种符号综合地反映出信息在系统中的流动、处理和存储情况。数据流程图具有抽象性和概括性。抽象性是指在数据流程图中具体的组织机构、工作场所、人员、物质流等都已去掉，只剩下数据的存储、流动、加工、使用的情况。概括性是指把各种业务的处理过程联系起来考虑，形成一个整体。绘制数据流程图的基本目的就是把它当作交流信息的工具。系统分析人员把他对现有系统的认识以及对目标系统的设想利用数据流程图的形式描绘出来，并提供给有关人员审查。数据流程图有两种典型的结构：变换型（Transform）结构和事务型（Trasaction）结构。因为数据流程图中使用的几种符号不包含任何物理实现的细节，所以绝大多数没有经过培训的用户也可以理解和评价它。

数据流程图用到四个基本符号，即外部实体、数据流、处理过程和数据存储。基本符号如图 6-9（a）所示。而数据流程图与数据字典、数据结构规范分析、处理逻辑的表达（判定表、决策树和结构化语言表示法）几个主要结构化分析工具的关系则如图 6-9（b）所示。

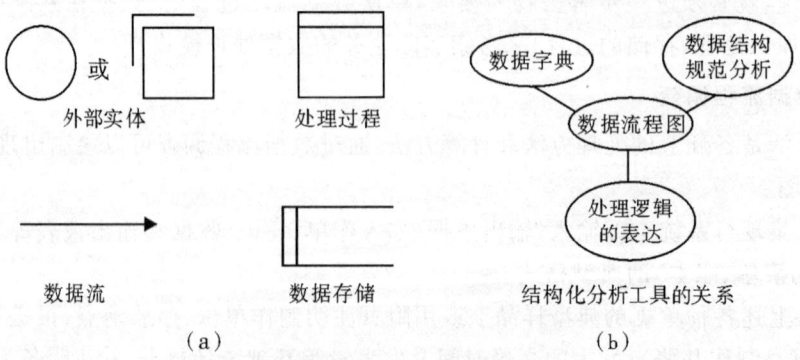

图 6-9 数据流程图基本符号

(1) 外部实体(External Entity,用 E 来标识)

一般在圆圈内用文字注明外部实体的编码名称和属性,外部实体同时也可以是另外一个信息系统。外部实体是指本系统之外的人或单位,它们和本系统有信息传递关系。在绘制某一子系统的数据流程图时,凡是属于该子系统之外的人或单位,也都被视为外部实体。

在数据流程图中,为了减少线条的交叉,同一个外部实体可在一张数据流程图中多次出现,这时在该外部实体符号的右下角画小斜线,表示重复。如果重复的外部实体有多个,那么相同的外部实体画数目相同的小斜线。

(2) 处理过程(Process,用 P 来标识)

处理过程是指对数据的逻辑处理,也就是数据的变换,也被称为数据处理或处理逻辑,一般用长方形或在长方形中加一条分隔线来表示处理,分隔线上部填写该处理的编号,分隔线下部填写该处理的名称(一般用一个动词加一个动词宾语的名词来表示,如登记合同、统计报表等)。处理过程其实是一个对输入数据流进行加工、变换和输出数据流的逻辑处理过程。

(3) 数据流(Data Flow,用 F 来标识)

数据流是指处理功能的输入或输出,用一个垂直箭头或水平箭头表示。数据流可以是票据、信件,也可以是电话等。箭头指出数据的流动方向,它可以是一项数据,也可以是一组数据(扣款文件、订货单等),数据流实际意味着各种各样的信息传输,如数据的抽取、传递和存入等。对数据流的描述写在箭头的上方,一些含义十分明确的数据流可以不加说明。

(4) 数据存储(Data Store,用 D 来标识)

数据存储表示有数据保存的部分,用一个右边开口的长方形来表示,在图形的左边填入该数据存储的标志,为了区别和引用方便再加一个标识,由字母 D 和数字组成。在右边填写上数据存储文件的名称。数据存储是指通过数据文件、文件夹、账本等存储数据。

2. 数据流程图的绘制

绘制数据流程图的过程同时也是与已经调查的数据和数据流程反复对照的过程。在这个过程中,能够发现处理过程不合理,数据不匹配、不流畅等问题。因为实际数据处理过程常常比较繁杂,所以数据流程图的绘制应按照系统的观点,即"自顶向下,分层展开"的方法进行,也就是先将比较繁杂的处理过程当成一个整体处理块来看待,然后绘制出这个整体块与周围实体的数据联系过程,即一个粗略的数据流程图(顶层数据流程图),然后逐层向下分析,直到把系统分解为详细、低层次的数据流程图,如图 6-10 所示。

绘制数据流程图一般由左至右进行,先左侧开始标出外部实体,然后画出由外部实体产生的数据流,接着是处理逻辑、数据流、数据存储等元素及其相互关系,最后在流程图的右侧画出接收信息的系统外部实体。

(1) 顶层(又称 0 层)数据流程图的绘制

顶层数据流程图是根据系统的目标、范围和用户的需求,把整个系统看成一个整体,视系统为一个总的数据处理模块,并指明其与有关外部实体之间的信息交换关系,无需考虑内部的存储、处理和信息流动等细节问题。顶层数据的流程图只有一张。图 6-11 是某旅游网站处理系统的顶层数据流程图，由图可知只有游客、公司业务部门和信息处理系统三个外部实体。

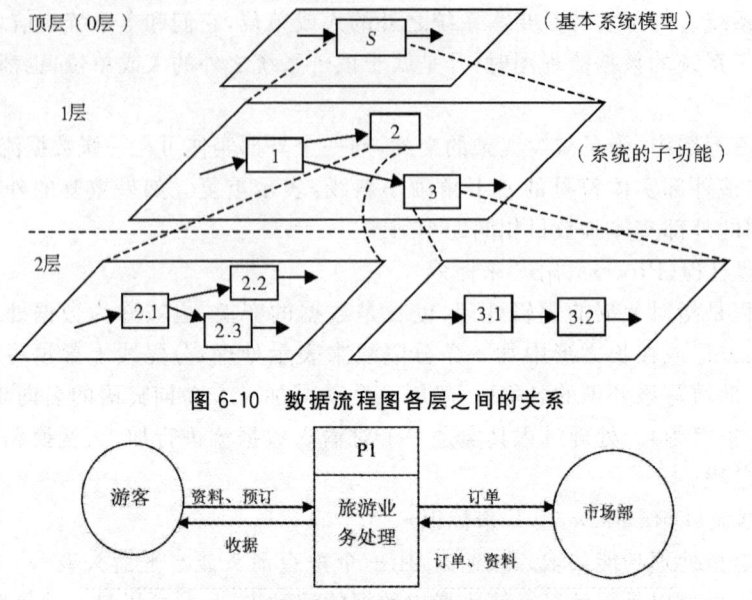

图 6-10　数据流程图各层之间的关系

图 6-11　旅游网站顶层数据流程图

（2）中层数据流程图的绘制

中层数据流程图是对顶层数据流程图的模块功能的分解，在本层数据流程图中增加了数据存储的流程图标识。因为数据存储增加的标准是只增加模块（子系统）间共用的数据存储，所以它仅存在于功能模块的接口处。图 6-12 是该旅游网站处理系统的中层数据流程图，顶层中的"业务处理"被分解成 P1、P2 和 P3 三个处理模块（子系统），而且增加了 D1 和 D2 两个共用的数据存储。

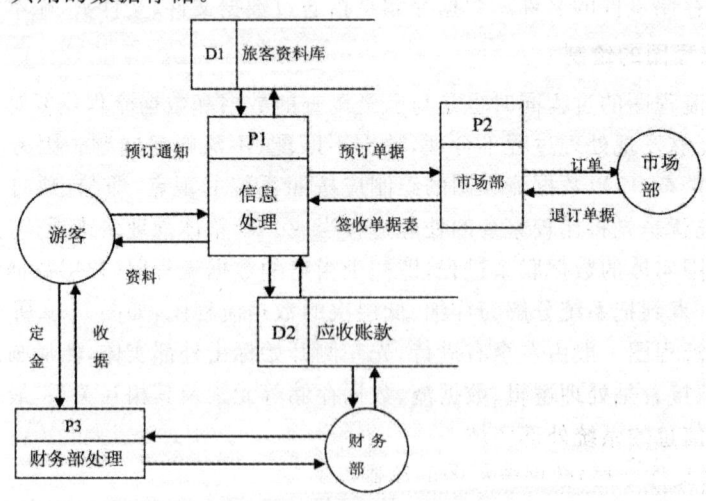

图 6-12　旅游网站中层数据流程图

(3) 底层数据流程图的绘制

底层数据流程图是对中层数据流程图更进一步的分解,是研究子系统内部的数据存储、数据处理、信息流动与交换的各种数据流向。一般情况下,中层中的每一个子系统在底层应该分别绘制,即每个子系统再形成一个数据流程图。图 6-13 为账务处理系统的一个底层数据流程图,是对图 6-12 中 P3 的分解。对于 P2 和 P3 的底层数据流程图,请读者自己绘制。

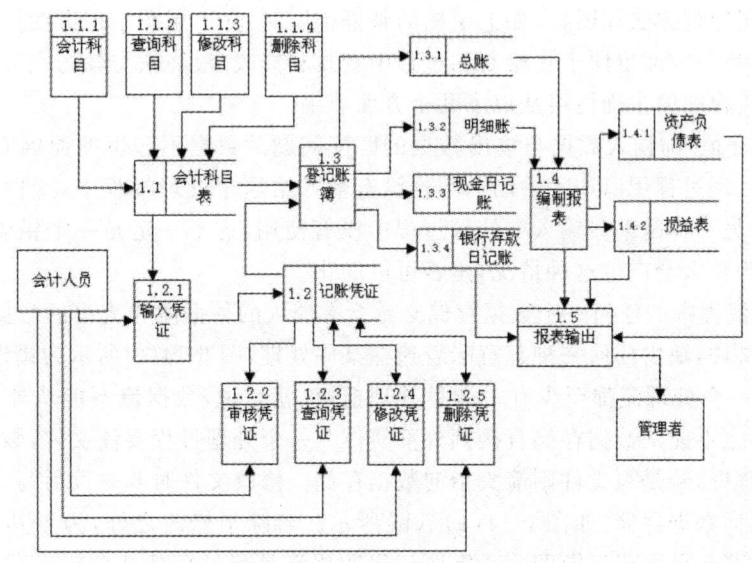

图 6-13　账务处理系统底层数据流程图

对于大型的管理信息系统来说,在绘制底层数据流程图的时候,由于功能复杂,这一层的划分可能不是最终的。但是需要划分的层数应该依据实际情况而定,一般应分解到在一个底层的加工处理内部不再有数据流为止。所以,某些大型复杂的系统在进行数据流程绘制的时候,有时会分至七八层之多。

3. 绘制数据流程图的注意事项

在系统分析中,数据流程图是系统分析员和用户交流思想的工具。数据流程图的层次性强,适用于对不同管理层次的业务人员进行业务调查。在调查过程中,随手就可以记录有关情况,随时可以与业务人员讨论,补充不足的地方,纠正有出入的地方。在草图的基础上,系统分析员应该对图的分解、布局进行适当调整,画出正式图,使之可读性更好,更为清晰。

(1) 关于层次的划分

逐层扩展的数据流程图是把父图中某些处理框加以分解,子图始终是父图中某个处理框的"放大"。这样逐层扩展的目的是把一个复杂的功能逐步分解为若干较为简单的功能。所以,凡是与这个处理框有关系的外部实体、数据存储数据流必须在下层图中反映出来。但是逐层扩展并不是肢解和蚕食,使系统失去原来的面貌,而应保持系统的一致性和完整性。

子图上用虚线长方框表示所放大的处理框,属于这个处理内部用到的数据存储画在虚线框内,属于其他框也要用到的数据存储则跨在虚线框上或画在虚线框之外。流入或流出虚线框的数据流若在父图中没有出现,则在与虚线交叉处用"X"来表示。最下层的处理过程用几句话,或一张简单的 HIPO 图,或者用几张判定表能表达清楚。若用计算机处理,一般不会超过 100 个程序语句。逐层扩展过程应保持系统的一致性、完整性和原来的面貌。一个处理框经过展开,一般以分解为四个或十个处理框为宜。

(2) 检查数据流程图的正确性

规范分层处理方法和图标(如上层图的某框扩展时,在下层图中用虚线框表示),一方面便于识别,另一方面也便于在绘制的过程中查找和修改,最终获得较为完美的图纸。通常检查数据流程图的正确性可从以下几个方面着手。

① 数据守恒,即输入数据与输出数据的匹配问题。数据不守恒的原因有两种情况:一种是某个处理过程用以产生输出的数据没有输入给这个处理过程中,这肯定是遗漏了某些数据流;另一种是某些输入在处理过程中没有使用,这不一定是一个错误,但是值得再研究一下为什么会产生这种情况,是否可以简化。

② 数据流程中的任何一个数据存储必定会有流入的数据流和流出的数据流,也就是写文件和读文件,缺少任何一种都意味着遗漏某些处理,图 6-14(c)所示为错误范例。

③ 任何一个处理流都至少有一端是处理框,也就是说,数据流不能从外部实体直接到数据存储,也不能从数据存储直接到外部实体。一个处理过程要读文件,数据流的箭头应该指向处理框,若是写文件则箭头指向数据存储。修改文件时要先读后写,但本质上是写,箭头也指向数据存储,如图 6-14(a)、(b)所示。若除了修改之外,为了其他目的还要读文件,此时箭头要画成双向的。一定要记得数据流是指处理功能的输入或输出。初学者往往容易违反这一规定,常常在数据存储和外部实体之间画数据流。

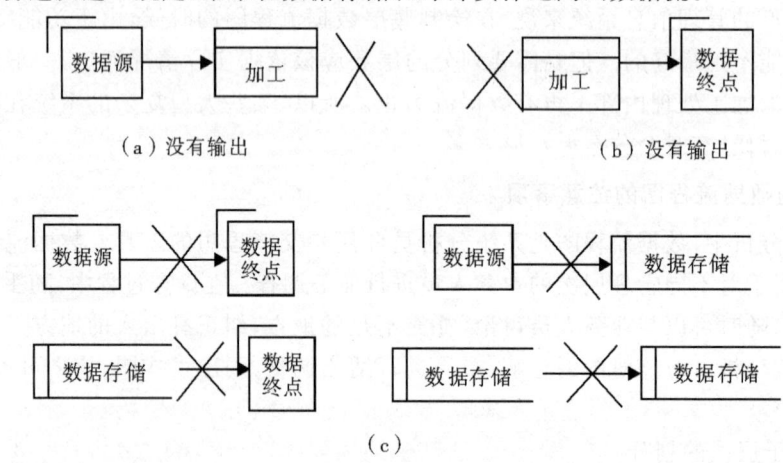

图 6-14 数据流程图中所能出现的错误

④ 父图与子图的平衡是指父图中某处理框的输入、输出数据流必须出现在相应的子图中,否则就会出现父图与子图的不平衡。因此,特别应注意检索父图和子图的平衡,尤其是对下层进行某些修改之后。

(3) 提高数据流程图的易理解性

可以从以下几个方面提高数据流程图的易理解性。

① 简化处理间的联系。合理分解是指将一个复杂的问题分成相对独立的几个部分,每个部分可以单独理解。在数据流程图中,处理框间数据流越少,各个处理就越独立,所以要尽量减少处理框间输入、输出数据流的数量。

② 数据流至少要有一端连接处理框。数据流并不能直接从外部实体传送到数据存储,也不能从数据存储直接传送到外部实体。

③ 数据存储的输入和输出数据流相协调。数据存储必定有输入数据流与输出数据流,当箭头方向指向存储符号时表示"入",反之则表示"出"。不过在底层数据流程图中,有时也会出现单方向的数据流。

④ 适当命名。处理框、数据存储、数据流也应适当命名并准确编号,尽量避免产生错觉,减少设计和编程等阶段的错误。

⑤ 均匀分解。不均匀的分解不容易被理解,因为其中某些部分描述的是细节,而其他部分描述的则是较高层的功能。遇到这种情况,应该重新考虑分解,努力避免特别不均匀的分解。

⑥ 数据流程图也要常常重新分解。例如,画到某一层时意识到上一层或上几层所犯的错误,这时就需要对它们进行重新分解。重新分解可以按下述方法进行。

a. 把要重新分解的某张图的所有子图拼成一张图。
b. 把图分成几部分,使各部分间的联系最少。
c. 重新建立父图,也就是把第 b 步所得的每一部分划归成一个处理框。
d. 重新画子图,只要把第 b 步所得的图沿各部分边界分开即可。
e. 为所有处理框重新命名及编号。

(4) 父图和子图之间的平衡

子图是对父图中处理逻辑进行的详细描述,因此父图中数据的输入和输出必须在子图中得到反映,即父图与子图必须平衡。父图和子图的平衡要求是数据流守恒原则的体现,即对每一个数据处理功能来说,要保证分解前后的输入数据流和输出数据流保持不变。

【案例】

父图与子图平衡应用

在数据流程图中,父图包含四个处理,如图 6-15(a)所示,父图中处理 3 和处理 4 又分解成更为详尽的图 6-15(b)和图 6-15(c)。父图中处理 3 有一个输入数据流和两个输出数据流,而在图 6-15(b)中同样有一个外部输入和两个对外输出数据流,这说明父图与子图是平衡的。与父图中处理 4 相比,图 6-15(c)不仅增加了外部输入数据流 K,减少了外部输入数据流 D,还额外增加了对外输出数据流 L,父图 6-15(a)与子图 6-15(c)之间不平衡,所以处理 4 分解的子图 6-15(c)是错误的。

父图与子图的平衡还要根据对数据流的定义来判断。如图 6-15(d)所示,若父图处理 2 的输入数据流"考生信息"是由考生姓名、准考证号、考试成绩、通讯地址组成的,则图

6-15(d)中的父图和子图两者是平衡的,否则会出现不平衡。

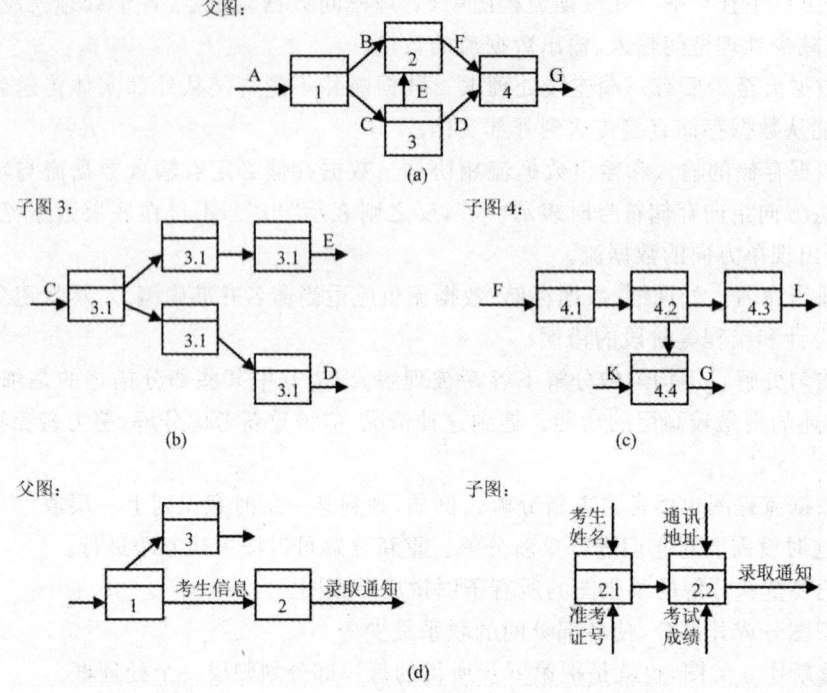

图 6-15 父图与子图平衡的案例

数据流程图的绘制有助于系统分析员更好地进行数据流程分析。对数据流程图的更为详尽的解释可借助于数据字典;对数据流程图中的数据存储,可做进一步的数据分析,绘制出 ER 图,为系统设计做准备;对数据流程图中较为复杂的处理过程,可用适当的处理逻辑分析工具进行解释说明,并向程序设计过渡。

4. 数据流程图与业务流程图的关系

业务流程图主要描述的是业务走向,而数据流程图则是描述数据的走向。比如说"看病"这一过程,用业务流程图来描述就是病人挂号,其次再到医生那里看病并开药,再到药房领药,最后回家;而用数据流程图描述则是病人挂号系统需要的表格,以及数据如何存储,医生看病时用到哪些表格,数据又是如何存储的,等等。业务流程图以业务处理过程为中心,描述的是完整的业务流程,一般没有数据的概念;数据流程图描述的则是处理和数据,不强调流程的先后,以处理、数据流和数据存储为核心。

从业务流程图到数据流程图是抽象的过程,主要是抽象出业务流程图中的工作人员的管理工作。因此,数据流程图是在业务流程图的基础上形成的。实现由业务流程图到数据流程图有以下几个步骤。

① 区别内、外,指出外部实体,需保持与业务流程图中的一致。
② 抽象内部人员的管理工作,并全面地分析。
③ 分析数据的属性是属于流动性的,还是存储性的。

第五节　数据字典及其他逻辑处理方法

一、数据分析

数据分析是后期数据处理的前提和关键,错误的分析会导致后期工作的全面失败。数据分析的基本工作是对收集上来的数据"原材料"处理、加工和挖掘,将其中不能用作系统设计依据的数据剔除,最终要把这些原材料加工成系统设计可用的资料。数据特征分析是下一步设计工作的准备工作。特征分析包括数据的类型以及长度、取值范围的设定,数据业务范围以及业务量,数据的重要程度和保密程度等几方面内容。

数据分析应从以下几个方面进行。

（1）围绕系统目标进行分析

为了满足正常的信息处理业务,要考虑需要用哪些信息,哪些信息是重复的,哪些信息是目前暂缺并有待于进一步收集的。为了满足科学管理的需要,应该分析信息的精确性,能否满足管理的需要;信息的及时性,能否满足对生产过程及时进行处理的需求;一些定量化的分析(如预测、控制等),能否提供信息支持等。PIECES 方法是一种效果显著的进行问题识别和分类的方法,可以用于确认组织中存在的问题和机会,解决以上问题。PIECES 的含义如下：

P(Performance)：表示系统的性能；
I(Information)：表示信息的质量和改变信息的处理方式；
E(Economics)：表示组织的成本、效益等经济状况；
C(Control)：表示信息系统的安全和控制水平；
E(Efficiency)：表示组织的人、财、物等使用效率；
S(Service)：表示组织对客户、供应商、合作伙伴等的服务质量评价。

PIECES 框架内容如表 6-2 所示。根据组织现有信息系统的当前情况,按照 PIECES 方法逐个回答问题。通过对这些问题进行分析,找到当前系统存在的问题、机会以及新系统应该达到的目标。

（2）弄清信息源周围的环境

对数据进行分析,首先就必须分清这些信息是从现行组织中的哪个部门得到的,目前用途如何,受周围什么环境因素影响较大(受具体人工的计算方法因素,或是受检测手段的因素,拟或受外界条件影响变化等),它的上一级和下一级的信息结构是什么,等等。

（3）对旧有业务流程进行分析

分析现有报表的数据全面性及是否能满足管理的需要,是否能正确反映业务流程。还需要分析现存的业务流程中的弊端,需要做的改进,以及对信息的收集、加工、处理的新要求等。根据业务流程,删除冗余信息,并划分信息的保存等级。

表 6-2 PIECES 框架主要内容及描述

类别		内容描述
性能		吞吐量,表示单位时间内处理的工作量
		响应时间,完成一项业务或请求所耗费的平均时间
信息和数据	输出	缺乏任何信息
		缺乏必要的信息
		缺乏有关的信息
		信息过多,即信息过载
		信息的表格不符合要求
		信息是不准确的
		信息是很难产生的
		信息的产生不是实时的,太慢了
	输入	数据是无法捕捉的
		数据是无法及时捕捉的
		捕捉到的数据是不准确的
		数据的捕捉是非常困难的
		捕捉到的数据是冗余的
		捕捉到的数据太多了
		捕捉到的数据是非法的
	已存储的数据	已存储的数据
		一个数据在多个文件或数据库中存储
		已存储的数据是不准确的
		已存储的数据是不安全的,容易遭到无意或恶意的破坏
		已存储的数据的组织方式是不合适的
		已存储的数据是不灵活的,即不容易满足新信息需求
		已存储的数据是不可访问的
经济	成本	成本是未知数
		成本是不可追踪的
		成本过高
	收益	新的市场需求已经形成
		当前的市场营销方式已经改进了
		订单数量提高了

续 表

安全和控制	安全机制或控制手段太少	输入的数据是不完整的
		数据很容易受到攻击
		数据或信息可以轻而易举地被未授权的人使用
		数据之间是不一致的
		无法保护数据隐私
		出现了错误的处理方式
		出现了决策错误
	安全控制手段太多	复杂的官僚体制降低了系统处理的速度
		控制客户或雇员访问系统的方法很不方便
		过多的控制引起了处理速度的迟缓
效率	人或机器浪费时间	数据被重复输入或复制
		数据被重复处理
		信息被重复生成
	人、机器或计算机浪费了物料	
	为了完成任务所付出的努力是多余的	
	为了完成任务所需要的物料是多余的	
服务	当前系统生成的结果是不准确的	
	当前系统生成的结果与数据是不一致的	
	当前数据生成的结果是不可靠的	
	学习当前系统是非常困难的	
	使用当前系统是非常困难的	
	对于新的情况,当前系统无法处理	
	当前系统与其他系统是不兼容的	
	修改当前系统生成是困难的	
	当前系统与其他系统是不协调的	

二、数据字典

1. 数据字典概述

数据字典(Data Dictionary,简称 DD)是对数据流程图中的数据项、数据流、处理逻辑、数据结构、数据存储和外部实体进行定义和描述的工具,也是数据分析、管理工具,同时也是系统设计阶段进行数据库设计的重要依据。数据字典最初应用于数据库管理系统,它为数据库用户、数据库管理员、系统分析员、程序员提供某些数据项的综合信息。数据字典的建立有两种方式：手工方式生成和计算机方式生成。手工方式是将各类条目按要求写在卡片上或者纸上，分类建立一览表，多应用于较小的系统。计算机方式是在手工方式的基础上，将各条目整理并存储在计算机中，由软件进行管理，相当于是关于数据的数据库。配以数据字典的数据流程图就可以从图形、文字两个方面对系统的逻辑模型进行完整的描述。

系统分析中所使用的数据字典主要用来描述数据流程图中的数据流、数据存储、处理过程和外部实体。数据字典把数据的最小组成单位看成是数据元素（也就是基本数据项），若干个数据元素便可以组成一个数据结构（组合数据项）。数据结构是一个递归概念，即数据结构的成分也可以是数据结构。数据字典通过数据元素、数据结构来描写数据流、数据存储的属性。

建立数据字典的工作量非常大，相当繁琐，但这是一项必不可少的工作。数据字典在系统开发中具有非常重要的意义，不仅在系统分析阶段，甚至在整个研制过程中以及今后系统运行中都要使用它。

2. 数据字典的基本属性

在整个系统开发过程以及系统运行后的维护阶段，数据字典都是必不可少的工具。数据字典是所有人员的工作依据、统一的标准，它可以确保数据在系统中的一致性和完整性。具体来讲，数据字典有以下作用。

（1）梳理逻辑，查缺补漏

可以根据数据字典，把所有数据元素、数据流、数据存储、数据结构、处理逻辑和外部实体按一定的顺序全部列出，保证系统设计时不会遗漏。若系统分析员要对某个数据存储的结构进行深入分析，或是了解数据结构的组成乃至每个数据元素的属性，数据字典也可以提供相应的内容。

（2）相互参照，便于修改

依据顶层数据流程图，建立相应的数据字典。在系统开发过程中，常会发现原来的数据流程图及各种数据定义中有错误或遗漏，需要修改或者补充。借助数据字典，这种修改就会变得容易多了。

（3）统一命名，建立索引

在一个稍微复杂的系统中，系统分析员无法把握、断定某个数据项在数据字典中是否已经定义，或者记不清楚其确切名字时，便可以在数据字典中查找其名称，就像用网络搜索一样便利。

（4）一致检验，完整检验

根据各类条目的规范格式要求，可以从以下几个方面查找问题。

① 是否存在没有指明来源或者去向的数据流。
② 是否存在没有指明数据存储或者所属数据流的数据项。
③ 处理逻辑及输入的数据元素之间是否匹配。
④ 是否存在没有输入或者输出的数据存储。

为了保证数据的一致性，数据字典必须由专门人员（数据管理员）管理。其职责就是管理和维护数据字典，保证数据字典内容的完整和一致。任何人，包括系统分析员、系统设计员、程序员,若需要修改数据字典的内容,都必须经由数据管理员。同时,数据管理员有义务把数据字典的最新版本及时通知和发放给相关人员。

3. 数据字典的基本概念

数据流程图虽说是从数据流向的角度说明系统的组成以及各组成部分之间的相互关系,但是仅用它来具体地说明系统的各个组成部分和各数据流程的内容还是不够的。因此,还需要用数据字典来详细地定义和说明数据流程图中各组成部分的内容。

数据字典中有六个基本概念:数据项、数据结构、数据流、处理逻辑、数据存储和外部实体。不同类型的条目有不同的属性需要描述,现分别说明如下。

(1) 数据项

数据项又称为数据元素,是数据的最小单位,是系统中不可再分解的数据单元,是数据流和数据存储的基本组成元素(如学号、姓名等)。数据的特性有静态、动态两个方面,在数据字典中,仅定义数据的静态特性,如下所示属性。

① 数据项的名称、别名、编号和类型说明。

② 数据项的长度。

③ 数据项的取值范围和取值含义(指数据元素可能取什么值或每一个值代表的什么意思)。

④ 其他有关的数据结构等。

若一个数据项需要在多个数据结构中出现,则只需要填写一张卡片,以保持数据定义的一致性。例如:

数据项编号:X02-01。

数据项名称:学号。

类型说明:学生入学后唯一的代码。

类型及长度:字符型,8位。

取值范围:20130001-20139999。

(2) 数据结构

数据结构用于描述数据项之间的关系,可由若干数据项、数据结构或数据项、数据结构组成。一个数据结构可由若干个数据元素组成,也可由若干数据项和已经定义过的若干数据结构共同组成。在数据字典中,数据结构条目包括以下内容。

① 数据结构的名称、编号。

② 简述(简单说明数据结构的信息)。

③ 数据结构的组成。

(3) 数据流

数据流可以来自某个外部实体、数据存储或者某个处理。数据流由一个或一组固定的数据项组成,描述数据项或者数据结构在系统中的传输路径。数据流是数据流动情况的说明,是处理逻辑的输入及输出。某些数据流的去处可能不止一个,如有多个去处,则要逐一说明。数据流条目包括数据流编号、名称、简述、数据流的来源、去向、数据流组成及流量,数据流的流通量和高峰时的流通量等内容。例如:

数据流编号:F04-09。

数据流名称:转专业单。

简述:学生在校期间转专业的表格。

数据流的来源:学籍科/教务处。

数据流的去向:登记存档。

数据流组成:日期＋所在院系＋专业编号＋专业名称＋转专业学生数量＋院系负责人＋审批人＋转入院系＋转入专业。

数据流量:10份/小时。

(4) 处理逻辑

处理逻辑是指对数据流程图中最底层的加工处理的定义。处理逻辑条目包括处理框编号、输入和输出的数据流、名称和功能的简要说明及来源和去向，以及处理过程的简单描述等。

(5) 数据存储

数据存储是指数据暂时或者永久保存的地方。数据存储是数据的逻辑存储结构，主要描写该数据存储的结构及有关的数据流和查询要求。在数据字典中，一般只对数据存储从逻辑上进行描述，不涉及具体的物理设计、组织方式。数据流程图是分层的，下层图是上层图的具体化。同一个数据存储可能会在不同层次的图中出现。描述这样的数据存储，应列出最底层图中的数据流。数据存储条目包括数据存储编号、数据存储名称、简述、组成、关键字等。例如:

数据存储编号:D2。

数据存储名称:学生库。

简述:学生的学号、姓名等信息。

组成:学号＋班级代码＋班级名称＋姓名＋性别＋出生年月＋籍贯＋家庭住址＋家庭情况＋家庭电话＋备注。

关键字:学号。

(6) 外部实体

外部实体是指信息系统数据的来源或去向。数据字典中关于外部实体的定义主要说明外部实体产生的数据流及传给外部实体的数据流，以及该外部实体的数量等。外部实体的数量对于估计本系统的业务量有着参考作用，尤其是关系密切的主要外部实体。其条目包括外部实体编号、名称，输出的数据流等。例如:

外部实体编号:S3。

外部实体名称:教师。

输出的数据流:学生成绩单。

建立数据字典的工作量很大，而且很繁琐，但这是一项必不可少的工作，从系统分析到系统设计、系统实施都离不开数据字典，可见数据字典在系统开发中具有重要的作用。

三、其他逻辑处理方法

为了把复杂的处理功能表达清楚，就需要采用一些可以描述复杂处理逻辑的工具对其进行详细描述,主要包括判定表、决策树、结构化语言表示法等。底层数据流程图详细地表达了系统的全部逻辑功能,其中的处理逻辑更是一些无法再分解的基本处理。

在系统分析和程序设计过程中,经常使用一些特有的工具,比如判定表、决策树、结构化语言表示法、层次方框图、Warnier 图和 IPO 图等。下面将对这些基本处理方法进行简单的说明。

1. 判定表

判定表(Decision Table)又称决策表和判断表,是一个显示条件和行动语句的矩阵。一些条件较多、在每个条件下取值也较多的判定问题,如果仅用文字表达这种多元的逻辑关系,不仅十分繁琐,而且难以看清,采用判断表可以清晰地表达条件、决策规则、应采取的行动之间的逻辑关系,便于管理人员及系统分析人员对系统设计逻辑一目了然。我们通过下面这个案例说明判定表的应用与有关问题。

【例 6-3】 某学校规定在校期间,若累积出现 15 个学分的不及格课程则要给予警告处分,15 学分以上且在 25 学分以下则给予留级处分,大于 25 学分者进行劝退处分。在每学期,由系统自行判断学生不及格课程是否会在本学期开设,若有则在系统上自行提醒该考生,若无则不再提醒。表 6-3 所示为根据学生累积补考学分和本学期内开课情况综合处理学生的处罚方案的判定表。

表 6-3 处理学生不及格学分处罚方案的判定表

	决策规则号	1	2	3	4	5	6
条件	补考学分=15 个	Y	Y	N	N	N	N
	15 个＜补考学分≤25 个	N	N	Y	Y	N	N
	25 个＜补考学分	N	N	N	N	Y	N
	本学期开设课程是否是不及格课程	N	Y	N	Y		
应采取的对策	催考		×		×		
	警告	×	×				
	留级			×	×		
	劝退					×	
	正常升级						×

由上例可以看出,判定表能够既简洁而又无歧义地描述处理逻辑与规则,且不会遗漏某些可能的情况。只要各个条件的各种情况都列举出来,就可以用形式化的方法开始,并用形式化方法化简。当把判定表和其他工具(如卡诺图、布尔代数)结合起来使用时,可以对判定表进行校验或化简。但是,判定表不适于作为一种通用的设计工具,并没有一种简单的方法使它能同时清晰地表示顺序和重复等处理特性。

2. 决策树

决策树(Decision Tree)又称判定树,是判定表的变种,也能清晰地表示复杂的条件组合和应做动作之间的对应关系。决策树的优点是:形式简单到不需任何说明,易于掌握和使用。决策树其实就是用树形分叉图表示处理逻辑的一种工具,它由两部分组成,左侧用分叉来表示条件,右侧表示采取的行动(决策)。决策树比较直观,容易理解,但当条件多时却不容易清楚地表达出整个判别过程。处理学生不及格学分处罚方案的判定表对应的决策树如图 6-16 所示。

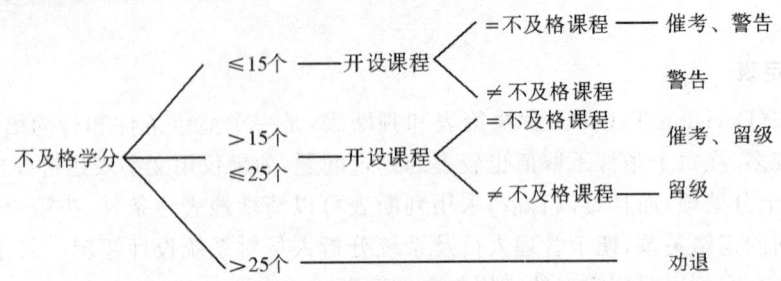

图 6-16 处理学生不及格学分处罚方案的决策树

但是决策树并不是最好的工具。当系统本身太复杂时,会存在许多组合条件和步骤的序列,结果系统的规模因为分支的数目太大、通过的路径太多而变得难以控制,对分析不但没有帮助,而且会使分析人员束手无策。

3. 结构化语言表示法

结构化语言表示法是一种用正文形式表示数据处理过程的设计工具,是受结构化程序设计思想启发而扩展出来的。一方面,结构化语言表示法具有严格的关键字外部语法,用于定义控制结构及数据结构。与自然语言的不同之处在于,它只有极其有限的词汇和语句。它经常使用由"THEN""IF""ELSE"等词组成的规范化的计算机语言来完成。另一方面,结构化语言表示法表示实际操作、条件的内部语法通常又是灵活自由的,可以适应各种工程项目的需要。

(1) 祈使语句

祈使语句指出要做什么事情,包括一个动词、一个宾语。动词指出要执行的功能,宾语表示动作的对象,如发补考通知、计算不及格学分。

(2) 判断语句

判断语句类似结构化程序设计中的判断结构。判断语句中的"如果""否则"要成对出现,主要为了避免多重判断嵌套时产生多义性。另外,书写时每层要对齐,便于阅读。

(3) 循环语句

循环语句表示在某种条件下,重复相同的动作,直到这个条件不成立为止。

前面案例用结构化语言表示如下:

```
    IF 补考学分＞15 个 and 补考学分≤25 个
        IF 不及格科目＝本学期开设科目
        THEN 催考 and 留级
        ELSE
            留级
    ELSE
        IF 补考学分≥25 个
```

```
            THEN 劝退
        ELSE
            IF 不及格科目=本学期开设科目
            THEN 催考 and 警告
            ELSE
                警告
```

结构化语言表示法作为一种设计工具有如下优点：可以作为注释直接插在源程序中间；可以使用普通的正文编辑程序或者文字处理系统，很方便地完成书写及编辑工作；已经有自动处理程序存在，而且可以自动生成程序代码。其缺点是不如图形工具那样形象直观，描述复杂的条件组合与动作间的对应关系时，不如判定表清晰简单。

4. 层次方框图

层次方框图用树形结构的一系列多层次的矩形框来描述数据的层次结构。树形结构的顶层代表的是完整的数据结构，下面逐步展开的各层矩形框代表这个数据的子集，最底层的矩形框则代表实际数据元素。图 6-17 是描述一家公司软件产品的层次方框图。

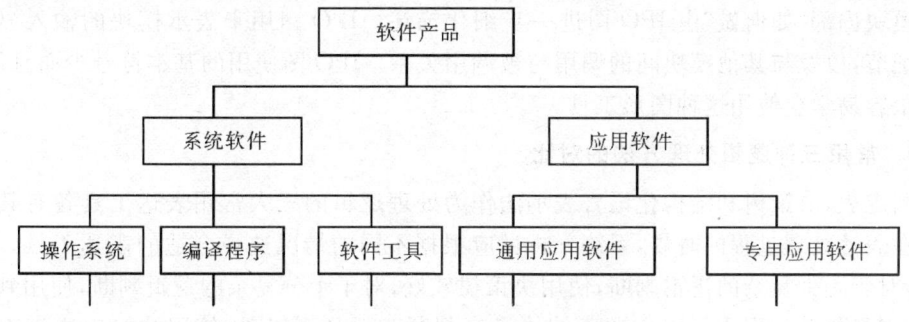

图 6-17 软件产品的层次方框图

5. Warnier 图

Warnier 图是由法国科学家 Warnier 所提出的表示信息层次结构的图形工具。Warnier 图其实也是用树形来描述信息的，但它提供了更为丰富的描绘手段。Warnier 图用符号"{"来区分数据结构的层次，在同一大括号下，自上而下是顺序排列的信息项，所有的信息项都属于同一类信息。符号"⊕"则是表示一类信息或一个数据元素在一定条件下才出现，符号上、下方的两个名字所代表的数据只能出现一个，不能同时出现。名字后面"()"内的数字是表示信息类或元素在这个数据结构中重复出现的次数。图 6-18 是 Warnier 图描述软件产品的例子。

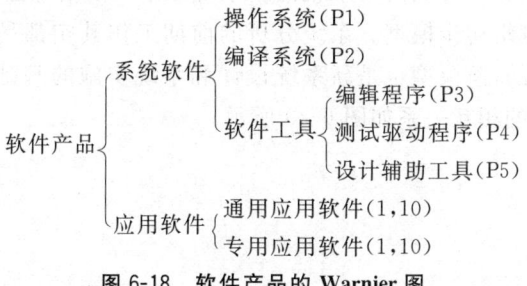

图 6-18 软件产品的 Warnier 图

6. IPO 图

IPO(INPUT-PROCESS-OUTPUT)图是输入/处理/输出图的简称,它是由美国 IBM 公司发展并逐步完善的一种图形工具,是对模块内部处理功能详细描述的工具,它具有输入、处理变换和输出的系统。它能够方便地描绘输入数据、数据的处理、输出数据之间的关系,如图 6-19 所示。

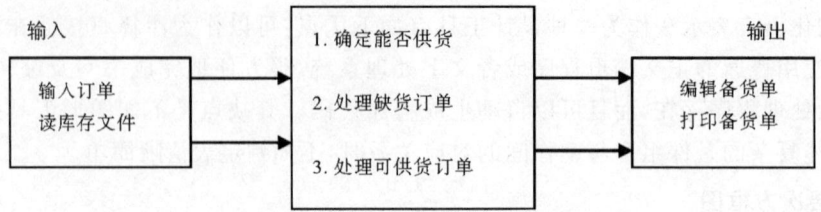

图 6-19 订单处理总 IPO 图

IPO 图主要关心的是模块的外部属性,即上下级模块、同级模块之间的数据传递及调用关系,不关心模块内部;它只关心"是什么"和"能够做什么",而不管它是"如何做的"。至于模块内部"如何做"由 IPO 图进一步细化描述。IPO 图用来表示模块的输入、处理、输出细节,以及与其他模块间的调用与被调用关系。IPO 图使用的基本符号少而且简单,因此很容易学会使用这种图形工具。

7. 常用三种逻辑处理方法的对比

判定表、决策树和结构化语言表示法作为处理逻辑的三大常用表达工具各有其优缺点。在表达处理过程的时候,系统分析员应根据不同的情况选择合适的表达工具。一般来说,对于不太复杂的逻辑判断,使用决策树较好;对于十分复杂的逻辑判断,使用判定表较好;如果处理过程中既包含顺序结构又有判断和循环逻辑时,使用结构化语言表示法较好。

第六节 新系统逻辑模型的建立

系统分析的重要任务之一是构造新系统的逻辑模型。它不仅是系统分析的重要成果,也是下一阶段系统设计的主要依据。在对原有系统进行了大量的翔实的调查,经过多次反复的分析和优化工作,得到的结果就是新系统拟采用的信息处理方案、具体业务的管理模型,是新系统的逻辑初步模型。系统分析的前期工作其实都是为最终进行新系统逻辑模型的建立做准备的,该模型也是新系统设计和系统实施的基础。系统分析阶段的具体图形工具及其之间的相互关系如图 6-20 所示。

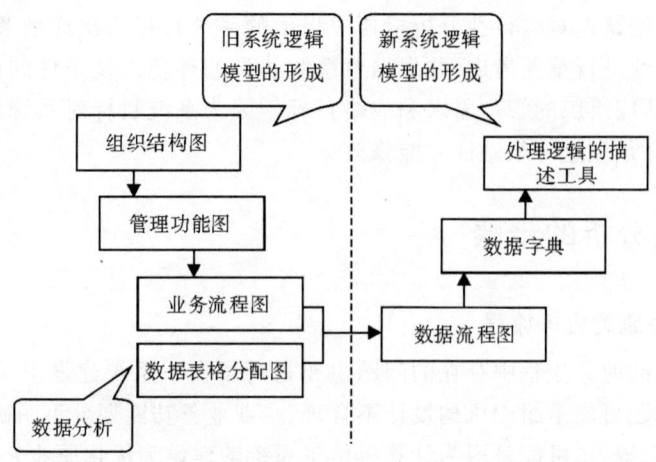

图 6-20　系统分析阶段的具体图形工具及其之间相互关系

新系统逻辑模型主要包括新系统的系统目标及边界、新系统业务处理流程、数据处理流程、新系统总体功能结构和子系统的划分及功能结构五方面内容。其中,业务处理流程、数据处理流程和子系统的划分及功能结构等已做介绍,下面着重介绍新系统目标分析及边界的确定、新系统的总体功能结构。

一、系统目标

通过对现系统的详细调查分析,已经对系统目标和功能等做过分析和研究,在新系统逻辑模型建立之前,必须确定较为明确、具体的系统目标。在对原有系统调查的基础上,分析并找出原系统业务流程及数据流程的不足,提出优化和改进的方法,给出新系统要采用的信息处理方案。

1. 系统的功能目标

系统的功能目标是指系统所能处理的特定业务以及完成这些处理业务的质量。设定系统分析目的是研究新系统的构成以及各子系统的数量变化关系。系统功能以系统为管理者提供的信息量和管理者对系统提供的信息程度、方式、内容的满意度作为衡量标准。

2. 系统的技术目标

系统的技术目标是指系统应当具有的技术性能和应当达到的技术水平,常用运行效率、可靠性、灵活性、吞吐量、响应速度、审核能力、可修改性、操作使用方便性、整体性和通用性等技术指标进行衡量。尤其是整体性是对各子系统的目标进行综合,使之符合系统的整体要求。

3. 系统的经济目标

系统的经济目标是指系统开发的预期投资费用及经济效益。预期投资费用分别从研制阶段、运行维护投资两个方面进行估算。预期经济效益则应分别从直接经济效益、间接经济效益两方面进行预测,其中的直接经济效益可用货币额来度量,但是间接经济效益则往往从提高管理水平、优化管理方法和提高管理素质等方面考虑。

根据系统详细调查对可行性分析报告中提出的系统目标再次详细考察,同时对项目的可行性及必要性进行重新考虑,并根据对系统建设的环境以及条件的调查修正系统目标,使系统目标适应组织的管理需求和战略目标。因为系统目标对系统建设具有举足轻重的意义,所以必须经过仔细论证才能修改。

二、系统分析的步骤

1. 分析原系统的业务流程

分析原系统的业务流程中存在的问题主要是为了在新系统建设中予以克服或改进。系统中存在的问题可能是组织机构设计不合理、企业业务功能划分不明确、业务流通不合理、管理体制落后等,也可能是因为计算机信息系统的建设为优化原业务流程提供了新的可能性。因此,应该在对原系统业务流程进行分析的基础上进行业务流程的重组,产生新的更为合理的业务流程。业务流程分析过程包括对原有流程的分析、业务流程的优化、新的业务流程的确定、新系统的人机分工的确定等方面。

根据系统目标,按部门或过程,由用户、分析员罗列系统所有可能用到的系统模型,用表格说明。对原模型进行应用环境及可行性分析,按实现难度进行 ABC 分类。对已经分析的模型进行综合评估,列出业务流程及数据流程的管理方案表。

2. 分析原系统的数据流程

新的信息技术条件将为数据处理提供更为有效的处理方法,这也是新系统不断取代旧系统的主要原因之一。与业务流程的改进和优化相对应,数据流程的分析和优化一直是系统分析的重要内容。与业务流程的优化改进相对应,数据流程的分析和优化包含对原有数据流程的分析、数据流程的优化、新的数据流程的确定、新的数据流程图和新系统的人机界面的确定等方面。

3. 新系统的功能分析和子系统划分

系统规划中子系统用功能结构图来表示。对于大型系统而言,划分子系统的工作则应在系统规划阶段进行(常用方法:U/C 矩阵)。划分子系统的下一步工作是明确各子系统的目标及下属功能。因此,有必要分析原系统的数据流程图,由此来确定应当增加、取消、合并、改进的功能。划分以后,只要子系统之间的接口关系明确,每一子系统的设计或调试基本上可以互不干扰地各自相对独立地进行。但是在实际工作中,子系统的划分方案往往受到个人经验或企业原有业务处理关系等多种因素的影响。

4. 数据属性分析

数据属性由"名"和"值"来描述。若一个事物的特征表现在多个方面,则需要用多个属性的名和其相应的值来描述。

数据属性分析包括数据的静态特性分析和数据的动态特性分析两部分。其中数据的静态特性分析包含数据的类型(数据型、字符型、日期型等)、数据的长度(位数、小数位数)和取值范围(最小值、最大值)以及发生的业务量(每天发生的频率)等方面的分析;数据的动态特性分析则包含固定值属性(其值基本上固定不变)、固定个体变动属性(对总体来讲具有相对固定的个体集,但值有变动)、随机变动属性(个体是随机出现的,值也是变动的)等方面的分析。

5. 数据存储分析

在数据流程图和数据字典的基础上,把系统中要存储的数据组织到无冗余、方便灵活的概念模型中,这是数据库设计在系统分析阶段需要做的工作。透过分析用户需求,综合抽象并用适当的工具(如 E-R 模型)进行描述。

6. 数据的输入、输出分析

分析各种数据输入的目的和适用范围、数据量的大小、存在的问题(如输入的数据是否都得到了有效的利用,哪些数据的输入是多余的或者是不符合实际需要的,现在的数据输入方式是否能满足要求),以及分析数据的精确程度和数据间的相互联系。还应对各种输出报表(包括手工填写的)的目的及使用范围进行分析,去掉多余的和不符合实际要求的报表等旧系统不合理的设计。

7. 确定新系统的数据处理方式

数据处理的方式可分为两类:成批处理方式和联机实时处理方式。

成批处理方式按照一定的时间周期(月、日、小时)把积累的数据成批地一次输入计算机进行处理。

联机实时处理方式的特点是面向处理,实时地直接将数据源输入中央处理机进行处理,由计算机即时作出回答,将处理结果直接反馈给用户。这种处理方式的优点是及时,不过费用较高。

三、撰写系统分析报告

系统分析报告(系统分析说明书)是对新系统逻辑模型设计以及建立这一阶段的全面总结,也是主管人员对系统进入设计阶段的决策依据。经过系统开发工作的领导部门审查批准后,开发进行下一阶段的工作。编写系统分析说明书是系统开发中一项十分重要的工作,系统分析报告同时也是后续各阶段工作的主要依据之一。因此,系统分析说明书是整个系统开发工作最重要的文档之一。

系统分析报告的主要内容包括系统开发概述、需求说明、现行系统状况、新系统的初步方案、必要性和可行性分析、系统实施计划等。

1. 系统开发概述

系统开发概述是指对分析对象的概括性的描述,包括现行系统的主要业务、存在的问题及薄弱环节、组织机构、现行系统与外部实体之间有哪些物资以及信息的交换关系、用户提出开发新系统请求的主要原因等。

2. 需求说明

需求说明部分包含新系统的总目标、新系统拟采用什么样的开发战略以及开发方法、各个资源以及计划的进度安排、新系统能实现的功能、预期指标应达到的程度、新系统中增补的功能等。

3. 现行系统状况

现行系统状况主要用两个流程图（现行系统 TFD、DFD）来描述。

4. 新系统的初步方案

新系统的初步方案是指系统分析的结果和对今后建造新系统的设想，包括系统的结构以及系统所涉及的范围，DFD 的进一步说明，输入和输出的要求，新系统数据的组织形式，新系统计算机软、硬件初步配置方案，与新系统相配套的管理制度和运行体制的建立，系统开发资源与时间进度估计等方面的信息。

5. 必要性分析

必要性分析包括显性的必要性（如老系统有限处理量以及新管理问题无法实现等）、隐性的必要性（老系统有不利的因素等）和预见的必要性等方面。

6. 可行性分析

可行性分析可以从管理、技术、经济等方面讨论系统方案的可行性。

7. 系统实施计划

系统分析报告形成后，必须组织各方面人员一起对报告以及形成的逻辑方案进行论证，尽可能地发现其中的问题和疏漏，并及时纠正。对于有争论的问题需要重新核实原始调查资料，有必要的话需要调整或修改系统目标，在此进行系统分析。一份好的系统分析报告不仅应该充分展示前段调查的结果，还要反映系统分析的结果，即新系统的逻辑方案，并且提出新系统的设想。

小　结

系统分析是管理信息系统开发过程中最基础和重要的一个环节，同时也是工作量最大、涉及人员和部门最多、持续时间最长的环节。系统分析侧重于从具体业务全过程的角度进行分析，主要分析业务及数据的流程是否合理、通畅，业务过程和管理功能之间的关系，如何对老系统进行改革，新系统管理方法的实现是否具有可行性，等等。该阶段的目的是将系统调查以及分析结果确定下来，它所确定的内容是以后系统设计和实施的基础。所以，系统分析的准确与否、全面与否直接决定着后面系统设计和实施的成败。系统分析阶段的主要内容包括问题识别、可行性分析、详细调查、系统化分析等步骤，最后完成新系统的逻辑方案设计，形成系统分析报告。系统分析阶段的最后成果是系统分析报告，它为系统设计阶段的工作提供具体的方案。

复习题

【思考题】
1. 什么是系统分析?
2. 系统分析的目标和任务是什么?
3. 绘制数据(业务)流程图应按什么步骤进行?
4. 绘制数据(业务)流程图应注意哪些问题?
5. 数据的逻辑处理方法有哪些?
6. 系统分析报告应包含哪些内容?

【练习题】
1. 名词解释

(1) 系统分析 (2) 详细调查 (3) 业务流程图 (4) 数据流程图 (5) 外部实体
(6) 数据字典

2. 分析与设计

(1) 根据下述描述,画出某工厂成品库管理业务的业务流程图。

成品库保管员按车间送来的入库单登记库存台账。发货时,发货员根据销售科送来的发货通知单将成品出库,并发货,同时填写三份出库单,其中一份交给成品库保管员,由他按此出库单登记库存台账,出库单的另外两联分别送销售科和财务科。

(2) 请根据某批发店的如下销售处理过程,绘制数据流程图。

对收到的用户订货单进行审核,不合格的退回用户,将合格的订货单送仓库查验。仓库根据库存台账查验订货单,若有货则向用户发货,若缺货则通知采购部门订货。

(3) 请根据以下的考试报名管理过程,绘制业务流程图和数据流程图。

考试机构收到考生的报名表后,先进行审核,不合格的要退回;对合格的报名表进行录入处理,形成报名汇总数据;教师将成绩登录到学生成绩文件中;使用者可以根据需要制作各种报表,还可以根据各种查询要求进行查询。

第七章　管理信息系统的设计

【学习目标】

通过本章的学习，学生将了解系统分析阶段的系统的逻辑模型，以及逻辑模型主要确定系统做什么；并在此基础上，对系统进行物理设计，确定"如何去做"的问题，明确其物理模型等信息系统设计的主要内容；掌握系统设计主要工具的使用方法，如计算机处理流程图、层次模块结构图和IPO图等，掌握功能结构设计、配置方案设计、系统流程设计、模块结构设计、代码设计、数据库设计及输出/输入设计的基本方法；了解系统设计阶段的主要成果是系统设计说明书。

知识要点	目标要求	相关知识
系统设计	了解系统设计概述内容	系统设计的任务和原则
总体设计	(1) 掌握系统功能结构设计 (2) 掌握系统配置方案设计 (3) 理解系统流程设计	(1) 功能结构设计原理 (2) 系统硬件、软件、网络平台的配置依据及系统平台配置报告的撰写 (3) 计算机处理流程图的绘制
详细设计	(1) 理解模块结构设计 (2) 掌握代码设计 (3) 掌握数据库设计 (4) 掌握用户界面设计	(1) 模块结构设计的启发规则，包括模块化、信息隐蔽原理等 (2) 层次模块结构图，IPO图 (3) 代码设计的目的、原则，代码的种类 (4) 数据库设计的步骤及方法 (5) 输出设计、输入设计和人机对话界面设计的内容
系统设计报告	了解系统设计报告的内容	系统设计报告的内容

开篇案例

亚马逊信息化的无心插柳——像卖书一样卖云计算

案例背景

IT咨询公司BTC Logic 2010年发表报告称，亚马逊和IBM是云计算市场上的领头羊，而微软、谷歌、RedHat和VMware只算是云计算市场上的重量级选手。亚马逊因Elastic Compute Cloud在基础设施领域排名第一，亚马逊还在平台领域排名第一，在网络服务领域排名第二，因S3 Simple Storage Service在管理领域排名第三。

Caris&Co 分析师桑迪普·阿加瓦尔表示,尽管目前的规模还很小,但亚马逊网络服务的增长率已经超过该公司的核心业务,并且利润率更高。他表示,亚马逊网络服务 2011 年的营收最多将为 9 亿美元,而运营性利润率将达到 23%。这高于亚马逊核心业务的 5%。他指出,很少有公司附加业务的利润率高于核心业务。

具体案例

作为一家超大型零售企业,亚马逊在公司信息化和规划自身电子商务系统 IT 架构的时候,不得不为应对销售峰值去购买更多的 IT 设备。但是,这些设备平时却处于空闲状态,这在零售企业看来相当不划算。于是亚马逊发现,假如可以运用自身在网站优化上的技术和经验优势,亚马逊就可以将这些设备、技术和经验作为一种打包产品去为其他企业提供服务,那么闲置的 IT 设备就会创造价值。这就是亚马逊推出云计算服务的初衷。

为了解决这些租用服务中的可靠性、灵活性和安全性等问题,亚马逊不断优化其技术。通过这些研究与优化,亚马逊在云计算技术上持续保持领先。从 2004 年开始,亚马逊陆续推出了简单队列服务、Mechanical Turk 等云计算服务雏形。云计算服务成熟的标志是亚马逊在 2006 年推出的简单存储服务(S3)和弹性计算云(EC2)。之后,数据和服务都已被放在亚马逊的"云端"了。2011 年 1 月,亚马逊推出了一款名为 ElasticBeanstalk 的服务,该服务帮助不懂计算机代码的新手使用亚马逊的计算资源。亚马逊副总裁哈蒙德表示:"亚马逊继续进行创新,而这是传统公司,例如 IBM、甲骨文和微软没有去做的。" 2010 年,亚马逊推出了一款名为 SpotInstances 的服务。该服务以非传统的方式管理使用率不高的服务器。许多企业会将所有任务集中到某些服务器上去做,同时关闭一些多余的服务器,而亚马逊则拍卖多余的计算资源。最终结果是,亚马逊获得了营收,而不是无用的服务器,客户则以较低的价格获得了计算资源。

亚马逊在云计算方面走在其他 IT 专业企业之前既是偶然,也是必然。看似有些"无心插柳",但任何技术都源于需求——亚马逊自身就是云计算的最早用户。在网络互联的需求之上,直接就是亚马逊的最底层的 IT 基础架构 AWS(Amazon Web Services),这包括计算、存储、内容分发等。

此外,亚马逊的角色非常特殊——它不是操作系统开发商,也不是服务器或存储设备制造商,也就是说,它是应用者而非 IT 系统制定者。因此,亚马逊的平台是开放的。但是,专业 IT 企业提供的云计算多多少少会限制在自己提供的系统之上,限制了灵活性。此外,正因为亚马逊自己是应用者,因此它卖给企业用户的不仅是云计算技术,还有自身的经验教训,这些都能够帮助企业用户更好地应用云计算服务去创造更大的价值。

案例说明

亚马逊的成功归咎为以下几个方面。

1. 商品种类和开发。亚马逊在开展平台业务时已经拥有几千万用户量的支撑,足够大的用户量基础才能支撑起平台上的大量商家和商品销售。海量的用户群可以与第三方商家共享的同时,也能吸引更多优质商家,进而烘托起平台的价值。商品开发也是如此,Amazon 把已经开拓的品类分享给其他商家,同时也积极地和第三方商家一起开拓更多的品类,自营和联营的良性竞争,使得 Amazon 平台在每个品类都具有足够的深度和竞争力。

2. 严守企业品质。Amazon 开展平台业务时首选的是大量拥有好商品和好服务的大中型线上或线下零售商及品牌商，因为这些实力商家所提供的商品可以达到亚马逊自营的服务水准，直到今天这些商家也是亚马逊平台的中流砥柱（美国 TOP500 的 B2C 中有 78 家在亚马逊开店）。通过管理和监控机制来严格筛选淘汰，商品和服务不好的商家很快就被逐出平台或系统降低展示机会和排序，很难在平台上生存。

3. 公平竞争。Amazon 在对待商家的态度上坚持一视同仁，联营商家和商品与 Amazon 自营采购的商品得到同样的展示机会和曝光度。在站内的 search listing 页面，显示规则默认商家是以综合优势排序。对待联营商家上一视同仁，不因联营商家的大小来提供差异化服务，而是根据商家选择的类型和收费提供相信服务，亦不影响搜索排序、推荐频次和结果，以及其他资源的分配（不以商家大小区别对待，但会以商家优质程度区分），当然这是建立在平台上商家整体质素高的前提下，且对假货和侵权进行严厉打击，保证竞争的公平性。

4. SPU 模式。Amazon 的商品展现是 SPU 模式，重点是突出商品并相对淡化商家。黑盒 SPU 算法大致如下：排在最前面的是推荐卖家区（按销量/用户打分/对 Amazon 的贡献度等多维度计算），即越优质的商家展现机会就越多。再以商品为单元聚合商家，既让用户方便寻找，又通过系统让商品和服务最好的商家排在前面，让用户最方便地买到最好的商品，能有效激励商家向提供更好的商品/服务努力。更精妙的是，Amazon 还会随机把一些新商家放到推荐，也让新商家偶尔热卖，不会导致新商家对 Amazon 平台失去信心。

5. 提供开放配套的基础设施。亚马逊为联营商家提供包括物流、建站/系统、营销云、OPEN API 等一系列第三方服务供商家灵活选择和搭配，并大力发展 B 物流、供应链平台、开放平台和 TP 服务，使商家可以利用亚马逊的强大资源为用户提供最优质的服务，相比商家依靠完全自建成本就低了。

提问和思考

Amazon 与当当、乐天、雅虎奇摩、淘宝等成功电商企业在经营模式上有什么异同？各自擅长的地方在哪个环节？再从消费者的角度去观察，你会选择哪种电商公司来消费？为什么？

第一节　系统设计概述

系统设计（System Design）是根据前一阶段系统分析的结果，在已经确认的系统分析报告的基础上进行新系统的具体设计工作。如果说系统分析阶段所建立的逻辑模型解决的是系统"做什么"的话，那么系统设计阶段构建的物理模型将解决系统"怎样做"的问题。

一、系统设计的任务

系统设计的任务是在系统分析提出的逻辑模型的基础上,科学且合理地进行系统物理模型的设计。结合用户的实际情况,在系统分析提出的逻辑模型的基础上,系统设计要确定系统平台,各功能模块在计算机内由哪些程序组成、连接方式等具体问题。归纳起来就是系统设计主要包括两个方面,即总体设计和具体物理模型的设计。系统设计阶段的主要任务是在各种技术和实施方法中权衡利弊,精心设计,合理地使用各种资源,最终制定出新系统的详细设计方案。系统设计的主要内容包括系统的功能结构设计、配置方案设计、系统流程设计、模块结构设计、代码设计、数据库设计和用户界面设计等。截至目前,系统设计所使用的主要方法仍是自顶向下的结构化开发方法。仅在某些局部环节(或规模较小的系统)可能使用的是原型法或面向对象的开发方法。系统设计阶段的主要依据是系统分析报告和开发者知识与经验的积累。该阶段的任务是要依据系统分析文档并采用正确的方法,来确定系统各功能模块在计算机内应该由哪些程序组成,且它们之间用什么方式连接起来,以构成一个最好的系统机内结构。与此同时,还要使用一定的工具将所设计的成果表达出来。除了考虑到实现系统功能的需要,还要进行数据库的详细设计、代码设计、输入与输出设计等。

二、系统设计的原则

系统设计的品质直接影响新系统的质量及经济效益,所以系统设计应在保证实现逻辑模型的前提下,尽可能地提高系统的各项性能。系统设计遵循以下原则。

1. 系统性原则

管理信息系统作为一个整体,要从整个系统的角度来进行考虑,在整体性能最优的前提下实现局部最优。进行系统设计时始终从总体出发,保证系统的功能完整,使系统成为一个完整的整体。

2. 灵活性原则

系统应具有很强的环境适应性,为此,系统应具有较好的开放性和结构的可变性。系统设计时,要尽量采用模块化结构,提高各模块的独立性,尽可能减少模块间的数据耦合,将各子系统间的依赖程度降到最低限度。

3. 效率性原则

系统的效率是指系统的处理能力、处理速度和系统响应时间等与时间有关的指标。对于不同处理方式的系统,其工作效率有不同的含义:用响应时间来反映联机实时处理系统的工作效率,用处理速度来反映批处理系统的工作效率,用处理能力来反映实时录入、成批处理的事务处理系统的工作效率。

4. 可靠性原则

系统的可靠性是指系统在运行过程中,抗干扰(包括人为的和机器的故障)和保证系统正常工作的能力。通常而言，系统的可靠性包括安全保密性、检错、纠错能力，在错误干扰下不会发生崩溃性瘫痪，重新恢复及重新启动的能力，硬件、软件的可靠性及存储数据的精度等。系统的平均无故障时间是衡量可靠性的一个指标，通常采用选取可靠性较高的主机和外部设备、硬件结构的冗余设计和制定对故障的检测、处理和系统安全方面的反应机制等方法来保证系统的可靠性。

5. 准确性原则

系统的准确性是指系统所能提供的信息的准确程度。系统的准确性除了与系统硬件、软件的功能直接有关外，还与编程质量、人工处理质量和工作效率等因素有关。

6. 可维护性原则

系统的可维护性是指系统易于理解、修改和扩充。由于系统环境的不断变化，系统本身也需要不断修改、完善和升级。一个可维护性好的系统的各部分独立性强，可以大大提高系统的性能，不断满足不同企业对系统目标的变化要求。

7. 经济性原则

经济性原则是指系统的收益应大于系统支出的总费用，它是确定设计方案的一个重要因素。该原则要求在满足系统需求的前提下，尽可能降低系统的开销，其中应尽量避免复杂化，各模块应尽量简洁，以便缩短处理流程，减少处理费用。

8. 独立性原则

模块之间的耦合性越大，其独立性就越小，系统的可修改性就越差。"高内聚，低耦合"是结构化设计中衡量模块"相对独立性能"的标准。信息系统开发的一个重要问题是要提高系统的可修改性，而可修改性的提高主要是靠降低模块之间的耦合性、增加模块之间的独立性来实现的。

9. 规范性原则

系统设计时要求规范设计语言和标准，描述要尽可能一致，对系统的数据采集要做到来源统一、全局共享等。由于系统中相关的功能模块比较多，因此在界面的设计上使用统一的代码、名称、表述和设计风格便于业务人员在模块实现过程中正确、规范地进行操作。

10. 安全性原则

信息系统中的数据库是被所有员工共享和使用的数据库，因此数据库的安全性是十分重要的。为了保证数据操作的正确性和安全性，有必要进行权限设计，以保证数据库数据的安全和可靠。另外系统设计时，还需要注意系统的抵御不安全因素的能力（如数据库的恢复能力等）。

上述几个原则在一定程度上既互相矛盾又相辅相成。例如，为了提高可靠性而采取各种控制和校验措施，则会延长机器的工作时间，降低工作效率并提高成本。对于不同的系统，由于功能及系统目标的不同，对上述各项原则的要求会各有侧重。如对于联机情报检索系统，响应时间是最重要的指标；但是对银行系统而言，可靠性与安全性则是首要考虑的因素。在明确系统的设计原则后，下一步需要了解系统设计的内容。

三、系统设计的度量

所谓模块就是将系统划分为子系统,子系统划分为若干大模块,大模块再划分为小模块的过程。模块之间的联系程度是通过耦合来度量的,模块内部元素的联系程度是通过聚合来度量的。

1. 耦合

耦合的类型(即模块间的连接方式)主要有以下几种。

① 数据耦合:这是目前常用的一种方法,指两个模块之间的联系是通过数据交换来实现的。

② 特征耦合:两个模块之间除了传递数据信息外,还传递控制信息。

③ 控制耦合:按控制关系相连接,即模块间传递的不是数据信息,而是控制信息、开关或标志量。

④ 公共耦合:允许多个模块访问同一个全局变量,或者多个模块访问同一全局性的数据结构。

⑤ 内容耦合:内容耦合又称非法耦合,一个模块直接调用另一个模块的内容。

其中,公共耦合和内容耦合会给维护带来很大的不便,而数据耦合和特征耦合在调用与被调用模块之间都存在数据传递,但前者传递的是简单变量,后者传递的是像数组一样的数据结构。

各种耦合方式如表 7-1 所示。

表 7-1　耦合方式对比

联结方式	可修改性	可读性	相互影响程度	通用性
数据耦合	好	好	弱	好
特征耦合	中	中	弱	中
控制耦合	不好	不好	中	不好
公共耦合	不好	不好	强	差
内容耦合	差	差	最强	差

2. 聚合

模块的聚合反映模块内部联系的紧密程度。如果一个模块内部相关性很高,都是为了实现同一个功能,我们就说它的聚合程度很高。模块的聚合度越高,其独立性越好。聚合的类型主要包括如下几类(按聚合度由低到高排列)。

① 偶然聚合:偶然聚合又称机械内聚,为了节约空间和减少程序量,把共同的操作抽出来组成模块 T,如图 7-1 所示。模块 P、Q、R、S 都有某种共同的操作,实际上这些语句的联系是偶然性的,但是这种偶然性聚合的模块会造成修改的不方便。例如,模块 P 要将 B=A 改为 R=A,但这个修改可能无法再适用于其他的模块。

② 逻辑聚合:把几个逻辑上功能相似的模块放在同一个模块中,它们在块内联系就

是逻辑聚合,如图 7-2 所示。

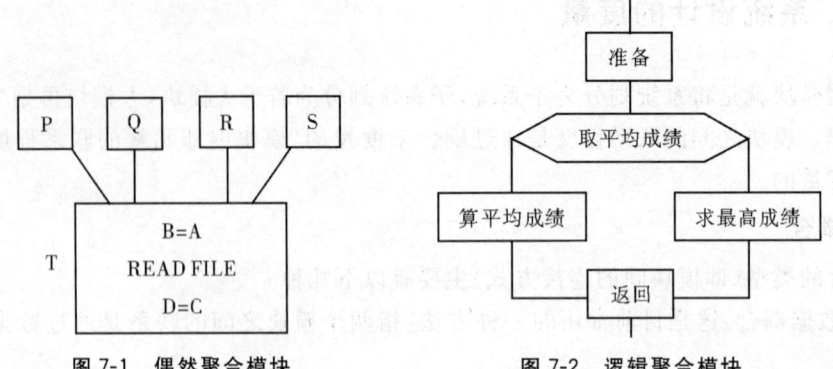

图 7-1 偶然聚合模块　　图 7-2 逻辑聚合模块

③ 时间聚合:时间聚合又称暂时聚合,块内的成分需要在同一时间段内完成,如初始化模块。

④ 过程聚合:过程聚合又称步骤聚合,块内的各成分按某种既定的顺序执行。

⑤ 通信聚合:通信聚合又称数据聚合,块内各成分共同使用同一个输入数据,或产生同一个输出数据。

⑥ 顺序聚合:块内各成分顺序执行,且前一个成分的输出是后一个成分的输入。

⑦ 功能聚合:一个模块内包含为完成一个具体任务所需要的所有成分。

聚合方式如表 7-2 所示。

表 7-2 聚合方式对比

类型	划分方式	连接形式	可靠性	可修改性	紧凑性
功能聚合	按业务处理功能	好	好	好	10
顺序聚合	按业务处理顺序	好	好	好	9
通信聚合	按通信方式	中	不好	中	7
过程聚合	按业务处理过程	中	不好	中	5
时间聚合	按业务处理时间	不好	差	不好	3
逻辑聚合	按业务处理逻辑	差	差	差	1
偶然聚合	基本不用	差	差	差	0

3. 辅助设计原则

(1) 模块的扇入、扇出应适当

扇入是指该模块有多少个上级模块直接调用它。扇入越大,则共享该模块的上级模块数目越多。

扇出是指该模块能直接控制或调用的模块数目。扇出过大意味着模块过分复杂,需要控制和协调的下级模块的控制模块过多;而扇出过小时,应把下级模块进一步分解成若干个子功能模块或合并到上级模块中。

通常来说,设计得好的系统结构通常具备以下特点:顶层扇出较高,中层扇出较小,底层扇入较大,其结构图呈现出上尖、中宽、下小的特点。

(2) 模块的作用域应在控制域之内

作用域不应超出控制域的范围。所谓作用域是指受这个模块的判定所影响的模块集合,而控制域则是指那些模块本身加上其下级模块的集合。

(3) 降低模块间的耦合度

耦合度越低,模块间相互影响就越小,产生连锁反应的概率就越低;可以使修改范围控制在最小限度,一个模块修改时对系统其他部分正常运行的影响也就越小。

第二节　系统设计的主要内容

系统设计是在系统分析的基础上,对于新系统的物理设计。具体来说,系统设计分为总体结构设计和详细结构设计两部分。系统总体结构设计阶段要划分子系统、决定系统的总体结构、确定系统的物理配置方案等,把数据流程图转换成系统结构图或层次图。系统详细结构设计包括代码设计,数据库设计,输入、输出设计和用户界面设计,模块功能与处理过程设计。而系统设计阶段的主要成果就是系统设计说明书。系统设计主要有以下几个步骤。

① 根据系统分析说明书所描述的系统目标、环境、功能与约束条件,确定子系统划分、系统设置与机器选型,确定合适的计算机处理方式、总体结构和系统配置。

② 根据系统分析所得到的系统逻辑模型逐一画出数据流程图和数据字典,导出系统的功能模块结构图。

③ 根据系统分析说明书完成代码设计、输入设计、输出设计和安全性可靠性设计。

④ 根据系统分析说明书及系统的硬、软件配置进行具体的数据库设计。

⑤ 根据系统分析说明书及以上设计结果,对功能模块的详细处理过程逐一进行描述。

⑥ 系统设计阶段完成以后,最后应以系统设计说明书的形式结尾。

下面将分别针对系统总体结构设计与系统详细结构设计的具体内容逐一阐述。

1. 系统总体结构设计

系统总体结构设计包括系统网络结构设计和子系统结构设计等部分。系统分析阶段虽然对新系统计算机资源配置已作出了分析,但过于笼统,所以需要在总体设计阶段作进一步的详细设计,画出计算机网络的拓扑结构和资源配置结构。完善和细化在系统分析阶段得出的系统划分工作,将系统划分为若干个子系统。而系统模块化结构设计工作是在系统分析阶段对子系统划分的基础上,再进一步地换分,将它逐层地分解成多个功能单一、具有一定独立性的模块,方便程序设计后续工作。

2. 系统详细结构设计

系统详细结构设计除了包含后边将要提到的代码设计、数据库设计以及输入/输出设计外,还应该包含以下设计要求。

（1）处理流程设计

处理流程设计是指通过系统处理流程图的形式，将系统对数据处理的过程和数据在系统存储介质间的转换过程详细地描述出来。

（2）程序流程设计

程序流程设计是指根据模块的功能和系统处理流程的要求，设计出程序模框图，为程序员进行程序设计提供参考依据。

（3）系统标准化设计

系统标准化设计之一就是指各类数据编码要符合标准化要求，包括对数据库（文件）命名、功能模块的命名。

另外，为了保证系统安全可靠运行，还需要留意对数据的保密和对系统的可靠性的系统设计工作。

第三节　系统总体设计

管理信息系统平台设计包括计算机处理方式、网络结构设计、网络操作系统的选择、数据库管理系统的选择等软、硬件选择与设计工作等。管理信息系统是一个高度可集成的系统开发平台。

一、网络结构设计

管理信息系统平台是管理信息系统开发与应用的基础，它已经发展成为把操作系统与其外部接口融为一体的集成平台。其软件系统可以包括操作系统、图形用户界面、网络通信协议、数据库管理系统和程序设计语言等；其硬件平台可以把 CPU 与存储管理单元、协处理器、网卡等集成为一体，从而形成支持 MIS 应用开发与运行监控的一体化开发系统环境。

1. 按系统的目标选择平台

① 单项业务系统：常用各类 PC 和数据库管理系统作为系统平台。

② 综合业务管理系统：以计算机网络系统平台，如 Novell 网络和关系型数据库管理系统。

③ 集成管理系统：将 OA、CAD、CAM、MIS、DSS 等系统综合成的一个有机整体，综合性更强，规模更大，系统平台更复杂。此类系统涉及异型机、异种网络、异种库之间的信息传递和交换。在信息处理模式上多采用 Client/Server（客户/服务器）模式或 Brower/Server（浏览器/服务器）模式。

2. 计算机处理方式

计算机处理方式可以根据系统功能、业务处理特点以及系统性能/价格比等因素综合考虑，选择批处理、联机实时处理、联机成批处理或分布式处理等方式。在同一个管理信息系统中，也可以混合使用两种以上的方式。

3. 计算机网络系统的设计

计算机网络系统的设计主要包括中、小型机方案与微机网络方案的选取，网络互联结构及通信介质的选择，局域网拓扑结构的设计，网络应用模式及网络操作系统的选型，网络协议的选择，网络管理，远程用户等工作。有关内容请参考计算机网络的技术书籍。

4. 数据库管理系统的选择

选择数据库管理系统的原则：是否支持先进的处理模式，并具有分布处理数据、多线索查询、优化查询数据和联机事务处理的功能；是否具有高性能的数据处理能力；是否具有良好图形界面的开发工具包；是否具有较高的性能/价格比；是否具有良好的技术支持与培训。常用的数据库管理系统有 Foxpro、Paradox、Clipper、Oracle Server、Microsoft SQL Server、Sybase SQL Server 和 Informix Server 等。

5. 系统软、硬件选择

根据系统需要和资源约束，进行计算机软、硬件的选择。计算机软、硬件的选择对于管理信息系统的功能有很大的影响。硬件的选择标准多集中在技术上是否是成熟可靠的标准系列机型，处理速度快慢，数据存储容量大小，是否具有良好的兼容性、可扩充性与可维修性，是否有良好的性能/价格比、技术服务与售后服务和操作的便利性等。

二、子系统结构设计

把一个管理信息系统的子系统设计成按照若干个功能模块划分的方法称为模块化。一个系统要完成多项功能是很繁琐的工程，为使问题简化，必须要进行子系统的划分。本节将介绍较为常用的按功能划分子系统的方法。

1. 基本概念

（1）模块

模块是可以组合、分解和更换的单元，是组成系统的基本单位，系统中的任一个处理功能都可看成一个模块。模块应具备以下几个要素：输入和输出、处理功能、引用数据和程序代码。前两个要素是模块的外部特性，反映模块的外貌；后两个要素是模块的内部结构特征。

（2）调用

在模块结构图中，用于连接两个模块的箭头表示调用。箭头总是从调用模块出发指向被调用模块，进而被调用模块执行后又返回到调用模块，如图7-3中"A调用B"所示。

判断调用：依据调用模块内部的判断条件，模块调用多个从属模块中的一个。判断条件多采用菱形符号表示。

循环调用：一个模块通过其内部的循环功能循环调用一个或多个从属模块。循环调用用弧形箭头表示。

具体示意图如图7-3所示。

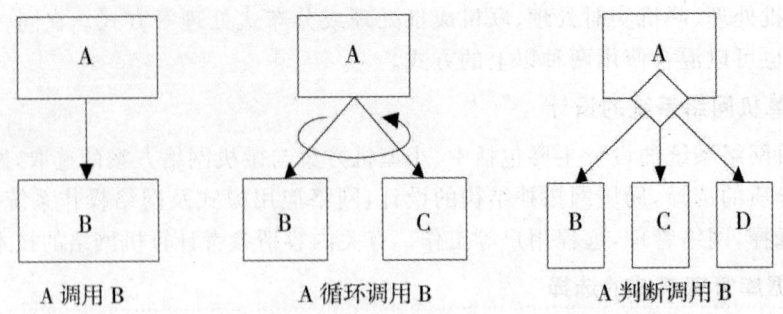

图 7-3 模块调用关系

(3) 数据

当一个模块调用另一个模块时,调用模块可以把数据传到被调用模块进行并完成处理,之后被调用模块还将处理的结果返回给调用模块。在模块之间数据的传送使用带空心圆箭头的实线来表示,并在线条旁边标注数据名称,如图 7-4 所示。

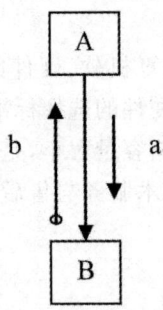

A 带着数据 a 调用 B,返回时带回数据 b

图 7-4 带调用功能的数据传递

(4) 控制信息

为了指导程序下一步的执行,模块间有时还需要传送某些控制信息。控制信息与数据的主要区别是前者只反映数据的某种状态,无需进行处理。通常用带实心圆的箭头表示控制信息。

2. 子系统结构的划分原则

子系统结构划分的基本思想是将系统设计成由相对独立、单一功能的模块组成的结构,进而简化研制工作,提高系统的可靠性和独立性,又保持了模块与模块之间的关联度。例如,一个工厂管理信息系统可以划分为生产管理子系统、销售管理子系统、财务管理子系统、质量管理子系统和仓库管理系统等。但是,一个独立的业务部门通常只对应一个子系统。再如,市场部对应销售管理子系统,而财务处对应财务管理子系统。

划分子系统的原则如下所述。

(1) 相对的独立性和模块化

子系统的划分要保持子系统内部功能、信息等各方面较好的凝聚性。在实际中,我们都希望每个子系统或模块相对独立,尽量减少模块之间的数据调用和控制联系。将联系密切且功能近似的模块相对集中,便于搜索、查询、调试和调用功能的设计。按照模块的定义、过程、函数、子程序和宏等都可作为模块。例如，面向对象方法学中的对象是模块，对象内的方法（或称服务）也是模块。模块是构成程序的基本构件。模块化就是把程序划分成独立命名且可独立访问的模块，每个模块完成一个子功能，把这些模块集成起来构成一个整体，可以完成指定的功能，满足用户的需求。采用模块化原理可以使软件结构清晰，不仅容易设计也容易阅读和理解。

(2) 数据的局部化和隐藏性

局部化的概念和信息隐藏概念是密切相关的。所谓局部化是指把一些关系密切的软件元素物理地放得彼此靠近。隐藏模块的实现细节即意味着有效的模块化可以通过定义一组独立的模块来实现。在系统需要修改的时候，使用信息隐藏原理作为模块化系统设计的标准就会带来极大好处。要尽量减少子系统之间的联系，接口要简单、明确。通常来说，内部联系强的子系统与外部的联系必然很少，所以划分时应将联系较多者划入局部子系统内部，将相对集中的模块划入各个子系统的内部，剩余的一些分散、跨度比较大模块做关联。这样划分的子系统，将来调试、维护和运行都非常方便。

(3) 减少数据冗余

数据冗余就是指各模块定义有重复数据，这样会降低工作效率，使得编程复杂化，难度更大。忽视这个问题会使相关的功能数据分布在各个不同的子系统中，导致大量的原始数据需要多次的调用和传递，有重复的中间结果需要保存和传递，大量计算工作重复进行。出现数据冗余会影响系统的响应时间，不但给软件编制工作带来很大困难，而且系统的工作效率也会大大降低。

(4) 实施的阶段化和抽象化

管理信息系统的开发是一项庞大的工程，它的实现一般都要分期、分步进行，所以子系统的划分应适应这种分期、分步的实施。除此之外，子系统的划分还必须兼顾组织机构的要求，以便系统能更好地运行。处理复杂系统的有效方法是用层次的方式构造和分析它。系统开发过程的每一步都是对解法抽象层次的一次精化：在可行性研究阶段，系统作为一个完整部件；在需求分析期间，解法是使用在问题环境内熟悉的方式来描述的；当由总体设计向详细设计过渡时，抽象的程度也随之减少；最后，当源程序写出后也就达到了抽象的最底层。

(5) 资源的充分利用

子系统的划分除了需要考虑各类设备和资源在开发过程中的搭配使用，还要考虑各类信息资源的合理分布和充分使用，从而减少系统对网络资源的过分依赖，进而减少输入、输出、通信等方面的压力。

(6) 设计的前瞻性

现存的系统由于各种原因，可能没有考虑到一些高层次管理决策的要求和未来的发展要求。适当地依据公司的发展定位预留子系统设计空间，无论是从时间上，还是软件的使用寿命上，还是经济上都是非常有必要的。

3. 子系统的划分方法

在对系统进行设计时，应依据具体系统分析的结果选择使用常用的系统划分方法，而不应笼统、绝对地去评价方法的优劣。子系统的划分方法主要有六种，如表 7-3 所示。按功能划分是目前最为常用的方法,它是以功能/数据分析(U/C 矩阵)结果为主,兼顾组织实际情况的划分方法;按业务处理顺序划分的顺序划分方式在顺序性很强的系统中常常被使用到;按数据拟合程度进行划分的方式则是指以数据而不是以该子系统内部尽量集中的原则来划分子系统,这种划分方式的特点是子系统内部聚合力强,外部通信压力小;按业务处理过程划分的子系统在某些系统开发资源限制较大的场合和分段实现开发工作的场合被采用;最后两种方式是按业务处理的时间关系或业务展开的环境条件来对系统进行划分的,在某些特定场合非常适用。

表 7-3 系统划分方法的比较

序号	方法	划分依据	连接形式	可修改性	可读性	紧凑性
1	功能划分	按业务处理功能划分	好	好	好	非常好
2	顺序划分	按业务处理顺序划分	好	好	好	非常好
3	数据拟合	按数据拟合程度划分	好	好	较好	较好
4	过程划分	按业务处理过程划分	中	中	较差	一般
5	时间划分	按业务处理时间划分	较差	较差	较差	一般
6	环境划分	按实际环境和网络分布划分	较差	较差	较差	较差

4. 子系统的层次分解图

层次(方框)图也称 H 图,用于描绘软件的层次结构,也可以用于描述数据结构的组成。把一个 MIS 中的子系统设计成若干个功能模块的方法叫作模块化。子系统(模块)的层次分解图(Hierarchy Input-Process-Output,简称 HIPO)是由 IBM 公司于 20 世纪 70 年代中期在控制结构图(structure chart)的基础上推出的一种描述系统结构和模块内部处理功能的工具。模块的控制结构图主要描述模块的外部属性,即上下级模块、同级模块之间的数据传递和调用关系,不关心模块内部结构,即只关心"是什么"和"能够做什么",而不管"如何做"。为了能使 HIPO 图具有可追踪性,在 H 图里除了最顶层的方框之外,每个方框都加了编号。

图 7-5 为某正文加工系统的 HIPO 图。其中,最顶层的方框代表正文加工系统的主控模块,它调用下层模块完成正文加工的全部功能;在第二层的每个控制模块都需要完成正文加工的一个主要功能。

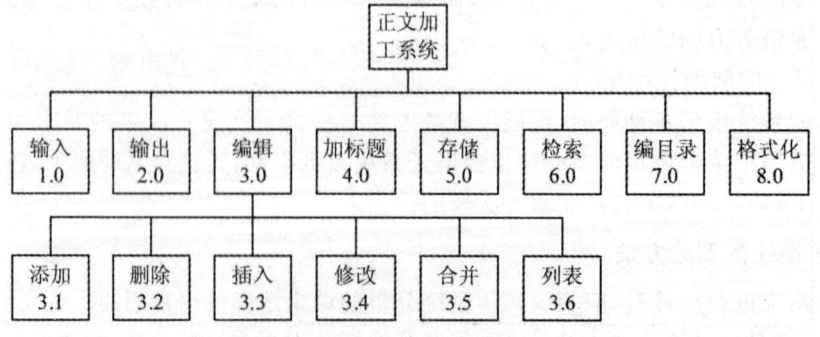

图 7-5 带编号的层次图

和 H 图中每个方框相对应,应该另外有一张 IPO(Input-Process-Output)图描绘这个方框代表的模块的处理过程。但是需要着重指出的是,HIPO 图中的每张 IPO 图内都应该明显地标出它所描绘的模块在 H 图中的编号,以便追踪了解这个模块在软件结构中的具体位置。

至于模块内部"如何做"则由 IPO 图进一步细化描述。IPO 是对模块内部处理功能详细描述的工具,它是具有输入、处理变换和输出的系统。

HIPO 图方法由总体 IPO 图、HIPO 图和低层主要模块的详细 IPO 图三个基本图表构成。

(1) 总体 IPO 图

总体 IPO 图是对总体进行功能描述,实际上是数据流程图初步分层细化的结果,为系统提供输入、处理和输入功能说明,以及与其他模块间的调用与被调用关系。

(2) HIPO 图

逐层分解系统的总体功能即可得到关于组成顶层模块的所有功能模块的层次结构关系图。

(3) 低层主要模块的详细 IPO 图

由于 HIPO 图只是表示一个系统功能模块的层次分解关系,没有充分说明各模块间的调用关系、模块间的数据流和信息流的关系。因此,对某些较低层次上的重要工作模块,还必须根据数据字典和 HIPO 图来补充说明,绘制其 IPO 图,用来描述模块的具体工作细节,以及其与其他模块间的调用和被调用关系。图 7-6 则为一张有关修改库存文件部分内容的层次模块结构图。

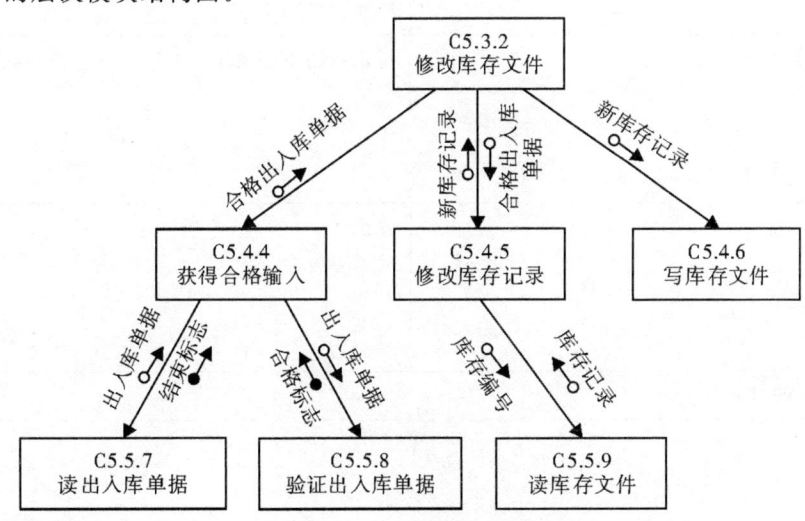

图 7-6　层次模块结构图

需要注意的是,层次图和结构图并不严格表示模块的调用次序。虽然多数人习惯于按调用的次序从左到右画模块,但出于其他方面的考虑(如为了减少交叉线),也完全可以不按这种次序画。此外,层次图和结构图不会指明什么时候调用下层模块,因此是先执行调用下层模块的语句还是先执行其他语句,在图中是无法获知的。事实上,层次图和结构图只表明一个模块可以调用哪些模块,至于模块内还有没有其他成分则完全没有表示。通常用层次图作为描绘软件结构的结构图并不很合适,因为图上包含的信息太多,反而降低了清晰度。

5. IPO 图

IPO 图主要是配合层次图或层次化模块结构图来详细说明每个模块内部功能的一种工具,IPO 图的设计可因人因具体情况而异。但无论你怎样设计,它都必须包括处理(P)、输入(I)、输出(O)以及与之相应的数据库/文件、在总体结构中的位置等信息。

不同材料中对 IPO 图的格式有不同表示形式,图 7-7(a)、(b)所示为常见的两种。

IPO 图编号(模块号):		编程要求文件号:
数据库设计文件编号:	编码文件号:	HIPO 图编号:
设计者:	模块名称:	编程要求:	使用单位:
输入部分(I)	输出部分(O)	处理描述(P)

(a)

系统:_____	设计人:_____
日期:_____	模块:_____
上层调用模块	可调用的下层模块
输入(I)	输出(O)
处理过程说明(P)	
注释	局部数据项

(b)

图 7-7　IPO 图

6. 模块间调用关系原则

控制结构图表示了模块的组成结构及模块间的调用关系,为了使系统结构设计更为合理,在进行模块分解设计和绘制控制结构图的过程中,应遵循以下几项基本原则。

① 模块间的调用关系应符合高度调度原则,即每个模块有自己独立的任务,只有上级模块的调用命令才可以执行。

② 模块之间的通讯只局限于上级模块或对应的下级模块,任何模块不能与其他上、下级模块或同级模块直接发生通讯关系。

③ 某一模块若要与其邻近的同级模块发生联系,必须经由它们各自的上级模块进行传递。

④ 在控制结构图中,模块之间的调用次序为从上到下,自左向右。

三、控制结构图

1. 基本结构介绍

根据系统结构中数据流及控制流关系,可以将控制结构图分为以下三种基本结构。

(1) 内导结构(Afferent Structure)

内导结构适用于顶层模块分解时得到的输入处理模块中。内导结构的数据流是由下向上的,高层模块从低层模块接收数据并进行传递,数据输入模块进行处理,随后向上层模块传递已经处理或未作处理的数据信息。

(2) 转换结构(Transform Structure)

转换结构的下层模块从上层模块接收到数据后,进行各种处理,再把处理后的结果原路反馈给同一个上层模块。

(3) 外导结构(Efferent Structure)

外导结构出现在对顶层模块进行分解时得到的输出处理模块中。外导结构的数据流是由上向下传递,低层模块从上层模块接收数据,进行处理后,再把处理结果传递给下一层模块。

2. 模块的控制结构图

绘制控制结构图的过程实际上是对系统功能模块进行分解设计的过程,即如何合理地把数据流程图(DFD)转变为控制结构图(SC)。其基本步骤如下。

① 对 DFD 进行复审,进行必要修改、补充或细化。

② 根据 DFD 确定软件结构属于变换型还是事务型系统结构。

③ 把 DFD 映射成 SC 图。

④ 改进 SC 图,使设计更完善。

由第②步可知,从 DFD 映射成 SC 图的方法要先区分 DFD 的类型是变换型还是事务型。下面将详细介绍变换型系统结构和事务型系统结构。

3. 变换型系统结构

变换型系统结构以变换中心为主加工,可以是多个加工。

(1) 变换型设计的步骤

变换型设计分以下三个步骤,处理过程如图 7-8 所示。

① 取得数据:对变换型数据流程图要划分出数据输入、输出和变换中心三个部分,在 DFD 上用虚线标明分界线。

② 变换数据:画出初始的 SC 图,即顶层是主控模块,下层一般包括输入、输出和变换中心三个模块。需要留意的是,沿数据调用线标注数据流的名称。

③ 给出数据:根据 DFD 来逐步细化分解输入、输出和变换中心三个过程,将 SC 图也细化和优化。根据输入、输出和变换各需要的模块数,逐步由顶向下分解,直至画出每个部分的底层模块为止。

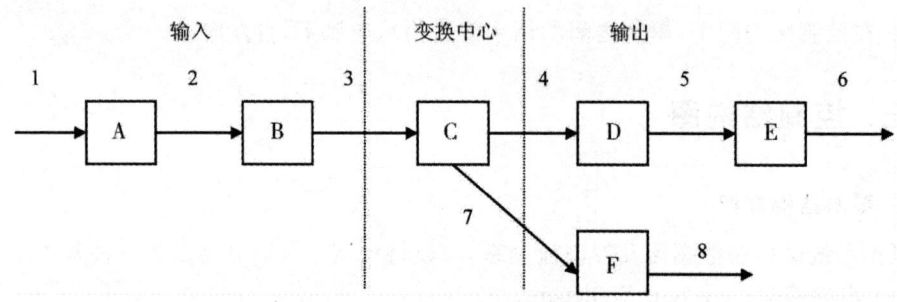

图 7-8 变换型数据流程图

其中涉及以下四个概念。

物理输入:数据流 1 是从外部实体输出的数据流。

物理输出:数据流 6 和数据流 8 为物理输出,是输出到外部实体的数据流。

逻辑输入:数据流 3 是变换中心的输入数据流,可以为多个。

逻辑输出:数据流 4 和数据流 7 是变换中心的输出数据流,可以为多个。

(2) 变换型数据流程图转换为结构图的步骤

① 首先要区分逻辑输入、逻辑输出和变换中心。

区分的要点在于:逻辑输入是指离物理输入端最远的,但仍被看作是系统输入的数据流;逻辑输出是指离物理输出端最远的,但仍被看作是系统输出的数据流;中心变换部分是系统几股数据流汇集的部分,即夹在输入部分和输出部分的就是变换中心,在图 7-8 中,C 是变换中心。

② 设计上层模块,画出初始结构图。

为每一个逻辑输入设计一个输入模块,其功能是为主模块提供数据。如图 7-9 中所示为逻辑输入数据流 3 设计了一个模块,左边的输入模块用于得到数据流 3。

为每一个逻辑输出设计一个输出模块,其功能是将主模块提供的数据输出。如图7-9 中所示为逻辑输出数据流 4 和 7 各设计了一个输出模块,分别用于输出数据流 4 和数据流 7。

为变换中心设计一个变换模块,它的功能是将逻辑输入转换成逻辑输出。沿调用线标出数据流名称。如图 7-9 中所示为变换中心设计的变换模块将逻辑输入 3 转换成逻辑输出 4 和 7。

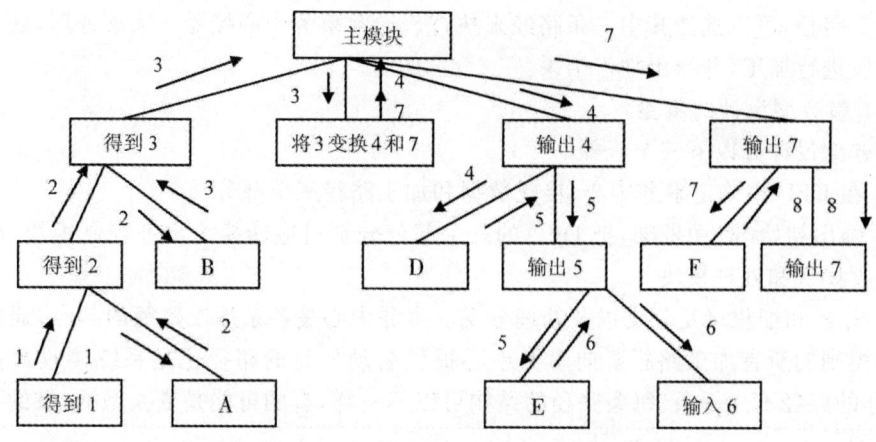

图 7-9 变换型数据流程图转换为结构图的示意图

③ 自顶向下逐层细化，设计中、下层模块。

在对结构进行二级分解时，为第一层的每一个输入模块、输出模块和变换模块设计它们的从属模块。

每个输入模块可设计成两个从属模块，一个用于接收数据，另一个用于将接收的数据进行转换。

每个输出模块也可设计成两个从属模块，一个用于发送数据，另一个转换成为从属模块所需的形式。

变换模块一般对数据流程图中的每个基本加工建立一个功能模块。

然后进行三级分解……以此类推，直至画出每个底层模块为止。

例如上图 7-9 中，将输入模块"得到 3"设计成两个从属模块，"得到 2"模块接收数据流 2，模块"B"用于将数据流 2 转换成数据流 3。此处的第一层变换模块不用建立基本功能模块，属特例。

为输出模块"输出 4"设计两个从属模块，模块"D"用于输出转换，右边的模块"输出 5"输出数据流 5。以此类推，"输出 7"后，二级分解的工作就完成了。

三级分解的方法与二级分解的方法相同。

变换分析导出的模块结构图的分解步骤如图 7-10 所示。

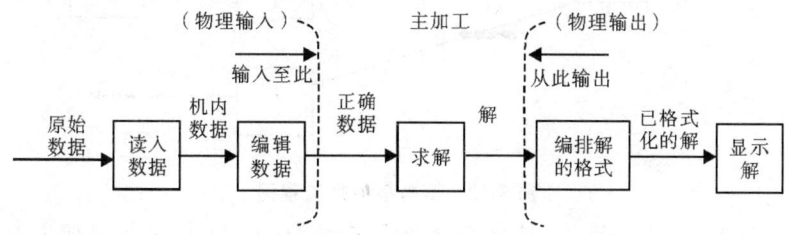

图 7-10 变换分析导出的模块结构图的分解步骤

4．事务型系统结构

当需要根据判断处理模块的处理结果确定进行不同的业务处理时，变换型分析就不再适用。这时，就必须采用事务型分析。事务是一种数据流，它经过加工后分离成多条并行的加工路径,可以选择其中一条路经来执行。通常事务中心接受一项事务后,选择分派一个模块进行加工,并给出加工结果。

(1) 事务型设计的步骤

事务型设计分以下三个步骤。

① 在DFD中确定事务中心、接收数据和加工路径三个部分。

② 画出初始SC图框架,把DFD的三个部分分别对应转换为事务控制模块(事务中心)、接收模块和处理模块。

③ 分解和细化接受分支以及处理分支。事务中心是各条加工路径的起点,通往被事务中心控制的所有加工路径。向事务中心提供启动信息的路径也是系统接收数据的路径,这样的路径不止一条,每条路径的结构可以不一样,有的可能是变换型的,有的可能是事务型的。

事务分解导出的模块结构图的分解步骤如图7-11所示。

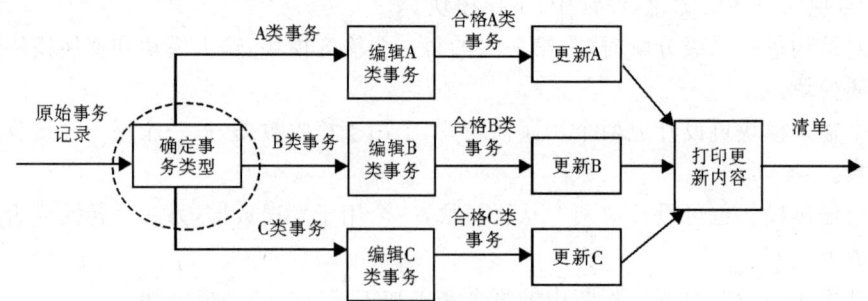

图7-11 事务分解导出的模块结构图的分解步骤

(2) 事务型数据流程图

具有事务的数据流图称为事务型数据流程图,事务型数据流程图如图7-12所示。

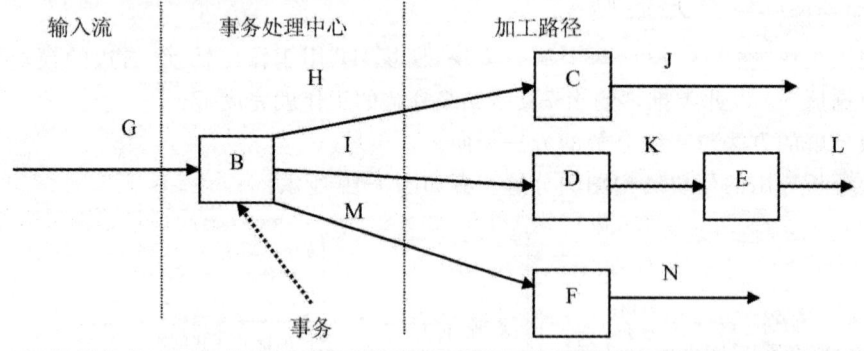

图7-12 事务型数据流程图

图7-12中,G、H、I、J、K、L、M和N均为数据流,B、C、D、E和F是加工模块,其中B为事务中心,C、D和F是并列的加工,在B的选择控制下完成不同功能的处理。在输出方面可以有几种方式,可以是加工D经过加工E整理输出的方式,也可以是加工C和F直接整理输出的方式。

(3) 事务型数据流程图转换成结构图的步骤

其可以分为以下几个步骤。

① 确定数据流图中的事务中心、接收数据和加工路径。可以根据事务的定义来确定,图 7-12 的事务型数据流程图的事务中心为 B。

② 画出顶层和第一层的结构图。如图 7-13 所示,首先建立位于顶层的主模块用以代表整个加工,第一层通常是事务层,是接收模块"得到 G"和事务模块。第二层模块只能是三类:取得事务、处理事务、给出结果,分别完成 C、D、F 的工作。

③ 继续分解扩展,完成整个结构图,得到图 7-13。

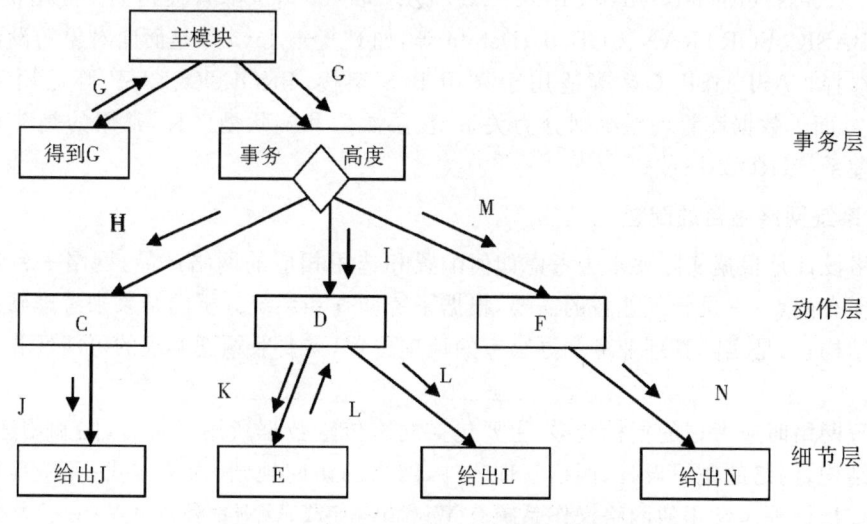

图 7-13　事务型数据流程图转换为结构图

四、系统配置方案研究

一个 MIS 应具备高度可集成的系统开发平台。系统配置方案研究的主要内容是确定信息系统平台(包括硬件平台、软件平台和网络平台等),并根据新系统功能和性能要求,构建出能够支持新系统运行的软、硬件环境。系统配置设计时需要兼顾到系统的吞吐量、响应时间,系统的可靠性,集中式或分布式处理方式的选择,使用地域范围和数据管理方式等多方面的因素。合理地选择和配置系统,可以使我们以最小的代价获得最大的效益。

1. 系统硬件平台的配置

硬件选择主要取决于数据的处理方式和运行的软件。管理业务对计算机等设备的基本要求是容量大、速度快、通信能力强、操作灵活方便等,但这样的配置成本较高。因此,按照设计系统选择合适的配置较为合理。若数据处理是集中式的,则可以采用主机——终端系统,以大型机或中小型机作为主机,即可使系统具有较好的性能。若是针对企业管理等应用,其应用本身就是分布式的,选择网络则更为灵活、经济。

在确定数据处理方式后,在计算机机型的选择上主要考虑应用软件对计算机处理能力的需求,包括内存的大小、相对机器性能的价格指标、系统的读写/存储周期、输入/输出(I/O)的通道数、外设的速度、主机的速度、高速缓存的大小、主机的结构、主机的处理速度(Million Instructions Per Second,简称 MIPS)和外围设备等。

2. 系统软件平台的配置

计算机软件总体上可分为系统软件和应用软件,前者是用于管理、操作和支持计算机系统资源的程序,后者是用于处理特定应用的程序。系统开发过程中,软件工具的选择是系统开发的关键。软件指标主要包括操作系统、数据库管理系统(DBMS,常用的有FoxPro、Access、Oracle、Sybase、Informix、SQL Server 等)和编程语言(常用的有 C、Pascal、BASIC、FORTRAN、COBOL、Delphi 等,如 C++、Java 等是面向对象的设计方法较好的选择,ASP、JSP、C♯等适用于采用 B/S 架构,PROLOG、LISP 等适用于开发DSS)等方面。数据库管理系统则分为关系型、层次型和网状型三种,常用的是关系型数据库管理系统(RDBMS)。

3. 系统网络平台的配置

网络设计是根据实际要求去考虑如何配置和选用相应的网络产品,网络平台选配的依据主要有两点:一是管理业务的需要,根据系统调查和系统分析的结果来考虑硬件配置和系统结构;二是实际管理业务和办公室的地理位置,需要兼顾到实现的可能性和技术的可靠性。

配置网络时应考虑的指标较多,主要包括网络传输数据所用频带、范围和用途,网络的拓扑结构,网络的逻辑设计,网络管理软件,网络的访问规则、通信方式、保密程度以及网络配件指标等。常用的网络操作系统有 Windows NT、UNIX 和 NetWare 三大类。

在满足实际业务需要和资金允许的前提下,应当购置技术上成熟、性能好和价格相对合理的计算机及网络系统。但由于计算机技术发展太快,很难确定明确的准则,一般会根据技术上是否可靠、维修是否方便、新老系统是否兼容、是否可扩展和是否能与外系统兼容等几个方面来评定。

4. 系统平台的配置报告

系统平台设计工作结束后,应编写系统平台配置报告,内容包括确定系统的网络结构体系、硬件配置清单和软件的选择等方面,报告中可提出若干方案,并对每一方案进行费用估算,方案需要专家进行讨论,最后由领导批准。

第四节 系统详细设计

一、代码设计

代码(Code)是人为确定用以代表客观事物(实体)名称、属性和状态的符号或符号的组合。代码设计问题是一个科学管理的问题,好的代码设计方案可以使处理变得便利,还能将计算机处理工作变得很简单。若代码设计不合适,小修改将会引起程序的变化,大修改则会导致文件全部作废并需要重新建立。

1. 代码设计的目的

(1) 唯一化

现实中的许多事物如果不加标识是无法区分的,这时计算机处理起来就会很困难。所以将原来不确定的东西,唯一地加以标识是编制代码的首要任务。最简单、最常见的例子是学生编号。在学生档案中,为避免重名引起的困扰,唯一地标识每一个人,编制学生编号。

(2) 规范化

唯一化是代码设计的首要任务,但如果仅仅为达到代码的唯一性,那么编出来的代码很可能杂乱无章,无法辨认,且使用起来不方便。因此在唯一化的前提下,还需要强调编码的规范化。例如,机械工业部关于滚动轴承标准编码规定,正常结构滚动轴承用四位数字表示,其中第一位数表示轴承的类型,以"0"开头表示的是向心球轴承,以"2"开头表示的是圆柱滚动轴承,以"8"开头表示的是推力球轴承,这样查找轴承类型就很方便。

(3) 系统化

系统所使用的代码应尽量标准化。在实际工作中,一般企业所用大部分编码都执行国家或行业标准。如果企业需要自行编码,应参照其他标准化分类和编码的形式来进行。例如,内部商品码、生产工艺码、生产任务码和零部件码等编码。

2. 代码设计的原则

合理的编码结构是信息处理系统具有生命力的一个重要因素。代码的设计一定要进行全面的考虑和仔细的推敲,反复修改,逐步优化。优化的代码系统应具有唯一确定性、标准化与通用性、可扩充性与稳定性、便于识别与记忆、短小精悍和容易修改等特点。当前,现代企业的编码系统是一个十分复杂的系统。我国目前已经颁布了 GB2260-80 行政划分代码、GB1988-80 信息处理交换用的七位编码字符集和邮政编码等。

代码设计的原则包括以下几条。

① 必须保证预留有足够的容量,以适应不断变化的需要。如果容量预留不够,不便于今后变化和扩充,随着环境的变化这种代码分类很快会因失去生命力而被淘汰。

② 按属性系统分类。代码分类必须遵循一定的规律,根据实际情况并结合具体管理的要求来分类是最基本的方法。代码应当是它所代表的事物或属性的唯一标志。

③ 分类要柔性。所谓柔性是指在一定情况下,分类结构对于增设或变更处理对象的可容纳程度,不会因出现代码的变更而导致分类的结构无效。但是柔性往往会带来一些问题,如冗余度过大等,这都是设计分类时必须考虑的问题。

④ 注意本分类系统与其他系统的协调。任何一项工作都是在原有的工作基础上发展起来的,因此分类时一定要注意新、老分类的协调性,以便于系统的连接、移植、协作以及新、老系统的平稳过渡。

3. 代码的种类

代码可以按照不同类型进行分类,如按文字类型可分为数字码、字符码和混合码,按照功能可分为顺序码、随机码和校验码等。综合来说,按功能进行分类较为复杂,图7-14给出了代码按功能的基本分类,其中的每一种代码又都是以数字码、字符码或混合码的形式表现出来的。

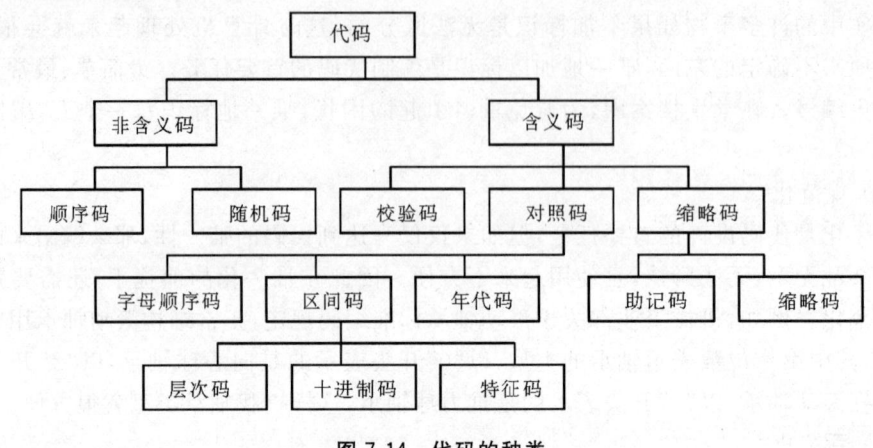

图7-14 代码的种类

下面介绍几种较为常用的代码形式。

(1) 顺序码

顺序码是一种用连续的数字代表编码对象的码,顺序码的优点是简单,易追加;缺点是没有逻辑基础且不便于对代码的操作,可识别性差。新增加的代码只能列在最后,删除则会造成空码,通常从1开始。如张一的工号为0001,王二的工号为0002……因为顺序码本身没有逻辑含义作基础,一般不能说明信息的任何特性,新增加的数据只能排列在最后。

块码是顺序码的特例,将事物按照顺序码分为各个块,每块代表一定类型的编码对象,块码这种编码块间留有一些备用码,所以是允许扩充的。例如,01 代表宣传部,02 代表组织部……07 代表膳食科,08 代表基建科(01—02 为政治处,07—08 为总务处,03—06 为备用码)。

(2) 校验码

校验码又称为编码结构中的校验位,是为了保证输入正确性,有意识地在编码设计结构原代码的基础上,通过事先规定的数学方法计算出校验码(1 位或 2 位数字),附加在原代码的后面,使其变成代码的一个组成部分。在使用时与原代码一起输入,此时计算机会用同样的数学运算方法计算出校验位,并将它与输入校验位进行比较,以检验输入是否有错。校验码可以检查出移位错(2234 记录为 2243)、双重移位错(3234 记录为 3432)、抄写错(6234 记录为 6235)及其他错误(5234 记录为 5434)等。最常见的校验码是我国使用的 18 位居民身份证编码,其第 18 位即为校验码。

确定校验位值的方法有算术级数法、几何级数法和质数法,以下逐一介绍。

① 算术级数法：

原代码　　　1　2　3　4　5
各乘以权　　6　5　4　3　2
乘积之和　　6＋10＋12＋12＋10＝50

以 11 为模去除乘积之和，把得出的余数作为校验码：50/11＝4……6（若余数是 10，则按 0 处理），因此代码为 123456。

② 几何级数法：原理同上，但把所乘权数改为 32、16、8、4、2 等。

③ 质数法：原理同上，但把所乘权数改为质数系列，如 17、13、7、5、3 等。

（3）缩略码

缩略码把人们习惯使用的缩写格式直接用于代码，是助记码的特例。其基本原理是从编码对象名称中提取几个关键字母作为代码。例如，kg——千克（kilogram），F——female（女），Inv. No——发票号（Invoice Number）等。缩略码的优点是简单且直观，便于记忆和使用；缺点是缩写字有限，它的适用范围有限，易于重复。如前例说的 F 在性别中可指"女"，但是在正误字段上则为"错误"的意思。

（4）区间码

区间码把数据项分成若干区间，每一区间代表一个组。码中的位置和数字都代表一定意义，最具典型的例子是邮政编码。特征码可分为层次码、特征码和十进制码等类型。

① 层次码：在码的结构中，为数据项的各个属性各规定一个位置（一位或几位），并使其排列符合一定层次关系。例如，关于某公司的组织机构的代码含义如表 7-4 所示。依表所得，代码 112 就代表总公司营销科广告组。

表 7-4　某公司组织机构层次码设计

公司级	科室级	小组级
1－总公司	1－营销科	1－订购组
2－浙江分公司	2－会计科	2－广告组
……	……	3－会计组

② 特征码：又称为多面码，在代码的结构中，为不同的属性各规定一个位置，清楚地表示某一编码对象的不同方面特征，如某热水器厂生产的商品编码如表 7-5 所示。

表 7-5　某热水器生产厂商商品编码

类别	容量（升）	颜色	报警系统
R（燃气热水器）	7	1（红色）	R1
M（煤气热水器）	8	2（白色）	R2
D（电热水器）	9	3（拉丝银）	W1
……	10	4（钢琴面银）	……
		……	

例如，某一种热水器的编码为 R72-W1，表示的是带 W1 报警系统的 7 升红色燃气型热水器。在区间码中，数字的位置与值均代表一定意义，故使排序、分类、检索更为便利，

但其缺点是有时造成编码过长。

③ 十进制码：十进制码中每一位数字代表一类，图书分类较为常用。

（5）助记码

助记码借助可以帮助记忆的字母或数字来表示编码对象，将编码对象的名称、规格等作为代码的一部分。例如，TV-B-21代表黑白21英寸电视机，TV-C-31代表彩色31英寸电视机。助记码的优点是直观，便于记忆和使用；缺点是不利于计算机处理，当编码对象较多时，容易引起联想出错，所以这种编码适用于数据量较少的人工处理系统。

4. 代码设计的步骤

代码设计分以下几个步骤。

① 首次确定代码对象：在选定编码对象后，明确编码化的目的及代码在系统中的作用，并确定代码使用范围。

② 考察代码的使用情况：编码时，要考察编码对象现有代码使用情况，查看是否已有相关的标准代码。如果国家标准局或行业主管部门对编码对象已有了标准代码，那么应遵照这些标准代码的原则来进行更改；如果没有相关的标准代码，那么在代码设计时要参照国际标准化组织、其他国家和单位的编码标准，设计出便于今后标准化的代码。

③ 选择设计代码种类：根据代码的使用范围、使用时间和企业的实际情况确定代码的种类，还应考虑代码的检验性能。

④ 编写代码表：写出代码的详细说明书，并通知有关部门。使用时尽量减少传抄，以避免人为造成的错误；在输入代码时，建议以缩写形式输入，然后由系统自动生成对应的正确代码。

二、数据库设计

任何一个 MIS 都需要处理大量的数据，而如何以最佳方式处理这些数据，并形成以规范化形式存储的数据库，是 MIS 开发中的一个重要问题。根据前期系统分析得到的数据关系集和数据字典，再结合系统处理流程图，就可以确定出数据文件的结构并进行数据库设计。

数据库（Database，简称 DB）是以一定的组织方式把相关数据存储在一起的集合。它能以最佳的方式、最少的数据冗余为多种应用系统服务，程序与数据相互之间具有较高的独立性。它描述了数据本身和数据之间的关系。

数据库设计具体可分为概念结构设计、逻辑结构设计和物理结构设计三个步骤，系统将相关的数据以最佳组合的形式科学地排序和存储，减少数据之间对接的响应时间。强调数据库设计中数据结构的规范化问题，规范化的重组是数据库设计的基础和前提，也是之后的数据库设计以及数据库后期维护和管理得以顺利完成的保障。

1. 数据库设计的概念和步骤

具体来说，数据库设计是在指定的应用环境下，构造出最优的数据库模式，建立数据库及其应用系统，使之能够有效地存储数据，满足各种用户的应用需求。由于信息结构复杂,应用环境多样,多年来,人们努力探索,提出了各种数据库设计方法,这些方法基本上都属于规范设计法。规范设计法中比较著名的有新奥尔良法(New Orleans,将数据库设计分为需求分析、概念结构设计、逻辑结构设计和物理设计四个阶段)、S. B. Yao(将数据库设计分为五个步骤)、I. R. Palmer(主张把数据库设计当成连续分解步骤)、基于 E-R 模型的数据库设计方法、基于 3NF(第三范式)的设计方法和基于抽象语法规范的设计方法等。规范设计法从本质上看仍然是手工设计方法,其中心思想是过程迭代和逐步求精,如图 7-15 所示。

(1) 需求分析阶段

进行数据库设计首先必须准确了解并分析用户的需求,需求分析是整个设计过程的基础,是最困难和最耗费时间的一步,也决定了构建数据库的速度与质量。

(2) 概念结构设计阶段

概念结构设计是整个数据库设计的关键,它通过对用户需求进行综合、抽象与归纳,形成一个独立于具体 DBMS 的概念模型。概念结构设计应在系统分析阶段进行。

(3) 逻辑结构设计阶段

在本阶段需将概念结构转换为某个 DBMS 所支持的数据模型,并进一步优化。

(4) 物理设计阶段

数据库物理设计是为逻辑数据模型选取一个最适合应用环境的物理结构,包括存储结构和存取方法等。

(5) 数据库实施阶段

设计人员要运用 DBMS 提供的数据语言及其宿主语言,根据逻辑设计和物理设计的结果建立数据库,编制并调试应用程序,组织数据入库和试运行。

(6) 数据库运行和维护阶段

数据库应用系统经过试运行后即可投入正式运行。在数据库系统使用过程中不断对其进行评价、调整并修改。

数据库设计的具体步骤分为以下三个。

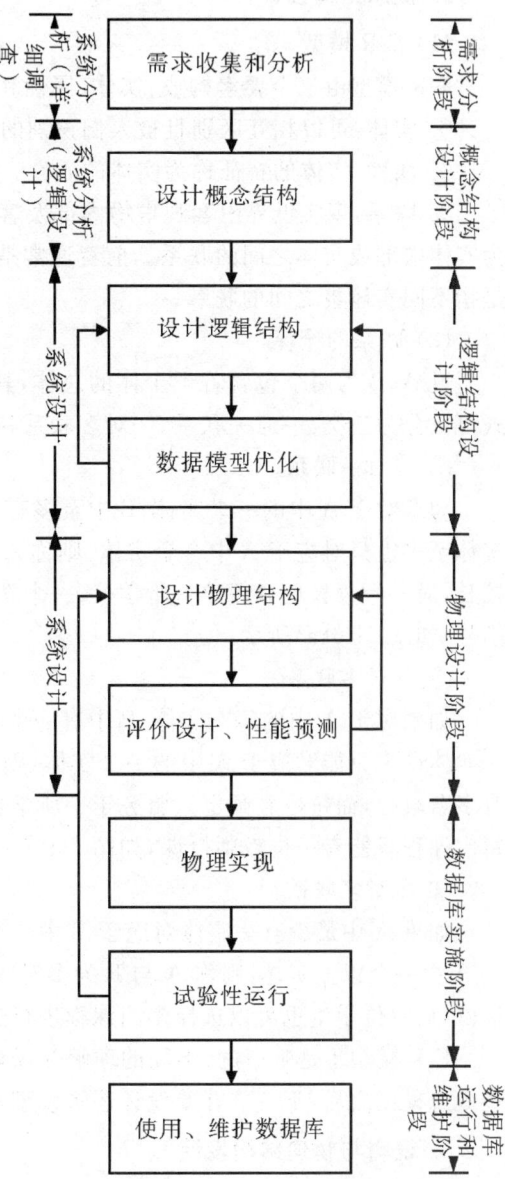

图 7-15 数据库设计步骤及与系统开发关系

① 概念结构设计:概念结构设计应在系统分析阶段完成,其任务是根据用户要求设计并完成数据库的概念数据模型(简称概

念模型),可用 E-R 模型表示。

② 逻辑结构设计:逻辑结构设计是将概念结构设计阶段完成的概念模型转换成能被选定的数据库管理系统(DBMS)能支持的数据模型。

③ 物理结构设计:物理结构设计是为数据模型在设备上选定匹配的存储结构和存取方法,以获得数据库的最佳存取效率。

以下将逐一进行详细说明各个步骤。

2. 概念结构设计

(1) E-R 模型

E-R 模型由三个要素构成:实体、属性和联系。

① 实体:可以相互区别且被人们识别的事、物和概念等均可抽象为实体。

② 属性:实体的特征称为实体的属性。

③ 联系:现实世界中客观事物内部及客观事物之间的联系,这在信息世界中被描述为实体内部或实体之间的联系。前者通常是指组成实体的各个属性之间的联系,后者则是指不同实体集之间的联系。

(2) 联系的诠释

设 A、B 为两个包含若干个体的总体,其间可能建立某种联系,其可能建立的联系方式可以分为三类:一对一联系、一对多联系和多对多联系。

① 一对一联系。

如果对于 A 中的一个实体,B 中至多有一个实体与其发生联系,反过来,B 中的每一实体至多也只对应于 A 中一个实体,则称 A 与 B 是一对一联系。诸如一所学校只有一个校长,而一个校长也只领导一所学校;一个学号只对应于一个学生,一个学生不能有多个学号,如图 7-16(a)所示。

② 一对多联系。

如果对于 A 中的每一实体,B 中有一个以上的实体与其发生联系,反过来,B 中的每一实体最多只能对应于 A 中的一个实体,则称 A 与 B 是一对多联系。接上例,一所学校有多名教师,而每位教师也只服务于一所学校;一名教师可以完成多门课程的传授,但是每门课程只能有一位教师授课,如图 7-16(b)所示。

③ 多对多联系。

如果 A 中最少有一实体对应于 B 中一个以上实体,反过来,B 中一个实体最少对应于 A 中一个以上实体,则称 A 与 B 为多对多联系。再接上例,一名课程可以被多名学生选修,而每位学生也可以选择多门课程进行选修,如图 7-16(c)所示。

E-R 模型不是唯一的,不同的理解和场合对同一实体可以画出不同的 E-R 模型。构造概念模型之后,下一步开始设计逻辑模型与物理模型。

3. 逻辑与物理结构设计

逻辑结构的设计是把概念结构设计阶段完成的概念模型转换成能被数据库管理系统支持的数据模型。以下将着重阐述 E-R 模型转换为关系数据模型的规则。

① 每一实体对应于一个关系模式,实体名作为关系名,实体的属性作为对应关系的

属性。

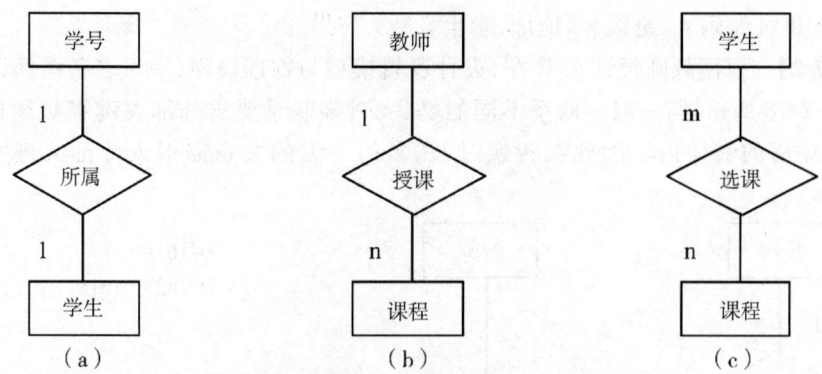

图 7-16 实体间的三种联系

② 一对一联系、一对多联系不转换为一个关系,两个实体对应的关系依靠外部关键字建立联系。

③ 多对多联系转换为一个关系,该关系的复合关键字为两个实体的关键字。

④ 三个或三个以上实体多对多联系转换为一个关系,该关系的复合关键字为各个实体的关键字。

⑤ 处理三个以上的实体联系时,先画出"一"对应的实体。

⑥ 具有相同关键字的关系可以合并为一个关系。

【例 7-1】 一个班级只有一个班长,一个班长管理一个班级。由 E-R 模型分别转换为逻辑模型和物理模型(一对一联系例证)。

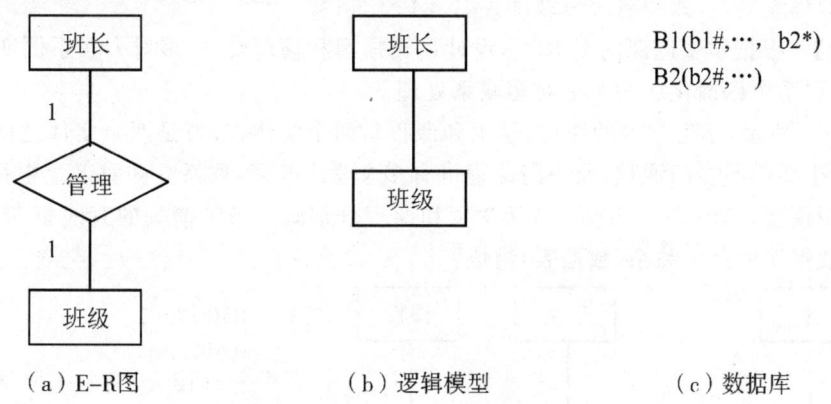

(a) E-R图　　　　　　　(b) 逻辑模型　　　　　　　(c) 数据库

图 7-17 一对一联系

如图 7-17 所示,转换时,遵循规则 1,一个实体转换为一个关系,联系不转换。(a)转换为逻辑模型(b),物理模型用关系(二维表)表示,在一个关系中引入外部关键字(用 * 标注)建立联系,用♯标注原有关键字(下同)。

班长(班长姓名♯,年龄,性别,电话,E-Mail)

班级(班级编码♯,班级名,地址,学生人数,班长姓名*)

因为班级与班长是等价的,因此也可通过外部关键字建立关联,所以上边的关系也可以设计为:

班长(班长姓名♯,年龄,性别,电话,E-Mail,班级编码*)

班级(班级编码♯,班级名,地址,学生人数)

【例7-2】 根据教师授课E-R图,设计逻辑模型与物理模型(一对多联系例证)。

如图7-18所示,与一对一联系不同的是:一对多联系要求外部关键字必须包含在一对多联系中多的实体内。因此在转换时,在多的一方的关系需引入外部关键字来建立联系。

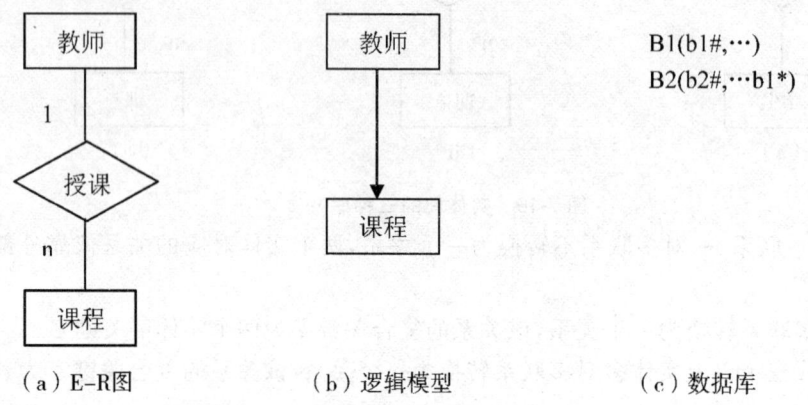

图 7-18 一对多联系

虽然一对一联系、一对多联系的数据库都由两个关系(数据表)组成,但两者的逻辑模型不同,数据库设计也不同。转换结果为:

教师(教师姓名♯,年龄,职称,性别)

课程(课程编码♯,课程名……教师姓名*)

【例7-3】 根据学生选课的E-R图,设计逻辑模型和物理模型(多对多联系例证)。

多对多联系可以简化成两个一对多联系处理。

如图7-19所示,学生学习的课程,学生和课程是两个实体,学习是两个实体之间的联系。一个学生要学习多门课程,而一门课程也有多个学生学习,联系是多对多。根据E-R模型,画逻辑模型,如图7-19(b)所示,从学生和课程分别画一条带箭头的直线指向选课。由此得出,数据库由三个关系(数据表)组成:

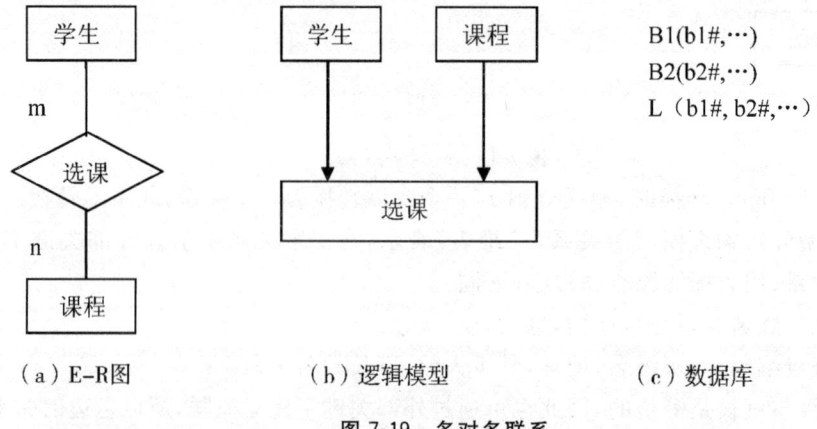

图 7-19 多对多联系

学生(学号♯,姓名,出生年月,性别,籍贯)
课程(课程编号♯,课程名,学分)
选课(学号♯,课程编号♯,成绩)

4. 规范化重组数据结构

规范化理论(Normalization Theory)是结构设计的前提和保障,将冗余和不规范的数据结构规范化,简化后期数据维护的难度。它是由 IBM 公司的 E. F. Codd 于 1971 年首提的,而后由学者发展完善为数据结构的五种规范化模式(Normal Form,简称范式)。

(1) 基本概念

首先介绍一些基本概念。

元组(Tuple):表中的一行即为一个元组。

属性(Attribute):表中的一列即为一个属性,每列的标识称为属性名,如"学生情况表"表明该关系拥有六个属性:学号、姓名、年龄、性别、年级和院系编号。

关系(Relation):一个关系对应一张表,描述一个实体集中各类数据的集合,如一名学生的情况表所显示的与他相关的内容。

关键字:对于某个关系,能够唯一地确定其属性(字段)值的属性(字段)组称为关键字。

候选关键字:对于某个关系,若存在多个属性组都可以为关键字,则称它们中的每一个属性组为该关系的候选关键字。

外部关键字:不是本关系的关键字,而是另一个关系的关键字。关系之间的连接常常依靠外部关键字。

主关键字(Key):从候选关键字中任选一个作为现行关键字,则该关键字称为主关键字,如"学生情况表"中的属性"学号"是唯一确定一个学生的主关键字。

外部关键字:不是本关系的关键字,而是另一个关系的关键字。关系之间的连接常常依靠外部关键字。

域(Domain):属性的取值范围,如性别的域是男和女、院系编号的域是整个学校所有系部编号的集合等。

分量:元组中的一个属性值。

关系模式:对关系的描述一般表示为关系名(属性 1,属性 2,…,属性 n),如"学生情况表"表示的关系可描述为学生(学号、姓名、年龄、性别、年级和院系编号)。

(2) 关系规范化

所谓关系规范化就是关系数据库中的每一个关系(二维表)都必须满足一定的条件,建立关系时必须遵循一定的原则,按照原则规范数据关系。关系规范化的作用是消除或减少数据冗余,保持数据一致性,防止数据在删、改、增时出现异常。关系规范化按照条件的宽严程度不同分为五个等级,每个等级用一个范式表示。高一级范式总是包含了低一级范式的全部要求,常用的是第一、二、三范式。

① 第一范式(1NF):必须满足的是关系中无重复组,元组中的每一个属性都必须是不可分割的。

表 7-6 教师工资表

教师代码	姓名	工资	
		基本工资	津贴
10001	张一	997.00	2253.00
10002	董二	965.00	2153.00
10003	周三	742.00	1465.00

表 7-6 中的"工资"属性是由"基本工资"和"津贴"共同构成的,为可分割状态,因此表 7-6 不符合第一范式。正确方法是将其拆分,重新构建关系,如表 7-7 所示。

表 7-7 修订后的教师工资表

教师代码	姓名	基本工资	津贴
10001	张一	997.00	2253.00
10002	董二	965.00	2153.00
10003	周三	742.00	1465.00

② 第二范式(2NF):必须满足的条件是除了满足第一范式所有要求的条件外,所有非主属性完全依赖(主属性能唯一确定其他非主属性)于其主属性。如果关键字由单一属性组成,那么满足第一范式的关系必须满足第二范式。

表 7-8 学生成绩管理表

学号	姓名	出生年月	性别	籍贯	区号	课程号	课程名	学分	成绩
100201	张一	09/09/1993	男	郑州	0371	600801	数据挖掘	2	97
100202	董二	11/19/1992	女	南京	025	600802	微观经济	1	68
100301	周三	19/18/1993	男	深圳	0755	600806	市场营销	2	77

表 7-8 中,非主属性存在部分函数依赖,不符合第二范式。例如,"成绩"完全函数依赖于"学号"和"课程号";"姓名"完全函数依赖于"学号",部分函数依赖于"学号"和"课程号";"学分"部分函数依赖于"学号"和"课程号"。

关系若无法满足第二范式,则引发如下问题。

a. 数据冗余:当某个学生有多门课程的成绩时,若他的籍贯发生变化,由于关系中区号要做相应修改。当选修 n 门课的学生籍贯发生变更时,籍贯与区号要被修改 n 次,数据的冗余造成修改复杂化,易造成遗漏。

b. 插入异常:假若要插入一名尚未选课的学生,即该名学生尚无课程号,这样就无法插入到关系中。因为要插入一条记录时必须给定关键字值,而该生的课程号为空,所以造成学生固有信息无法插入。

c. 删除异常:如某个学生只选了一门课,现在该门课调停了。但是课程号是关键字,删除了课程号,整条记录就必须跟着删除,会造成学生的基本信息也被删除。

d. 解决方法如下:将一个非 2NF 的关系模式分解成为多个 2NF 的关系模式。首先,将学号与课程号取出,作为主关键字,建立第一个关系;其次,学号作为单一关键字,组成第二个关系；再次，课程号作为单一关键字，组成第三个关系。原来的一张表更改为三张表。

③ 第三范式(3NF)：不仅满足第二范式的全部要求条件，而且所有非主属性都不传递依赖于任何主关键字。若关系不满足第三范式，会引发数据冗余、插入异常和删除异常等问题。

表 7-9 学生信息表

学号	姓名	出生年月	性别	籍贯	区号
100201	李一	09/09/1993	男	长沙	0731
100202	张二	11/19/1992	男	北京	010
100301	任三	19/18/1993	女	深圳	0755

如表 7-9 所示，该关系中"区号"单值函数依赖于"籍贯"，而"籍贯"单值函数依赖于"学号"，所以"区号"传递函数依赖于"学号"。这不符合第三范式的要求。

解决方法是将一个非 3NF 的关系模式分解成为多个 3NF 的关系模式。为消除传递函数依赖关系，将其分解为多个满足 3NF 的关系。将上表中的"籍贯"作为关键字组成一个新的关系，用♯表示。为保证新关系与学生信息表关联，在学生信息表中保留外部关键字——籍贯，用 * 表示。

新的满足 3NF 的关系为：

学生信息表(学号♯，姓名，出生年月，性别，籍贯*)

籍贯表(籍贯♯，区号)

一般对关系的规范化只进行到第三范式。因为范式的等级越高，存储的数据就需要分解为更多的表，访问数据表时总是涉及多表查询，会导致系统访问速度下降。从实用角度来看，在多数情况下选用第三范式是适当的。

总的来说，对于一个关系进行规范化处理可以采用以下几个步骤。

首先，把非规范化关系中所有包含重复组项的数据元素分解成若干个二维表的形式，并指定一个或若干个数据元素为关键字，形成第一范式。

其次，对于一个第一范式的关系，必须确保每一个非关键字数据元素完全函数依赖于整个关键字，或通过投影分解的方法转换成若干个满足这种要求的关系，形成第二范式。

最后，对于一个第二范式的关系，检查所有非关键字的数据元素是否彼此独立，若不是，必定存在传递依赖，则需要通过投影分解的方法消除传递依赖，这样便形成第三范式。所有的范式规范过程如图 7-20 所示。

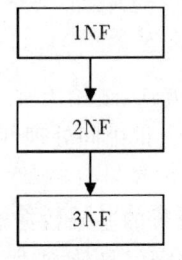

1NF　无重复的列，不存在某列包含其他列的内容。
　　　消去非主属性对键的部分函数依赖。

2NF　数据库表中的每一行必须可以被唯一地区分。
　　　消去非主属性对键的传递函数依赖。

3NF　数据库表中不包含已在其他表中已包含的非主关
　　　键字信息。消去主属性对键的传递函数依赖。

图 7-20 范式规范过程示意图

计算机中存储容量和处理时间都是宝贵的资源,在组织数据的存储结构时,一定要对其进行规范化处理,以达到第一范式、第二范式或第三范式形式,只有这样才能使宝贵的资源得到有效利用。

三、输入/输出设计

管理信息系统(MIS)的输入/输出设计是用户与系统的交流媒介,是用户与系统关系最密切的两部分和主要接口。输入/输出设计是工作量巨大且手工作业多的操作,输入/输出设计主要是对以纪录为单位的各种输入/输出报表格式的描述。另外,对人机对话式的设计和输入/输出装置的考虑也可在这一步实现。因此,对输入/输出的设计要给予充分重视。尽管输入/输出设计在 MIS 整个设计环节中的重要性并不十分大,是很容易被忽视的环节,但对用户来说是很重要的,一个好的输入/输出系统将会大大增加用户对系统的信心,也会为用户带来良好的工作环境。

1. 输入设计

输入设计对系统的质量有着决定性的重要影响。输入数据的正确性直接决定处理结果的正确性,如果输入数据有误,后期的努力都是无谓的工作。输入设计包括输入方式设计和用户界面设计,是 MIS 与用户之间交互的纽带,决定着人机交互的效率及信息系统软件的外观形象。输入设计的目的是提高输入效率,减少错误。设计的任务是根据具体业务要求,确定适当的输入形式,保证正确数据的比例。

输入设计包括数据规范和数据准备。其基本原则包括以下几条。

① 控制输入量:它只输入基本信息,其他可通过统计、计算和检索得到的信息则由系统自动产生。

② 减少输入延迟:为减少延迟,可采用批量输入、周转文件或数据导入等方式。

③ 减少输入错误:输入过程中应采用多种输入验证技术和校验方法,减少输入错误。

④ 精简输入步骤:在输入设计时,应尽量避免不必要的输入步骤,并验证现有步骤是否完备、高效。同时还不能因为查错、纠错而使输入复杂化,增加用户负担。

(1) 输入方式设计

输入设计的任务就是设计出一个人机界面良好的接口,并采取一些必要的技术措施以确保数据输入的正确性、完整性。常用的输入方式有键盘输入、网络数据传送、数/模输入、模/数输入和移动介质读入等。通常在设计新系统的输入方式时,应尽量利用已有的设备和资源,避免大批量的数据重复通过键盘输入。主要原因是因为键盘输入不但工作量大、速度慢,而且出错率较高。

数据输入的过程如图 7-21 所示。

① 键盘输入:它包括联机键盘输入和脱机键盘输入两种方式,适用于常规、少量的数据和控制信息的输入以及原始数据的录入。这种方式不适合大批中间处理性质的数据输入形式。

② 数/模与模/数转换方式(A/D,D/A):这是目前比较流行的基础数据输入方式,是一种直接通过光电设备对实际数据进行采集并将其转换成数字信息的方法,既省事又安

第七章 管理信息系统的设计

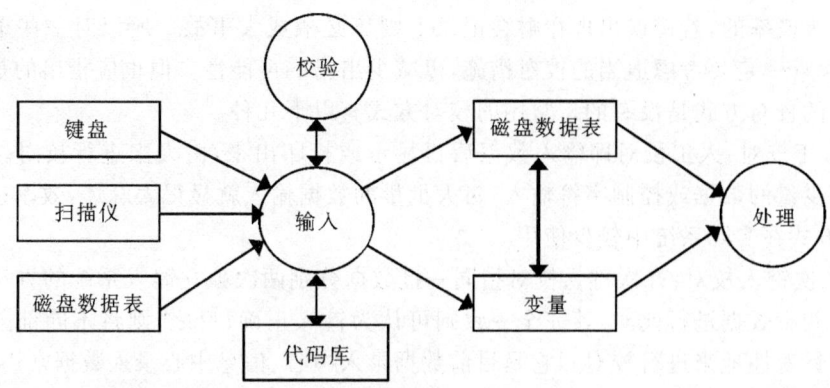

图 7-20 数据输入过程

全可靠。其常见的形式有条形码输入、扫描仪输入和传感器输入以及电子秤的自动检测等,适用于各种复杂环境下,自动地检测和收集数据。

③ 网络或通信传送数据:这既是一种输出信息的方式,又是一种输入信息的方式。对下级子系统它是输出,对上级主系统它又是输入。使用网络传送数据既可相对安全、可靠且快捷地传输数据,又可避免重复开发工作。网络传送有利用数字网络直接传送数据和利用电话网络(通过 modem)传送数据两种方式。

④ 移动介质传送数据:数据输出和接收双方事先约定好传送数据文件的标准格式,然后再通过软盘/光盘/U 盘等形式传送数据文件,这是一种非常方便的输入数据方式,它常被用在主/子系统之间的数据连接上。

(2) 输入格式及界面设计

输入设计的重要内容之一是设计好原始单据的格式。研制新系统时,即便原系统的单据很齐全,一般也要按照新系统的要求重新设计和审查原始单据。设计原始单据的原则有以下几点。

① 单据要便于填写。原始单据设计要保证填写得正确、全面、迅速、简易和节约,具体地说应做到填写量少,版面排列简明且易懂。

② 单据要便于归档。单据大小要标准化,需要预留装订位置,并标明单据的流动路径。

③ 单据的格式应能保证输入精度。

输入界面设计遵循以下几个原则。

① 对话框要清楚、简单,对话框中用词要符合用户的观点和习惯。

② 对话框要适应不同操作水平的用户,便于维护和修改。

③ 错误信息设计要有建设性。

④ 关键操作要强调或有警告提示。

(3) 输入校验设计

在输入时校对方式的设计是非常重要的。输入错误的种类可以大致分为数据本身错误、数据多余/不足以及数据的延迟等。特别是数字、金额数等字段,没有适当的校对措施作保证是很危险的。因为从理论上来说,操作员输入数据时所发生的随机错误在各个数位上都是等概率的,若错误出现在财会记录上则势必酿成大事故。所以对一些重要的报表,输入设计一定要考虑适当的校对措施,以减少出错的可能性。但也应指出的是绝对保证不出错的校对方式是没有的。常用的校对方式有以下几种。

① 人工校对:人工校对即输入数据后再显示或打印出来,由人来进行校对。这种方法适用于少量的数据或控制字符输入,对大批量的数据输入就显得太麻烦,效率过低。因此,这种方式在实际系统中较少使用。

② 二次键入校对:二次键入校对指同一批数据分别两次独立键入系统的方法。系统对输入后两批数据进行比对,若完全一致则可认为输入正确;反之,则将不同部分显示出来由人有针对性地来进行校对。它是目前数据录入中心、信息中心录入数据常用的方法。该方法最大的好处是方便、快捷,而且可以用于任何类型的数据符号。需要留意的是,两次输入均在同一地方出错且错误一致的可能性是存在的。

③ 数据平衡校对:这种校对方法常用在对财务报表和统计报表等这类完全数字型报表的校对工作。具体做法是在原始报表每行每列中增加一位数字小计字段,然后在设计新系统的输入时再另设一个累加值,先让计算机将输入的数据累加起来,然后再将累加的结果与原始报表页中的小计自动比较。若一致,则可认为输入正确;反之,则拒绝接受该数据记录。这是一种非常有效的方法,但该方法也不是十全十美的,与二次键入校对一样会存在同一地方同时出错的现象。

④ 用程序实现自动校对:若在数据库设计时已知取值区间或取值集,可通过设置取值区间检验,或利用输入数据表的外键进行一致性检验。再如,对日期型数据一定要进行合法性和时效性检验等。

(4) 输入数据改正方法

为了保证数据的安全性以及原始输入数据正确无误,数据输入过程中需要通过程序对输入数据进行严格的校验。发现有错时,程序应当自动打印出错信息一览表。出错表可由两种程序打印:一种是以数据校验为目的的程序,另一种是边处理、边做数据校验的程序。经过相关人员签字确认后,由数据管理人员进行相应的修改。

出错的改正方法应根据出错的类型、未知和原因有针对性地更改。通常来说,出错后修改的方法有以下几种。

① 原始数据出错。

发现原始数据有错时,应将原始单据送还填写单位处由其修改,不应由录入人员或原始数据检查人员修改。

② 机器自动检错。

当机器自动检出错误时,出错的恢复方法有以下几种。

a. 待输入数据全部校验并改正后,再进行下一步处理。

b. 舍弃出错数据,只处理正确的数据。这种方法适用于做动向调查分析的情况,这时不需要太精确的数据。

c. 只处理正确的数据,出错数据待修正后再进行同法处理。

d. 剔除出错数据,继续进行处理,出错数据留待下一运行周期一并处理。这种方法适用于运行周期短而剔除错误不致引起输出正确性显著下降的情况。

2. 输出设计

相对于输入方式来说,输出方式的设计要简单得多。输出设计的任务是使管理信息系统输出满足用户需求的信息。输出设计的目的是为了正确及时地反映和汇总各管理部门需要的信息。从系统的角度来说,输入和输出都是相对的,各级子系统的输出就是上级主系统的输入。从这个意义上来说,前面所介绍的几种数据输入方式,如软磁盘传递、网络传递、通过电话线传递等,对于数据传出方而言也就是输出方式设计的内容。从输出的过程来分,输出分为中间输出和最终输出两类。中间输出是指子系统对主系统或另一个子系统之间的数据传送,而最终输出则是指通过终端设备(如显示器屏幕、打印机等)向管理者输出信息。下面着重来讨论一下最终输出方式的设计问题。

最终输出方式常用的只有两种:一种是报表输出,另一种是图形输出。究竟采用哪种输出形式为宜,应根据系统分析和管理业务的要求而定。一般来说,对于基层或具体事物的管理者,应用报表方式给出详细的记录数据为宜;而对于高层领导或综合/宏观管理部门,则应该使用图形方式给出比例或综合发展趋势的信息更为有效。管理信息系统只有通过输出才能为用户提供服务,而信息系统能否为用户提供准确、及时和适用的信息是评价信息系统优劣的标准之一。数据输出的过程如图 7-22 所示。

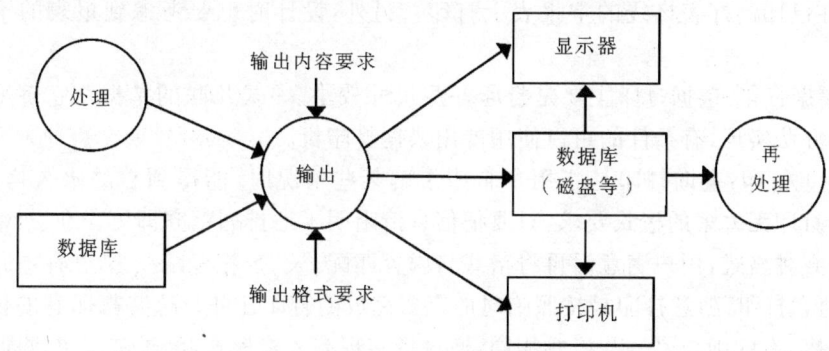

图 7-22 数据输出过程

输出设计包括以下几个方面的内容。

(1) 输出形式设计

相对输入设计而言,输出形式设计要简单一些,它主要是根据系统配置设计所选择 MIS 的要求确定输出形式。输出形式主要有以下几种。

① 外部输出:这是 MIS 向系统之外的环境的输出,如向用户或其他系统输出信息、报表等。

② 内部输出:这是 MIS 内部一个子系统向另一个子系统或一个处理过程向另外一个处理过程的输出。

③ 中间输出:这是 MIS 计算机处理过程中的中间输出结果,这种输出形式常用来向别的系统传递信息做进一步处理使用,一般以数据文件形式存在。

在输出设计的设计阶段,设计人员应给出系统输出说明,这是将来编程人员在软件开发过程中进行实际输出设计的依据,也是用户评价系统实用性的依据。因此,设计人员要能根据系统数据接口设计中的要求,设计出满足对内(系统之间)、对外提供的各种信息需求。输出设计要在一定规范指导下进行，以便产生易于理解的输出。

(2) 输出内容设计

输出形式确定后就要对每一输出进行内容设计，输出内容设计要首先明确用户对MIS输出信息的要求，如使用目的、使用频率、使用者、安全保密要求、份数等。在此基础上，还要设计信息的输出方式（文字、图形、表格），输出内容的项目及数据结构、长度、精度、类型和取值范围等。

在设计输出内容时，还需要考虑输出信息的使用情况、输出信息内容、输出格式（表格信息、图形信息和图标等）和输出设备等因素。

(3) 输出格式设计

MIS对输出信息格式要求较多的是打印机输出、屏幕输出和数据输出。

① 打印机输出。

打印机输出可分为报表打印、票据打印、查询打印和随意打印。

a. 报表打印：报表打印是打印机经常要执行的任务，一般报表格式都是由企业方来确定，在打印时要严格按照原格式、字体和报表大小。如果某些报表的格式需要调整，要和用户一起进行研讨解决，不要自行决定。根据用户的实际情况，可使用普通打印纸打印，也可在已印制好表格线的空报表上打印。另外，设计时也要考虑到报表的不断变化问题。

b. 票据打印：票据打印主要是打印一些尺寸较小、一式几联的单据。它多采用复写打印纸的办法实现，有条件的可以使用专用票据打印机。

c. 查询打印：查询打印是指用户希望了解某些情况时，能得到它的永久拷贝形式。一般这类打印无太多的格式要求，只要把信息清晰明了地排列整齐即可。在设计时，可事先设计好几种格式，用户满意后再将格式与内容匹配。

d. 随意打印：随意打印是按照临时的需要完成的打印任务。这些打印有的仅仅是要求信息内容，有的则与另一些格式相同，通过借鉴现有表格形式，经过临时更改即可实现。

② 屏幕输出。

屏幕输出是一种临时性的输出，它把系统输出的信息显示在显示器屏幕上，输出内容能阅读并保存。这种输出在用户的原系统（人工系统、现行系统）中也需要一定的格式要求。

③ 数据输出。

数据输出的目的是为了方便、高效、安全地向其他系统导入相关数据，在输出时需要考虑数据的有效字段、字段大小和时间范围内的数据等格式要求，以及输出的文件类型要求，如.dbf、.xls或.txt等格式，目的是便于对方系统的正确接收、转换和导入。

需要强调的是，无论是哪种屏幕输出，完成设计后都要征得用户的同意。

为了提高系统的规范化程度及编程效率，在输出设计上应尽量保持输出内容和格式的规范性，也就是说，同一内容的输出，对于显示器、打印机、文本文件和数据库文件应具有统一的形式。显示器输出用于查询或浏览，打印机输出提供报表服务，文本文件格式用于为办公自动化系统提供剪辑素材，而数据库文件可满足数据交换的需要。

四、用户界面设计

用户界面是系统与用户之间的接口,也是控制和选择信息输入、输出的主要途径,通常包括输出、输入、人机对话的界面与方式等。用户界面设计是一个组织系统形象的具体体现,要能够为用户建立良好的工作环境,能激发用户学习、工作的热情;界面设计还要求符合用户习惯,方便用户操作,使目标系统易于为用户所接受,为用户提供易读、易懂的信息形态。在设计菜单时应尽量避免菜单嵌套层次过多,或者每选择一次还需确认一次的设计方式。大批数据输入屏幕界面时颜色过于丰富多变等问题都是需要避免的,应保持界面的统一和简洁。

用户界面设计应具备以下几个特征。

① 可使用性。可使用性是用户界面设计最重要的也是最基本的目标。它包括使用的简单性,用户界面中所用术语的标准化和一致性,HELP 帮助功能,快速的系统响应、低的系统成本和用户界面的容错能力等功能。

② 灵活性。灵活性应考虑用户的特点、能力和知识水平,用户可以根据需要制定和修改界面方式,以及系统能够满足用户的希望和需要等不同的需求。但是灵活性和运行效率往往是两个矛盾体。

③ 用户界面的复杂性和可靠性。

用户界面设计则包括菜单方式、对话方式、权限管理方式、图像和窗口等多种形式。

1. 菜单方式

菜单(menu)是信息系统功能选择操作的最常用方式。菜单是由系统预先设置好的,用户只需通过鼠标或移动键等定位设备来选择使用。按目前软件所提出的菜单设计工具,菜单按照显示的形象或样式可分为正文菜单、图标菜单以及正文/图标混合的菜单等,按屏幕位置和操作风格菜单可分为固定位置菜单、浮动位置菜单(弹出式菜单)、下拉式菜单和嵌入式菜单等。

菜单设计时一般应将功能尽可能多地安排在同一层菜单中,在最终操作层次功能应尽可能少(最好是二级左右)。一般功能选择性操作最好让用户一次就进入系统,只有在少数重要执行性操作时,才设计让用户选择后再做一次确定的形式。

2. 对话方式

当用户产生误操作时,系统向用户发出提示与警告信息;或当系统执行用户操作指令遇到两种以上的可能时,系统提请用户进一步地说明;或系统定量分析的结果通过屏幕向用户发出控制型的信息等情况出现时,需要用到对话管理的方式。这类会话通常的处理方式是让系统开发人员根据实际系统操作过程将会话语句写在程序中,实现用户和系统之间的通信。

对话是用户在选取菜单项或图标时的一种辅助手段。对话在屏幕上的出现方式与弹出式菜单类似,即瞬时弹出,同时系统对其外框矩形区域所覆盖的原屏幕图像内容加以保护,以便在对话结束时能够把这些屏幕图像内容立即予以恢复。对话形式通常分为必须回答式、无需回答式和警告式三种。

3. 权限管理方式

为了操作方便，在系统设计时常常把操作提示和要点同时显示在屏幕的旁边，以使用户操作方便，这是当前比较流行的用户界面设计方式。另一种操作提示设计方式则是将整个系统操作说明书全送入到系统文件之中，并设置系统运行状态指针。

当系统运行操作时，指针随着系统运行状态来改变；当用户按"帮助"键时，系统则立刻根据当前指针调出相应的操作说明，调出说明后还请求进一步详细说明的方式，如 Windows 和 3W（World Wide Web）等的 help 方式是用来索引具体内容的。

另外，与操作方式有关的就是对数据操作权限的管理。用户权限规定一个用户可以使用哪些数据操作，它的使用是和系统安全密码验证紧密联系的。

4. 图像

在用户界面中，加入丰富多彩的画面将能够更形象地为用户提供有用的信息，达到可视化和突出的目的。其主要的处理有图像的隐蔽和再现、屏幕滚动、图案显示和动画等形式。

5. 窗口（Window）

窗口是屏幕上的一个矩形区域，又名视图区（View Port）。用户可以通过窗口显示观察其工作区域内的全部或一部分的内容，并可以对所显示的内容进行各种系统预先规定好的操作。

由于物理条件的限制，窗口面积一般都不能满足用户要求，窗口显示的内容只占用户空间的一部分。习惯上将窗口视为虚拟屏幕，相对地，显示器屏幕就称为物理屏幕。采用滚动技术，通过窗口能够看到的用户空间比物理屏幕显示的内容要多；在同一物理屏幕上又可以设置多个窗口，各个窗口可以由不同的系统或系统成分分别管理和使用。一个窗口可以有多个配置部件或组合，包括菜单区、移动图标区、标题区、大小区、用户工作区、横向滚动区、纵向滚动区和退出区等。

第五节　系统设计报告

系统设计报告也称为系统设计说明书，它是系统设计阶段的主要成果和最后成果，也是系统实施的重要依据。它应包含本章节的主要内容，其主要内容有以下几个方面。

(1) 系统总体设计方案

系统总体设计方案包括系统总体结构图、子系统结构图和系统设备配置图等。

(2) 系统详细设计方案

系统详细设计方案包括代码设计方案、输入/输出设计方案、数据库设计方案等。

(3) 实施方案的总计划

对工作任务进行分解，即对项目开发中的各项工作（包括文件编制、审批、打印、用户培训、安全性、保密性和使用设备的安排等环节)按层次进行分解,指明每项任务的要求及负责人。对各项工作给出进度要求,做出各项实施费用的估算及总预算。

(4) 实施方案的审批

参加审议的人员除了用户、系统研制人员、程序员外,还包括专家、管理人员和具体使用员工代表等,最后由领导批准。系统设计说明书与计算机系统选择方案报告是系统设计阶段的全部工作成果,它们是由各方面人员多次协商、讨论与修改而成的,并且是用户感到比较满意的和经有关领导审批的,是下一步实施阶段的指导性文件。系统设计一旦被审查批准,整个系统开发工作便进入系统实施阶段。

小　　结

系统设计阶段的任务是在前一阶段系统分析的基础上对新系统的物理设计,从而进一步明确新系统如何做才能满足管理系统的要求。系统设计要考虑系统的灵活性、可靠性和经济性。系统设计分为总体结构设计与详细结构设计。

总体结构设计是对系统功能进行规划,给出系统的逻辑结构,主要内容包括子系统功能模块设计、将数据流程图转换成控制结构图、确定系统的物理配置方案等。系统物理配置方案设计包括软、硬件设备配置和通信网络的选择设计等。

详细结构设计包括代码设计、数据库设计、输入/输出设计和用户界面设计。代码设计是为了实现全局数据的统一。输入/输出设计为用户提供方便友好的人机交互手段,使操作性更强。这一阶段,还需要制定严格的设计规范,具体地规定文件名和程序名的统一格式、编码结构、代码结构、统一的度量名等。

系统设计阶段的成果是给出了程序设计说明书和系统设计报告,为系统实施阶段的工作提供具体的方案。

复习题

【思考题】

1. 系统设计的主要任务是什么？它能为下一步系统实施工作提供什么作用？
2. 模块分解的基本原则是什么？
3. 在一个模块的分解过程中,是否会出现两种分析方法需要同时使用的情况？请举例说明。
4. 数据输入一般采用哪些措施保证数据输入的准确？
5. 代码设计应遵循哪些原则？
6. 如何进行系统划分？试找找身边的一个实例来进行分析。
7. HIPO 图是如何构成的？它的主要用途是什么？
8. 试述我国身份证号中代码的意义,它属于哪种码？这种码有哪些优点？

9. 数据规范化不同范式需要满足什么条件？不满足情况下如何修订？

【练习题】

1. 填空题

(1) 选择计算机设备是系统（   ）设计阶段的主要工作内容之一。

(2) 管理信息系统的系统设计包括两个阶段，即（   ）设计阶段和（   ）设计阶段。

(3) 把一个信息系统设计成若干模块的方法称作（   ）。

(4) 数据库设计包括（   ）设计、（   ）设计和（   ）。

(5) 系统设计的任务是为（   ）阶段提供必要的技术资料。

(6) 设某种代码有3位，每位上可有4种字符，则这种代码共有（   ）种码。

2. 案例分析

如下图所示，采用E-R模型表示"教师—课程—学生"三个实体及其关系，任务是根据用户需求，设计数据库的概念数据模型。图中显示E-R模型，即可转换出教师的关系数据模型，请完成该图中其余的数据模型的转换工作（关系的主键用下划线标识，外键用波浪线标识；教师(职工号,姓名,性别,职称,职务)）。

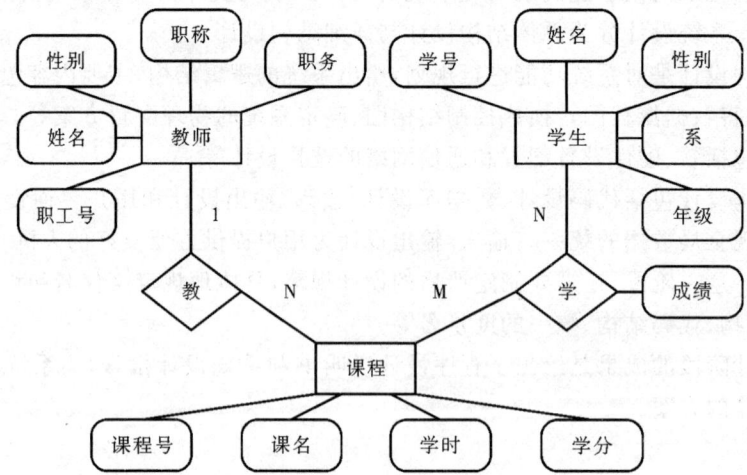

第八章　管理信息系统的实施

【学习目标】

通过本章的学习,学生应该了解系统实施的任务与内容,掌握系统实施的方法;了解系统测试的目的,掌握系统测试的方法与内容;了解系统文档管理的内容,掌握系统转换的方式与步骤;了解系统运行管理的内容,掌握系统维护的内容与类型,掌握系统评价的内容与指标系统。

知识要点	目标要求	相关知识
基本知识	能够理解并掌握系统实施的任务等基本内容	(1) 系统实施任务、内容 (2) 系统实施的方法
系统测试	(1) 能够理解系统测试的目的 (2) 能够掌握系统测试的方法与内容	(1) 系统测试的目的 (2) 系统测试的方法与内容
文档管理	了解系统文档管理的内容	系统文档管理的各种文件、资料
系统转换、管理与维护	(1) 能够掌握系统转换的方式与步骤 (2) 了解系统运行管理的内容 (3) 能够掌握系统维护的内容	(1) 系统转换的方式与步骤 (2) 系统运行管理的内容 (3) 系统维护的内容与类型
系统评价	能够掌握系统评价的内容与指标体系	(1) 系统评价的内容 (2) 系统评价的指标体系

开篇案例

管理信息系统在某化工企业中的实施

案例背景

某厂是一个生产硼化物的企业。该厂占地面积10万平方米,在册职工5000人。改革开放以来,建立了厂长负责制,改变了经营方式,搞活了企业,经济效益明显增长,1981年该厂荣获省、部级"六好企业"称号。当时,作为全国知名企业家的厂长,为进一步提高企业管理水平,决定与某大学合作,以委托开发方式为主研究管理信息系统。接受委托单位进行了可行性分析,认为根据当时企业条件,还不适于立即开始管理信息系统的全面开发,最好先研制一些子系统。在此背景下,厂长从各车间中抽调出一名文化程度较低的工人和一名中专程度的技术人员组成计算机网络中心,虽然管理人员对于应用微型计算机也缺乏认识,再加上思想上的阻力大,很有可能会失败。但是,厂长决定马上开始47等规模的 MIS 开发。他认为，做个试验，即使失败也没有关系，于是在 1985 年 1 月工作就全面展开了，合作学校也抽调了教师和研究生全力投入。

具体案例

该厂整个项目分阶段完成，首先是系统调研、人员培训，规划了信息系统的总体方案，并购置了以太局域网软件和五台 IBM-PC 机。在系统分析和系统设计阶段绘制数据流程图和信息系统流程图的过程中，课题组和主要科室人员在厂长的支持下进行了多次关于改革管理制度和方法的讨论。他们重新设计了全厂管理数据采集系统的输入表格，得出了改进成本的核算方法，试图将月盘点改为季度盘点，将月成本核算改为季度成本核算，将产量、质量、中校指标的月末统计改为日统计核算。整个系统由生产管理、供销及仓库管理、成本管理、综合统计和网络公用数据库五个子系统组成。各子系统在完成各自业务处理及局部优化任务的基础上，将共享数据和企业高层领导所需数据通过局域网传送到服务器，在系统内形成一个全面的统计数据流，提供有关全厂产量、质量、消耗、成本、利润和效率等 600 多项技术经济指标，为领导作决策提供可靠的依据。在仓库管理方面，通过计算机掌握库存物资动态，控制最低、最高储备，并采用 ABC 分类法，试图加强库存管理。

案例说明

该厂整个项目的研制工作整体上开展得较有条理、比较顺利，但难免会遇到一些比较棘手的问题。原计划从 1986 年 1 月份开始用一年时间完成系统开发，但实际上，虽然课题组夜以继日地工作，软件设计还是一直延续到 1987 年 9 月才开始进入系统转换阶段（即人工系统和基于计算机的信息系统并行运行阶段）。可以说，系统转换阶段是系统开发过程最为艰难的阶段。许多问题在这个阶段开始暴露出来，下面列举一些具体的表现。例如，手工系统和计算机应用系统同时运行，对于管理人员来说，加重了负担，在这个阶段，管理人员要参与大量原始数据的输入和计算机结果的校核。特别是仓库管理系统，需要把全厂几千种原材料的月初库存一一输入，工作量极大，而当程序出错、修改时间较长时，往往需要重新输入。这就引起了管理人员的极大不满。这些问题经过努力逐一得到解决，系统开始正确运行并获得上级领导和兄弟企业的好评。但同时企业环境发生了很大的变化。一是厂长奉命调离；二是厂外开发人员移交后撤离；三是原来由该厂独家经营的硼化物产品由于原材料产地崛起不少小厂而引起市场变化，不仅原材料来源发生了问题，产品销路也有了问题，工厂效益急剧下降，人心惶惶，无暇顾及信息系统发展中产生的各种问题。与此同时，新任的厂长认为计算机没有太大用，不再予以关心。这时，原来支持计算机应用的计划科长也一反常态，甚至在工资调整中不给计算机室人员提工资，结果是已掌握软件开发和维护技术的主要人员调离工厂，整个系统进入瘫痪状态，最后以失败而告终。

提问与思考

回顾该厂的管理信息系统实施的整个过程，我们有不少思考和感悟，明白了 MIS 系统不仅是一个技术系统，而且还是一个社会技术系统。分析此案例，回答以下问题：

1. 该厂关于开发项目规模的决策是否符合诺兰阶段模型?为什么?
2. 系统开发比原计划拖延较长时间,说明了什么问题?
3. 只开发成本管理系统而不进行整个财务系统的开发,对不对?
4. 企业管理人员的资质对系统开发有何影响?
5. 通过这个案例,你认为企业一把手在开发 MIS 中的作用是什么?

第一节 系统实施概述

当系统分析与系统设计的工作完成以后,开发人员的工作重点就从分析、设计阶段转入实践阶段。所谓系统实施就是指把系统的设计方案转换成实际运行的管理信息系统的全过程。在此期间,将投入大量的人力、物力,占用大量的时间,使用信息系统的部门将发生组织机构、人员、设备、工作方法和工作流程的重大变革。系统实施是系统开发的重要阶段,它真正解决系统"具体做"的问题。

一、系统实施阶段的任务与内容

从管理信息系统的生命周期来看,系统实施阶段已经到系统研制开发的后期,它是前面各阶段工作的延伸和继续。管理信息系统实施阶段的任务是根据用户确认的设计方案,实现具体的应用系统,包括系统实施计划的制订、系统环境的建立、程序设计、系统测试、系统调试、人员培训等一系列工作,最后把一个可以实际运行的系统交给使用者。

概括起来,系统实施阶段主要包括以下几个方面的工作。

1. 硬件准备

硬件准备主要是准备系统运行所需的各种硬件设备,包括计算机、输入/输出设备、存储设备、辅助设备等。该阶段不仅要购置这些设备,还要对其进行安装和调试。这方面的工作要花费大量的人力、物力和财力,并且会持续较长的时间。

2. 软件准备

软件准备是准备系统运行所需的各种软件,包括操作系统、应用程序等。这些软件有些需要购买,有些需要组织人力编写。编写程序也是该阶段的主要任务之一。

3. 数据准备

该阶段主要是准备系统运行所需的各种数据。数据的收集、整理、录入是一项繁琐且劳动量大的工作。然而没有一定基础数据的准备,系统调试就不可能很好地进行。通常确定数据库物理模型之后,就应该进行数据的整理、录入。这样既分散了工作量,又可以为系统调试提供真实的数据。实践证明,这方面的工作往往容易被忽视,因此影响了系统的调试,甚至系统完成后只能作为摆设,而不能真正运行。这正如厂已经建好,但因为缺乏原料而不能投入生产。因此要特别强调这一点,不能把系统的实施仅仅归结为编程序和购买机器。

4. 用户培训

人员培训主要指用户的培训,用户包括主管人员和业务人员。系统投入运行后,用户将运用系统完成具体的工作;这些人员多数来自现行系统,精通业务,但往往缺乏计算机知识。为保证系统调试和运行顺利进行,应根据他们的基础,提前进行培训,使他们能够适应并能逐步熟悉新的操作方法。有时改变旧的工作习惯比软件的更换更为困难。

5. 系统测试

按照系统的目标和功能要求,对编制完成的程序进行逐个测试,最终进行系统总测试。系统测试是确保系统运行顺利的重要步骤,必须认真、细致、耐心。

6. 系统调试

在成功的测试之后,必须进一步诊断和改正程序中的错误,这就是调试。调试就是要找出错误的具体位置,一旦确定了错误的位置,就设法排除这个错误。

二、系统实施的计划

系统实施阶段的工作与前几个阶段的工作相比,所涉及的人力和物力都要多得多。在这个阶段,整个系统的具体实施工作将逐步开展,众多的专业技术人员将陆续加入到各个项目的研制中来。由于各项工作之间的相互联系,任何一项工作的延误都会影响整个系统实施进度。因此,必须制定出周密的实施计划,以便各项工作能够有条不紊地协调进行。

系统实施计划的制订主要应考虑以下几个方面的内容。

1. 要建立以"一把手"为核心的组织机构

这个组织机构具有决定性的权力,能够在整个企业内部、各部门之间协调各种工作关系,调动人员、设备、财力和物力资源;能够针对系统实施计划方案的要求,对企业的各种规章制度、各种组织机构做出适当调整。该组织成员主要包括企业决策者、高层管理人员、各个主要部门负责人、开发单位负责人和开发项目负责人。

2. 工作量计划

工作量计划的制订是根据系统实施阶段各项工作的内容而定,一般是由系统实施的组织者根据经验并参照同类系统的工作量加以估算的。

3. 实施进度计划

在弄清楚各项工作关系的基础上,安排好各项工作的先后顺序,并根据对工作量的估算和用户对完工时间的要求,制定出各项工作的开工和完工时间,并由此做出系统实施各项工作的时间进度计划。

4. 制订培训计划

即将建成运行的企业管理信息系统要求系统操作人员具有熟练的计算机操作技能和一定的计算机基础知识,为此,应当在全企业各个部门普及推广计算机应用的基本知识,进行计算机操作技能岗位练兵、岗位培训;普及推广有关经济信息的基本知识,提高管理信息系统对企业重要性的理解和认识,为管理信息系统在企业内部顺利实现做好思想和人员的准备。

5. 制定资金计划

由于在系统实施阶段需要投入的资金较多,时间也较长,因此系统实施的组织者应该在系统实施费用预算的基础上,根据各工期的工作内容和企业的经济状况,制定出相应的资金筹措计划和合理的资金投入计划,以保证系统实施工作能顺利完成,但也要注意不能过多地占用资金。

三、系统实施的方法

与系统分析、系统设计阶段相比,系统实施阶段的特点是工作量大、投入的人力与物力多,因此这一阶段的组织管理工作也很繁重。对于一个多工种、多任务的综合项,合理的调度安排很重要。在我国信息系统建设中,项目负责人往往身兼多种角色。在系统分析阶段,他是系统分析员;在设计阶段,他是主要设计师;在实施阶段,他又是组织者。因此,作为合格的系统分析员,不仅要有坚实的计算机科学知识,丰富的管理知识和经验,还要有较强的组织能力。

对于规模不同的信息系统,应采用不同的实施方法。简单的系统模块相对较少,可先实现层次结构图中的上层模块,逐步向下,最后实现基础功能模块。复杂系统的模块较多,不易全面铺开,应分阶段实施。分阶段实施是将整个系统划分为几个模块,分期分批地去实现,首先实现系统的轮廓或框架,然后在此基础上不断地添加新的功能,逐步完善,最后达到系统所要求的全部功能。

第二节 系统测试与调试

系统测试包含广义的系统测试和狭义的系统测试。广义的系统测试是从保证系统运行的安全性、有效性角度考虑,一切可能导致系统运行失败的错误都应该在系统投入正式运行之前测试出来,因此系统的测试应该包含设备的测试、网络的测试、各种运行平台的测试和应用软件的测试。狭义的系统测试则只考虑应用软件的测试,这里主要讨论狭义的系统测试。

一、系统测试的意义和目的

1. 系统测试的意义

系统测试是在计算机上用各种可能的数据和操作条件,反复地对程序进行试验,力求发现系统中可能的错误和不足并加以纠正的过程。系统测试是保证系统质量的关键，是对整个系统开发过程的最终审查。在管理信息系统开发周期的各个阶段都不可避免地会出现差错，系统开发人员应力求在各个阶段结束之前进行认真、严格的技术审查，尽可能及时发现并纠正错误，但是开发过程中的阶段审查并不能发现所有的错误。这些错误如果等到系统投入运行后再改正，将在人力、物力上造成很大的浪费，甚至导致系统的失败。此外，在程序设计过程中，也会或多或少地引入新的错误。因此，在应用系统投入运行之前必须纠正这些错误，这是系统能够正确、可靠运行的重要保证。

2. 系统测试的目的

系统测试是为了发现程序中的错误而执行程序的过程，其任务是根据系统说明书、系统设计书以及系统实施方案，对程序设计的结果进行全面性检查，发现并纠正错误，使可能的问题和错误尽量消灭在系统运行前。需要强调的是，测试人员进行的系统测试不等于程序员在程序编写完成后进行的程序调试，前者是测试员将程序员编译交付的程序在实际的运行环境或模拟的运行环境中运行，进行全面细致的错误检查；后者是程序员在开发环境下编译程序，进行最基本的语法错误和其他错误的修正。系统测试中着重注意发现下列类型的错误。

（1）功能错误

仔细审查、理解设计说明书中对每个模块的功能、算法和处理过程的描述，审查程序与设计说明是否相符；系统设计中是否存在不准确、不详细之处，造成程序员对系统设计有误解而偏离了设计要求。

（2）系统错误

系统错误是指系统与外部接口、子程序调用、模块间调用时参数传递等方面是否存在错误。

（3）过程错误

过程错误主要是指处理过程中算术运算及逻辑运算方面的错误。

（4）编程错误

编程错误主要是指程序逻辑结构错误，语法类错误可通过编译方便而快速地查出。

系统测试的目的是发现程序中的错误，而不是证明程序的正确性，测试是为了发现错误而执行程序的过程，这就要精心选取那些易于发生错误的测试数据，以十分挑剔的态度检测系统程序。好的测试方案是能够发现至今尚未发现错误的测试方案，成功的测试是发现至今尚未发现错误的测试。但是要特别注意，测试只能证明错误的存在，而不能证明错误的不存在。

二、系统测试的原则

为了做好系统测试，应该遵循以下原则。

① 尽早并不断地进行测试。基于原始问题的复杂性、开发各个阶段的多样性以及参加人员之间的协调性等因素，开发的各个阶段都有可能出现错误，有时表现在程序中的错误并不一定是由于编码产生的，很有可能是设计阶段，甚至是系统分析阶段的问题所引起

的。早期出现的小问题到后面就会扩散,最后需要花费大量的人力、物力来修改错误。而尽早进行测试可以尽快地发现问题,将错误的影响缩小到最小范围。因此,测试应贯穿在开发的各个阶段,坚持各阶段的技术评审,这样才能尽早发现和纠正错误,消除隐患,提高整个系统的开发质量。

② 程序员应尽可能避免检查自己的程序。由于测试的目的在于寻找错误,从心理学的角度来考虑,每个人都对自己所编写的程序存有偏见,往往会认为没有错误或很少有错误。如果程序员对程序的功能要求理解偏差,一般很难由本人测试出来。而且,在设计测试方案时,很容易根据自己的编程思路来制定,具有局限性。所以,由别人来测试可能会更客观、更有效,并更容易取得成功。

③ 完善测试用例。测试用例应包括输入数据和预期的输出结果两部分。测试以前应当根据测试的要求选择测试用例,用以在测试过程中使用。测试用例主要用来检验程序员编制的程序。因此,不但需要测试的输入数据,而且需要这些输入数据的预期输出结果作为检验实验结果的基准。测试用例应当包括合理的输入数据和不合理的输入数据。在测试程序时,人们倾向于过多地考虑合法的和期望的输入条件,以检查程序是否做了它该做的事情,而忽视了不合法的和预想不到的输入条件。实践证明,用不合理的输入数据测试程序更能发现较多的错误。

④ 充分注意测试中的集群现象。测试时不要被一开始的若干错误所迷惑就以为问题已经解决,不需要继续测试了。经验表明,测试后程序中残存的错误数量与该程序的错误检出率成正比。在被测程序段中,若发现的错误数目多,则残存错误数目也比较多。

⑤ 回归测试。当发现系统中存在错误并改正错误后,应使用原测试用例从头开始重新测试,对测试过程中错误多的模块或子系统要重点测试。

⑥ 测试工作应该有组织、有计划地进行。不仅要有专业的测试员贯穿整个测试过程,程序员、系统设计人员、系统分析人员乃至用户都会在测试的不同阶段参与进来,我们将在系统测试过程中详细阐述。各类人员要互相协调和配合,以保证测试工作顺利进行。

⑦ 由测试小组全面负责系统测试,测试小组由非系统开发成员的专家组成。这样,测试小组容易变换角度,以全新的思路、挑毛病的心态审视系统,发现错误。

⑧ 测试小组必须首先认真审阅系统分析和系统设计报告,特别是在对系统设计无异议并熟悉设计内容的基础上着手准备系统测试。

⑨ 注意遵守"经济性"原则。为了降低测试成本,选择测试用例时应注意遵守"经济性"原则。要根据程序的重要性和一旦发生故障将造成的损失来确定它的测试等级;要认真研究测试策略,以便能使用尽可能少的测试用例,发现尽可能多的程序错误。掌握好测试量是至关重要的,测试不足意味着让用户承担隐藏错误带来的危险,过度测试则会浪费许多宝贵的资源。

三、系统测试的方法

系统测试在实际的应用中还应该有合理可行的测试方法。在现行的技术条件下,测试的主要方法有以下几种。

1. 静态测试法

静态测试法是指用人工的方法对文档、程序、数据等资料进行审核，找到错误。由于不运行程序，完全靠测试人员从文本资料的字里行间进行检查，因此一般仅用来检查文档。静态测试法通过需求规格说明书、软件设计说明书、源程序清单进行结构分析、流程图分析、符号执行来找错，大约可找出系统 30%～70% 的逻辑设计错误。静态测试有会审和走查两种形式。

（1）会审

根据测试内容组织测试小组，小组成员一般由协调人员、被测试程序的作者、测试专家、系统分析与设计人员组成。小组人员不能太多，一般由 3～5 人组成。进行会议时，首先由程序的原作者逐个阅读和讲解程序，测试人员逐个审查、提问，讨论可能产生的错误，同时要对程序的功能、结构及风格等进行审核。

（2）走查

走查的工作步骤与会审基本相似，也要组建测试小组，熟悉被测试内容的有关资料，但工作方式不同。走查是在预先熟悉有关资料的前提下，由测试人员扮演计算机的角色，用人工方式将测试数据输入被测程序，并在纸上跟踪监视程序的执行情况，由人代替计算机沿着程序的逻辑走一遍，以便发现程序中的错误。这项工作在很多的时候主要依靠测试人员的经验。

2. 结构测试法

结构测试法又称为白盒测试法，白盒测试法是指根据对软件内部逻辑结构的分析，选取测试数据集（即测试用例）。测试数据集对程序逻辑的覆盖程度决定了测试完全性的程度。白盒测试法包括语句覆盖、判断覆盖、条件覆盖、判断/条件覆盖、条件组合覆盖、路径覆盖六种方法。

（1）语句覆盖

语句覆盖是设计足够的测试用例，使得在运行这些测试用例时，被测程序的每一条语句至少执行一次。从语句覆盖的定义可以看出，语句覆盖是最弱的一种覆盖标准，又称为点覆盖。

（2）判断覆盖

判断覆盖又称为分支覆盖，它是指执行足够多的测试用例，使得程序中的每一个分支至少都通过一次，或者说，使得每一个判断均获得一种可能的结果。

（3）条件覆盖

虽然判断覆盖比语句覆盖严格，但它的覆盖能力仍显不够。条件覆盖比判断覆盖前进了一步。条件覆盖是指执行足够的测试用例，使得判断中的每个条件均获得各种可能的结果。这里说的判断中的每个条件是指简单条件。

（4）判断/条件覆盖

判断/条件覆盖是指设计足够的测试用例，使得运行这些测试用例时，不但每个判断的每个条件的所有可能值至少出现一次，同时每个判断本身的所有可能结果至少出现一次。可以看出，判断/条件覆盖是判断覆盖与条件覆盖的综合，但不能保证检查出逻辑表达式的全部错误。

(5) 条件组合覆盖

条件组合覆盖是指执行足够多的测试用例,使得判断中条件的各种可能组合都至少出现一次。凡是满足这种覆盖的用例,一定满足判断覆盖、条件覆盖和判断/条件覆盖。

(6) 路径覆盖

路径覆盖是指设计足够多的测试用例,使得运行这些测试用例时,被测程序每条可能执行到的路径都执行一次,如果被测程序有环路,要求每条环路至少经过一次。

白盒测试法的前提是把软件视为一个透明的白盒子,即完全了解程序的内部结构和处理过程。这种方法按照程序内部的逻辑测试程序,检验程序中的每一条通路是否都能按预定的要求正常工作。白盒测试法需要全面了解程序内部逻辑结构,对所有逻辑路径进行测试,也就是说,白盒测试法是穷尽路径测试法。

但是,由于不可能进行穷尽测试,所以白盒测试法不可能发现程序中的所有错误。然而,测试的目的是通过软件测试保证软件的可靠性,必须仔细设计测试方案,力争用尽可能少的测试发现尽可能多的错误。

3. 功能测试法

功能测试法又称为黑盒法,它是把测试对象(这里主要是指程序)视为一个黑盒子,完全不考虑程序内部的结构和处理过程,测试时只看程序能否正常地接受输入,并在接受正常的输入后,能否输出正确的信息,也就是说,黑盒法测试是对程序接口进行的测试。

黑盒法要求对测试对象有可能的输入进行排列组合后都至少测试一遍,也要做到穷尽测试,这对测试而言是不可能的。测试用例的选择非常重要,除选择具有代表性的测试用例外,还应该选择一些不合常规的用例进行测试,这一点是非常重要的。使用黑盒法主要是为了发现以下几类错误。

① 是否有不正确的或遗漏了的功能。

② 在接口上,输入能否被正确地接受,能否输出正确的结果。

③ 是否有数据结构错误或外部信息访问错误。

④ 性能上是否能够满足要求。

⑤ 是否有初始化或终止性错误。

黑盒法的具体用法有等价分类法、边缘值分析法、因果图法和错误推测法等。

(1) 等价分类法

等价分类法是将输入数据的可能值分成若干"等价类",每一类以一个代表性的测试数据进行测试,这个数据就等价于这一类中的其他数据。

(2) 边缘值分析法

经验证明,程序往往在处理边缘情况时会犯错误。检查边缘情况的测试用例是比较高效的。

(3) 因果图法

等价分类法和边缘值分析法的缺点是没有检查各种输入条件的组合,因果图法则着重分析输入条件的各种组合,每种组合条件就是"因",它必然有一个输出的结果,这就是"果"。

(4) 错误推测法

人们可以通过经验和直觉推测程序中可能存在的各种错误,从而有针对性地设计测试用例。例如,输入数据为 0,或者输入数据为"空",输入的学生成绩超过 100 分或为负值,或者输入一些不存在的数据、文字中不存在的编码等。

系统测试时,模块测试通常采用白盒法,系统测试采用黑盒法。但是在具体实践中是互相结合运用的,无论是黑盒法还是白盒法,都无法将系统中的所有错误全部测试出来。

四、系统测试的内容

系统测试工作一般分为程序测试、子系统测试、系统测试及验收测试四个部分进行。

1. 程序测试

程序测试是指对单个模块进行的测试,目的是保证每个模块作为一个单元能够正确运行。程序测试比系统测试更容易发现错误,更能有效地进行排错处理,它是子系统测试的基础。

程序测试内容包括检查程序的运行是否正常、程序的功能是否符合设计要求、模块程序的技术性能如何、软件界面是否友好等。测试时,从程序的语法检查和逻辑检查入手,测试程序运行的时间和存储空间的可行性。语法错误一般可以由计算机自行检测出来,并给出错误提示信息。逻辑检查主要是检查程序在完成某个功能时,运算的方法及其逻辑处理是否正确,这一般要借助一定的测试手段。

程序测试经常要使用数据,这些数据可以是模拟数据,也可以是实际数据。但必须在测试前进行精心挑选,因为测试数据必须涵盖正常数据、错误数据、边缘数据等情况。

2. 子系统测试

通常应用软件系统由多个子系统组成,每个子系统包含许多个程序模块。在单个程序模块测试完成以后,需要对子系统的有关程序模块进行联调。子系统测试也称分调,是把一个功能内所有程序联起来测试,检查各子程序之间接口是否匹配,数据传递是否正确,以及联合操作的正确性和运行的效率,以便保证内部控制关系的正确和数据正确。在单个程序测试成功后,需要进行子系统测试。子系统测试可以发现系统设计阶段的错误。

子系统测试通常有两种方法:一种方法是先分别测试每个模块,再把所有模块设计要求连接起来进行测试,这种方法称为"非渐增式"测试;另一种方法是把下一个要测试的模块同已经测试好的那些模块结合起来进行测试,测试完成后再把下一个应测试的模块同已经测试好的模块结合起来进行测试,这种方法称为"渐增式"测试,这种方法同时完成了模块测试和子系统测试。

3. 系统测试

系统测试是指将整个系统的所有组成部分包括软件、硬件、用户以及环境等综合在一起进行测试,以检验系统的各组成部分是否协调运行的综合测试。系统测试包括恢复测试、安全测试、强度测试和性能测试。恢复测试是使软件出错,测试其恢复的能力及时间;安全测试是测试其是否有安全保密的漏洞;强度测试是测试系统的极限能力,是否在最大负载下正常运行;性能测试是检验安装在系统内的软件的运行性能。

系统测试必须有充分的思想准备。参加系统测试的人员包括系统分析员、设计员、程序员、操作员和一般使用人员。大家一起讨论,明确总的要求,提出自己关心的问题。由系统分析员进行汇总,得出统一的目标,由系统分析人员负责制定测试方案,确定测试方法和步骤。

4. 验收测试

在系统测试完成后要进行用户的验收测试。验收测试是把系统作为单一的个体进行测试,它是用户在实际应用环境中所进行的真实数据测试。验收测试与系统测试的内容基本一致,要使用手工系统所用过的历史数据进行测试,将运行结果和手工所得相核对,以考察系统的可靠性和运行效率。

五、系统测试的步骤

系统测试是开发过程中一个独立而且非常重要的阶段,也是保证开发质量的重要手段之一。测试过程基本上与开发过程平行进行。进行系统测试时,需要对整个测试过程进行有效的管理,保证测试质量和测试效率。一个规范化的测试过程通常包括以下几个基本的测试活动。

1. 拟定测试计划

在开展测试工作之前应该拟定详尽的测试计划。在制订测试计划时,要充分考虑整个项目的开发时间和开发进度,以及一些人为因素、客观条件等,使测试计划是可行的。测试计划的内容主要有测试的内容、进度安排、测试所需的环境与条件(包括设备、被测项目、人员等)、测试培训安排等。

2. 编制测试大纲

测试大纲是测试的依据。一个完整的测试大纲应该明确详尽地规定在测试中针对系统的每一项功能或特性所必须完成的基本测试项目和测试完成的标准。无论是自动测试还是手动测试,其所有工作都必须满足大纲的要求。

3. 设计和生成测试用例

测试用例的选择对程序测试的成功至关重要。我们应该根据测试大纲,设计测试用例。在设计测试用例时产生测试设计说明文档,要有被测项目、输入数据、测试过程、预期输出结果等。

4. 实施测试

测试的实施阶段由一系列周期组成。在每个测试周期中,测试人员和开发人员将依据预先编制好的测试大纲和准备好的测试用例,对被测软件或设备进行完整的测试。

5. 生成测试报告

测试完成后,要形成相应的测试报告,主要对测试进行概要说明,列出测试的结论,指出缺陷和错误,同时给出一些建议,如可采用的修改方法、各项修改预计的工作量、修改的负责人等。通常设计与纠错是反复进行的。如果使用专业测试人员,测试与纠错可以平行进行,从而节约总的开发时间。另外,由于专业测试人员有丰富的测试经验,采用系统化的测试方法能全面投入,而且独立于开发人员的思维,使得他们能够更有效地发现许多单靠开发人员很难发现的错误和问题。

六、系统调试

测试的目的就是充分发现软件的错误信息,而系统调试则是在测试完成结果分析之后,对结果分析发现的错误进行程序诊断并且寻求改正的过程。

1. 系统调试的过程

系统调试的过程开始于一个测试用例的执行,如果测试结果与期望结果有出入,即出现了错误征兆,调试过程首先要找出错误原因,然后再对错误进行修正。因此,调试过程有两种可能:一种是找到了错误原因并且纠正了错误;另一种是错误原因不明,调试人员只得做出某种推测,然后再设计测试用例证实这种推测,若一次推测失败,再做第二次推测,直到发现并纠正了错误。

2. 系统调试的方法

在实际调试过程中可以灵活采用多种方法来进行查错、排错。内存信息检查,在程序执行过程中发现问题,输出内存数据作静态检查分析。程序执行信息跟踪,实际程序中存在多种输出路径时,在程序中设置输出,对照输出检查程序执行路径和出错原因。

在调试过程中常用的几种调试方法如下。

(1) 试探法

调试人员首先分析错误征兆,猜测故障的大致位置,然后检测程序中被怀疑位置附近的信息,并由此获得程序错误的准确定位。这种方法效率很低且缓慢,适合于结构比较简单的程序。

(2) 回溯法

人工沿程序控制流逆向追踪,调试人员分析错误征兆,确定最先发现"症状"的位置,然后人工沿程序的控制流程往回追踪源程序代码,直到找出错误根源或确定故障范围为止。这种方法适用于小型程序,对于大规模程序,由于其需要回溯的路径太多而变得不可操作。

(3) 区分查找法

若已经知道每个变量在程序内若干个关键点的正确值,则可以用赋值语句或输入语句在程序中点附近"注入"这些变量的正确值,然后检查程序的输出。若输出结果是正确的,则故障在程序的前半部分;反之,故障在程序的后半部分。对于程序中有故障的部分再重复使用这个方法,直到把故障范围缩小到容易诊断的程度为止。

(4) 归纳法

归纳法是指归纳错误信息的发生因果特性,提出假设的错误原因,用这些数据来证明或推断,从而查出错误所在。其步骤如下:收集有关资料,组织数据,导出假设和证明假设。

(5) 演绎法

演绎法是指根据测试结果,列出所有可能的错误原因;分析已有的数据,排除不可能和彼此矛盾的原因;对余下的原因,选择可能性最大的,利用已有的数据完善该假设,使假设更具体。其步骤如下:列出所有可能的原因,用已有的数据排除不正确的假设,消化剩余的假设和证明剩余的假设。

第三节 系统文档管理

在系统测试完成后,应该编写、整理出一份详细和全面的系统说明书。该文件既是可以提交用户作为今后使用和维护新系统的指导性文档,也是鉴定和验收新系统时不可少的技术资料。因此,应该充分重视系统文档的编写工作。一般来说,系统文档可由系统一般性说明、系统开发报告、程序资料、操作说明四个部分组成,其中系统一般性说明、系统开发报告、程序资料又具体包含下述文档。

一、系统一般性说明

① 用户手册。它给用户介绍系统全面情况,包括系统目标、功能和性能等的简要说明。

② 特殊说明。它包括随着外部环境的变化而会使系统做出的相应调整等,这些是需要不断进行补充和发布的。

二、系统开发报告

① 系统分析报告。

② 系统设计报告。

③ 系统实施说明。它主要涉及模块测试、联合测试、系统测试过程中某些重要问题的回顾和说明,人员培训、系统转换的计划及执行情况。

④ 系统利益分析报告。它主要涉及系统实施对管理工作和职工所产生的影响、系统的费用、效益分析等方面。

三、程序资料

① 整个系统程序的说明。

② 完整的计算机系统流程图。

③ 源程序清单。

④ 输入/输出样本。
⑤ 程序所有检测点的说明。
⑥ 修改程序的手续规定。

第四节　系统的转换、管理和维护

一、系统的转换

系统的转换作为系统实施的一个环节,是很容易被人忽略却又是十分重要的一项工作。它的完成情况直接影响着系统运行的安全性、可靠性和准确性。系统的转换也称为系统切换,是指由原来的系统运行模式向新的信息系统过渡的过程。为了使原有系统顺利转移到新系统,在系统转换前应仔细拟定办案相关措施,确定具体的步骤。它包括系统试运行、系统初始化和系统切换等。

1. 系统试运行

系统试运行是系统测试、调试的延续。在对系统进行测试、调试时使用的是系统测试数据,因此难以测试出系统在实际运行中间能出现的一些事先预料不到的问题,所以在系统开发完成后还需要它实际地运行一段时间,即试运行,这是对系统最好的检验和测试方式。

系统试运行阶段的工作主要包括：① 对系统进行初始化,输入各项原始数据；② 记录系统的运行数据和运行状况；③ 核对新系统和老系统的输出结果；④ 对实际系统的输入方式进行考查；⑤ 对系统实际运行、响应速度进行实际测试。

2. 系统初始化

系统初始化是新系统投入运行之前必须完成的另一个工作。系统初始化是指对系统的运行环境和资源进行设置,对系统运行和控制参数进行设定、数据加载,以及对系统与业务工作进行同步调整等内容,其中数据加载是工作量最大且时间最紧迫的重要环节。由于需要在运行之前必须将大量的原始数据一次性输入到系统中,另外正常的业务活动中也会不断产生新的数据信息,它们也必须在新系统正式运行之前存入系统,因此系统初始化过程中的数据加载是新系统启动的先决条件,应突击完成并确保输入数据的正确性。对于原系统的不同基础,若为手工方式,则全部过程都只能人工进行；若为计算机系统,则可以通过计算机进行数据格式转换,相对而言工作量要少些。

3. 系统切换

系统切换是系统开发完成后新旧系统之间的转换。系统切换有三种方式：直接切换、并行切换和分段切换。

(1) 直接切换

直接切换就是在确定新系统运行准确无误后,立刻启用新系统并终止老系统的运行,这中间并没有过渡阶段。这种方式简单、节省费用,但风险大,很可能会出现很多问题,因此使用这种方式之前必须经过详细调试和严格的测试。同时,在切换时应做好准备,万一新系统不能达到预期目的时,必须采取相应措施,比如立即启动旧系统。这种方式适用于新系统不太复杂或原有系统完全不能使用的情况。

(2) 并行切换

这种切换方式是新旧系统并行工作一段时间,再用新系统替代旧系统。在平行工作期间,手工处理和计算机处理系统并存,一旦新系统有问题,就暂时停止但是不会影响原系统的正常运行。该方式一般分两步走:第一步以原系统的作业为正式作业,新系统处理做校验用;第二步以新系统的处理为正式作业,原系统作业做校验用。根据系统的复杂程度和规模大小,平行时间也有所不同,可以是2～3个月,也可以是1年。

对于较复杂的大型系统,这种方式提供了一个与旧系统运行结果进行比较的机会,可以对新旧两个系统的时间要求、出错次数和工作效率给予公正的评价。同时由于与旧系统并行工作,从而消除了尚未认识新系统之前的惊慌与不安。在银行、财务和一些企业的核心系统中,这是一种经常使用的切换方式。它的主要优点是安全可靠。但是,由于在相当长的时间内系统要两套班子并行工作,费用和工作量都很大。

(3) 分段切换

分段切换也称为逐步切换。这种切换方式实际上是以上两种切换方式的结合。在新系统正式运行之前,一部分一部分地替代旧系统,一般在切换过程中没有正式运行的那部分可以在一个模拟环境中进行考验。这种方式既保证了可靠性,又不至于费用太大。但是这种分段切换对系统的设计和实现都有一定的要求,否则无法实现这种分段切换的设想,一般较大的系统采用这种方式较为适宜。

采用分段切换时,系统的切换次序及切换的具体步骤均应根据具体情况灵活考虑,通常可采用三种策略。按功能分阶段逐步切换:先确定该系统中的一个主要的业务功能,如财务管理率先投入使用,在该功能运行正常后再逐步增加其他功能。按部门分阶段逐步切换:先选择系统中的一个合适的部门,在这个部门设置终端,获得成功后再逐步扩大到其他部门。这个首先设置终端的部门可以是业务量较少的,这样比较安全可靠,也可以是业务最多的,这样见效大,但风险也相应较大。按机器设备分阶段逐步切换:先从简单的设备开始切换,然后推广到整个系统。例如,对于联机系统,可先用单机进行分批处理,然后用终端实现联机系统。对于分布式系统,可以先用两台计算机联网,以后再逐步扩大范围,最终实现分布式系统。

三种方式的比较如下:第一种方式简单,但风险大,万一新系统运行不起来,就会给工作造成混乱,该方式只适合小型系统或在对时间要求不高的情况下采用;第二种方式无论从工作安全上还是从心理状态上均是较好的,但这种方式的缺点是成本较高;第三种方式是前两种方式的混合方式,因而在大系统中较合适,当系统较小时反而不如用第二种方式方便。

系统转换就是要让新旧系统平稳过渡,完全停止旧系统的运行、启用新系统的过程。

这个过程需要开发人员、系统操作员、用户单位领导和业务部门的密切协作，这样才能顺利交接，完成新旧交替。

二、系统的管理

系统的管理在系统实施的过程中也是一项非常重要的工作，它主要包括系统运行的日常管理和系统信息资源的管理两个方面。

1. 系统运行的日常管理

系统运行的日常管理不仅仅是机房环境和设施的管理，更主要的是对系统每天运行的状况、数据输入/输出、系统的安全性与可靠性等及时准确地加以记录和分析处理。系统使用单位通常都会有专门的系统管理员来完成上述工作。

(1) 系统运行的日常维护

系统运行的日常维护包括收集数据、整理数据、录入数据及处理结果。此外，还应包括简单的软件安装升级、硬件维护和相应的设施管理，如新数据的录入、存储、更新、复制、统计分析，报表生成，定期与外界交流等数据处理工作。这些工作一般要按照一定的操作规程进行，一定要保证数据录入与处理的及时性、快速性和准确性。

(2) 临时性的信息服务

临时性的信息服务包括临时性的查询检索并生成某些一次性的报表等工作。

(3) 系统运行情况的记录

整个系统运行情况的记录能够反映出系统在大多数情况下的状态和工作效率，对于系统的评价和改进都具有参考价值。因此，对管理信息系统的运行情况一定要及时、准确、完整地记录下来。除了日常例行的正常运行记录外，更重要的是要及时记录下意外或特殊情况的处理结果，如更换、添加或减少硬盘，意外停机，操作系统或数据库平台升级等。系统运行情况的记录主要包括五个方面的内容：工作员记录、工作效率记录、系统服务质量记录、系统维护情况记录和系统故障记录。

2. 系统信息资源的管理

系统信息资源的管理一般包括软件配置的管理和系统文档的管理。

(1) 软件配置的管理

软件配置是一个系统软件在生存周期内的各种形式、各种版本的文档与程序的总称。对软件配置进行科学的管理十分重要，因为它是保证软件质量的重要手段。配置管理贯穿整个生存周期，在运行和维护时期它的任务更为繁重。为了方便对多种产品和多种版本进行跟踪和控制，常常借助于自动的配置管理工具。

第一类常用的工具是软件配置管理数据库。它存储软件结构的信息、产品的当前版本号及其状态，以及每次改版和维护的简单历史。数据库能够回答管理人员的种种问题。例如，每个产品有哪些版本，每版有什么差别；各种版本都有哪些文档；已分发给哪些用户；以及有关产品维护历史、纠正错误的数量等。

第二类工具称为版本信息控制库。它可以是上述数据库的一个组成部分，也可以单独存在。它与数据库的差别就是数据库是对所有软件产品进行宏观管理的工具,而信息控制库则是针对单个产品的,以文件的形式记录每一产品每种版本的源代码、目的代码、数据文件及其支持文档。每一文件都记有版本号、启用日期和程序员姓名等标识信息,管理人员根据需要,可以对任何文件进行建立、检索、编辑、编译(或汇编)等操作。

(2) 系统文档的管理

文档是记录人们思维活动及其结果的书面形式的文字资料,信息系统的文档就是描述系统从无到有整个发展与演变过程及各个状态的文字资料。信息系统实际上是由系统实体及与此相对应的文档两大部分组成。系统的开发要以文档的描述为依据,系统实体的运行与维护更需要文档来支持。因此,文档的重要性决定了文档管理的重要性。为了能有序地、规范地开发与运行信息系统,必须做好这项重要工作。目前,我国信息系统的文档内容与要求基本上已有了较统一的规定。根据性质的不同,可以将文档分为技术文档、管理文档及记录文档等类别。

系统文档的管理工作主要包括文档标准与规范的制定,文档编写的指导与督促,文档的收存、保管与借用手续的办理等。为保持文档的一致性与可追踪性,所有文档都应该集中统一保管。

文档管理虽不是一件日常性的工作,但因为对系统的质量至关重要,因此必须由专人负责,并形成相应的制度。

三、系统的维护

系统维护是指在管理信息系统正式交付使用前,为了改正错误或满足新的需要而修改系统的过程。管理信息系统是一个复杂的人机系统,系统内外环境,以及各种人为的、机器的因素都不断地在变化着。为了使系统能够适应这种变化,充分发挥软件的作用,产生良好的社会效益和经济效益,就要进行系统维护的工作。

1. 系统维护的内容

(1) 硬件的维护

硬件的维护必须由专职的硬件人员来承担,主要分为以下两种:第一种是定期预防性维护,又称为设备保养性维护,是指定期对计算机设备进行例行检查和保养,保养周期可以是一周或一个月不等;第二种是突发性故障维护,就是指在设备出现某些突发性故障时,由专职的维修人员或请厂商进行检修或更换,这种维修活动要迅速及时,不能耽误太长时间,以免影响系统的正常运行。为了预防灾发性故障,一般可采用双机备份的形式,即当一组设备出现故障时,能立即自动启动另一组备用设备投入运行。

(2) 软件的维护

软件的维护主要是对程序的维护,维护的范围主要有三种:第一,系统的测试过程并不能够把程序中的所有错误全都检查出来,在实际过程中才会暴露,因此必须对其进行及时维护;第二,实际业务活动必须随着客观环境和客观要求发生变化,因此必然要求应用程序的功能也要随之发生变化,系统需要在运行中不断加以维护和升级以适应新的发展;第三,计算机硬件是在不断发展的,相应的软件就要随之不断更新才能保证应用程序的效率和质量。

(3) 数据的维护

数据的维护任务一般由数据库管理员来承担,主要负责数据库的安全性、完整性,以及进行并发性控制。用户向数据库管理员提出数据操作的请求,数据库管理员则负责审核用户身份,定义其操作权限,并负责监督用户的各项操作。同时,数据库管理员还要负责维护数据库中的数据,负责定期出版数据字典及一些其他的数据管理文档。

2. 系统维护的类型

根据信息系统需要维护的原因,系统维护工作可分为以下四种类型。

(1) 更正性维护

更正性维护主要是指由于发现系统中的错误而引起的维护,工作内容主要包括找出问题与改正错误。

(2) 适应性维护

适应性维护是指为了适应外界环境的变化而增加或者修改系统部分功能的维护工作。例如,新的硬件系统问世、操作系统版本更新、应用范围扩大等。为了适应这些变化,信息系统必须进行相应的维护。

(3) 完善性维护

在系统的使用过程中,由于业务处理方式和人们对管理信息系统功能需求的提高,用户往往会提出增加新功能或者修改已有功能的要求,如修改输入格式、调整数据结构、加强系统的安全保密措施等。为了满足这类要求,就需要进行完善性维护。

(4) 预防性维护

预防性维护是指采取主动的预防性措施。对于一些使用寿命较长,目前尚能正常运行的系统,对其可能要发生变化的部分进行维护,以适应将来的调整或修改。

3. 系统维护应注意的问题

为了保证系统的维护工作顺利进行,提高系统的可修改性,必须重视以下几个方面的问题。

① 建立健全各类系统开发文档资料。如果没有一套完整的开发文档资料,那么系统维护,特别是数据维护和应用软件维护是很难规范进行的。

② 文档资料要标准化、规范化。为了提高各类文档的可理解性和可读性,在系统开发初期就要根据所使用的开发方法制定出文档标准规范,所有的开发人员都必须遵守这个规范,并且要形成制度加以约束,并以此作为评价人员工作质量的一个指标。

③ 开发阶段要严格按照各阶段所规定的开发原则和规范来进行。在系统设计阶段,要按照一定的设计原则和设计策略来从事系统设计工作,这样才能使系统维护工作相对容易进行。

④ 维护文档的可跟踪性。无论在系统开发阶段,还是在系统运行阶段,都不可避免地要对文档资料进行修改,保留修改前和修改后的痕迹数据,以备以后查阅。

⑤ 建立健全从系统开发到系统运行各阶段的管理制度。制定一套完整规范的管理制度是监督、管理和控制各阶段人员各项工作的重要保证。

总而言之，系统维护工作是系统运行阶段的重要工作内容，必须予以充分的重视。维护工作做得越好，信息资源的作用就越能得到充分的发挥，系统的生命力也就越强。

四、人员的培训

人员的培训是系统实施阶段不可或缺的一项工作，通常人员培训工作应尽早地进行。在这个阶段就开始人员培训主要是因为系统投入使用后，需要大批人员协同工作，如操作人员、管理人员、系统维护人员等。如果不进行人员培训，就要影响整个实施计划的执行。用户接受培训后就能够更有效地参与系统的测试工作，为系统最终确认验收做好准备。

1. 管理人员的培训

新系统能否顺利运行并且达到预期的目标，在很大程度上与第一线的使用人员、主管人员有关。因此，可以通过培训向他们说明新系统的目标、功能，说明系统的结构及运行过程，以及将对企业组织机构、运作方式等产生的影响。对管理人员进行培训时，必须做到通俗、具体，尽量不采用与实际业务领域无关的计算机专业术语。

2. 操作人员的培训

系统操作人员是信息系统的直接使用者。相关统计资料显示，信息系统在运行期间发生的故障大多数是由于使用方法错误而造成的。因此，对操作人员的培训应该提供比较充分的时间，除了学习必要的计算机硬、软件知识，键盘指法，汉字输入等训练以外，还必须向他们传授新系统的工作原理、使用方法、简单出错的处置等知识。一般来说，在系统开发阶段就可以让操作人员一起参加。例如，录入程序和初始数据、在调试时进行试操作等，这对他们熟悉新系统的使用无疑是十分有益的。

3. 系统维护人员的培训

对于系统维护人员来说，要求具有一定的计算机知识，并对新系统的原理和维护知识有比较深刻的理解。在较大的企业和部门，系统维护人员一般是由计算中心和计算机室的计算机专业技术人员担任的。他们维护的具体内容包括系统整体结构，系统概貌，系统分析设计思想和每一步的考虑，计算机系统的操作与使用，系统所使用的主要软件工具的使用，系统输入方式、操作流程的培训，可能出现故障以及如何排除故障，系统文档资料的分类以及检索方式，数据的收集、统计渠道、统计路径，运行操作注意事项等。如有条件，应该请系统维护人员和系统操作人员或其他今后与新系统有直接接触的人员，参加一个或几个确定新系统开发方针的讨论会。参加这样的会议，有助于他们了解整个系统的全貌，并将为他们今后打好工作的基础。

第五节 系统评价

信息系统建成并运行一段时间后，就要对其作技术性能及经济效益等方面的评价。

评价的目的是检查系统是否达到预期的目标,技术性能是否达到设计要求,系统的各种资源是否得到充分利用,经济效益是否理想,指出系统的长处与不足,为以后的改进与扩展提出意见。

一、系统评价的内容

系统评价是对一个信息系统性能进行全面估计、检查、测试、分析和评审,包括用实际指标与计划进行比较,以确定系统目标的实现程度,同时对系统建成后产生的效益进行全面评估。对系统的评价主要从技术与效益两方面进行。

1. 技术的评价

技术上的评价内容主要是系统性能,具体内容如下所述。

① 系统的总体水平,如系统的总体结构、地域与网络规模、所采用技术的先进性等。

② 系统功能的范围与层次,如系统功能的多少与难易程度,或对应管理层次的高低等。

③ 信息资源开发与利用的范围与深度,如企业内部与外部信息的比例、外部信息的利用率等。

④ 系统的质量,如系统的可使用性、正确性、通用性等。

⑤ 系统的安全性和保密性。

⑥ 系统文档的完备性。

2. 效益的评价

效益的评价主要包括直接的与间接的两个方面。

① 直接的评价内容有系统的投资额、系统运行费用、系统运行所带来的新增效益、投资回收期等。

② 间接的评价内容有对企业形象的改善及员工素质的提高所起的作用,对企业的体制、组织机构的改革及管理流程的优化所起的作用,对企业业务部门间及人员间协作精神的加强所起的作用等。

信息系统在运行与维护过程中不断地发生变化,因此评价工作不是一项一次性的工作,系统评价应定期地开展或在信息系统较大改进后进行。信息系统的第一次评价应该安排在系统开发完成并运行一段时间进入相对稳定状态后进行,通常第一次评价的结论将作为系统验收的最大依据。

系统评价由系统开发人员、系统管理与维护人员、系统用户、用户单位领导及系统外专家等共同参与,评价方式可以是鉴定或评审等,评价的结论以书面的评价报告或评价意见等形式提出。评价结论也是系统的重要文档,应予以收存归档,统一保管。

二、系统评价的指标体系

系统评价是一项难度较大的工作,它属于多目标评价问题,目前大部分的系统评价仍然处于非结构化阶段,只能就部分评价内容列出可度量指标,不少内容还只能用定性方法作出描述性评价。

1. 系统的技术性能评价

技术方面的评价,主要表现在以下九个方面。

(1) 系统的完整性

系统的完整性是指评价系统设计的科学性、合理性、具备的功能及特点是否达到了设计任务书的要求等。

(2) 系统的可靠性

系统的可靠性是指系统运行的可靠程度,系统能否无故障正常地工作;当出现异常或故障时,采取哪些防止系统被破坏的方法和措施。例如,系统对于错误的输入数据将作出怎样的反应,非法窃取或更改数据的抵制能力如何,对错误操作的反应如何等。此外,还应包括对系统的有效性及维护难易程度的评价。系统的可靠性是一个相当重要的指标。

(3) 系统的效率

系统的效率是指与旧系统相比,减轻了多少重复的繁琐劳动和手工的计算量、抄写量,效率提高了多少。这可以通过系统处理业务的速度或单位时间内处理的业务来衡量。例如,在财务管理系统中,每小时可输入多少笔凭单数据,每日财务处理需要多少时间等。这些与数量、速度、时间有关的性能都可以称为效率。

(4) 系统的工作质量

系统的工作质量包括系统提供数据的精确度,输出结果的易读性,使用是否方便,系统响应时间是否能满足设计的要求,终端输入/输出的时间、数据通信时间及计算机处理时间等分配是否合理,各有关设备的选择是否能满足响应时间的要求等。

(5) 系统的灵活性

系统的运行环境是在不断变化的,系统本身也需要进行不断的修改和完善。系统的扩充能力与修改的难易程度如何,系统能否扩充是系统生命力的表现。

(6) 系统的通用性

系统的通用性是指为某一企业或部门设计的系统是否可以移植到别的企业或部门,移植的难易程度及其适应程度如何等。

(7) 程序规模

程序规模是一般采用系统中各种应用程序的总的语句行及占用存储空间量的多少作为评价的一项指标。

(8) 系统的实用性

评价对系统工作人员的要求,以及系统使用操作的难易程度。

(9) 其他

系统存在的隐性问题及其他,包括建设性的改进意见。

2. 系统的效益评价

系统的效益评价是评价管理信息系统的重要方面。系统应用于企业管理后,可以促使企业管理水平和管理效益的提高,但是就其效益来说,有些可以定量计算,有些却很难定量计算,因此其效益的评价一般从系统的经济效益和社会效益两个方面来全面考查。

(1) 经济效益评价

经济效益是指由于系统的运行,给本企业及其部门和其他企业及其部门带来的可以用货币形式直接表示的效益。计算机系统的应用提高了企业经营的业务量和服务的质量,降低了成本,节约了物资消耗,减少了管理成本。具体来说,它可以用下面三项指标来衡量。

① 一次性投资。一次性投资包括系统硬件、系统软件及系统开发的费用。

② 经营费用。经营费用包括计算机或外部设备费用、电费、材料消耗费、人员工资、设备折旧费等。

③ 年生产费用节约额。它是一个综合性的货币指标,用年生产费用节约额来衡量。

(2) 社会效益评价

社会效益也称间接效益,是指由于系统的运行为企业和社会带来的不能用货币直接计量的效益,它主要表现在企业形象、企业管理水平和管理效率的提高程度。社会效益对企业产生质的影响,具有战略性的意义。管理信息系统使用的时间越长,应用面越广,其效益也就越显著。具有远见的企业领导应该高度重视这方面的效益。社会效益主要体现在以下三个方面。

① 提高管理效率,促进管理科学化。管理信息系统的使用提高了企业的自动化、电子化、现代科学化的管理水平。

② 变被动式经验管理为主动性科学管理。信息处理效率的提高使得生产、经营及管理工作逐步走向实时和定量化。

③ 提高了企业对市场的适应能力和竞争能力。由于可以用计算机提供最优辅助决策方案,因此当市场情况发生变化时,企业可以及时地修改计划,作出相应的决策,以适应市场变化的需要,使企业在市场竞争中处于有利地位。

三、系统评价报告

系统评价报告就是系统评价结束后应该形成的正式书面文件。系统评价报告既是对新系统开发工作的评定与总结,也是今后进行系统维护工作的依据。因此,必须认真、客观地编写。

系统评价报告通常由以下主要内容组成。

(1) 引言

引言具体包括以下内容:摘要、系统名称、功能、背景、系统计发者、用户、参考资料、设计任务书、合同、文件资料等。

(2) 系统评价的内容

系统评价具体有以下内容:性能指标评价、经济指标评价、评价结论及系统存在的不足和改进建议。

小　结

　　系统实施是管理信息系统开发工作的最后一个阶段，是指将系统设计阶段的结果在计算机上实现，将原来纸面上的、类似于设计图示的新系统方案转换成可执行的应用软件系统。这一阶段的任务包括管理信息系统的软硬件准备、程序的设计、系统调试等。系统测试是信息系统开发中的一个重要环节，系统设计任务完成后，必须对系统设计进行检验，即进行系统测试，然后将新系统付诸使用。系统转换是系统实施的最后阶段，转换方式一般有直接方式、并行方式和逐步方式，在系统应用中应根据具体情况灵活运用。系统运行中要做好日常维护管理工作。系统投入运行后，应定期对系统的功能、软件性能、应用状况和系统的经济效果进行评价，以检查系统是否达到预期目标，并提出今后的发展方向。管理信息系统开发的整个过程涉及许许多多的细节问题，需要十分的仔细及耐心，否则，一个不经意的失误或粗心可能导致意想不到的后果。所以，我们应树立正确的态度及意识，从细枝末节做起，保证系统的成功运行。

复习题

1. 简要说明管理信息系统实施阶段的主要工作。
2. 系统测试过程分为哪几个阶段？
3. 系统测试的原则是什么？
4. 系统测试的方法有哪些？
5. 系统转换的方式有哪些？
6. 系统评价主要从哪些方面着手？
7. 系统评价的指标主要有哪些？

第九章　信息质量管理与信息系统控制

【学习目标】

通过本章的学习,使学生理解信息质量管理和信息系统控制在信息系统管理中的重要作用;使学生掌握信息系统审计的目标及流程;使学生能够使用信息系统审计中的主要技术方法;使学生理解信息质量政策和信息服务质量管理的内容;使学生能够根据本章所学的知识结合实际信息系统管理情况,来处理信息系统管理过程中遇到的实际问题。

知识要点	目标要求	相关知识
信息质量管理	(1) 初步了解企业信息质量 (2) 能够掌握信息系统审计的目标、流程以及审计中的主要技术方法 (3) 能够理解信息质量政策和信息服务质量管理	(1) 企业信息质量 (2) 信息系统审计 (3) 信息质量政策 (4) 信息服务质量管理
信息系统控制	(1) 能够理解管理控制的类型、特点 (2) 能够了解一般控制与管理控制的差异和相同点 (3) 能够掌握信息系统在内控管理中的作用	(1) 管理控制的类型 (2) 管理控制的特点 (3) 一般控制与管理控制的异同 (4) 信息系统在内控管理中的作用

开篇案例

交通银行数据中心迁移案例

案例背景

伴随企业业务的快速发展及信息化建设自身发展的需求,许多企业都要扩容或新建数据中心,面临数据中心的迁移工作。对任何一个金融企业而言,数据中心迁移都是重大的企业级任务,如何做好迁移不仅是 IT 职能部门也是公司高层关注的重要课题。2002年交通银行启动了数据大集中项目,但随之而来的则是不可回避的问题:总行数据中心的容量、性能、运行环境等限制已不能满足业务系统发展的需要。于是 2004 年 8 月,交通很行在上海张江园区的新数据中心破土动工。2005 年 6 月 24 日,当交通银行完成对公业务的数据集中后,位于陆家嘴的总行数据中心便开始捉襟见肘:从存储空间、数据处理能力,到机房的空调和电源都开始吃紧。何况按照计划,2005 年 6 月,交通银行对私系统的一期就要推广完毕;2005 年 9 月 18 日,对私系统二期要开始逐个分行上线。如果没有一个新的数据中心作为支撑平台,交通银行对私业务数据大集中的实现将很难想象,况且后面还有海外业务数据中心的迁移在等着。但这次迁移并非简单的物理迁移,新数据中心从网络结构、系统架构、防火墙的设置包括数据格式都不一样,一旦出现问题,对业务的影响将是灾难性的。

具体案例

为了更好地将交通银行在金融中心上海陆家嘴总部的数据中心成功迁移至张江园区,交通银行数据中心必须安全、准确地完成数据中心转移的工作。由于数据中心迁移涉及海量的重要数据,以及对业务中断时间的严苛要求,绝大多数企业倾向求助于集成商,然而某集成商6000万元人民币的报价让交通银行选择了自力更生。交通银行数据中心工作人员在三个月的时间里,完成1500多箱设备的到货安装,铺设1.5万多米的网线,16套应用系统的检验,其公司部、国际部、营业部、会计结算部、风险控制部、电子银行部、总务部、监察室、卡中心等无不触及,这次迁移的工程涉及方方面面,技术、运行、开发,几乎所有的业务部门。同时,数据中心的员工更要经受总行旧数据中心100多个IT系统海啸般的洗礼:从大集中的核心账务系统、贷记卡系统、国际业务处理系统、网上银行系统,到交行网站、基金、信贷管理系统、安全系统,他们要把所有应用系统之间的关联、内部关系摸透并梳理清楚。在数据中心转移的过程中,交通银行工作人员被分为10多个组,如迁移技术工程组、核心账务系统组、国际业务外汇组、个贷基金代销组、信用卡系统组等。而技术工程组又细分为系统迁移组、网络迁移组、运行环境组、后勤保障组、资源设备组和应用技术协调组等。有的盯着分行上报的信息,有的专门负责记录上报的信息。2006年2月3日6时,所有的系统全部切换到新数据中心;11时,数据比对结束,新数据中心开始正式服役。

案例说明

交通银行数据中心迁移是其在升级过程中必然要经历的一个过程,从旧数据中心向大数据迁移的过程中,一般都是找集成商来完成该任务,但是交通银行内部数据中心的工作人员通过摸索与研究,成功地完成了数据中心迁移,可贵的是数据中心的工作人员是一支没有任何关于数据中心迁移工作经验的队伍,而交通银行中国业务的所有数据规模巨大,在业界都极少见。在数据中心迁移的过程中,数据信息的质量、对信息系统的审计以及信息系统的内控等工作中有许多值得借鉴和学习的方面。

提问和思考

交通银行数据中心迁移的主要风险是哪些?交通银行数据中心迁移中所考虑的主要方面和主要成功因素包括哪些?如何做好数据中心迁移的准备工作?对于一般意义上企业数据中心的迁移和管理来说,其经验有哪些借鉴意义?对于你所熟悉的其他企业而言,其数据中心迁移可能会采取什么不同的方法?交通银行数据中心迁移案例有很多值得我们研究的地方,如何成功地对数据中心迁移进行管理是我们需要思考的问题。

第一节　信息质量管理

进入网络信息时代，信息质量随着信息技术的提高、信息量的剧增、信息传递的加快似乎呈现出一种"背离现象"，即企业的信息质量并不高，而是在遭受泛滥成灾的劣质信息和信息垃圾的冲击与困扰。信息污染、信息失效以及坏数据引起的系统重建等造成的损失和成本巨大，美国麻省理工学院（MIT）的一项调查表明，只有35％的公司相信自己的数据，15％的公司相信合作伙伴的数据。因此，如何提高信息质量已经成为社会广泛关注的重要内容，对信息质量管理也是企业生存和发展的必要任务之一。

一、信息质量

企业在使用信息产品、创造价值的过程中，信息质量决定了信息使用的效果。信息质量（Information Quality，简称 IQ）是指信息满足企业信息使用者需求的反映，其满足的程度体现了企业信息质量的水平。信息时代中信息质量的优劣直接决定了企业管理水平的高低。信息质量主要研究的问题有信息质量的定义、信息质量的评价、信息质量控制与提高三个方面。信息质量管理的目标并不是要改善数据仓库或源数据库中的东西，而应该是通过去掉非质量信息的成本来提高业务功效，以及增加高质量信息资产的价值。信息质量所产生的问题并不会损害系统，而是使业务处理遭受失败。意外数据可能导致应用程序非正常终止，但所导致的结果实际上是业务处理流程的失败、作废和返工。信息质量解决方案并不是系统解决方案，而是业务解决方案，包括业务流程、应用程序、数据库、企业员工以及工作环境，任何只解决了这其中某些部分的所谓"解决方案"都是不完备的，都只能达到局部最优化。信息质量包括学术水平、可信度、时效性和内容的连续性等方面。这是评价网络信息资源最基本、最主要的标准。网络信息的水平参差不齐，信息的真实性、有效性都需要进行甄别。一般认为，权威机构或作者的信息可靠性要高些。而从网站的后缀来看，".EDU"".ORG"等网络发布的信息的准确性和权威性都比".NET"".COM"等网站要高。此外，特色性也应是网站不可缺少的部分，任何网站提供的服务都应该符合自身的目的，符合对象群体和行业特点。

二、信息系统审计

1. 信息系统审计的定义、目标及重要性

（1）信息系统审计的定义

信息系统审计是一个通过获取并评价证据，以判断信息系统是否能够保证资产的安全、数据的完整，以及有效率地利用组织的资源并有效果地实现组织目标的过程。信息系统审计的主体可以是政府审计机关，也可以是独立的信息系统审计中介机构。信息系审计的客体是信息系统本身,而不仅仅是数据文档审计。信息系统生命周期的开发、运营、维护等各个阶段都是审计的对象。

(2) 信息系统审计的目标

信息系统审计的目标是通过对信息系统合规性、安全性、可靠性和有效性的审计,来评价被审单位信息系统中输入、处理、存储、输出的电子数据的真实性、完整性;查找被审单位信息系统管理制度不规范的环节、各系统间关联对比关系不完善、缺少系统的自身校验功能等薄弱环节;通过信息系统审计发现传统审计难以发现的问题,也可以通过传统审计发现的问题反推信息系统中存在的非法功能和漏洞。

(3) 信息系统审计的重要性

信息系统审计作为国家审计机关的一项重要工作,是信息化发展到一定程度的必然产物,其重要性体现在以下三个方面。

① 信息系统审计是审计机关维护国家信息安全的重要手段。审计作为经济社会运行的"免疫系统",维护国家安全是审计工作的第一要务。信息安全是国家经济安全的一个重要方面。当前信息化条件下,只有通过开展信息系统审计,才能确保国家信息的安全。

② 信息系统审计是新形势下防范审计风险的重要手段。在对被审计单位电子数据进行审计时,如果被审计单位运载电子数据的信息系统的安全性、可靠性和有效性出现了问题,计算机数据审计就会存在风险。系统的可信与可靠程度是数据审计得以进行的前提和最终实现的基本条件。

③ 信息系统审计是查处、打击新型犯罪手段的重要手段。由于计算机和通信技术的不断普及,我们对信息系统的依赖越来越严重。开展信息系统审计能够帮助被审计单位完善信息系统的运行,同时,对利用信息系统进行计算机犯罪的单位或个人也具有强大的震慑作用。

2. 信息系统审计的主要内容

信息系统审计的内容是由信息系统审计的对象所决定的,信息系统的审计对象是信息系统的各个组成部分及其相关内部控制措施,并覆盖信息系统生命周期的各个阶段。因此,信息系统审计的主要内容由信息系统内部控制审计、信息系统组成部分审计以及信息系统生命周期审计所组成。

(1) 信息系统内部控制审计

信息系统内部控制审计分为一般控制审计和应用控制审计。一般控制审计是适用于信息系统的所有信息处理而设定的政策和措施,其目的在于保证所有的信息处理的准确性和可靠性。一般控制审计包括以下四种:① 组织控制审计。组织控制审计的内容包括了解被审计单位的组织结构、人员分工、业务授权和职责分离等情况;审查组织控制措施是否健全,是否制定了完善的工作制度、岗位职责,是否落实了岗位责任制和风险防范责任,是否建立了内部监督机制和考核机制等。② 信息系统的开发维护控制审计。审计人员应对系统的开发维护过程进行审查,应审查其是否提交开发立项申请报告,报告是否经过领导和专家审查、论证;审查在系统开发过程中是否有系统使用部门和内部审计部门的参与,保证系统设计符合使用需要,并保留系统控制功能和审计线索;审查是否编制系统说明书对开发过程进行控制。③ 安全控制审计。审计人员应审查信息系统的环境安全控制以及技术安全控制，环境控制包括是否为信息系统的硬件设备提供适合的工作环境，保证设备正常运转；技术安全控制包括是否通过加密技术限制未经授权的人员接触机密数据和文件，是否有系统软、硬件和数据文件的灾难补救计划，是否定期或在重要操作前对数据进行备份，减少意外导致损失的可能性。④ 软、硬件控制审计。对硬件的审查一般结合信息系统的其他处理和控制功能进行审查，较少独立审查。

(2) 信息系统组成部分审计

信息系统由人、计算机硬件、系统软件、应用软件所组成。由于硬件、系统软件的可靠程度较高，因此这部分审计以应用软件审计为主。应用程序是信息系统的核心，其对经济业务的正确处理直接关系到信息系统的可靠性。应用程序的审计内容主要包括以下四个方面：① 应用程序的控制措施是否健全有效。此项内容包括审查应用软件的输入、输出和处理控制是否健全有效。② 应用程序的合法性，即应用程序中的编码是否符合规章制度的规定，不包含非法的编码。审计人员应对程序编码的每个条件、分支都进行检查，考虑各种执行结果的合法性。③ 应用程序的正确性，即应用程序中的编码是否正确地进行了逻辑处理，不包含无意中造成的错误编码。应对程序开发的过程进行审查，特别是要对测试阶段的文档资料及程序执行过程中的错误文档进行审查，弄清程序发生错误的原因以及是否得到更正。④ 应用程序的效率性，即应用程序是否以最小的系统开销和时间成本完成了程序执行任务。应审查程序是否遵循了高效设计的原则。

(3) 信息系统生命周期审计

信息系统的生命周期包括信息系统的规划、开发、设计、编码、测试等全过程，直接关系着信息系统的质量，因此应对信息系统的生命周期过程及其文档进行审计，内容主要包括以下四个方面：① 信息系统的可行性。审计人员应检查系统的可行性文档，从经济上、技术上判断系统是否可行，能否达到预期的经济效益和社会效益，系统的功能是否符合相关法律法规的规定。② 信息系统开发过程是否按照事先设计的文档去执行，开发过程的每个阶段是否完成阶段目标才转入下一个阶段。系统的可行性研究报告及其批准资料、系统分析与设计资料、程序设计资料及测试资料和操作手册等是否完整。③ 信息系统测试的全面性、适当性。审计人员应检查测试数据是否包括一些有代表性的错误数据，系统对错误数据是否进行正确的处理等。④ 完成的信息系统功能是否达到预定的需求，时间进度是否控制在计划之内，预算是否超过标准等。

3. 信息系统审计的主要技术方法

信息系统审计过程分为准备阶段、实施阶段和终结阶段，其中准备阶段和终结阶段的技术方法与一般审计没有很大区别。审计实施阶段的信息系统审计技术方法分为了解、描述和测试。

(1) 信息系统了解的方法

信息系统的调查了解方法在信息系统审计的各项内容中都能用到，它包括以下三种：① 询问法。询问法是指与被审计单位人员面对面交谈，询问有关情况以收集审计证据的方法。询问前应收集相关的背景资料，确定合适的询问对象，询问过程中应做好记录并要求被询问对象签字。询问后应对谈话的内容进行评价和总结。② 检查法。检查法主要是检查与信息系统有关的文档，以了解信息系统的总体情况、控制情况以及开发设计情况等，为得出审计结论收集审计证据。检查中应做好相应记录并将检查过程和结果记入工作底稿中。③ 观察法。观察法是指审计人员对信息系统的物理环境、硬件设施和办公场所，对信息系统的开发设计、构成和操作情况进行了解，对控制措施的实施进行实地查看的方法。观察前应确定观察对象的位置和陪同人员，观察过程中做好记录并对观察结果进行评价和总结。

(2) 信息系统描述的方法

信息系统描述的方法包括文字描述法、表格描述法和图形描述法，在使用过程中各种描述方法可以搭配使用。文字描述法是指在了解被审计单位的信息系统功能、结构、控制政策措施以及生命周期过程等的基础上，通过文字来进行描述的方法，适用于大多数信息系统的情况，好处是运用简便、易于理解，缺点是不够简明、直观。表格描述法是指审计人员运用标准的或自行设计的表格对信息系统的有关情况进行描述的方法，适用于对信息系统开发过程、内部控制的多项指标、系统组成要素的多个组成部分的情况描述，优点是结构清晰、逻辑性强。图形描述法是指审计人员对信息系统的组织结构、功能、生命周期以及业务处理流程等用图形的方式来加以描述的方法，包括组织结构图、功能结构图以及业务流程图等形式。采用图形描述法应注意统一各种符号标准及其含义，以便于审计人员相互理解和交流。

(3) 信息系统测试的方法

信息系统测试的方法是信息系统审计中独有的技术方法，主要是一些计算机辅助方法，主要包括以下七种：① 测试数据法。测试数据法是指审计人员设计一套虚拟的业务数据，将其输入到计算机中，观察比较输出是否与预期相符。如果相符，说明内部控制存在并符合既定要求或应用程序正确。测试数据可以是真实的业务数据，也可以是为了检验程序而设定的"边界数据"。测试数据只可以测试计算机某个时点的数据，因此应采取突击检查的方式进行。测试结束后，应将测试数据从被审计单位信息系统中清除。② 平行模拟法。平行模拟法是指审计人员开发一个与被审计单位信息系统或程序模块功能完全相同的模拟系统，将被审计单位的真实数据放入模拟系统中运行，观察其输出是否与被审计单位信息系统相一致。平行模拟的优点是测试不会干扰被审计单位信息系统的运行，缺点是对审计人员的程序设计能力要求太高，实施该方法具有很大的限制性。③ 嵌入审计模块法。嵌入审计模块法是在被审计单位的信息系统中加入为审计而编写的程序代码。嵌入的模块成为信息系统的组成部分，并可以在特定的时间间隔或是条件触发时为审计人员提供有关数据和报告。嵌入的模块深入系统内部，可以获得未经加工的数据，为审计人员提供实时的审计，弥补了事后审计的不足。④ 虚拟实体法。虚拟实体法是对测试数据法的改良，一般是在信息系统中建立虚拟的实体（如供应商、客户和员工等），然后将虚拟实体的有关数据与真实的数据一起输入信息系统进行处理，最后将虚拟实体的输出结果与预期进行比较，确定信息系统的控制功能是否发生作用。⑤ 受控处理法。受控处理法是指审计人员在对被审计单位的真实业务数据在处理之前先进行核实，核实之后在被审计单位的信息系统将之监督处理或亲自处理，并将处理结果与预期结果进行比较分析，以判断被审计单位的系统是否符合规定的要求。⑥ 受控再处理法。受控再处理法是将已经由被审计单位处理过的真实数据,在审计人员的监督下,或由审计人员亲自在相同的信息系统或以前保存的程序副本上再处理一次,将二次处理的结果与以前处理的结果相比较,判断当前的信息系统程序是否符合既定要求。⑦ 程序代码检查法。程序代码检查法是指通过检查源程序代码的内部运行逻辑来发现存在的问题,并对程序是否符合规章制度的规定、能否完成预定功能及其质量进行评判的方法。该方法可以绕过输入、输出直接检查程序内部代码,容易发现作弊程序,但对审计人员的计算机程序水平要求非常高。

三、信息质量政策

信息质量政策是由某组织的最高管理者正式颁布的该组织总质量的宗旨和方向。企业的信息质量政策(有时又称质量政策)是企业各部门和全体人员执行质量职能以及从事质量管理活动所必须遵守和依从的行动纲领。就企业内部指导活动而言,这样的描述、概括就显得过于笼统,因此需要加以明确,使之具体化。企业信息质量政策的具体内容包括以下五个方面。

(1) 业务流程管理

业务流程管理是指通过对业务流程的分析研究,明确所需完成的任务和在执行任务过程中存在的问题与障碍,通过用户和工作人员通力合作,使供需双方顺利对接。

(2) 定标赶超

定标赶超即预先确定一个参照目标(可从单位内外选定),然后把现存的系统同该目标进行对比,找出差距,从而不断加以改进、提高。

(3) 再设计

再设计不仅涵盖了流程的改进,而且还在总体高度上对整个流程进行重建。

(4) PDCA 循环

PDCA 循环即"计划——执行——检查——处理"工作循环,四个阶段周而复始地运转。计划阶段制定质量目标、活动计划、管理目标和实施方案;执行阶段按预定计划要求扎扎实实地去做,以贯彻实现计划、目标;检查阶段对照执行结果和预定目标检查计划;处理阶段实际上就是工作总结阶段。

(5) 成立质量控制小组

在实施全面质量管理时,通常成立一个质量控制小组,由相关部门的人员参加,同时还聘请用户担任协调员。

四、信息服务质量管理

管理信息系统的质量管理通常涉及以下几方面的内容:① 质量计划。质量计划是指确定项目应该达到的质量标准,并制定达到质量标准的方案。② 质量保证。在项目执行过程中,能够对项目的质量情况作出评估,保证项目达到标准。③ 质量控制。质量控制是指监控项目的执行结果,确定是否符合标准,并找出原因消除导致质量问题的因素。若有要求,质量管理的基本方案旨在与国际质量标准化组织在 ISO 9000 和 ISO 10000 质量体系标准与指南中提出的方案相一致。质量计划通常使用因果图或者程序流程图。因果图又称 Ishikawa 图,用于说明各种直接原因和间接原因与所产生的潜在问题和影响之间的关系。程序流程图用于显示一个系统中各组成要素之间的相互关系,能够帮助项目小组预测可能发生的质量问题、发生的环节,因而有助于使解决问题手段更为合理。质量保证可以向项目管理小组和执行组织提供(内部质量保证),或者向客户和其他没有介入项目工作的人员提供(外部质量保证)。质量审查是对其他质量管理活动的结构性复查。质量审查的目的是确定所得到的经验教训,从而提高执行组织对这个项目或其他项目的执行水平。质量审查可以是有进度计划的或随机的,可以由训练有素的内部审计师进行,或者由第三方如质量体系注册代理人进行。质量控制包括监控特定的项目成果,以判定它们是否符合有关的质量标准,并找出方法消除造成项目成果不令人满意的原因。它应当贯穿项目执行的全过程。项目成果包括生产成果(如阶段工作报告)和管理成果(如成本和进度的执行)。项目管理小组应当具备质量控制统计方面的实际操作知识,如抽样调查和可行性调查,以评估质量控制成果。抽样调查就是从全体样本中抽取部分样本作为调查对象。在管理信息系统项目质量管理中,抽样调查可用于抽查软件项目的成果,如某些部分或者功能的达标情况。

第二节 信息系统控制

一、管理控制

管理中的控制工作就是按设定的标准去衡量计划的执行情况,并通过对执行偏差的纠正来确保计划目标的正确与实现。计划和控制是实现组织目标密不可分的一对辩证统一体。管理控制(Management Control)是指管理者影响组织中其他成员以实现组织战略的过程。管理控制涉及一系列活动,包括计划组织的行动、协调组织中各部分的活动、交流信息、评价信息、决定采取的行动、影响人们去改变其行为。管理控制的目的是使战略被执行,从而使组织的目标得以实现。因此,管理控制强调的是战略执行。管理控制是管理者执行战略、实现目标的工具之一。

1. 管理控制的类型

(1) 事前控制、事中控制和事后控制

① 事前控制。事前控制是指在一项活动正式开始之前所进行的管理上的努力。它主要是对活动最终产出的确定和对资源投入的控制,其重点是防止组织所使用的资源在质和量上产生偏差。② 事中控制。事中控制是指在某项活动过程中进行的控制,管理者在现场对正在进行的活动始终给予指导和监督,以保证活动按规定的政策、程序和方法进行。③ 事后控制。它发生在行动或任务结束之后。这是历史最悠久的控制类型,传统的

控制方法几乎都属于此类。

(2) 预防性控制和纠正性控制

① 预防性控制。它是为了避免产生错误和尽量减少今后纠正的活动,防止资金、时间和其他资源的浪费。② 纠正性控制。它常常是由于管理者没有预见问题,当出现偏差时采取措施,使行为或活动返回到事先确定的或所希望的水平。

(3) 反馈控制与前馈控制

① 反馈控制。反馈控制是指从组织活动进行过程中的信息反馈中发现偏差,通过分析原因,采取相应的措施纠正偏差。② 前馈控制。前馈控制又称指导将来的控制,即通过对情况的观察、规律的掌握、信息的分析、趋势的预测,预计未来可能发生的问题,在其未发生前即采取措施加以防止。

2. 管理控制的特点

① 管理控制具有整体性。所有管理人员、组织的各个方面(人员士气与作风、工作程序、产品质量、资金成本、物料消耗、工作或学习业绩等)。

② 管理控制具有动态性。

③ 管理控制是对人的控制并由人来执行。

④ 管理控制是提高员工管理能力、业务能力和自我控制能力等的重要手段。

3. 一般控制与管理控制的异同

管理控制与一般控制的共同之处表现在以下四点:① 同是一个信息反馈过程。通过信息反馈,发现管理活动中存在的不足,促进系统进行不断的调整和改革,使其逐渐趋于稳定、完善,直至达到优化状态。② 管理控制也有两个前提条件,即计划指标在控制工作中转化为控制标准,有相应的监督机构和人员。③ 管理控制也包含三个基本步骤:拟订标准、衡量成效和纠正偏差。④ 管理控制也是一个有组织的系统。管理控制与一般控制的不同之处表现在以下两点:① 一般控制所面对的往往是非社会系统,如机械系统。其衡量成效和纠正偏差的过程往往可以按照给定程序而自动进行。其纠正措施往往是在接受到反馈信息后即刻就付诸实施的。而在管理控制中,主管人员面临的是一个社会系统,其信息反馈、识别偏差原因、制定和纠正措施的过程比较复杂。② 一般控制的目的在于使系统运行的偏差不超出允许范围,维持系统活动在某一平衡点上。管理控制活动不仅要维持系统活动的平衡,而且还力求组织活动有所前进、有所创新,使组织活动达到新的高度和状态,或者实现更高的目标。

二、内控管理中的信息系统

内部控制是企业管理中的一个重要组成部分,它直接影响企业内部管理的合理性、经济性和效率性。管理信息系统理论的不断完善是企业集团内部应用管理信息系统的前提和基础,在当今计算机和网络技术迅速发展的环境下,该系统的应用对增强内控的利弊共存。

1. 内部控制理论

内部控制(Internal Control)就字面意思而言,是指在组织系统内部实施的控制,该词汇最早作为专业概念被提出是在1936年美国会计师协会发布的《独立公共会计师对财务报表的审查》文告中,它指为保护现金和其他资产,检查簿记事务的准确性而在公司内部采取的手段和方法。其后随着内部控制理论的不断完善,这一概念的内涵和外延都发生了较大的变化。当前,世界各国广泛采用和认可的是由美国注册会计师协会、美国会计学会、财务执行官委员会、国际内部审计师协会和管理会计师协会共同组成和发起的组织委员会,亦即COSO委员会(Committee of Sponsoring Organizations of the Tread Way Commission)于1992年提出并与1994年修改的《内部控制——整体框架》中对内部控制提出的定义:内部控制是由企业董事会、经理层和其他员工实施的,为营运的效率效果、财务报告的可靠性及相关法令的遵循性等目标的达成而提供合理保证的过程。

纵观内部控制概念的演变,它大致经历了20世纪40年代前的内部牵制阶段,40年代至70年代末的内部控制制度阶段,80年代至90年代的内部控制结构组成阶段,90年代后的内部控制综合框架阶段。

(1) 内部牵制阶段

20世纪初期,西方资本主义经济得到了较大发展,股份有限公司的规模有了扩大,生产资料的所有者和经营者相分离。美国一些企业在非常激烈的竞争中逐步摸索出一些组织、调节、制约和检查企业生产活动的方法,按人们的主观设想建立了"内部牵制制度"。该设想认为,两个或两个以上的人或部门有意识地合伙舞弊的可能性也大大低于单独一个人或一个部门舞弊的可能性。内部牵制制度是按照这种设想建立起来的,要求任何经济业务活动或经济事项的处理都要有两个或两个以上的人或部门经手的会计工作制度。这是内部控制的雏形。直至20世纪40年代,内部控制的发展基本停留在内部牵制阶段。根据内部牵制思想,该阶段内部控制的着眼点在于职责的分工和业务流程及其记录上的交叉检查或交叉控制。内部牵制主要通过人员配备和职责划分、业务流程、簿记系统等来完成。其目标主要是防止内部的错误和舞弊,通过保护组织财产的安全来保障组织运转的有效性。

(2) 内部控制制度阶段

20世纪40年代至70年代,内部控制的发展进入内部控制制度阶段。1949年,美国会计师协会的审计程序委员会在《内部控制:一种协调制度要素及其对管理当局和独立注册会计师的重要性》的报告中,首次对内部控制作了定义:"内部控制包括组织机构的设计和企业内部采取的所有相互协调的方法和措施。这些方法和措施都用于保护企业的财产,检查会计信息的准确性,提高经营效率,推动企业坚持既定的管理政策。"1958年,该委员会在发布的《审计程序公告第29号》中重新表述了内部控制的定义,并将其划分为会计控制和管理控制。

(3) 内部控制结构组成阶段

20世纪80年代至90年代初,内部控制发展进入内部控制结构阶段。1988年4月,美国注册会计师协会发布《审计准则文告第55号》,并规定自1990年1月起取代1972年发布的《审计准则第1号》。该文告首次以"内部控制结构"取代了"内部控制",文告指出,"企业的内部控制结构包括为提供取得企业特定目标的合理保证而建立的各种政策和程序"。在此基础上,内部控制结构由三部分组成:一是控制环境,即对建立、加强或削弱特定政策和程序效率发生影响的各种因素;二是会计制度,规定各项经济业务的鉴定、分析、归类、登记和编报的方法,明确各项资产和负债的经营管理责任;三是控制程序,即管理当局所制定的方针和程序,用以保证达到一定的目的。

(4) 内部控制综合框架阶段

1922年,COSO委员会提出《内部控制整体框架》报告,后期进行了增补。COSO报告首次把内部控制从平面结构发展为立体框架模式。其代表着国际上在内部控制研究方面的最高水准,实现了内部控制理论研究历史性突破。它将内部控制定义为:由企业的管理人员设计的,为实现营业的效果和效率、财务报告的可靠及合法合规目标提供合理保证,通过董事会、管理人员和其他职员实施的一种过程。内部控制由五个相互联系的要素组成:控制环境、风险评估、控制活动、信息与沟通和监控。

2. 信息系统在内控管理中的作用

企业集团中内部控制的重要性不容忽视,它可以确保单位经营活动的效率性和效果性、资产的安全性、经营信息和财务报告的可靠性。从传统观念上看,加强内部控制的方法一般有以下几种:完善法人治理结构,强化内部核心作用;明确相关人员职责,建立相互制约机制;强化企业审计监督,确保内控制度执行。然而,从现实情况看,当今时代是一个信息时代,通过先进的计算机和网络技术加强企业内部与外部的信息管理控制更有利于提高企业的工作效率,进而达到增加企业效益的目的。

企业利用信息系统实施内部控制,至少应当关注下列风险:① 缺乏信息系统建设整体规划或规划不当可能导致重复建设,形成信息孤岛,影响企业发展目标的实现;② 开发不合理或不符合内部控制要求可能导致无法利用信息系统实施有效控制;③ 授权管理不当可能导致非法操作和舞弊;④ 安全维护措施不当可能导致信息泄漏或毁损,系统无法正常运行。

企业在建立与实施信息系统内部控制中,至少应当强化对下列关键方面或者关键环节的控制:① 职责分工、权限范围和审批程序应当明确规范,机构设置和人员配备应当科学合理,重大信息系统开发与使用事项应履行审批程序;② 信息系统开发、变更和维护流程应当清晰合理;③ 应当建立访问安全制度,操作权限、信息使用、信息管理应当有明确规定;④ 硬件管理事项和审批程序应当科学合理;⑤ 会计信息系统流程应当规范,会计信息系统操作管理、硬件、软件、数据管理、会计信息化档案管理应当完善。

小 结

本章主要讲述了企业信息质量如何管理以及内控管理中的信息系统管理;对企业的信息质量进行了介绍;重点是对信息系统的审计进行了论述,如信息系统审计的定义、目标以及重要性的界定,信息系统审计的主要内容即信息系统内部控制审计、信息系统组成部分审计以及信息系统生命周期审计等,对信息系统审计中的主要技术方法进行了系统的阐述;对信息质量政策和信息服务质量管理的知识、信息系统管理的作用以及对企业信息化建设的意义进行了介绍。本章对信息系统控制的讲述从管理控制入手,对管理控制的类型和特点进行了讲述,分析了管理控制与一般控制的异同,并对内部控制理论作了简要介绍,讲述了信息系统在内部控制中的作用。

复习题

【思考题】

1. 企业信息质量在企业中的作用是什么?
2. 信息系统审计的主要内容是什么?
3. 信息系统审计的主要技术方法是什么?
4. 企业信息质量政策的具体内容包括哪几个方面?
5. 如何做好信息服务质量管理工作以及具体操作流程?
6. 管理控制的类型如何划分?它们分别有什么特点?
7. 信息系统在内控管理中的作用是什么?

【练习题】

名词解释

(1) 信息质量(IQ)　(2) 信息系统审计　(3) 管理控制(MC)　(4) 内部控制(IC)

【案例题】

信息系统已经成为企业经营管理不可缺少的平台。如何加强企业信息系统的内部控制对于实现企业的战略目标和业务目标、提高企业的经营效率、降低信息系统的风险及企业的经营风险具有重要的现实意义。以中国联通广东省分公司(简称广东联通)为例,从信息系统一般控制和应用控制两方面分析其信息系统内部控制的状况。

第十章　信息系统安全运维管理

【学习目标】

通过本章的学习,使学生理解管理信息系统中运维管理的重要作用,掌握信息系统运维管理的主要方法,理解运维管理的流程和外包,理解信息系统管理过程中的主要风险来源以及处理措施,学会数据备份的主要方法以及容灾管理中的恢复措施。在实际应用过程中,应注意结合企业实际情况认真细致地处理信息系统出现的各种问题。

知识要点	目标要求	相关知识
运维管理的方法	(1) 能够理解运维管理在信息系统管理中的作用及意义 (2) 能够理解并掌握运维管理中的主要方法 (3) 能够掌握运维管理的流程与外包	(1) 信息技术基础设施库(ITTL) (2) IT服务管理(ITSM)的特点与基本原理 (3) 运维管理的流程 (4) 运维管理的外包思想
风险与信息安全	(1) 能够理解信息系统的主要风险来源 (2) 能够使用安全措施来处理信息系统风险,掌握运维管理程序	(1) 风险的主要来源 (2) 风险的安全措施 (3) 运维管理程序
数据备份与容灾管理	(1) 能够理解信息系统中的数据备份技术 (2) 能够正确地选择相应的容灾管理措施	(1) 数据备份中常用的技术 (2) 容灾管理的恢复措施

开篇案例

"去哪儿"专业类搜索引擎发展之路

案例背景

搜索引擎是网络时代最重要的工具之一,Google、百度是这个领域的老大,但近些年随着电子商务的发展,专业搜索引擎的应用性越来越广泛。消费者如果想买一种商品,而现在的电子商务网站上对该商品的价格并没有统一,因此消费者就希望有一个专业搜索引擎来告诉消费者哪个网站上该商品最便宜。以"去哪儿"为代表的专业旅游搜索引擎正在迅速崛起。"去哪儿"旅游搜索引擎在上线短短2个月的时间里,已经名列在线旅游网站的第7名,并且已经有100多个付费用户。购物搜索、招聘搜索、旅游搜索、餐饮搜索、比价搜索、博客搜索等只提供某一领域搜索的小搜索引擎正逐渐渗透人们的生活。与混合型搜索业务相比,专业搜索业务更能够满足客户的不同需求,同时将客户群体细分。

具体案例

去哪儿网(Qunar.com)总部位于北京,于 2005 年 5 月由庄辰超与戴福瑞(Fritz Demopoulos)、道格拉斯(Douglas Khoo)共同创立,如图 1 所示。作为中国第一个旅游搜索引擎,去哪儿网使中国旅行者首次能够在线比较国内航班和酒店的价格及服务。去哪儿网的公司使命是聪明地安排消费者的旅行,竭力为消费者提供最全面、性价比最高的产品,可靠的服务和便捷的技术工具。通过网站及移动客户端的全平台覆盖,去哪儿网可以随时随地为旅行者提供国内外机票、酒店、度假、旅游团购及旅行信息的深度搜索。根据 2013 年 1 月艾瑞的监测数据,去哪儿网以 7474 万月访问人次高居旅行类网站榜首,移动客户端"去哪儿旅行"更是拥有超过 3400 万的激活用户量。

图 1 "去哪儿网"网站首页

去哪儿网作为旅游搜索引擎,其利益相关者主要包括用户(旅行者)、推广企业(航空公司、票务代理商、酒店宾馆、旅游景点)、基础网络服务提供商。价值网络图如图 2 所示。

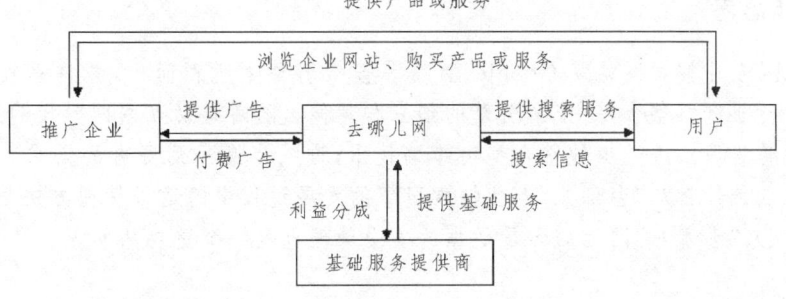

图 2 "去哪儿网"网站价值网络图

与通用搜索引擎不同,致力于旅游垂直领域深度搜索的去哪儿网,大大区别于百度与谷歌,原因在于去哪儿网提供的是专业的、精准的旅游信息搜索,并且能够保证所有提供的信息是确切有效的,为其搜索结果负责。垂直搜索是针对某一个行业的专业搜索引擎,是搜索引擎的细分和延伸,是对网页库中的某类专门的信息进行一次整合,定向分字段抽取出需要的数据进行处理后再以某种形式返回给用户。这也是去哪儿网在技术上的一大优势,专注垂直搜索,为客户提供精准的服务。2011年1月,去哪儿网与国内知名社交网站开心网(kaixin001.com)合作推出旅游搜索组件。用户在个人开心主页上添加这一组件后,不仅可以直接搜索机票、酒店等信息,也可以即时与好友分享自己的旅游动态。当下,社交网站的发展壮大受到越来越广泛的关注。有数据显示,社交网站为旅游网站带来的流量比重正在不断上升。去哪儿网与开心网的合作实现了社交网络与专业旅游的优势互补。2011年4月,去哪儿网与目前最大的互联网综合服务提供商腾讯在其Web开放平台上合作推出旅游搜索应用。用户不用登录去哪儿网就可以直接在Web的主页上即时获取和搜索在线旅游资讯,包括机票搜索、机票工具箱、酒店搜索等内容;同时,通过QQ空间和微博即时与好友在线交流个人旅游动态,不仅获取旅游信息变得更加简单和方便,而且与好友的互动交流更有乐趣。去哪儿网机票搜索与手机新浪网、百事通进行机票数据无缝对接之后,去哪儿网与手机新浪网开展无线领域更深度的战略合作,手机用户只要登录手机新浪点击酒店查询就可以通过去哪儿网搜索、查询酒店。相对来说,去哪儿网技术上比较混合,业务上也比较混合。iPhone客户端在中国的应用旅游排名第一,现在又在积极开展移动互联网。

案例说明

作为中国领先的旅游搜索引擎,去哪儿网已被广泛地认可为旅游媒体行业中的佼佼者。熟悉不断变化的中国消费者,更重要的是,去哪儿网了解消费者的需求,更知道如何有效地将广告主的信息传递给这些独特和高质量的新一代消费者。去哪儿网的目标是协助消费者搜索到最有价值的机票、酒店、签证、度假线路和其他旅游服务。同时,去哪儿网帮助广告主有效地针对这些高质量的、具有很高消费潜力的旅游者提供多元的、定位于品牌推广以及促成销售机会的各类广告形式,令企业得以在市场中更精准地定位目标,并在竞争中赢取先机。

提问和思考

"去哪儿"专业搜索网站从Google、百度等搜索引擎中脱颖而出,并将垂直收拾引擎技术与旅游行业进行整合,是搜索引擎的细分和延伸。随着移动互联网时代的到来,去哪儿网通过运营管理正进一步地整合移动终端技术,进一步满足消费者的需求。其专业搜索引擎的优点是什么?"去哪儿"专业搜索引擎的发展过程中的运维管理方法是值得学习和思考的,未来"去哪儿"网站的大量数据的安全管理也是一个重要的问题。

第一节 运维管理的概述

随着企业信息化建设的不断深入发展,信息系统越来越复杂,业务对信息系统的依赖程度也越来越紧密,信息系统的任何波动都会直接影响到业务的正常开展。信息系统已成为日常管理工作必不可少的有利工具。与信息系统建设的较高水平相比,存在着IT

运维管理较弱的问题,因此需要建立成熟而完善的 IT 运维管理系统,提升信息部门的服务质量和人员素质,提高部门的运维水平。在网络的基础设施建设完成之后,整个网络处于运行状态,IT 部门采用相关的管理方法,对运行环境(包括物理网络,软硬件环境等)、业务系统等进行维护管理,这种 IT 管理的工作简称为 IT 运维管理(IT Operation Management)。

　　IT 运维管理系统可以逐步建立并完善以达到以下目标:标准化——通过 ITIL(信息技术基础设施库)的流程框架,构建最佳实践经验的 IT 运维管理流程;流程化——把大部分的 IT 运维管理工作流程化,确保这些工作都可重复,确保这些工作都能有质量地完成;自动化——替企业有效无误地完成一些日常工作,比如备份,杀毒等。IT 运维是 IT 管理的核心和重点部分,也是内容最多、最繁杂的部分,主要用于 IT 部门内部日常运营管理,涉及的对象分成两大部分,即 IT 业务系统和运维人员。其管理内容又可细分为七个子系统:① 设备管理。设备管理包括对网络设备、服务器设备、操作系统运行状况的监控,对各种应用支持软件如数据库、中间件、群件以及各种通用或特定服务如邮件系统、DNS、Web 等的监控管理。② 数据/存储/容灾管理。该项管理指对系统和业务数据进行统一存储、备份和恢复。③ 业务管理。业务管理包含对企业自身核心业务系统运行情况的监控与管理。对于业务的管理,主要关注该业务系统的 CSF(关键成功因素 Critical Success Factors)和 KPI(关键绩效指标 Key Performance Indicators)。④ 目录/内容管理。该部分主要包括对企业需要统一发布或因人定制的内容的管理和对公共信息的管理。⑤ 资源资产管理。资源资产管理指管理企业中各 IT 系统的资源资产情况。这些资源资产可以是物理存在的,也可以是逻辑存在的,并能够与企业的财务部门进行数据交互。⑥ 信息安全管理。该部分包含了许多方面的内容,目前信息安全管理主要依据的国际标准是 ISO 17799,该标准涵盖了信息安全管理的十大控制方面,36 个控制目标和 127 中控制方式,如企业安全组织方式、资产分类与控制、人员安全、物理与环境安全、通信与运营安全、访问控制、业务连续性管理等。⑦ 日常工作管理。该部分主要用于规范和明确运维人员的岗位职责和工作安排、提供绩效考核量化依据、提供解决经验与知识的积累与共享手段。IT 运行维护管理的每一个子系统中都包含着十分丰富的内容,实现完善的 IT 运维管理是企业提高经营水平和服务水平的关键。

　　我国企业 IT 运维管理主要停留在 IT 管理软件的深化应用,管理流程的制定、梳理和优化,管理制度的完善阶段。企业在实施信息化战略时,忽视了对内部业务流程和信息技术的管理变革。运维部门就像"救火队"。IT 团队总是紧张地随时待命,以便应付计算机系统各种层出不穷的需求,即便这样,运维部门在服务质量和维护成本方面还是存在很多问题,需要将被动的管理化为主动的监控管理。目前,多数企业已认同 IT 运维管理必须支持企业的核心战略。IT 部门在当今企业中扮演着越来越重要的角色,企业的高级管理层也越来越发现 IT 运维管理不再是业务的"支持者"而是一个"驱动者"。与国外特别是欧洲的发展状况相比,IT 服务管理在我国还处于发展初期,具体表现在以下七个方面。

　　① 拥有数量众多的昂贵的 Unix 主机支撑 80% 的信息化关键核心业务。这些主机的账号管理存在安全漏洞和隐患,存在僵死账号、共用账号等问题。

　　② 信息化业务的神经节点多由价格不菲的交换机、路由器支撑,这些关键神经的管

理十分依赖人来维护。

③ 设备操作无法有效记录，留下审查凭证，完全由人控制的账号无形中增加了安全隐患。

④ 服务器和网络设备的认证强度不高，通常只有静态口令认证方式，并且静态口令经常是弱口令，导致核心服务器存在越权访问的风险。

⑤ 信息化应用的复杂度决定了多角色（系统/数据库/安全/审计管理员/代维厂商等）交叉管理。合作伙伴的授权无法有效监督，发生故障后无法快速、全面、有效举证，为业务增长带来瓶颈。

⑥ 运维人员使用无所不能的Telnet/SSH远程管理工具，为内部不法员工、不满员工和离职员工故意破坏提供了机会，因没有可靠的追查和定位机制，造成损失也无法追究责任。

⑦ 有合法权限的用户因为操作疏忽、操作失误造成的损失无法鉴定。

第二节　运维管理的方法

信息系统的运维管理是对信息系统的运行进行控制和维护，记录其运行状态，进行必要的维护和扩展，以便使信息系统在其生命周期内保持良好的可运行状态，保证其功能发挥真正符合管理决策的需求，为管理提供决策服务。

一、信息技术基础设施库（ITIL）简介

随着企业之间竞争的加剧和世界范围内电子商务的兴起，IT受到了企业越来越多的重视。一方面，企业不断投资购建各种硬件、软件和网络；另一方面，企业不断开发实施ERP系统、SCM系统、CRM系统、决策支持系统和知识管理系统等各种各样的系统。但是，建设这些IT基础设施只是企业信息化的一个阶段，如何运维好这些设施却是一个极为重要却又被长期忽略的问题。从生命周期的观点看，系统的设计、开发（购买）和实施只占20%的时间，而系统的运维则占到整个生命周期的80%的时间。世界权威的IT研究机构Gartner的调查也发现，在导致IT基础设施经常出现故障的原因中，源自技术或产品（包括硬件、软件、网络、电力失常及天灾等）方面的因素其实只占了20%，而因为管理方面的因素则占到80%。正是基于这个背景，英国商务部（OGC）从20世纪80年代开始组织开发了用于解决此类问题的IT管理标准体系——ITIL。经过近些年的发展，ITIL现在已经风靡全球，并在包括政府、企业和非营利组织中得到了广泛的支持与应用。

ITIL是Information Technology Infrastructure Library的缩写。ITIL是英国政府中央计算机与电信管理中心（CCTA）在20世纪90年代初期发布的一套IT服务管理最佳实践指南，旨在解决IT服务质量不佳的情况。在此之后，CCTA又在HP、IBM、BMC、CA、Peregrine等主流IT资源管理软件厂商近年来所做出的一系列实践和探索的基础之

上,总结了 IT 服务的最佳实践经验,形成了一系列基于流程的方法,用以规范 IT 服务的水平。21 世纪初,ITIL 引入中国,在中国掀起了 IT 服务管理的热潮,中国 IT 服务管理时代已经到来,2003 年在中国北京成立了首个中国 IT 服务管理专业委员会:中国信息化推进联盟——IT 服务专业委员会。信息技术基础设施库(ITIL)通过规划指导商业用户,以商业需求来提供和管理信息技术服务的质量。信息技术基础设施库(ITIL)协助企业调整其信息技术服务。作为 IT 管理的"ERP 解决方案",ITIL 给实施它的企业带来了丰厚的商业价值。大量的成功实践表明,实施 ITIL 可以将企业 IT 部门的运营效率提高 25%～30%。Gartner 和国际数据集团(IDC)等研究机构的调查研究也表明,通过在 IT 部门实施 ITIL 的最佳服务管理实践,可以将因重复呼叫、不当的变更等引起的延误时间减少 79%,每年可以为每个终端用户平均节约 800 美元的成本,同时将每项新服务推出的时间缩短一半。目前,我国也有一些企业通过实施 IT 服务管理取得了良好的经济效益。ITIL 作为一套 IT 服务管理标准库,它的主体框架包括六个主要模块:IT 服务管理实施规划(Planning to Implement Service Management)、业务管理(Business Management)、ICT 基础架构管理(ICT Infrastructure)、贯穿业务和 IT 基础设施的应用管理(Application Management)、服务管理(Service Management)、安全管理(Security Management)。

(1) IT 服务管理实施规划

IT 服务管理实施规划用以建立 IT 服务管理流程,讨论规划和实施 IT 服务管理的关键性问题,并对实施和提升 IT 服务提供了全面的指导。

(2) 业务管理

业务观点为业务管理提供视角,从客户(业务)而不是 IT 服务提供者(技术)的角度理解 IT 服务需求。

(3) ICT 基础架构管理

确保提供一个稳定可靠的 IT 基础构建,以支持业务运营。

(4) 贯穿业务和 IT 基础设施的应用管理

协调 IT 服务管理与应用系统的开发、测试和部署的关系,使它们一致地服务于客户的业务运营。

(5) 服务管理

帮帮业务管理者深入了解 ICT 基础构架支持业务流程能力与 IT 服务管理在提供端到端 IT 服务过程中的作用,其覆盖了业务管理系统、外部管理、持续改进及信息和通信技术等方面,来实现商业利益。

(6) 安全管理

保护 IT 基础架构,对其采取合适的保护措施,使其免受未经授权的使用。

二、IT 服务管理(ITSM)的特点和基本原理

IT 服务管理(ITSM)是一套帮助企业对 IT 系统的规划、研发、实施和运营进行有效管理的方法,是一套方法论。IT 服务管理(ITSM)是以流程为向导、以客户为中心的方

法。它通过整合IT服务与企业业务,提高了企业的IT服务提供和服务支持的能力和水平。IT服务管理是一套通过SLA(服务级别协议)来保证IT服务质量的协同流程。ITSM的核心思想是:IT组织,无论是企业内部的还是企业外部的,都是IT服务提供者,其主要工作就是提高低成本、高质量的IT服务;IT服务的质量和成本则需要从IT服务的客户(购买IT服务的)和用户(使用IT服务的)方加以判断。

1. IT服务管理(ITSM)的特点

ITSM有以下三个特点:① 共性。ITSM是一种基于ITIL标准的信息化建设的国际管理规范。ITIL体系提供了"通用的语言",为从事ITSM的相关人员提供了共同的模式、方法和术语,用户和服务提供者通过有共性的工具深入讨论用户的需求,很容易达成共识。② 中立。ITSM为IT管理提供了实施框架,这样可以让用户不会受制于任何单独的服务提供商。ITSM不针对任何特殊的平台或技术,也不会因下一代操作系统的发布而改变。③ 实用。ITSM是一种以流程为导向、以客户为中心的方法,它在兼顾理论和学术的同时,非常注重实用和灵活。正是有这些显著的特点,ITSM得到了广泛的应用。

2. IT服务管理(ITSM)的基本原理

ITSM的基本原理可简单地用"二次转换"来概括,第一次是"梳理",第二次是"打包"。

首先,将纵向的各种技术管理工作(这是传统IT管理的重点),如服务器管理、网络管理和系统软件管理等,进行"梳理",形成典型的流程,比如ITIL中的十个流程。这是第一次转换。流程主要是IT服务提供方内部使用的,客户对它们并不感兴趣且仅有这些流程并不能保证服务质量或客户满意。还需将这些流程按需"打包"成特定的IT服务,然后提供给客户。这是第二次转换。第一次转换将技术管理转化为流程管理,第二次转换将流程管理转化为服务管理。

之所以要进行这样的转换有多方面的原因。从客户的角度说,IT只是其运营业务流程的一种手段,不是目的,客户需要的是IT所实现的功能,他们没有必要,也不可能对IT有太多的了解,他们和IT部门之间的交流应该使用"商业语言",而不是"技术语言",IT技术对客户应该是透明的。为此,我们需要提供IT服务。为了灵活、及时和有效地提供这些IT服务,并保证服务质量、准确计算有关成本,服务提供商就必须事先对服务进行一定程度上的分类和"固化"。流程管理是满足这些要求的一种比较理想的方式。

三、运维管理的流程

IT运维管理是基于ITIL的流程框架,是能够快速适应企业业务流程及业务发展变化需求的IT运维管理的最佳实践,能够帮助企业从人员、技术和流程三个方面提高IT运维能力,逐步建立并完善以达到以下目标:① 标准化。通过ITIL的流程框架,构建最佳实践经验的IT运维流程。② 流程化。把大部分的IT运维工作流程化,确保这些工作都可重复,都能有质量地完成。③ 自动化。替企业有效无误地完成一些日常工作,比如备份,杀毒。运营管理的核心流程如下。

(1) 事件管理流程

事件是指可能引起或已经引起 IT 服务中断或服务质量下降的活动,事件管理的目的就是尽可能在最短时间内解决故障,减少事件对业务运作的影响。该流程首先是新建事件,在运维平台中,新建事件有两个来源:一是当用户发现信息系统故障,通过电话或者邮件通知服务台,由服务台人员在系统中手动创建事件;二是当监控平台通过监视工具发现性能指标超过阈值时,系统会自动创建事件。在创建事件时,服务台人员根据事件信息进行事件的分类以及优先级的设定,同时系统会自动从运维知识库里搜寻该事件的解决方案,为服务台人员处理事件提供参考。如果服务台可以处理该事件,就直接答复用户,否则就将该事件指派给相关运维人员。运维人员接收到该事件后,对事件进行分析和处理,并将解决方案反馈给服务台。服务台向用户确定事件的处理效果,并填写用户反馈意见,故障解决时,则关闭该事件。整个事件的处理过程都记录在事件问题库中,方便用户进行查询和统计分析,并根据情况将解决方案记录到运维知识库中,实现知识的积累和共享,为以后处理同类事件提供参考。

(2) 问题管理流程

问题管理的目的是找出并消除引起事件的根本原因,从而避免事件再次发生。该流程首先是对事件进行分析,将之前重复发生过的或者非常严重的事件升级为问题,根据问题信息进行分类以及优先级的设定。然后将问题指派给相应的专家组,由专家组对问题进行分析并找出问题的根源,从而提出相应的解决方案,然后由技术总监对解决方案进行审批,审批通过后,进行解决方案的实施,必要时触发变更管理流程。当实施结束后,对实施效果进行评审;评审通过后,关闭问题并将问题的处理过程记录到问题事件库中;同时根据情况,将解决方案记录到运维知识库中,为以后处理同类问题提供参考。

(3) 变更管理流程

该流程首先是新建变更请求,新建变更请求有两个来源:一是为了解决系统问题,二是为了适应业务的变化。在创建变更时,根据变更情况进行分类以及优先级的设定。然后将变更指派给相应的专家组,由专家组对变更进行综合分析,明确变更的风险及其影响,并制定详细的变更方案及计划。变更经理对变更方案进行审批,审批通过后,按照变更计划实施变更,同时触发发布管理流程。当完成变更实施后,由变更管理小组对实施情况进行评审,若成功则关闭变更请求,并出具变更总结报告;反之,修改变更方案重新实施变更。

(4) 发布管理流程

由变更管理触发生成发布请求,根据发布请求制定发布方案以及计划,明确发布的内容、角色职资分配、发布日期等。根据变更实施情况组织用户进行培训和测试,确保变更和发布的成功。当测试通过后,确定软、硬件版本并进行安装,同时触发配置管理流程,更新配置信息。

(5) 配置管理流程

配置管理是将 IT 环境中所有配置项(软、硬件等)的信息以及配置项之间的关系记录到配置管理数据库中,从而为其他流程的处理提供软、硬件的详细配置信息。发布管理会触发生成配置请求根据配置请求确定配置的范围并制订配置计划,识别本次更新的配置项,并将配置项的详细信息以及配置项之间的关系记录到配置管理库中,并定期对配置管理库进行审验,保证其配置信息能真实反映实际的情况。

四、运维管理的外包

运维管理的外包与运维服务相伴而来,它指以合理的代价,将运维工作交由专业的运维公司操作,将机构自身从繁琐的运维工作中解脱出来,集中精力于业务本身,降低管理与运营成本;通过外包商专业化的服务和先进技术、项目管理专长与优势,获得高效能。运维管理的外包也是基于机构自身人力、能力不足的现状,利用相对优势,在社会分工不断细化的过程中,让运维服务跟上发展节奏的举措。在IT运维外包管理上,存在以下两种管理模式。

(1) 结果导向模式

按照这种模式,甲方只管理和考核外包商的服务结果,而把服务过程管理放给乙方实施。这是普遍存在的甲方外包管理模式。结果导向的外包管理模式的好处是甲方节省人员,管理简单,乙方可以发挥其管理作用。从专业分工来看,这似乎是一种理想的模式。但现实是,乙方因自身原因,管理水平参差不齐,管理办法和流程各不相同。一些大公司患上了"大企业病",人浮于事,责任不清,响应速度慢;小公司响应速度较快,服务态度较好,但因老板背景不同,管理能力和方法不同,人员流动较大,甚至出现甲方主管人员要教乙方如何做计划、如何做管理的情况。出现这些情况的问题在于,甲方外包了服务但没有外包责任,甲方的信息中心仍然要对其信息系统的安全、连续和可用承担全责。出了问题,领导追究的首先是IT部门的责任,其次才是外包商的责任。按照结果导向进行管理的甲方责任部门实际上是无法放心和安心的。真正出现问题的时候,一切已成定局,处于失控状态。结果导向的管理模式很容易造成结果失控,因此在IT运维外包管理上它并不是一个有效的解决方案。

(2) 管理过程和结果导向模式

按照这种管理模式,甲方既管理乙方服务的过程,又管理乙方服务的结果。管理过程和结果导向的外包管理模式的好处是责任与控制目标相对应,管理更加具体、细致。它似乎可以克服上述模式的局限。但现实是,甲方的管理能力以及管理支撑工具不足,造成好的管理思想没有产生好的管理结果,很多过程管理或流于形式或半途而废,甲、乙双方玩"猫捉老鼠"的游戏,最终痛苦的还是甲方。出现这些情况的问题在于,甲方既缺乏对IT运维外包管理体系的系统化的设计,又缺乏管理工具的支持,流程设计发布后,执行走样或是工具太理想化,没有考虑到一体化结构设计和实际需求,造成使用过程中不是这个功能不好使用,就是缺少那个必需功能,最终造成甲方好的愿望没有好的结果。因此,目前的两大主流外包管理模式都不能完全解决企业现有的问题。

第三节 风险与信息安全

随着企业信息化的不断深入，企业对信息系统的依赖程度越来越高，而且在信息系统中存储和积累了大量的信息，这些信息是企业的重要战略资源，它们反应企业的过去、现在和未来。无论是系统的硬件还是软件出了问题，都会给企业带来不可估计的损失，甚至导致企业破产。因此，信息系统的安全保密管理是信息管理中一个极其重要的工作。

一、信息系统的风险

信息系统本身具有很大的"脆弱性"，信息系统依赖的硬件、信息系统应用的IT技术（软件方面）、信息系统的建设和使用过程都存在着大量的风险因素，既有有形的风险（设备、环境），也有无形的风险（行为、道德），这类风险客观长期存在。下面，将从这些角度分析一下信息系统常见的风险因素。

（1）系统硬件环境风险

信息系统的运用依赖于特定的硬件环境，如服务器、网络等，这些环境依赖大量的硬件设备，这些设备自身都存在一定的故障率，这类故障发生时必然影响信息系统的正常运行。这类故障比较常见，大多数人也都能理解。

（2）信息系统技术带来的风险

信息系统的建设总是利用一定的技术手段来实现，如 Dot NET、J2EE、VB、数据库、应用服务器等，这些技术手段虽然都是商业化的，但其自身也是一个信息产品，受制于信息系统建设的客观因素，依然不可能根除出现错误的可能。这些产品的厂商在推广中强调的"安全性""可靠性"更多地表现为一种营销宣传，根本不可能在购买合同中进行明确的承诺（这些供应商都会在合同中采用"责任限制"的条款对这样的风险进行规避）。那么，在这些技术手段之上构建的信息系统自然会受到这些风险的影响。

（3）信息系统建设过程中隐藏的风险

无论是自建还是采购，信息系统建设的过程都必然经历需求调研分析、系统规划设计、系统开发测试、系统实施等过程，这些过程中都存在导致日后系统出现错误、造成损失的风险。例如，需求调研阶段，技术人员对需求认识的局限性将造成未来系统的局限性。在日后系统应用过程中，当这种局限性的条件满足时，可能对系统的使用产生影响。系统开发测试阶段，每一项功能都是由技术人员编写程序代码来实现，此项工作繁琐且复杂，人非机器，错误不可能完全避免，开发的质量需要测试工作来保证。测试工作只是用模拟未来的使用方式来验证系统，不可能对系统进行全方位的验证，系统出错的可能性永远存在。另外，作为这项工作主要的参与者，人的责任心这样的道德风险也不能小视。

（4）信息系统使用、维护过程中"人"的风险

信息系统的最终价值是通过人的使用发挥出来的，在系统的使用中，操作人员的不当

操作可能会造成错误;系统维护中,维护人员的能力、经验的欠缺可能对系统引入新的错误,这些都是导致损失发生的风险。

(5) 信息系统应用集中,自动化程度提高,风险扩大

信息系统经过这些年的发展,从最初的单机、单点应用演变到现在的网络化应用,数据集中、逻辑集中;应用方式从早期的简单记录功能到目前的自动化处理,这些既是技术发展的方向,也是企业管理变革的要求。集中降低了信息化建设的成本,增强了系统的灵活性,自动化降低了企业的运营成本,但也不可否认,风险也相应增大了,一个小小的错误可能会影响整个企业的正常经营。

(6) 网络风险

信息技术发展到今天,网络是最伟大的技术创新,目前企业几乎所有的应有系统都是基于网络构建的,从内部办公网到电子商务,从财务系统到网上结算,网络也成为保险公司提升服务质量、扩宽营销渠道的一个重要的手段。网络的大量应用也带来了大量的风险,如黑客、病毒等。

二、安全措施与运维管理程序

在信息系统的建设过程、使用过程以及相关的环境因素中都存在着大量的导致损失的风险因素,这些风险大多都是信息系统建设自身的特点所决定的,客观地讲,风险不可能完全消除。对待信息系统风险的科学态度应当是怎样去降低风险发生的概率;怎样去控制风险带来的损失;如果损失发生,怎样偿付、冲减损失。这三个方面同保险领域中风险管理的思路是一致的,是风险管理的三个基本面:风险防范、损失控制、风险融资。信息系统的风险客观长期存在,对待风险的科学方法在于建立有效的风险防范、损失控制、风险融资的手段。下面重点从企业自身工作建设的角度来讨论信息系统风险防范、损失控制的方法。

(1) 加强信息系统建设过程的风险管理

企业的信息化系统建设即使是通过采购买入,企业作为甲方首先要对自己负责,需要主动承担主持、规划、协调、监控等关键职责,相应的信息系统风险管理措施应首先从自身进行强化。否则,项目失败后,企业即使从供应商处得到补偿,也是个两败的结果。前面分析了信息系统的建设过程本身存在一系列的风险,开发信息系统的过程是决定系统风险的关键因素,因此加强管理的措施主要就是建立对活动的评审和审计。系统的建设(从立项到最终的投入使用)包含了大量的过程活动,从质量监控的角度来讲,需求整理、项目采购、项目计划、系统规划、应用测试、客户培训六项工作是管理的重心。信息系统自身的特殊性不同于传统的实物产品,其可度量性差,其过程表现的是人的行为和思想活动,因此建立工作过程文档是必要的,这将构成进行质量管理、控制风险的基础。

(2) 加强信息系统存续阶段的风险控制

信息系统犹如一辆汽车,在使用过程中需要进行日常保养(纠错性维护),必要时可能还需进行改造(改进性维护),以便能够适应业务发展的要求。信息系统维护工作是个很有挑战性的工作,难点不是某个错误多么隐蔽、多么难改,而是在这样长期的变化环境中,

怎样保持系统的可靠和稳定。在工作中,时常听到 IT 人员抱怨某某系统又要改了,业务人员抱怨系统改正了,老问题又带来新问题,或者是曾经修正了的问题又出现了,这几乎成了维护工作的常见病。IT 公司软件产品管理和企业维护信息系统的工作面临的挑战是相同的,产品管理同样面临怎样保证产品适应市场的变化、客户的需求,同时还要在长期的应用中保持稳定。要达到这样的要求,从本质上讲,规划是根本;但从日常管理上讲,完备的配置管理是保障。软件配置管理的目的是在软件系统的整个生存周期过程中建立和维护软件项目产品的完整性和一致性。具体来讲,此项风险控制涉及三个方面:版本管理、变更管理和过程支持。有效的版本管理要能够标示系统的变化,变化要可追溯;变更管理要记录每次变化的原因,或是 Bug,或是需求,建立变更和系统版本之间的联系,保证系统的变更是受控的。

(3) 信息系统建设中应规划风险控制支持功能

企业在引入信息系统时,应将信息系统作为一个风险源,对业务流程规划时,应考虑其影响,根据效益原则进行风险控制。在建设信息系统时,需明确提出建立必要的风险控制措施,或从制度,或从信息系统自身。例如,系统对外报出的数据,在报出前完成和原始数据的核对;对自动处理的业务进行阶段性核查。相应的信息系统要提供合适的功能支持完成此类工作。有了这样的手段,在各部门岗位中再辅以恰当的岗位职责认定,将业务岗位工作职责中纳入风险控制要求,业务部门对业务执行结果负责。信息系统建设和业务部门日常工作之间建立责任推动机制,相互配合,相互促进,实现信息系统风险控制工作的良性发展。

(4) 建立企业信息安全审计制度

上面讨论的方法仅仅是一些针对性的办法、措施,上升到整个企业的高度,依然无法有效地保证企业的信息安全。因为这些办法都体现为部门的行为,行为的选择具有主观性、灵活性的特征,只有通过企业的制度建设来约束行为,才能够保证行为方向的一致和有效,因此企业的信息安全保障需要通过建立一套有效的控制制度来实现。在制度建设上,企业信息系统审计制度是个比较好的选择,其中就包括了信息安全的审计。企业可在适当的时机逐步引入审计制度,通过第三方或内部独立的审计机构对企业的信息安全工作周期性地进行审计,出具审计报告,形成对信息安全的客观评价,根据评价来指导、监督信息安全的建设。

第四节 数据备份与容灾管理

一、容灾备份

容灾备份系统是指在相隔较远的异地,建立两套或多套功能相同的 IT 系统,相互之间可以进行健康状态监视和功能切换,当一处系统因意外(如火灾、地震等)停止工作时,整个应用系统可以切换到另一处,使得该系统功能可以继续正常工作。容灾技术是系统的高可用性技术的一个组成部分,容灾系统更加强调处理外界环境对系统的影响,特别是灾难性事件对整个IT节点的影响,提供节点级别的系统恢复功能。

1. 数据备份技术

数据备份就是将数据以某种方式加以保留,以便在系统遭受破坏或其他特定情况下重新加以利用的一个过程。数据备份是存储领域的一个重要组成部分。通过数据备份,一个存储系统乃至整个网络系统完全可以回到过去的某个时间状态,或者重新"克隆"一个指定时间状态的系统,在这个时间点上,我们有一个完整的系统数据备份。

(1) 数据备份中主流存储技术

Storage Area Network(SAN 存储区域网)是指独立于服务器网络系统之外的高速光纤存储网络,这种网络采用高速光纤通道作为传输体,以 SCSI-3 协议作为存储访问协议,将存储系统网络化,实现真正的高速共享存储。Network Attached Storage 网络附加存储设备(NAS)是一种专业的网络文件存储及文件备份设备,或称为网络直联存储设备、网络磁盘阵列。一个 NAS 里面包括核心处理器、文件服务管理工具、一个或者多个的硬盘驱动器。NAS 可以应用在任何的网络环境当中。主服务器和客户端可以非常方便地在 NAS 上存取任意格式的文件,包括 SMB 格式(Windows)、NFS 格式(Unix、Linux)和 CIFS 格式等。NAS 系统可以根据服务器或者客户端计算机发出的指令完成对内在文件的管理。另外的特性包括独立于操作平台,不同类的文件共享,交叉协议用户安全性/许可性,浏览器界面的操作/管理,不会中断网络的增加和移除服务器。

(2) 主流备份技术

主流备份技术主要指 LAN-free 备份和无服务器备份。LAN-free 备份是数据不经过局域网直接进行备份,即用户只需将磁带机或磁带库等备份设备连接到 SAN 中,各服务器就可以把需要备份的数据直接发送到共享的备份设备上,不必再经过局域网链路。由于服务器到共享存储设备的大量数据传输是通过 SAN 网络进行的,局域网只承担各服务器之间的通信(而不是数据传输)任务。LAN-free 备份的特点是为每台服务器配备光纤通道适配器和特定的管理软件。其缺点是服务器参与了将备份数据从一个存储设备转移到另一个存储设备的过程,在一定程度上占用了宝贵的 CPU 处理时间和服务器内存,恢复能力不好。无服务器备份(Serverless)是 LAN-free 的一种延伸,可使数据能够在 SAN 结构中的两个存储设备之间直接传输,通常是在磁盘阵列和磁带库之间。备份数据通过数据移动器从磁盘阵列传输到磁带库上,使用 NDMP 网络数据管理协议。其特点是服务器不是主要的备份数据通道,源设备、目的设备以及 SAN 设备是数据通道的主要部件,大大缩短了备份及恢复所用的时间。其缺点是仍需要备份应用软件(以及其主机服务器)来控制备份过程,存在兼容性问题,恢复功能有待改进。

(3) 备份方式和备份态度

常见的主要备份方式分别是:① 全备份(Full Backup),是指用一盘磁带对整个系统进行包括系统和数据的完全备份;② 增量备份(Incremental Backup),是指每次备份的数据只是相当于上一次备份后增加的和修改过的数据;③ 差分备份(Differential Backup),是指每次备份的数据是相对于上一次全备份之后新增加的和修改过的数据。作为运维管理人员,应该对数据备份从态度上有深刻而又正确的认识,硬件备份不等同于数据备份。备份的一大误区是将磁盘阵列、双机热备份或磁盘镜像当成备份。因为从导致数据失效的因素可以看出,对大部分造成整个硬件系统瘫痪的原因,硬件备份是无能为力的。拷贝也等同于备份,备份不能仅仅通过拷贝完成,因为拷贝不能留下系统的注册表等信息,也不能留下历史记录保存下来以做追踪;当数据量很大时,手工的拷贝工作又是非常麻烦的。

2. 数据容灾技术

(1) 数据容灾的概念、技术及分类

容灾计划包括一系列应急计划,具体有业务持续计划(Business Continuity Plan,简称 BCP)、业务恢复计划(Business Recovery Plan,简称 BRP)、运行连续性计划(Continuity of Operations Plan,简称 COOP)、事件响应计划(Incident Response Plan,简称 IRP)、场所紧急计划(Occupant Emergency Plan,简称 OEP)、危机通信计划(Crisis Communication Plan,简称 CCP)以及灾难恢复计划(Disaster Recovery Plan,简称 DRP)。业务持续计划(BCP)是一套用来降低组织的重要营运功能遭受未料的中断风险的作业程序,它可能是人工的或系统自动的。业务持续计划的目的是使一个组织及其信息系统在灾难事件发生时仍可以继续运作。业务恢复计划(BRP)也叫业务继续计划,涉及紧急事件后对业务处理的恢复,但与 BCP 不同,它在整个紧急事件或中断过程中缺乏确保关键处理的连续性的规程。BRP 的制定应该与灾难恢复计划及 BCP 进行协调。BRP 应该附加在 BCP 之后。运行连续性计划(COOP)关注位于机构(通常是总部单位)备用站点的关键功能以及这些功能在恢复到正常操作状态之前最多 30 天的运行。事件响应计划(IRP)建立了处理针对机构的 IT 系统攻击的规程。这些规程用来协助安全人员对有害的计算机事件进行识别、消减和恢复。场所紧急计划(OEP)在可能对人员的安全健康、环境或财产构成威胁的事件发生时,为设施中的人员提供反应规程。OEP 在设施级别进行制定,其制定与特定的地理位置和建筑结构有关。机构应该在灾难之前做好其内部和外部通信规程的准备工作。危机通信计划(CCP)通常由负责公共联络的机构制定。危机通信计划规程应该和所有其他计划协调,以确保只将受到批准的内容公之于众,它应该作为附录包含在 BCP 中。灾难恢复计划(DRP)应用于重大的、通常是灾难性的、造成长时间无法对正常设施进行访问的事件。通常,DRP 指用于紧急事件后在备用站点恢复目标系统、应用或计算机设施运行的 IT 计划。在建立容灾备份系统时会涉及多种技术,如 SAN 或 NAS 技术、远程镜像技术、虚拟存储、基于 IP 的 SAN 的互联技术、快照技术等。

(2) 容灾备份的等级

设计一个容灾备份系统需要考虑多方面的因素,如备份/恢复数据量大小、应用数据中心和备援数据中心之间的距离和数据传输方式、灾难发生时所要求的恢复速度、备援中心的管理及投入资金等。根据这些因素和不同的应用场合,通常可将容灾备份分为四个等级。

第 0 级:没有备援中心。这一级容灾备份实际上没有灾难恢复能力,它只在本地进行数据备份,并且被备份的数据只在本地保存,没有送往异地。

第 1 级:本地磁带备份,异地保存。在本地将关键数据备份,然后送到异地保存。灾难发生后,按预定数据恢复程序恢复系统和数据。这种方案成本低,易于配置。但当数据量增大时,存在存储介质难管理的问题;当灾难发生时,存在大量数据难以及时恢复的问题。为了解决此问题,灾难发生时,先恢复关键数据,后恢复非关键数据。

第2级:热备份站点备份。在异地建立一个热备份点,通过网络进行数据备份。也就是通过网络以同步或异步方式,把主站点的数据备份到备份站点,备份站点一般只备份数据,不承担业务。当出现灾难时,备份站点接替主站点的业务,从而维护业务运行的连续性。

第3级:活动备援中心。在相隔较远的地方分别建立两个数据中心,它们都处于工作状态,并进行相互数据备份。当某个数据中心发生灾难时,另一个数据中心接替其工作任务。这种级别的备份根据实际要求和投入资金的多少,又可分为两种:① 两个数据中心之间只限于关键数据的相互备份;② 两个数据中心之间互为镜像,即零数据丢失等。零数据丢失是目前要求最高的一种容灾备份方式,它要求不管什么灾难发生,系统都能保证数据的安全。所以,它需要配置复杂的管理软件和专用的硬件设备,需要的投资相对而言是最大的,但恢复速度也是最快的。

(3) 数据容灾与数据备份的关联及容灾分类

数据备份是数据容灾的基础,数据备份是数据高可用的最后一道防线,其目的是为了系统数据崩溃时能够快速地恢复数据。容灾不是简单备份,真正的数据容灾就是要避免传统冷备份所具有的先天不足,它能在灾难发生时,全面、及时地恢复整个系统。容灾按其容灾能力的高低可分为多个层次。容灾不仅是技术,而且是一个工程,不仅包括容灾技术,还应有一整套容灾流程、规范及具体措施。

按照其对系统的保护程度来分,可以将容灾系统分为数据容灾和应用容灾。所谓数据容灾就是指建立一个异地的数据系统,该系统是本地关键应用数据的一个可用复制。在本地数据及整个应用系统出现灾难时,系统至少在异地保存有一份可用的关键业务的数据。该数据可以是本地生产数据的完全实时复制,也可以比本地数据略微落后,但一定是可用的。它采用的主要技术是数据备份和数据复制技术。数据容灾技术又称为异地数据复制技术,按照其实现的技术方式来说,主要可以分为同步传输方式和异步传输方式。所谓应用容灾是在数据容灾的基础上,在异地建立一套完整的、与本地生产系统相当的备份应用系统(可以是互为备份)。建立这样一个系统是相对比较复杂的,不仅需要一份可用的数据复制,还要有网络、主机、应用,甚至IP等资源,以及各资源之间的良好协调。容灾的主要的技术包括负载均衡、集群技术。数据容灾是应用容灾的技术,应用容灾是数据容灾的目标。数据容灾是抗御灾难的保障,而应用容灾则是容灾系统建设的目标。

二、恢复措施

恢复的措施主要有群集配置、双机热备份、磁盘镜像和故障恢复管理。数据恢复主要考虑两个关键因素:① 数据恢复的过程;② 数据恢复所需要的成本。

双机热备份技术是一种软、硬件结合的较高容错应用方案。该方案是由两台服务器系统和一个外接共享磁盘阵列柜(也可没有,而是在各自的服务器中采取RAID卡)及相应的双机热备份软件组成。在这个容错方案中,操作系统和应用程序安装在两台服务器的本地系统盘上,整个网络系统的数据是通过磁盘阵列集中管理和备份的。数据集中管理是通过双机热备份系统,将所有站点的数据直接从中央存储设备读取和存储,并由专业人员进行管理,极大地保护了数据的安全性和保密性。用户的数据存放在外接共享磁盘阵列中,在一台服务器出现故障时,备机主动替代主机工作,以保证网络服务不间断。

小　结

本章主要讲述了信息系统管理中的信息安全和运维管理技术,对运维管理进行了详细的论述。IT运维管理(IT Operation Management)是在网络的基础设施建设完成之后,整个网络处于运行状态,IT部门采用相关的管理方法,对运行环境(包括物理网络、软硬件环境等)、业务系统等进行维护管理。运维管理的主要方法有信息技术基础设施库、IT服务管理等,同时对运维管理的流程和运维管理的外部进行了讲述。信息系统风险管理是运维管理的一个重要部分,对风险的主要来源进行了介绍以及风险处理方法进行了阐述。随着互联网技术的发展,越来越多的信息数据被存储在系统中,然而,原来旧的硬件设备不能满足需求,对数据进行备份和容灾管理成为一个企业信息管理升级的重要手段,本章对容灾备份的技术进行讲述,对恢复措施作了详细的介绍。

复习题

【思考题】
1. 简要概述运维管理的基本思想。
2. IT服务管理的特点和基本原理是什么?
3. 运维管理的流程是什么?
4. 论述运维管理的外包的作用以及外包的条件。
5. 信息系统的主要风险是什么?如何使用安全措施进行防范?
6. 数据备份的技术主要有哪些?
7. 容灾管理中的主要恢复措施是什么?

【练习题】
名词解释
(1) 信息技术基础设施库(ITIL)　(2) IT服务管理(ITSM)　(3) 数据备份
(4) 容灾管理

【案例题】
某公司的业务部门通报业务已经中断,值班人员还不知道发生了什么问题,面对业务部门的不断催促,值班室忙成一团,一边要应付业务部门的不断提问,一边要向领导通报问题,同时还要询问系统管理员如何解决。对于这些问题,从信息系统安全和运维管理的角度进行分析其产生的原因以及合理解决的方案。

第十一章 企业系统管理信息系统的典型应用

【学习目标】

通过本章的学习,使学生理解并掌握供应链管理系统、客户关系管理系统、企业资源计划系统、电子商务系统、决策支持系统等的概念、组成及其在企业中的实际应用。

知识要点	目标要求	相关知识
供应链管理系统	能够理解并掌握供应链管理系统的主要内容	(1) 供应链管理系统的概念 (2) 供应链管理系统的特征 (3) 供应链管理系统的结构 (4) 供应链管理系统的功能
客户关系管理系统	能够理解并掌握客户关系管理系统的主要内容	(1) CRM 系统的概念 (2) CRM 系统的基本技术 (3) CRM 系统的基本结构
企业资源计划	能够理解并掌握企业资源计划的主要内容	(1) 企业资源计划的概念 (2) 企业资源计划的发展阶段 (3) 企业资源计划的主要功能
电子商务	能够理解并掌握电子商务的主要内容	(1) 电子商务的概念、功能与特征 (2) 电子商务的应用框架 (3) 电子商务的安全问题 (4) 电子商务的影响
决策支持系统	能够理解并掌握决策支持系统的主要内容	(1) 决策支持系统的概念 (2) 决策支持系统的基本模式 (3) 决策支持系统的组成

开篇案例

香港联业集团的管理信息系统

案例背景

香港联业集团(以下简称 TAL)成立于1947年,是目前世界上最大的衬衫生产商之一,是亚洲享有盛誉的跨国制衣企业集团,到目前已有超过60年的历史,年营业额超过6亿美元,目前下设10家工厂,分布于香港、大陆、泰国、越南、马来西亚、印度尼西亚等国家和地区,雇员人数超过 25000 人,年产各类成衣 5000 多万件套,主要客户均为世界知名服装品牌持有商。公司在新加坡设有实验室,负责新技术的开发和研究;在上海设有 IT 办事处,负责系统开发以及维护;在美国拥有一家全资子公司(TAG),负责美国市场开拓与销售,并拥有自己的服装品牌。在美国出售的衬衫中,每 8 件就有 1 件是 TAL 生产的。TAL 的客户包括像 J. C. Penny 和 J. Crew 这样的大型零售商,以及像 Levis 和 Boss 这样的品牌服装客户。

具体案例

TAL 是纺织与服装工业中运用供应链管理技术的先锋,他们的主要生产基地位于香港、马来西亚、泰国、"台湾"和中国大陆。当 TAL 香港办事处收到美国客户的订单时,便会利用电子数据交换(Electronic Data Interchange)将生产订单发给自己适当的工厂。当工厂可以付运货品的时候,TAL 便透过电子数据交换向美国客户发出发货通知,同时为货品编码,为货箱加上货运序号。这些措施使交接运输有效地进行,减低了存货成本和货舱空间,并且加快了货物送至店铺的速度。

除了协调生产外,TAL 不断地在供应链中扩展他们的功能。例如,TAL 已经从事了一些像预测和存货管理等零售领域的业务。对于其重要客户 J. C. Penney,TAL 会直接从 J. C. Penney 的 1040 家店铺的 POS(Point of Sale)中获取实时的销售数据,然后运行他们专门为 J. C. Penney 设计的电脑程序来预测 J. C. Penney 的需求。TAL 紧接着就可以决策要做多少件衬衫,分别是什么颜色,尺寸如何分配。然后,TAL 直接把这些产品运往 J. C. Penney 的店铺,而不经过 J. C. Penney 的仓库。所有这些运作,TAL 甚至不用经过 J. C. Penney 的确认。TAL 不是问 J. C. Penney 他们要买什么,而是告诉 J. C. Penney 他们已经买了什么。10 多年前,当 J. C. Penney 还没有与 TAL 开始合作时,他们要在仓库中保持高达 6 个月的库存,而在店铺中也要保持 3 个月的库存,而现在,对于 TAL 生产的衬衫,库存基本为 0。

案例说明

最开始的时候,J. C. Penney 非常不愿意放弃这些权利,但是经过多年合作与 TAL 建立了足够的信任后,这些决策才逐渐转移到 TAL。事实也足以证明,这个系统的运行是非常成功的,所以现在 J. C. Penney 甚至让 TAL 负责设计并测试新款产品。TAL 在纽约和达拉斯的设计队伍设计出新款后,工厂会在一个月内赶制出 10 万件新衬衫,然后选择 J. C. Penney 的 50 家店铺销售。通过一个月的销售,TAL 会分析这些数据,然后决定生产的数量和相应的尺寸颜色。

提问和思考

在这个案例里面,TAL 在这条纺织服装供应链中起到了什么样的作用?它在管理中运用了什么样的技术?其实这一切缘于 TAL 有先进的管理信息系统,它是最早在纺织与服装工业中运用供应链管理技术的先锋,正是有了先进的管理理念与管理技术,才使 TAL 轻松完成预测工作和管理工作。在本章中,将给大家详细介绍包括供应链管理系统、决策支持系统在内的各种系统,以及它们怎样在企业管理中发挥作用。

第一节 供应链管理系统

计算机技术和通讯的快速发展进一步推动了制造业的全球化、网络化进程。传统企业组织中的采购(物资供应)、加工制造(生产)、销售等看似是一个整体,在过去的生产模式下发挥了积极的作用,但现在看来缺乏系统性和综合性,这种企业运作模式已经无法适应虚拟制造、动态联盟等新的制造模式发展的需要,而那种大而全、小而全的自我封闭式的企业管理体制更是无法适应网络化竞争的社会发展需要。这样,就非常需要有新的管理模式来与新的制造模式相适应,所以就有了对供应链进行管理的必要,这也是供应链管理思想产生的主要背景。

一、供应链管理系统的概念和特征

供应链(Supply Chain)是以企业为核心,通过对资金流、物流以及信息流的控制,从原材料购买开始直至最终产品的形成,最后由分销网络把成品送至每位消费者的手中,将供应商、制造商、分销商、零售商、最终用户全部联结成一个整体的功能网络结构。

供应链管理(Supply Chain Management,简称 SCM)是在 1985 年由 Michael E. Porter 提出来的,关于这个概念,有很多版本的定义。《物流术语》里对 SCM 的定义是:利用计算机网络技术全面规划供应链中的物流、商流、资金流、信息流等,并进行计划、组织、协调与控制等。美国学者 Evens 认为,SCM 是通过前馈的信息流和反馈的物料流及信息流,将供应商、制造商、分销商、零售商,直到最终用户连成一个整体的模式。实际上,所谓的供应链管理是一种集成的管理思想与方法,它执行供应链中从供应商到最终用户的物流的计划和控制等职能,整合并优化了供应商、制造商和零售商的业务效率,使商品以正确的数量,正确的品质,在正确的地点、正确的时间,以最佳的成本进行开发、生产和销售。

虽然供应链管理的定义很多,但基本含义还是比较一致的,就是强调借助信息技术的支持,追求整个供应链的总成本最低、供应链上的各个节点有机结合,以实现整个供应链整体效率最高,强调一种集成的管理思想和方法。通过供应链管理的概念可以知道,供应链管理的起点是顾客的需求,供应链管理的对象是各个企业,供应链管理追求的是总成本的最小化和整个"供应链"的高效率。

与传统的管理模式相比,供应链管理具有以下几个方面的特点。

1. 以顾客满意为核心的理念

在供应链上,全体成员的共同目标就是最终让顾客更满意,而让顾客满意的实质其实就是顾客实际获得的超出他们所付出的产品价格以上的那部分"价值",供应链的运行使这部分"价值"升高。例如,因为供应链中供应商和制造商、制造商和销售商之间彼此已经建立了战略合作伙伴关系,所以供应商可以将原材料或其他配件直接提供给制造商,而制造商也可以直接将最终产品提供给销售商,企业之间不再需要进行原来意义上的采购、销售,这就使购、销成本大大降低,而且产品的包装和管理等费用也随着物流环节的减少而减少。所以,供应链完全有能力做到以更合理的价格向客户提供优质产品。另外,供应链还可以通过其他措施来提高顾客的满意度,如提高产品质量和服务水平、增加服务项目等措施来增大顾客所期待的那部分额外的"价值"。

2. 合作竞争的新型理念

跟传统意义上企业经营管理的不同是,SCM 通过对供应链进行全面合作式的协调管理,它考虑的不仅仅是核心企业的内部管理,还更加注重供应链上各个环节、各家企业之间资源的相互利用与合作,让各企业之间进行博弈式合作,最终达成"双赢"的效果。而传统意义上的竞争观念是比较单纯的,完全站在企业个体的立场上,以自家产品在现有的市场上争夺销售渠道,其结果不是你死我活,就是两败俱伤,不利于经济的共同繁荣和市场空间的扩大。SCM 的合作竞争观念把供应链上所有企业视为一个完整的体系,把每一个成员企业视为整体的一个组成部分,组成动态联盟,彼此信任、互相合作,一起开拓市场,追求系统整体的效益最大化,最终分享节约的成本和创造的更大收益。

3. 以现代网络信息技术的发展为基础

战略联盟思想和现代网络信息技术的发展是 SCM 战略的基础,尤其是高度集成的网络信息系统是 SCM 得以运行的技术基础,ERP(企业资源计划)就是 SCM 广泛使用的信息技术。ERP 是由美国权威计算机技术咨询和评估集团 Garter Group 在 20 世纪 90 年代提出的,它是在 MRP II(制造资源计划)的基础上发展而来的,ERP 技术综合应用了很多项网络信息产业的成果,集企业管理理念、业务流程、基础数据、企业资源、计算机软硬件于一体,通过对信息流、物流、资金流的管理,把供应链上所有企业的制造场所、营销系统、财务系统紧密地结合起来,可以在全球范围内实现多家企业、多个地点的跨国运营模式,使企业超越了传统意义的供方驱动的生产模式,从而转向需方驱动生产运营模式,完全体现了按用户需求进行生产的思想,通过信息和资源的共享,也实现了以顾客满意为核心的战略理念。

二、供应链管理系统的体系结构和功能

怎样保证有效的采购、产品制造、客户服务和运输过程?这是摆在企业面前的一个重要问题。由于客户和供应商可能分散在世界各地,企业需要对全球供应链管理进行功能上的整合。这些企业必须采用统一的商业标准,以便向客户提供有效的信息,如货物跟踪信息、库存信息和货物运输信息等。在向客户提供这些信息时必须保证安全、实时以及数据完整,必须有横跨于企业之间的供应链管理系统。

1. 系统构架

供应链管理系统架构如图 11-1 所示。

供应链管理系统集合了信息技术的很多最新技术,从信息的识别、收集、传递、交换和处理,以及到最后的使用,可以实现全部的自动化和电子化。在图 11-1 中,各种各样的数

据采集设备可以实时地采集到供应链管理作业每个环节的信息,便于管理人员对供应链进行管理和控制;数据传递既可以使用有线设备,也能够使用无线设备,既可以使用专用网络来进行,也可以通过互联网来实现目标;信息的查询与使用可以通过各种各样的终端,甚至是手机或平板电脑等;数据的交换与处理集成于一个统一的平台,可以提供各种各样的平台服务,同时能够保证数据处理的完整性、准确性,系统的稳定性和可靠性等。

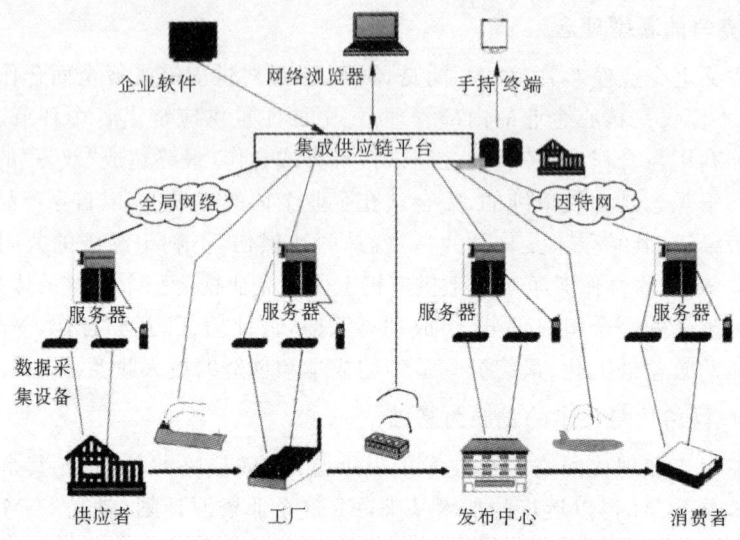

图 11-1 供应链管理系统架构

2. 系统功能

在企业管理方面,供应链管理系统可以提供许多应用平台功能,满足企业的日常管理需要,大幅度提高企业的管理水平,能够向客户提供更多的服务,最终企业也能得到更多的收益。它最主要的功能模块如图 11-2 所示。

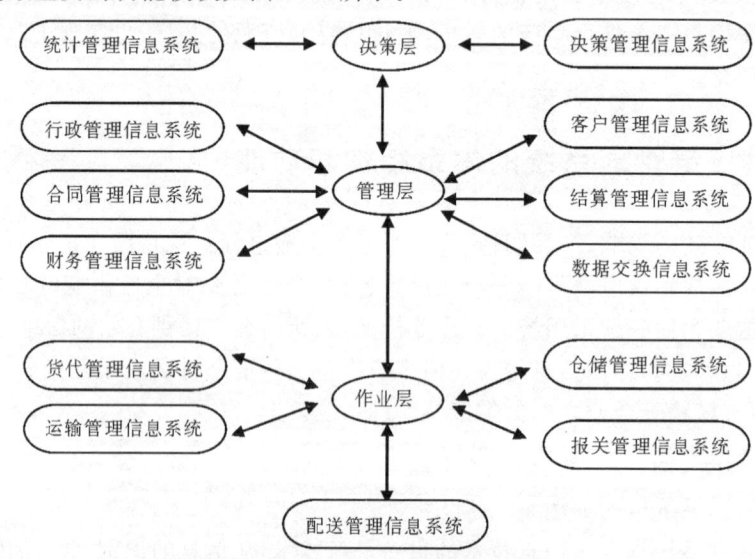

图 11-2 系统功能示意图

(1) 统计管理信息系统

该系统以统计工作作为企业管理的基础,按照供应链管理行业的标准,针对企业的经营管理活动情况进行调查统计、整理分析,提供统计资料,实行统计监督,从而实现对企业的经营活动及经营状况的量化管理。

(2) 行政管理信息系统

该系统在充分理解甲方需求的基础上,拟订供监控实施的效果和核算产生的利润、资金的相关信息,企业行政管理信息系统处理的是来自企业内部的具有重复性、描述性、可预测性及客观性等特点的高度结构化的准确数据,因此行政管理信息系统的应用可以大大减少纯粹单调乏味的行政事务处理工作,为管理者实现提高管理效率提供了有利的条件。

(3) 合同管理信息系统

合同是企业开展业务的基础依据,合同管理信息系统能够通过对合同的数字化解析,拟定出对应的方案,并以此为依据来分配资源和费用,并可以对双方执行合同的情况进行评估,以供决策部门参考。

(4) 财务管理信息系统

该系统结合成熟的财务管理理论,针对企业财务管理的特点,根据财务活动的历史资料进行财务预测,并能够通过专门的方法进行财务决策,然后运用科学的技术手段、有关信息、特定的数量方法进行财务预算、财务控制,并进行财务分析,最终实现企业价值最大化。

(5) 货代管理信息系统

该系统按照资源最大化和服务最优化的原理,满足代理货物托运、接取送达、订舱配载、联运服务等多项业务需求,完成供应链管理的全程化管理,包括代理航空和船务,实现门对门、一票到底的最佳供应链管理方式,成为托运人和承运人之间电子化的桥梁和纽带。

(6) 运输管理信息系统

该系统可以对所有可调度的运输工具,包括自由的、协作的和临时的车辆信息进行调度管理,提供对货物的分析、配载计算以及最佳运输路线的选择。系统支持全球定位系统(GPS)和地理信息系统(GIS),可以实现运输的最佳路线选择和动态调配。

(7) 决策管理信息系统

该系统可以及时地掌握物流、资金流和信息流所产生的信息并加以科学利用,在运筹学模型和数据仓库技术的基础上,通过数据挖掘工具对历史数据进行多角度、立体的分析,可以实现对企业里的人力、物力、财力、客户、市场、信息等各种资源的综合管理和科学调配,为企业管理、客户管理、市场管理、资金管理等提供科学决策的依据,从而提高管理层决策的合理性与准确性。

(8) 客户管理信息系统

该系统可以通过对客户资料多层次、全方位的管理,使供应链上各企业之间实现流通机能的整合,供应链管理企业与客户之间实现信息分享和收益及风险共享,从而在供应链管理模式下实现跨企业界限的整合。

(9) 结算管理信息系统

该系统能够充分利用业务信息管理系统和计算机的处理能力，达到自动为客户提供各类业务费用信息、大幅降低结算业务工作量、提高结算业务的准确性和及时性，从而为企业的自动结算提供一套完整的解决方案。

(10) 数据交换信息系统

该系统可以提供数据交换的服务，通过电子商务网站，提供交换表单的商务数据，为客户以及合作伙伴提供数据交换功能。

(11) 仓储管理信息系统

该系统可以对包括不同成本、不同规格、不同属性，甚至是不同地域的仓库资源实现集中管理。采用条码、射频等先进的供应链管理技术设备，对出入仓库的货物实现联机登录、存量检索、容积计算、仓位分配、损毁登记、状态报告、出入库与库存查询、盘点调整，以及每月结转与库存报表等的自动处理。

(12) 报关管理信息系统

该系统集报关、商检、卫检、动植物检疫等功能为一体，满足用户进出口电子报关的需求，增加联机报关功能，使报关业务及时、准确，为供应链管理客户提供全方位的报关服务。

(13) 配送管理信息系统

该系统以最大限度地降低供应链管理成本、提高运作效率为目的，按照实时配送原则，在多购买商并存的环境里，通过在购买商和各自的供应商之间建立实时的双向连接，构筑一条顺畅、高效的供应链管理通道，为购买、供应双方提供高度集中的、功能完善的和不同模式的配送信息服务。

供应链管理系统使数据传输更加安全，保证管理层能够随时掌握情况；使信息沟通更加及时，生产发货更加完美；大大缩短了生产周期，降低了企业运营成本；促进愉快合作，建立了良好的供应商关系。

第二节 客户关系管理系统

一般而言，企业经营的最终目的是满足客户的消费需求，从而实现企业利润最大化的目标。所以，以客户为目标中心，切实有效地推行客户关系管理(CRM)已经成为现代企业的运营管理重点。

一、客户关系管理概述

从管理科学的角度来考察，客户关系管理(Customer Relationship Management，简称 CRM)是源自于市场营销理论的；从解决方案的角度来考察，CRM 是把市场营销的科学管理理念通过信息技术的手段集成在软件上面，得以在全球大规模地应用并推广普及。

1. 客户关系管理(CRM)的概念

关于客户关系管理的具体概念,不同的研究者有不同的表述。以下介绍一些关于客户关系管理的比较经典的定义。Gartner Group 认为,所谓的客户关系管理就是为企业提供全方位的管理视角,赋予企业更完善的客户交流能力,最大化客户的收益率。IBM公司所理解的客户关系管理包括关系管理、流程管理和接入管理,是企业识别、挑选、获得、发展和保持客户的整个商业过程。Hurwitz Group 认为,客户关系管理的焦点是自动化并改善与销售、市场营销、客户服务与支持等领域的客户关系有关的商业流程。客户关系管理既是一套原则制度,也是一套软件技术。它的目标是缩减销售周期和销售成本,增加收入,寻找扩展业务所需要的新的市场和渠道以及提高客户的价值、满意度和忠诚度。客户关系管理在整个客户生命周期中都以客户为中心,这意味着客户关系管理将当作企业动作的核心。客户关系管理应用还将多种与客户交流的渠道(如面对面、电话接洽以及Web 访问)协调为一体,这样,企业就可以按客户的偏好使用适当的渠道与之进行交流。

关于客户关系管理的定义虽然众说纷纭,但不管从营销学的角度还是从管理学的角度来看,它都离不开以客户为中心的思想。可以认为,客户关系管理是一种方法,它使用计算机作为管理企业和客户之间关系的工具,是实现客户价值最大化的方法,核心思想是将客户(包括合作伙伴、分销商和最终客户)作为企业最重要的资源,通过进行深入的客户分析和完善的客户服务来尽力满足客户需求,建立庞大而稳定的客户资源群,使企业获得最佳经济效益。它贯穿于企业内部和客户联系的经营与管理的各个方面,这种方法是以现有信息技术为实现手段,综合了企业各种非技术因素而形成的,它极大地提升了掌握和运用客户信息的能力。在很多行业里,完整的客户档案或数据库存就是该企业最有价值的资产之一。

2. 客户关系管理的基本技术

(1) 将客户作为核心的企业管理技术

该项技术指的是将客户作为企业行为指南的管理技术。如果在企业中实施该项技术,那么企业管理的需要就要以客户的需要为基础,而不是将企业自身的一些要求置于首位。

(2) 高度集成的智能化客户数据库技术

要实施将客户作为核心的管理技术,必须要有现代化的技术手段来支撑,其中高度集成的智能化数据库技术是所有其他技术的基础条件。

(3) 信息和知识的分析处理技术

将客户作为核心的管理思想是建立在现代信息技术基础之上的,如果想实现将客户作为核心的管理技术,企业必须要对智能化的客户数据库进行全面有效的开发和利用,这种开发的基础和核心技术就是信息知识的分析处理技术。

3. 客户关系管理的意义

自从有了商务活动以后,客户关系就一直是商务活动里的一个核心问题。客户一直被尊为是商家的"财神爷",人们一直以"笑脸相迎,笑脸相送"来维持与顾客的关系。随着网络经济的迅猛发展和全球经济一体化的到来,世界有多大,市场就有多大,但是有市场并不见得就有商机,只有有客户才意味着有商机。因此,如何建立、开发和维系客户资源就成为企业经营管理中的一项重要内容。计算机技术的发展提供了运用信息技术、网络技术来实现客户关系管理的可能性。

(1) 客户资源是企业竞争中的重要战略资源

经济的全球一体化使得市场竞争的焦点已经从产品的竞争转向品牌、服务以及客户资源的竞争。谁能拥有客户并且与客户建立和保持一种长期、良好的合作关系,赢得客户的最终信任,能够给客户提供最满意的服务,谁就能通过为客户服务的最大化来实现企业利润的最大化。例如,欧洲空中客车公司预测 2019 年全球客机市场需求量为 17835 架,其中亚太区客机市场需求量为 4239 架。欧洲空中客车公司之所以能对 2019 年全球和亚太区客机市场需求量作出科学的预测,很大程度上得益于该公司对全球客户资源的大量占有和深刻分析。

(2) 客户关系管理的最终目的是寻求企业利润的最大化

采用先进的客户关系管理系统,一方面企业能够对客户信息进行全面整合,在企业内部充分共享信息,从而为客户提供更快捷、周到的优质服务,吸引并保持更多的客户资源;另一方面借助客户关系管理所蕴含的先进管理理念优化企业的业务流程,把"满足客户明确和隐含的需求"的经营理念贯彻到企业经营管理的整个过程中去。无论客户采取什么方式向企业发出何种联络信号,都可以得到快速、满意的回复。由于客户的一切信息尽在掌握中,企业就能够有的放矢地提供及时、周到、满意的服务,通过客户价值的最大化来寻求市场开拓的最大化和企业利润的最大化。

二、客户关系管理的基本架构

客户关系管理系统的最终目标是本着对客户进行系统化研究的指导思想,完整地认识整个客户生命周期,提供与客户沟通的统一平台,改进对客户的服务水平,管理与客户之间的所有交互关系,提高员工与客户接触的效率和客户忠诚度,并因此为企业带来更大的利益。对 CRM 基本架构的认识在产业界和理论界虽然备受关注,但迄今尚没有达成比较统一的观点。在全面、系统地研究了目前业内众多的客户关系管理解决方案的思路、结构和体系,并综合各种认识之后,对客户关系管理应用系统的基本架构作出如下阐述。

一个完整、有效的 CRM 应用系统应该是由以下四个生态子系统构成,分别是业务操作管理子系统、客户合作管理子系统、数据分析管理子系统和信息技术管理子系统。

1. 业务操作管理子系统

在业务操作管理子系统里,客户关系管理应用主要是为了实现基本商务活动的最优化和自动化,一般涉及三个基本的业务流程:市场营销、销售实现、客户服务与支持,所以 CRM 的业务操作管理子系统主要内容包括营销自动化、销售自动化和客户服务与支持。

2. 客户合作管理子系统

在客户合作管理子系统里,客户关系管理的应用主要是为了实现客户接触点的完整管理,客户信息的获取、传递、共享和利用以及渠道的管理,具体涉及企业不同职能部门的管理信息体系、联络中心、移动设备、Web渠道的信息集成与处理等问题。所以,系统主要的内容包括业务信息系统(Operational Information System,简称OIS)、联系中心管理(Contact Center Management,简称CCM)和Web集成管理(Web Integration Management,简称WIM)三个方面。

3. 数据分析管理子系统

在数据分析管理子系统里,客户关系管理的应用主要涉及为实现商业决策分析智能建设的客户数据库的建设、数据挖掘、知识库建设等工作,所以系统的主要内容包括数据仓库(Data Base/Warehouse,简称DB)、知识仓库建设(Knowledge-Base,简称KB)以及依托管理信息系统(Management Information System,简称MIS)的商业决策智能(Business Intelligence,简称BI)等。

4. 信息技术管理子系统

在信息技术管理子系统里,因为客户关系管理的各个功能模块和相关系统运行都要有先进的技术、软件和设备来保障,所以,对信息技术的管理也成为CRM中重要的有机组成部分。信息技术管理子系统主要的内容可以包括以下几个部分:其他子系统应用软件管理,如电子软件颁发系统、数据管理系统等;中间软件和系统工具的管理,如系统执行管理工具、数据库管理系统等;企业级系统的集成管理,如CRM和企业管理信息系统的集成,乃至整个企业的应用集成方案,以实现将企业的CRM应用和ERP、SCM等其他系统紧密集成;电子商务技术和标准管理,如Internet技术与应用、EDI技术与标准、通信标准管理等。

三、客户关系管理的实施

如果CRM系统实施不当,不仅会造成经济上的损失,而且会给企业的经营造成严重的影响,甚至可能导致崩溃。一个企业如果要想让CRM真正用到实处,发挥作用,必须要对管理层面进行创新变革。从管理层面上来说,企业需要运用CRM中所体现的思想来推行管理机制、管理模式与业务流程的变革;从技术层面上来说,企业部署CRM应用系统来实现新的管理模式和管理方法。这两个方面是相辅相成、互为支撑的。管理的变革是CRM系统发挥作用的基础,而CRM系统则是支撑管理模式和管理方法变革的利器。下面我们就这两个层面分别进行介绍。

1. 管理层面

企业战略是指企业在市场经济体制下根据企业内外环境以及可以获取资源的情况,为求得企业的生存和长期稳定的发展,对企业的发展目标达成目标的途径、手段所进行的总体规划。CRM战略是指企业为了优化管理客户资源、使客户价值最大化而制定的受到管理的、并得到信息技术支撑的长远规划和长远目标。战略目标的实现必须得到所有全体员工和高层管理者的参与和支持,各个部门领导的参与对于整体实施的成功是非常关键的,这是实施CRM的一个最基本原则。

CRM是企业战略的一种,它的最终目标是让企业根据客户分段进行重组,强化使客户满意的行为,并联结客户和供应商之间的过程,从而达到优化企业的可盈利性,提高利润并改善客户的满意程度。CRM 是一种新的企业管理模式和管理思想,当然其中管理方法的实现需要 CRM 应用系统的支撑。CRM 将为企业带来新的契机和新的核心竞争力。

2. 技术层面

对于 CRM 战略不同的行业、不同的项目和不同的企业业务,具体的实施方法和途径会有很大的不同,这里仅仅作一个简单的分析。

① 确立业务目标。企业在考虑部署之前,首先必须要确定一个目标,预计利用这个新的系统实现一个什么样的企业具体目标,比如提高多少销售收入、利润,或者减少销售周期或是加速产品更新换代呢。有了具体的目标,才能进行具体方案的规划。

② 分析销售和服务流程。对企业目前现有的营销模式、销售途径和方法以及服务的流程进行研究,分析顾客在何种情况下会购买本企业的产品或服务,找出企业目前存在有哪些问题等,并根据研究结果作相应的改进,这个研讨要有销售人员、营销人员和客户服务人员参与,可以通过进行一系列的研讨,就 CRM 系统的要求和策略进行磋商,最终设计出满足企业需要的理想的 CRM。

③ 选择供应商。选择合适的 CRM 供应商非常重要,在对其提供的解决方案进行评估时,有三个重要的要素要重点考查:软件功能齐全与否、技术先进开放与否、供应商是否有经验与实力,这三个要素紧密结合在一起才能取得 CRM 的成功,某一方面要素的优势并不能弥补其他要素的弱势。

④ 系统的开发、实施和安装。CRM 方案的设计和实施是需要企业和供应商两方面共同努力的,同时要优先考虑使用这个系统的工作人员的需求。CRM 的成功依赖于有步骤、有规划的实施,主要包括需求分析、项目管理、系统实施与客户化、系统测试、系统的运营维护和系统支持等内容。

⑤ CRM 的维护。首先要对系统进行全面测试,以确保系统能够实现预期的设计。很多 CRM 系统提供了性能指标功能,系统应该能向相关人员提供所需要的数据,并可以使他们方便地获取这些数据。

综上所述,客户关系管理是实施于企业的市场营销、销售、服务与技术支持等与客户相关领域的,是一种旨在改善企业和客户之间关系的新型管理机制。CRM 项目是一项系统工程,因此我们要从系统的角度对 CRM 有一个全面深刻的认识。它不仅仅包含客户档案的软件系统,也不仅仅是包含呼叫中心的硬件系统,更不仅仅是一种先进的营销管理思想,它是综合性的企业应用系统。企业通过 CRM 的实施不仅改善了企业的销售业绩,提高了企业的经济效益,更重要的是改善了企业的管理理念和管理流程,带来了管理历史上又一次新的变革。

四、客户关系管理的关键成功因素

CRM 的内涵是通过从根本上建立"以客户为核心"的理念,以期获得企业绩效方面的重大改善。在分析难以真正实施之原因的基础上,结合对 CRM 内涵的深刻理解,要想真正实现客户关系管理,就必须重视和了解在 CRM 过程中的三个重要因素,这也是其关键因素。

1. 科学的 CRM 战略规划

CRM 实施过程中的指导纲领就是科学的战略规划,这也是其成功的必要条件。战略规划主要是针对一些未来状态所进行的完整描述,如系统、流程、结构、技术、价值、工作角色和环境等。

CRM 既是市场部门的责任,同时也是各个部门共同的责任。一个企业首先要确保各部门之间是通力合作的。要不断提高企业为客户服务的能力,最主要的就是要科学地制定 CRM 战略规划,明确各个职能部门的权利和义务。CRM 的实施不单单包括整合信息和客户接触点,还包括对员工的培训、赋权以及客户沟通系统的自动化等内容,涉及技术、流程、人、信息等多个方面。整合这些构件同样需要认真制定战略规划,在完整有效的解决方案的基础上才能进行。

在 CRM 战略规划的制定过程中,尤其要对客户数据模型和客户流程模型加以重视。

① 数据模型强化了对客户的定义和已被认识的企业利益,可以在确保一致性的同时让各自独立的系统正常运转,并且重复使用已使用过的构件,以便使企业建立起一致的跨部门的客户服务理念。

② 流程模型确定了与客户直接交流的、独立于产品线之外的职能部门,有助于企业对未来项目的重复性活动进行有效识别,便于跨部门团队建设,增加对跨产品业务流程的支持。

2. 强大的核心技术数据仓库

要想对客户服务协调一致,不管是企业还是客户,他们所有的交互行为都必须在有先进技术支撑的一套通用的系统平台上来进行管理,这个系统平台就是数据仓库。假如电话、传真、电子邮件、网站等客户交互接触点都是相互独立的,那么企业就会缺乏完整的客户背景资料,这样很容易让客户感觉到企业的不完整,也会影响企业对现有客户群体资料的掌握和使用,妨碍了企业获得客户群带来的最大利益。

CRM 的核心就是数据仓库,它将 CRM 流程中所有相关数据都集中在这里,以便使市场分析人员可以使用从数据库中取得的数据来分析规划目标市场、决定是否进行或如何进行促销活动;呼叫中心可以得到呼叫客户的相关信息、购买意图、交易记录、投诉记录等;而销售人员则可以通过数据库及时了解客户的详细信息以作为销售力量自动化系统(SAF)的一部分;决策者能够基于客户群的细分作出更合理的决定,将正确的产品提供给正确的人,即让所有的使用者从中获取分析结果再反馈于其中,使将来的数据及分析更准确,更适用。

3. 完备的组织制度

CRM 成功实施的宏观环境是要有科学的战略规划来保证,强大的技术力量来支撑。但是,CRM 在具体实施过程中还必须通过以下几个方面获取完备的组织制度保证。

(1) 高层管理人员必须直接参与领导,而不仅仅是参与管理

CRM 需要全公司范围的协调、信息传达和责任承担,这是一项跨部门的联合行动,

只有企业高级管理层认可这一理念,坚定不移地实施 CRM,并对其提供强有力的支持,才能使 CRM 获得实施所必要的人、财、物等资源保障;也只有企业高层人员参与领导,才能协调各职能部门,克服重重障碍,确保 CRM 能够成功推进。

(2) 企业全体职工都要积极支持和参与 CRM 的实施

企业的商业理念应该反映到 CRM 的应用上,并且要在上至高层下至可能与客户发生关系的每位职工之间及时进行沟通与落实。虽然 CRM 采用严格规范的方法进行系统的分析和设计,但这种方法实施的效果往往会受到人为因素的影响。所以,要想在企业中成功实施 CRM 战略,就必须使全体职工充分理解和支持并积极参与其中。只有职工通过培训及时更新和掌握所需的营销手段和技术知识,才不会出现"知识用时方恨太少"的现象。

(3) 组织和实施人员需要密切合作

CRM 的实施过程是一项需要团队合作性质的工作。一方面,要求企业将外部请来的系统整合人员当作企业团队的一部分,通过任命两个合作项目经理(一个来自系统整合部门(企业外部),另一个来自企业(企业内部))的方法,保证企业内外部人员能够密切合作,实现系统整合部门丰富的理论实践经验与企业具体情况的有机结合;另一方面,要求企业内部各职能部门之间共享企业范围内的信息,使原来"各自为战"的营销人员、市场推广人员、电话服务人员、售后维修人员等实现真正的协调工作,成为围绕着"满足客户需求"这一核心目标的强大团队,从而提高企业的内部运转效率,降低企业运营成本。

(4) 建立恰当的系统评效机制

根据美国产品和质量中心的定义,评效是指通过鉴定、理解和改变全球任何组织的优秀实践和流程,以帮助企业改善性能的过程。从这个定义可以看出两方面的内容:一是对自身和优秀实践的评估,二是效仿最好的实践以期获得最佳的效果。但是,现实中的评效却是企业管理者比较容易忽视的管理工具之一。而作为一项战略工程的 CRM 必须进行定期的评估,通过重审业务流程、客户反馈、竞争环境等,不断地改进 CRM 战略内容,使其能够在激烈的竞争中生存下来。

CRM 的设计和实践是一个动态的发展过程,需要不断完善,虽然企业原有的常年积累的文化会成为 CRM 实施的绊脚石,但是只要在科学制定 CRM 战略、充分利用强大的技术支持力量、获取有效的组织制度保证等关键因素方面坚持不懈,就会建立起长期的忠诚客户群体,确保 CRM 的成功。

五、客户关系管理的发展

客户关系管理从概念的提出、方案的发展到如今,已经在各行各业中得到较为广泛的应用,也取得了有目共睹的业绩。随着企业对市场和竞争认识的进一步深化、对客户关系的不断认识和对发展思路的深入探索,相信越来越多的企业会通过采用客户关系管理系统来增强自身的竞争能力。作为一个新兴的高成长市场,推动行业应用和纵深发展应该是 CRM 未来的选择。

1. CRM 的特征

(1) CRM 的行业应用前景更为广泛,涌现典型案例

随着对 CRM 认知程度的提高,CRM 系统将逐渐被越来越多的企业所接受。未来将有更多的行业和企业在竞争的压力之下,为扩大市场占有率及提高客户满意度而对 CRM 产品应用产生大量需求。行业应用的普及化和广泛化特征将会体现出来,在更多的传统行业以及当前没有涉足的领域都会出现 CRM 应用的需求。未来 CRM 的应用会呈现出以下特点:客户密集度高的企业将会首先广泛应用 CRM,如金融业、房地产业等,而且应用范围会不断拓宽;实施"差异化战略"的企业将会更容易应用 CRM;中端企业将会成为 CRM 应用的"主流"。同时,在多个行业都将会出现具有标杆意义的典型案例。

(2) CRM 在重点行业的应用将向纵深发展

未来 CRM 将在银行业、证券业、保险业、电信业、IT 业等重点行业内持续朝纵深发展。这些行业的 CRM 需求将不再是单独从企业前端业务出发,而是会结合更多的行业特殊、结合业务与管理实际、吻合决策支持等需求,对产品和方案的设计要求会更为务实。

(3) CRM 在中小企业的应用将渐成气候

在中国,改革开放后中小企业的发展如雨后春笋,数量非常可观,它们的成长性很强,市场潜力比较大,所以面向中小企业的 CRM 具有广阔市场。这使得我们有充足的理由相信,未来中国 CRM 的应用市场将会远远超出目前的水平。

(4) 增值和集成解决方案更受欢迎

通用型软件可能进入成熟期,行业最终用户对标准化产品的需求逐渐稳定,因此企业用户对增值类产品和方案会有更强的需求。而随着 ERP 等信息化系统在企业应用的日益广泛,未来对 CRM 产品和方案中的集成功能会有迫切要求,即以 CRM 为主,整合企业前后端业务系统的趋势会越来越明显。

尽管 CRM 在中国市场已经获得了一些阶段性的发展,但是发展到成熟阶段仍然需要一定的过程,CRM 还要经过一个市场培育期。严酷的市场环境和技术力量的不足也使得本土厂商的发展不会顺利。但也应该看到,CRM 本身还处在一个动态的发展过程中,这为肯于下力气搞创新的厂商提供了大量的机会,同时,北美厂商近期内不会投入太大力量关注中国市场,也为中国本土厂商提供了巨大的市场空间。而 CRM 何时走出低谷取决于 CRM 供应商和广大传统企业用户的共同努力。决定未来 CRM 市场发展的关键因素很多,从软件方面来看,CRM 软件厂商进一步提高产品的功能水平和应用能力,尤其是产品的分析能力以及其他主流应用系统的集成能力;CRM 厂商深入开发服务行业的 CRM 应用,并且进一步关注中低端应用。从用户角度来看,应该进一步加强对 CRM 的理解,加大对分析型 CRM 的投资,确定详细需求,制定投资目标,加强对数据的管理。从项目实施来看,CRM 项目实施的方法论和流程需要进一步规范,CRM 项目推进需要更多专业化的 CRM 实施咨询公司的参与。

CRM 软件市场大局非常庞大,原因很简单,客户是企业的生存之本,谁也无法忽视这个问题,在技术的应用上它不像 ERP 那样非得"休克式"或"连根拔起式"地实施,它的技术应用的阶段性、模式等都灵活得多,这就使得任何一个企业都可以是 CRM 技术应用的对象。尽管功能的深浅、实施的范围差别很大,但 CRM 技术应用的广泛性是 ERP 和

其他管理软件无法比拟的。

2. CRM 的发展趋势

随着市场环境的日趋成熟、竞争的更加激烈，客户资源对企业的重要性日益彰显，全面的客户关系管理必将成为现代企业管理的重要选择，CRM 系统也必然会因此成为企业的核心管理系统之一。企业的应用需求和信息技术的发展是确定 CRM 系统发展方向的重要因素，未来 CRM 的技术架构将会向以下几种趋势发展。

(1) CRM 系统将全面采用 B/S 技术

为了满足移动办公和分布式管理的需求，CRM 系统将更多采用基于 Browser/Server 架构的多层结构。B/S 结构的特点是在客户端使用标准的 Web 网页浏览器，不需安装特殊的应用程序，减少了升级和维护的难度；所有的业务数据都保存有 Server 端，确保了数据的安全；在通信方面，由于使用标准的 HTTP 协议，使得系统可以轻松地实现移动办公和分布式管理。另外，为了系统功能的可扩展性，应该采用将数据库层、应用层及表现层分离的多层结构。独立的数据库层便于支持多种数据库系统，企业逻辑的应用层将实现独立，业务逻辑的更新和扩展更为方便，而当需要支持手机、PDA 等新的客户端设备时，只要对表现层进行扩充就可以实现。同时，这种多层结构也可以采用负载均衡与集群等技术实现系统的高可用性和性能的平滑扩展。

(2) CRM 系统将全面集成各种信息交流技术

随着 Internet 的发展，新的信息交流技术不断发展。作为企业的前端业务系统，CRM 系统需要支持客户可能倾向采用的各种交流方式。除了支持传统的电话和电子邮件以外，CRM 系统也应该集成对手机短消息、企业即时消息、网络会议等新的沟通方式的支持。在一个客户服务中心，客户代表既可以接听客户的普通电话和网络电话，查看客户的 E-mail，也可以看到客户通过手机发来的短消息，与客户通过即时消息对话，或者与客户进行视频会议，实时解决客户问题，大大提高服务响应速度和客户满意度。对于企业的市场和销售业务，多媒体短信促销、在线导购、远程演示等全新的沟通技术在降低营销成本的同时也可扩展传播途径、提高沟通效率、缩短交易周期，从而提高企业的盈利能力。

集成是一项关键而复杂的任务，是企业在实施 CRM 的过程中所遇到的最困难的任务之一。CRM 系统不仅反映企业的业务流程和信息结构，也需要与内部和外部的业务系统进行集成，也就是说，CRM 应当提供一种集成的客户视图，收集不同来源的客户信息，并能够提供对所有应用系统的统一访问。这将涉及以下几个主要问题：第一，CRM 与 DW、DM 的整合。实施 CRM 的基础是客户数据，没有较多的信息资源，CRM 就成了无源之水、无本之木。在 CRM 中，数据仓库(Data Warehouse，简称 DW)的目标就是决策支持。随着数据仓库技术的应用，越来越多的企业拥有了大量的客户数据。当这些数据的规模较少时，就需要在 CRM 中使用数据挖掘(Date Mining，简称 DM)技术从数据的"矿山"中挖掘出潜在的、有价值的信息，从而使企业能更好地进行客户关系管理。第二，CRM 与 ERP、SCM 的集成。CRM 注重改进企业与客户的关系，ERP 注重企业的内部作业流程，SCM 注重协调企业和上下游的供应链关系，三者的结合将会更有利于提高企业的核心竞争力。CRM 与 ERP 通过不同途径实现客户的价值，所以能把企业前台管理与后台管理完全融合在一起的公司才能最终取得成功。CRM 与 SCM 的集成范围一般包括销售管理、采购管理、客户管理等多方面,能使企业更有效地管理供应链,从而实现成本的节约和服务的改善,进而使大规模定制成为可能,实现需求和供应链上资源的最优配置,获得长久的竞争优势。有西方学者提出,继 ERP、CRM、SCM 之后,EPM(企业绩效管理)将成为未来企业管理的主要发展方向。第三,CRM 与电子商务的结合。电子商务是建立在现代信息之上的"非接触经济",交易双方越是非接触,客户关系管理就越显得重要。所以,电子商务的发展将客户关系管理推到了一个新的高度,产生了基于 Internet 平台和电子商务战略下的电子客户关系管理系统(eCRM)。从某种意义上来说,在那些成功的电子商务企业的背后,客户关系管理的作用要大于电子商务模式自身的作用。

(3) CRM 系统将更多地采用数据仓库和数据挖掘技术

随着全球经济一体化的推进和技术的发展,企业比以往任何时候都面临着更为复杂的生存环境。市场竞争的压力对企业决策的质量和速度都提出了更高的要求。作为管理客户资源这一企业核心资源的信息系统,CRM 系统必须具备强大的数据分析和挖掘功能,为管理者作出正确的决策提供及时而准确的依据。数据仓库、数据挖掘和 OLAP 技术已成为 CRM 系统提供决策支持的关键技术。CRM 系统可以利用这些技术为企业建立完善的、量化的客户价值评估体系,以销售额、利润等原始数据为指标建立评估模型,找出对企业最有价值的客户群体并分析其特征,帮助企业制定更合理的经营策略。通过应用数据仓库和数据挖掘技术,CRM 系统还能够透视企业的销售、市场和服务等各个业务环节,按照组织机构、时间、产品线和客户群特征等各种维度进行多维数据分析和数据挖掘,从而帮助企业及时发现市场环境的细微变化和自身业务流程中的潜在问题,并迅速采取相应的应对措施。

第三节　企业资源计划

在企业多元化经营发展背景和目前市场全球化的趋势下,早期主要侧重于对企业内部的人、财、物等内部资源进行管理的 MRPII 系统已经不能满足一些企业的管理需求。而且,随着分销资源计划(DRP)、准时生产(JIT)、全面质量管理(TQM)、优化生产技术(OPT)、供应链管理(SCM)等先进科学管理思想的产生和推广,企业对管理信息系统的功能要求也越来越高。为了迅速响应需求并组织供应以满足全球市场竞争的要求,把"前端办公室"(市场和客户)和"后端办公室"(供应商和外包商)的信息都纳入信息化管理系统中来,扩大信息集成的范围,以面对经济全球化的挑战。在这一背景下,由关注物料的 MRP(物料需求计划)发展而来的 MPRII(制造资源计划)在逐步吸取和融合其他先进思想来完善和发展自身理论之后,在 20 世纪 90 年代进一步发展为面向怎样有效管理和利用供应链整体资源的新一代信息化管理系统——企业资源计划(ERP)。

一、ERP 的概述

ERP 的英语是 Enterprise Resource Planning，是"企业资源计划"的简称，这个概念最初是在 1993 年由美国 Gartner Group 咨询公司首先提出来的。作为当今国际上一个先进的企业管理模式，它在体现当今世界最先进的企业管理理论的同时，也提供了企业信息化集成的最佳解决方案。它把企业的资金流、物流、人流、信息流整合在一起来进行管理，以求最大可能地利用企业现有资源，实现企业经济效益的最大化。ERP 主要的宗旨是对企业所拥有的人、财、物、信息、时间和空间等综合资源进行综合平衡和优化管理，协调企业各个职能部门，围绕市场导向开展业务活动，提高企业的核心竞争力，从而取得最好的经济效益。所以，ERP 首先是一个软件，其次是一个管理工具，它是 IT 技术与管理思想的完美融合体，也就是优秀的管理思想借助先进的 IT 技术来完成企业的管理目标。

最初 Gartner Group 咨询公司是通过一系列的功能来对 ERP 进行界定的：超越 MRPII 范围的集成功能，支持混合方式的制造环境，支持能动的监控能力，支持开放的客户机/服务器计算环境。这四个方面分别是从软件的功能范围、软件的应用环境、软件的功能增强以及软件的支持技术上对 ERP 的评价。而我们通常从管理思想、软件产品、管理系统三个层次来理解 ERP 相对更容易一些。

第一，ERP 是一个体系标准，内容是关于企业的管理系统，它的实质是在 MRPII 的基础上进化发展而来的面向供应链的管理思想。

第二，ERP 是一个综合性的软件系统，它融合应用了客户机/服务器体系、关系数据库结构、面向对象技术、图形用户界面、第四代语言、网络通信等信息成果，是以管理企业的整体资源为管理思想的软件。

第三，ERP 是一套整合了企业管理理念、业务流程、基础数据、人力物力、计算机硬件和软件于一体的企业资源管理系统。

简单地说，企业的所有资源主要有三大块：物资流、资金流和信息流。ERP 就是对这三大块资源进行全面整合的一个管理信息系统，也就是说，ERP 是建立在信息技术基础上的，利用现代企业的先进管理思想，全面集成了企业的所有资源信息，帮助企业提供决策、计划、控制与经营业绩评估的全方位和系统化的管理平台。它不仅仅是一个信息系统，还是一种管理理论、管理思想的灵活运用，它利用企业所有资源，包括内部资源与外部市场资源，为企业制造产品或提供服务创造最优的解决方案，最终达成企业的经营目标。

二、ERP 的发展阶段

ERP 是一个健全的管理信息系统，简单地说，它的发展经历了以下三个主要的阶段：从 20 世纪六七十年代的物料需求计划（MRP）到 20 世纪 80 年代的制造资源计划（MRPII），再到 20 世纪 90 年代的企业资源计划（ERP）。

1. MRP 阶段

在最初 MRP 阶段，企业的信息管理系统是通过对产品构成进行管理的，企业借助计算机的高速运算能力及系统对客户订单、在库物料、产品构成的管理能力,完成根据客户订单、按照产品结构清单展开并讨论物料需求计划。因此,在这个阶段里,企业逐步实现了减少库存、优化库存的管理目标。但是,MRP 并没有考虑到生产企业现在所拥有的生产能力和采购将会受到的约束条件等限制,所以,它计算出来的物料需求的日期可能会因为设备或工时的不足而影响产品的生产。并且,它也缺乏根据计划实施情况的反馈信息及时对计划进行调整的能力。所以,MRP 也经历了一个不断调整的时期,整个 MRP 时期分为开环 MRP 阶段和闭环 MRP 阶段。

开环 MRP 阶段是指物料需求计划,主要是通过主生产计划、库存状态和产品结构三种信息的输入来实现物流需求计算的。主生产计划是一个综合性计划,由它确定最终产品的生产时间和数量。产品结构文件也称物料清单(BOM),它是生产某最终产品所需的零部件、辅助材料或材料的目录。库存状态信息应保存所有产品、零部件、在制品、原材料的库存状态等信息。

以上我们讨论过的开环 MRP 系统缺乏根据计划实施情况及时对计划进行调整的能力,为解决这个问题,开环 MRP 系统在 20 世纪 70 年代发展成为闭环 MRP 系统。闭环 MRP 系统除了考虑物料需求计划以外,把生产能力需求计划、车间作业计划和采购作业计划纳入 MRP 系统,形成了一个相对封闭的系统。MRP 系统的正常运行需要有一个切实可行的主生产计划,它除了要反映市场需求和合同订单之外,还必须满足企业的生产能力约束条件。所以,除了要编制资源需求计划,还要制订能力需求计划,同各个工作中心的能力进行平衡。只有在能力与资源均满足负荷需求或能采取措施保证可以做到时,才会开始执行计划。在能力需求计划中,生产通知单是按照它们对设备产生的负荷而进行评估的,采购通知单的过程与之类似,检查它们对分包商和经销商所产生的工作量。执行 MRP 时要用生产通知单来控制加工的优先级,用采购通知单来控制采购的优先级。这样,基于 MRP 系统的进一步发展,把能力需求计划和执行及控制计划的功能也包括进来,形成一个环形回路,通常称之为闭环 MRP。

2. MRPII 阶段

闭环 MRP 系统的出现使生产活动方面的各个子系统得到了统一。但是生产管理只是一个方面,而企业管理是由人、财、物和信息等资源以及产、供、销等活动组成的综合系统,其中还有动态的彼此紧密相关的物资流、资金流和信息流。于是,在 20 世纪 80 年代,人们把销售、采购、生产、财务、工程技术、信息等各个子系统进行集成,并称该集成系统为制造资源计划系统,英文缩写还是 MRP,为了区别物料需求计划(也缩写为 MRP)而称之为 MRPII。

MRPII 是一个集采购、库存、生产、销售、财务、工程技术等为一体的计算机信息管理系统。它能让企业对其生产系统和经营活动建立一种计划模型,以便管理和平衡企业的制造资源和经营任务的需求。这里的企业制造资源包括企业生产系统的内部资源要素,如生产设备、生产能源等,以及某些与生产系统发生联系的企业内部和外部资源。MRPII 主要面向企业以生产系统为主的企业内部资源的全面计划管理,不涉及企业的整体资源管理以及供应链的问题,更不涉及产品研发的问题。

3. ERP 阶段

20世纪80年代末期到90年代初期，随着MRPII系统的普遍应用以及市场竞争的日趋激烈，制造业也发生了翻天覆地的变化：制造业的环境急剧变化——全球化、供需链制造，需要重新定义同供应商、分销商的关系以快速响应，生存属于迅速产出最优质量、最低成本、最快交付产品的企业，制造业将需要更大的灵活性、多样性、实时、能动地实现监控、管理和优化，重组设计和业务解决方案，实现业务流程同步。一些企业开始意识到传统的MRPII软件所包含的功能已不能满足上述变化的要求，所以，ERP理论应运而生。ERP理论对传统的MRPII系统来说是一次质的飞跃，它着眼于供应链上各个环节的信息管理，能够满足同时具有多种生产类型企业的需要，扩大了软件的应用范围：除财务、分销和生产管理以外，还集成了企业的其他管理功能，如人力资源、质量管理、决策支持等多种功能，并支持国际互联网、企业内部网和外部网、电子商务等。ERP采用最新的信息技术，如图形用户界面技术、面向对象的关系数据库技术、第四代语言和开发工具、第二代客户机/服务器技术、Java、Web SERVER、INTERNET/INTRANET 技术等。

三、ERP 的主要功能模块介绍

ERP的组成及各模块的功能会因为开发产品厂家不同而各有所长，不同ERP的侧重点和风格也各有千秋，所以ERP产品的模块结构也相差比较多，如果一一介绍，对于刚刚认识ERP的读者来说可能会比较混乱。所以，这里我们暂且抛开实际的产品，仅从企业的角度来描述ERP系统的功能结构，也就是ERP能够为企业解决什么问题，它的功能模块到底包含哪些内容。

ERP是将企业的资金流、物流、信息流和人流进行全面一体化管理，简单地说，就是对企业的所有资源进行整合集成管理。ERP的功能模块与以往的MRP或MRPII的模块不同，它不仅可以用于生产企业的管理，而且可以应用于许多其他类型的企业，甚至是一些非生产性的、公益性事业的单位也可以导入ERP系统进行资源计划和管理。当然，在这里我们将仍然以典型的生产型企业为例来介绍ERP的主要功能模块。

在企业里，常规的管理工作主要包括财务管理（会计核算、财务管理）、生产控制管理（计划、制造）、物流管理（分销、采购、库存管理）和人力资源管理（人力资源规划、招聘管理等）等几个方面的内容，这四个部分本身就是集成体，它们互相之间有相应的接口，能够很好地整合在一起作为一个系统来对企业进行管理。

1. 财务管理模块

在企业中，清晰分明的财务管理是极其重要的。所以，在整个ERP系统中它都是不可或缺的一部分。ERP中的财务模块跟一般的财务软件不同，作为ERP系统中的一部分，它和系统的其他模块有相应的接口，能够相互集成，比如，它可以将由生产活动、采购活动输入的信息自动计入财务模块生成总账等会计报表，取消了输入凭证等繁琐的过程，几乎完全代替了以往传统的手工操作。一般地，ERP软件的财务部分包含会计核算与财务管理两大块。

(1) 会计核算

会计核算主要是记录、核算、反映和分析资金在企业经济活动中的变动过程与结果。它由总账、应收账、应付账、现金、固定资产等几部分构成。

(2) 财务管理

财务管理的主要功能是将基于会计核算的数据加以整理分析，从而进行相应的预测、管理和控制活动。它侧重于财务计划、控制、分析和预测。

2. 生产控制管理模块

这个模块是 ERP 系统的核心部分，它将企业的整个生产过程有机地整合在了一起，使得企业能够有效地降低库存，提高效率。同时，各个原本分散的生产流程的自动连接也使生产流程能够前后连贯地进行，而不至于出现生产脱节，影响生产交货时间。

生产控制管理是一个以计划为导向的先进的生产、管理方法。首先，企业确定一个总生产计划，再经过系统层层细分下达到各部门去执行。即生产部门以此为依据安排生产、采购部门依此计划进行采购等，它主要包括主生产计划、物料需求计划、能力需求计划、车间控制和制造标准（零件代码、物料清单、工序和工作中心）等。

3. 物流管理模块

物流管理模块主要包括分销管理、库存控制和采购管理等模块。

(1) 分销管理

销售的管理是从产品的销售计划开始，对其销售产品、销售地区、销售客户等各种信息的管理和统计，并可对销售数量、金额、利润、绩效、客户服务作出全面的分析。它主要包括客户信息的管理和服务、销售订单的管理和销售的统计与分析等模块。

(2) 库存控制

库存控制是指用来控制存储物料的数量，以保证稳定的物流支持正常的生产，但又最小限度地占用资本。它是一种相关的、动态的、真实的库存控制系统。它能够结合、满足相关部门的需求，随时间变化动态地调整库存，精确地反映库存现状。

(3) 采购管理

采购管理是指确定合理的定货量、优秀的供应商和保持最佳的安全储备。它能够随时提供定购、验收的信息，跟踪和催促对外购或委外加工的物料，保证货物及时到达。建立供应商的档案，用最新的成本信息来调整库存的成本。它主要包括供应商信息查询、催货、采购与委外加工统计和价格分析等功能。

4. 人力资源管理模块

近年来，企业内部的人力资源开始越来越受到企业的关注，被视为企业的资源之本。在这种情况下，人力资源管理作为一个独立的模块被加入到了 ERP 的系统中来，和 ERP 中的财务、生产系统组成了一个高效的、具有高度集成性的企业资源系统。它与传统方式下的人事管理有着根本的不同。

(1) 人力资源规划的辅助决策

对企业人员、组织结构编制的多种方案进行模拟比较和运行分析，并辅之以图形的直观评估，辅助管理者作出最终决策。它主要包括制定职务模型和进行人员成本分析等模块。

（2）招聘管理

人才是企业最重要的资源。优秀的人才才能保证企业持久的竞争力。招聘系统一般对招聘过程管理、招聘成本管理、为选择聘用人员的岗位提供信息等方面提供支持。

（3）工资核算

工资核算模块能实现根据公司跨地区、跨部门、跨工种的不同薪资结构及处理流程，制定与之相适应的薪资核算方法；与时间管理直接集成，能够及时更新对员工的薪资核算动态化，通过其他模块的集成，自动根据要求调整薪资结构及数据。

（4）工时管理

根据本国或当地的日历，安排企业的运作时间以及劳动力的作息时间表，并运用远端考勤系统，将员工的实际出勤状况记录到主系统中，并把与员工薪资、奖金有关的时间数据导入薪资系统和成本核算中。

（5）差旅核算

系统能够自动控制从差旅申请、差旅批准到差旅报销整个流程，并且通过集成环境将核算数据导进财务成本核算模块中去。

四、ERP的发展趋势

正如前面我们所提过的，因为ERP代表了当前的先进企业管理技术与模式，而且能够提高企业整体的管理效率、增强企业的市场竞争力，所以近年来ERP系统在国内外得到了广泛的推广和应用。随着经济全球化的发展，企业间的竞争也在逐渐加强，管理需求的增多，信息技术、先进制造技术的不断发展，企业对ERP需求的日益增加进一步促进了ERP技术向新一代ERP的发展。推动ERP发展的因素非常多：全球化市场的发展与多企业合作经营生产方式的出现，使得ERP将支持异地企业运营、异种语言操作和异种货币交易；企业过程重组及协作方式的变化，使得ERP支持基于全球范围的可重构过程的供应链及供应网络结构；制造商需要应对新生产与经营方式的灵活性与敏捷性，使得ERP也越来越灵活地适应多种生产制造方式的管理模式；越来越多的流程工业企业应用也从另一个方面促进了ERP的发展。计算机新技术的不断出现将会为ERP提供越来越灵活与强功能的软、硬件平台，多层次分布式结构、面向对象技术、中间件技术与Internet的发展会使ERP的功能与性能迅速提高。ERP市场的广大需求大大刺激了ERP软件业的快速发展。

未来ERP技术的发展方向和趋势主要有以下几点。

（1）ERP与客户关系管理的进一步整合

ERP将更加面向市场和顾客，通过基于知识的市场预测、订单处理与生产调度，基于约束的调度功能等进一步提高企业在全球化市场环境下的优化能力。进一步与客户关系管理结合，实现市场、销售、服务的一体化，使CRM的前台客户服务与ERP后台处理过程集成，提供客户个性化服务，使企业具有更好的顾客满意度。

(2) ERP 与产品数据管理的整合

产品数据管理将企业中的产品设计和制造全过程的各种信息、产品不同设计阶段的数据和文档组织在统一的环境中。近年来，ERP 软件商纷纷在 ERP 系统中纳入了 PDM 功能或实现与 PDM 系统的集成，增加了对设计数据、过程、文档的应用和管理，减少了 ERP 庞大的数据管理和数据准备工作量，并进一步加强了企业管理系统与 CAD、CAM 系统的集成，进一步提高了企业的系统集成度和整体效率。

(3) ERP 与电子商务、供应链管理、协同商务的进一步整合

ERP 将面向协同商务，支持企业与贸易共同体的业务伙伴、客户之间的协作，支持数字化的业务交互过程；ERP 的供应链管理功能将进一步加强，并通过电子商务进行企业供需协作，如汽车行业要求 ERP 的销售和采购模块支持用电子商务或 EDI 实现客户或供应商之间的电子订货和销售开单过程；ERP 将支持企业面向全球化市场环境，建立供应商、制造商与分销商之间基于价值链共享的新伙伴关系，并使企业在协同商务中做到过程优化、计划准确和管理协调。

(4) ERP 与工作流管理系统的进一步整合

全面的工作流规则保证与时间相关的业务信息能够自动地在正确时间传送到指定的地点。ERP 的工作流管理功能将进一步增强，通过工作流实现企业的人员、财务、制造与分销商间的集成，并能支持企业经营过程的重组，也使 ERP 的功能可以扩展到办公自动化和业务流程控制方面。

(5) ERP 系统的动态可重构性

为了适应企业的过程重组和业务变化，人们越来越多地强调 ERP 软件系统的动态可重构性。为此，ERP 系统动态建模工具、系统快速配置工具、系统界面封装技术、软构件技术等均被采用。ERP 系统也引入了新的模块化软件、业务应用程序接口、逐个更新模块增强系统等概念，ERP 的功能组件被分割成更细的构件以便进行系统动态重构。

第四节 电 子 商 务

一、电子商务概述

目前没有一个全面、具有权威性的、能够为大多数人接受的电子商务的定义，各种组织、政府、公司、学术团体等都根据自己的理解和需要为电子商务下了不同的定义。下面将其中一些较为系统和全面的定义整理出来以供参考。

1. 国际性组织的定义

① 1997 年 11 月，国际商会在法国巴黎举行的世界电子商务会议（The World Business Agenda for Electronic Commerce）上提出了电子商务的概念。电子商务是指实现整个贸易过程中各阶段的贸易活动的电子化。交易各方以电子交易方式而不是通过当

面交换或直接面谈方式进行的任何形式的商业交易活动都属于电子商务的范畴。

② 联合国经济合作和发展组织(OECD)在有关电子商务的研究报告中对电子商务的定义是：电子商务是发生在开放网络上的包含企业之间(Business to Business)、企业和消费者之间(Business to Consumer)的商业交易。

③ 全球信息基础设施委员会(GIIC)电子商务工作委员会报告草案中对电子商务定义如下：电子商务是运用电子通信作为手段的经济活动，通过这种方式人们可以对带有经济价值的产品和服务进行宣传、购买和结算。

④ 加拿大电子商务协会给出的电子商务定义是：电子商务是通过数字通信进行商品和服务的买卖以及资金的转账，它还包括公司间和公司内利用电子邮件、电子数据交换(EDI)、文件传输、传真、电视会议、远程计算机联网所能实现的全部功能(如市场营销、金融结算、销售以及商务谈判)。

2. 政府的定义

① 美国政府在其"全球电子商务纲要"中指出，电子商务是通过因特网进行的各项商务活动，包括广告、交易、支付、服务等活动。

② 欧洲议会在其"电子商务欧洲动议"中给电子商务的定义是：电子商务是通过电子方式进行的商务活动。

③ 中国在"中国电子商务蓝皮书(2001年度)"中认为，电子商务指通过Internet完成的商务交易。交易的内容分为商品交易和服务交易。

3. IT行业的定义

① IBM公司的电子商务(E-Business)概念包括三个部分：企业内部网、企业外部网和电子商务，它所强调的是信息技术在网络环境下的商业化应用，不仅仅是硬件和软件的结合，也不仅仅是我们通常意义下的强调交易的狭义的电子商务，而是把买方、卖方、厂商及其合作伙伴在因特网(Internet)、企业内部网(Intranet)和企业外部网(Extranet)结合起来的应用。

② 惠普公司(HP)提出了电子商务(E-Commerce)、电子业务(E-Business)、电子消费(E-Consumer)和电子化世界(E-World)的概念。它对电子商务的定义是：通过电子化手段来完成商业贸易活动的一种方式，电子商务使我们能够以电子交易为手段完成物品和服务等的交换，是商家和客户之间的联系纽带。它包括两种基本形式：商家之间的电子商务及商家与最终消费者之间的电子商务。

③ 通用电气公司(GE)对电子商务的定义是：电子商务是通过电子方式进行商业交易，分为企业与企业之间的电子商务和企业与消费者之间的电子商务。

可以看出，上述定义是从不同角度、从广义上和狭义上各抒己见的。这中间，GIIC和惠普公司给出的概念最广，它们强调电子商务包括一切使用电子手段进行的商业活动。从这个意义上来讲，现在已经流行的电话购物、电视购物，以及超市中使用的POS机都可以归入电子商务的范围。但大多数定义还是将电子商务限制在使用计算机网络进行的商业活动，因为只有在计算机网络，特别是Internet普及的今天，才使得电子商务得到如此广泛的应用，也使得商业模式发生了根本性的转变。

综上所述,可以将电子商务分为狭义和广义两种。狭义电子商务 EC(electronic commerce)特指运用因特网开展的交易(或与交易直接有关的)活动。仅将在 Internet 上进行的交易活动归属于电子商务。广义电子商务 EB(electronic business)是指利用 IT 技术对整个商务活动实现电子化。将利用包括 Internet、Intranet、LAN 等各种不同形式网络在内的一切计算机网络以及其他信息技术进行的所有的商务活动都归属于电子商务。

4. 电子商务的内涵

从电子商务的定义中可以归结出电子商务的内涵,即信息技术,特别是互联网技术的产生和发展是电子商务开展的前提条件;掌握现代信息技术和商务理论与实务的人是电子商务活动的核心;系列化、系统化的电子工具是电子商务活动的基础;以商品贸易为中心的各种经济事务活动是电子商务的对象。

(1) 电子商务的前提

电子商务的目标是商务,而电子商务的前提应该是现代信息技术。电子商务是应用现代信息技术在互联网上进行的商务活动,没有现代信息技术及网络技术的产生和发展,就不可能有电子商务。

(2) 电子商务的核心

电子商务的核心是人。电子商务虽然采用电子工具进行商务活动,但是围绕着商品交易活动以及各种利益关系所组成的社会系统的中心还是人。现代社会的人掌握了电子信息技术,将其应用于商务活动,这个商务活动是为人服务的,也是由人来掌握和控制的。电子商务活动需要大量复合型的人才,既掌握现代商务理论知识,又掌握现代信息技术,才能使电子商务更好地为社会服务。

(3) 电子商务的基础

电子商务活动的基础是信息化应用,也就是电子工具的应用。电子商务活动使用的是现代信息技术,尤其是网络技术。现代信息技术在应用领域表现为各种为企业经营活动、交易活动服务的信息化工具,如 ERP、MRP、CRM、SCM、EDI、电子支付与结算、商品配送、售后服务等信息管理系统,及其应用的渠道,如因特网、局域网、外联网、广域网等。

(4) 电子商务的对象

电子商务的对象是指从事电子商务活动的客观实体,包括企业(生产商和中间商,可以概括为 Business)、客户(个人和机构客户,概括为 Customer)以及政府(Government),它们是电子商务的实际参与者。

电子商务的研究对象则包括电子商务活动的全部流程和构成要素,以及这些内容相互之间的关系。它具体包括电子商务的作用对象、电子商务媒介、电子商务流程以及电子商务过程中的信息流、资金流和物流。

5. 电子商务的分类

按照商务活动的内容分类,电子商务主要包括以下两类商业活动:间接电子商务和直接电子商务。

按照使用网络的类型分类,电子商务可以分为以下三种形式:EDI 电子商务、Internet 电子商务、Intranet 电子商务。

按照开展交易的范围分类,电子商务可分为三类:即本地电子商务、远程国内电子商务和全球电子商务。

按照交易对象分类,电子商务可以分为以下五种类型:企业对企业的电子商务(Business to Business,简称 B to B)、企业对消费者的电子商务(Business to Customer,简称 B to C)、消费者对消费者的电子商务(Customer to Customer,简称 C to C)、企业对政府的电子商务(Business to Government,简称 B to G)、消费者对政府的电子商务(Customer to Government,简称 C to G)。

二、电子商务的功能与特征

1. 电子商务的功能

电子商务可提供网上交易和管理等全过程的服务。因此,它具有广告宣传、咨询洽谈、网上订购、网上支付、电子账户、服务传递、意见征询、交易管理等多项功能。

(1) 广告宣传

电子商务可凭借企业的 Web 服务器和客户的浏览,在 Internet 上发布各类商业信息。客户可借助网上的检索工具迅速地找到所需商品信息,而商家可利用网上主页和电子邮件在全球范围内做广告宣传。与以往的各类广告相比,网上的广告成本最为低廉,而给顾客的信息量最为丰富。

(2) 咨询洽谈

电子商务可借助非实时的电子邮件、新闻组和实时的讨论组来了解市场和商品信息、洽谈交易事务。网上的咨询和洽谈能超越人们面对面洽谈的限制,提供多种方便的异地交谈形式。

(3) 网上订购

电子商务可借助 Web 中的邮件交互传送实现网上的订购。网上的订购通常都是在产品介绍的页面上提供十分友好的订购提示信息和订购交互格式框。当客户填完订购单后,通常系统会回复确认信息单来保证订购信息的收悉。订购信息也可采用加密的方式使客户和商家的商业信息不会泄漏。

(4) 网上支付

电子商务要成为一个完整的过程,网上支付是重要的环节。在网上直接采用电子支付手段将可省略交易中很多人员的开销。网上支付需要更为可靠的信息传输安全性控制以防止欺骗、窃听、冒用等非法行为。

(5) 电子账户

网上的支付必须要有电子金融来支持,即银行或信用卡公司及保险公司等金融单位要为金融服务提供网上操作的服务。而电子账户管理是其基本的组成部分。信用卡号或银行账号都是电子账户的一种标志,而其可信度需配以必要技术措施来保证。例如,数字证书、数字签名、加密等手段的应用提高了电子账户操作的安全性。

(6) 服务传递

对于已付了款的客户应将其订购的货物尽快地传递到他们的手中。最适合在网上直接传递的货物是信息产品,如软件、电子读物、信息服务等,能直接从电子仓库中将货物发到用户端,而其他的有形货物仍需要借助传统的流通渠道进行配送。

(7) 意见征询

电子商务能十分方便地通过网络收集用户对销售服务的反馈意见,这样使企业的市场运营能形成一个封闭的回路。客户的反馈意见不仅能提高售后服务的水平,更能使企业获得改进产品、发现市场的商业机会。

(8) 交易管理

整个交易的管理将涉及人、财、物多个方面,企业和企业、企业和客户及企业内部等各方面的协调和管理。因此,交易管理是涉及商务活动全过程的管理。

2. 电子商务的特征

(1) 普遍性

电子商务作为一种新型的交易方式将生产企业、流通企业以及消费者和政府带入了一个网络经济、数字化生存的新天地。

(2) 方便性

在电子商务环境中,人们不再受地域的限制,客户能以非常简捷的方式完成过去较为复杂的商务活动,如通过网络银行能够随时存取资金、查询信息等,同时使得企业对客户的服务质量可以大大提高。

(3) 集成性

首先,电子商务的集成性体现在技术上。电子商务集成了大量的新技术,但并不是说新技术的出现就必须淘汰老设备。相反,新技术在一定程度上要能兼容旧设备,使企业能更有效地利用已有的资源和技术,体现真正的商业价值。其次,电子商务的集成性还体现在事务处理的整体性和统一性上。它能规范事务处理的工作流程,将人工操作和电子信息处理集成为一个不可分割的整体。这样不仅能提高人力和物力的利用,也能提高系统运行的严密性。

(4) 安全性

网络欺骗、窃听、病毒和非法入侵等各种安全问题严重影响电子商务的发展,用户一旦对交易的安全性失去信心,就不敢轻易涉足电子商务。因此,安全性是一个至关重要的问题,它要求网络能提供一种端到端的安全解决方案,如加密机制、签名机制、安全管理、存取控制、防火墙、防病毒保护等,这与传统的商务活动有着很大的不同。

(5) 协调性

商务活动本身是一种协调过程,它需要客户与公司内部、生产商、批发商、零售商间的协调,在电子商务环境中,它更要求银行、配送中心、通讯部门、技术服务等多个部门的通力协作,往往电子商务的全过程是在网络上一条龙完成的。为了加强协调,提高效率,许多企业或部门都通过提供交互式的通信手段和协议,使电子商务活动可以在这些协议的基础上进行。

(6) 可扩展性

企业运用电子商务是一个循序渐进的过程。随着客户群的增大,企业、业务的扩展,必须对原先设计的电子商务方案进行扩展。电子商务能否扩展关系到企业运用电子商务的规模能否扩大。

三、电子商务的应用框架

电子商务的运作需要有关各方的相互支持和配合才能实现。电子商务的应用框架结构就包括了实现电子商务的技术保证和各种组成关系,如图 11-3 所示。

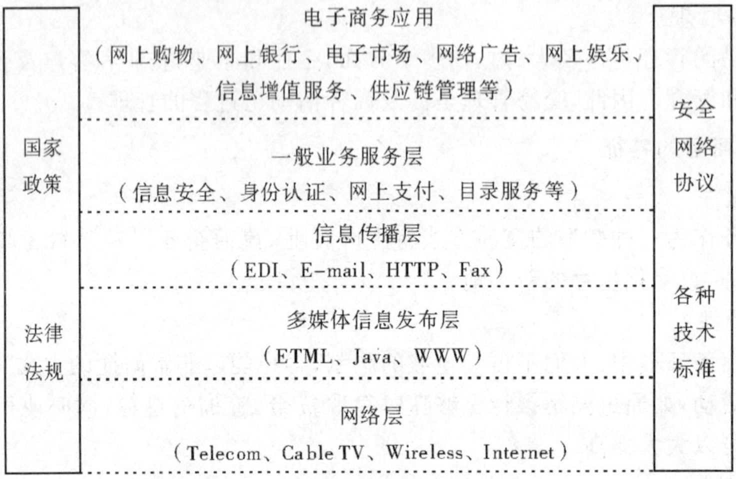

```
┌─────┬──────────────────────────────────┬─────┐
│     │         电子商务应用              │     │
│     │ (网上购物、网上银行、电子市场、   │     │
│     │   网络广告、网上娱乐、            │ 安全 │
│     │   信息增值服务、供应链管理等)     │ 网络 │
│ 国家 ├──────────────────────────────────┤ 协议 │
│ 政策 │         一般业务服务层            │     │
│     │ (信息安全、身份认证、网上支付、   │     │
│     │   目录服务等)                    │     │
│     ├──────────────────────────────────┼─────┤
│     │         信息传播层               │     │
│     │  (EDI、E-mail、HTTP、Fax)        │     │
│ 法律 ├──────────────────────────────────┤ 各种 │
│ 法规 │       多媒体信息发布层            │ 技术 │
│     │   (ETML、Java、WWW)              │ 标准 │
│     ├──────────────────────────────────┤     │
│     │         网络层                   │     │
│     │ (Telecom、Cable TV、Wireless、   │     │
│     │   Internet)                     │     │
└─────┴──────────────────────────────────┴─────┘
```

图 11-3　电子商务的应用框架

从图 11-3 可以看出,电子商务的应用框架包括两大支柱和四个层次,描述了电子商务的各个层面和众多支持条件,可以帮助我们更好地理解电子商务。

1. 电子商务的应用基础

(1) 网络层

网络层是实现电子商务的最底层的硬件基础设施,主要是指信息传输系统,通常网络基础设施的一个较为形象的说法是"信息高速公路"。它主要包括远程通信网(Telecom)、有线电视网(Cable TV)、无线通信网(Wireless)和因特网(Internet)。远程通信网包括公用交换电话网、公用数据网、综合业务数据网等;无线通信网包括移动通信系统、微波通信系统和卫星通信系统;因特网是计算机网络,由骨干网、城域网、局域网等层层搭建而成。

(2) 多媒体信息发布层

网络层只是保障了信息传输的物质基础,使得通过网络传输信息成为可能,但至于网络上传输什么信息,网络层是不知道的,这就要交给多媒体信息发布层来完成。每个人需要发布或传输的内容都不同,目前,网上最流行的发布信息的方式是以 HTML(Hypertext Markup Language,超文本标记语言)的形式将信息发布在 WWW(World Wide Web,万维网)上。网络上传播的内容包括文本、图片、声音、图像等,HTML 将这些多媒体信息组织得易于检索和富有表现力。但网络本身并不知道传递的是声音还是文字,它把它们一视同仁地看作 0、1 串。对于这些串的解释、格式编码及还原是由一些用于消息传播的硬件和软件共同实现的,它们位于网络基础设施的上一层。

(3) 信息传播层

网络层提供信息的发布,但信息从一台计算机传送到另一台计算机需要报文和信息传播层来完成。消息传播工具提供了两种交流方式,一种是非格式化的数据交流,如用 FAX 和 E-mail 传递的消息主要是面向人的;另一种是格式化的数据交流,如 EDI,它的传递和处理过程可以是自动化的,无需人的干涉,也就是面向机器的。订单、发票等比较适合格式化的数据交流。HTTP(Hypertext Transfer Protocol,超文本传输协议)是 Internet 上通用的消息传播工具,它以统一的显示方式,在多种环境下显示非格式化的多媒体信息。目前,大量的因特网使用者在各种终端和操作系统下通过 HTTP 使用 URL (Uniform Resource Locator,统一资源定位器)查找所需要的信息,而这些用超文本链接语言显示的信息还能够容易地链接到其他所需要的信息上去。

(4) 一般业务服务层

一般业务服务层是为了方便网上交易所提供的通用的业务服务,是所有企业、个人在网上进行贸易时都会用到的服务,因此也可以把它看作是贸易服务的基础设施。它主要包括保证商业信息安全传输的方法、买卖双方合法性的认证、电子支付工具、商品目录服务、公司名录和保险等。这些贸易基础设施的健全程度直接影响到电子商务开展的可能性和便利性。

在上述四层基础上,就可以一步一步地建设实际的电子商务应用,如网上购物、网上银行、电子市场、网络广告、网上娱乐、信息增值服务、供应链管理等。

2. 电子商务的两个支柱

电子商务的应用框架有两个支柱,它们是电子商务的应用框架结构得以存在并能应用的基础,一个是社会人文性的国家政策及法律法规,另一个是自然科技性的各种技术标准和安全网络协议。

(1) 国家政策及法律法规

国家政策包括围绕电子商务的税收制度、信息的定价、信息访问的收费、信息传输成本、隐私保护问题等,需要政府制定政策。例如,对于咨询信息、电子书籍、软件等无形商品是否征税,如何征税;税收制度是否应与国际惯例接轨,如何接轨,等等。若处理得不好,将严重制约电子商务的发展。法律法规维系着商务活动的正常运作,违规活动必须受到法律制裁。

(2) 各种技术标准和安全网络协议

技术标准定义了用户接口、通信协议、信息发布标准、安全协议等技术细节。它是信息发布、传递的基础,是网络信息一致性的保证。就整个网络环境来说,各项技术标准对于保证各种硬件设备和应用软件的兼容性和通用性是十分重要的。正如有的国家是左行制,有的国家是右行制,这会给交通运输带来一些不便;不同国家 110 伏和 220 伏的电器标准会给电器使用带来麻烦,今天在电子商务中也遇到了类似的问题。目前,许多企业和厂商、国际组织都意识到技术标准的重要性,正致力于联合起来开发统一的国际技术标准,比如 EDI 标准、TCP/IP(Transmission Control Protocol / Internet protocol)协议、HTTP 协议、SSL(Secure Sockets Layer,安全套接层)协议、SET(Secure Electronic Transaction,安全电子交易)协议等,这些协议已经发挥了很大的作用。

四、电子商务的安全问题

安全性是电子商务的一个核心问题,是影响电子商务健康有序发展的关键因素之一。由于非法入侵者的侵入,造成商务信息被篡改、盗窃或丢失;商业机密在传输过程中被第三方获悉,甚至被恶意窃取、篡改和破坏;虚假身份的交易对象及虚假订单、合同;贸易对象的抵赖;由于计算机系统故障对交易过程和商业信息安全所造成的破坏等,这些都是电子商务面临的安全问题。随着电子商务交易量和交易额的不断增加,电子商务安全问题出现的几率也越来越高。就目前而言,电子商务的安全问题已成为电子商务实施中的瓶颈之一。

如何采取高效安全的措施以保证电子商务的顺利展开是电子商务良好运作的重要基础和关键因素。电子商务安全涉及计算机网络安全和商务交易安全两大方面。计算机网络安全指的是计算机网络设备安全、计算机网络系统安全和数据库安全等。商务交易安全则是为了实现电子商务交易的保密性、完整性、认证性和不可否认性。

1. 电子商务的安全要素

(1) 有效性

电子商务以电子形式取代了纸张,那么保证这种电子形式的贸易信息的有效性则是开展电子商务的前提。电子商务作为贸易的一种形式,其信息的有效性将直接关系到个人、企业或国家的经济利益和声誉。因此,要对网络故障、操作错误、应用程序错误、硬件故障、系统软件错误及计算机病毒所产生的潜在威胁加以控制和预防,以保证贸易数据在确定的时刻、确定的地点是有效的。

(2) 保密性

保密性是指交易过程中必须保证信息不会泄露给非授权的人或实体。电子商务作为开展商务活动的一种手段,其信息直接代表着个人、企业或国家的商业机密,一旦被人恶意获取,将造成极大的危害。维护商业机密在电子商务中任重道远,它是电子商务全面推广应用的重要保障。

(3) 完整性

完整性是指数据在输入、输出和传输过程中,要求能保证其一致性,防止数据被非授权建立、修改和破坏。电子商务简化了贸易过程,减少了人为的干预,同时也带来维护商业信息的完整、统一的问题。由于数据输入时的意外差错或欺诈行为,可能导致贸易各方信息的差异。此外,数据传输过程中信息的丢失、信息重复或信息传送的次序差异也会导致贸易各方信息的不同。信息的完整性将影响到贸易各方的交易和经营策略,保持贸易各方信息的完整性是电子商务应用的基础。因此,要预防对信息的随意生成、修改和删除,同时要防止数据传送过程中信息的丢失和重复,并保证信息传送次序的统一。

(4) 交易者身份的确定性

网上交易的双方很可能素昧平生,相隔千里。要使交易成功,首先要确认交易者的身份。商家要考虑客户是不是骗子,发货后会不会收不回货款,客户也会考虑商家是否是黑店,付款后会不会收不到货,或者收到货后质量是否能有保证,质量不好是否能投诉商家,因此能方便而可靠地确认对方身份是交易的前提。

(5) 不可抵赖性

由于商情时刻在变化,交易一旦达成是不可否认的,否则必然会损害一方的利益。在无纸化的电子商务方式下,通过手写签名和印章进行贸易方的鉴别与交易的确认已是不可能的。因此,要在交易信息的传输过程中为参与交易的个人、企业或国家的身份与行为提供可靠的标识。

(6) 内部网的严密性

企业的内部网一方面有着大量需要保密的信息,另一方面传递着企业内部的大量指令,控制着企业的业务流程。企业内部网一旦被恶意侵入,可能给企业带来极大的混乱与损失。保证内部网不被非法侵入或把侵入后的损失限制在一定范围也是开展电子商务的企业应着重考虑的一个安全问题。

2. 常用的电子商务安全技术

(1) 防火墙技术

防火墙(Firewall)是用一个或一组网络设备(计算机系统或路由器等),在两个或多个网络间加强访问控制,以保护一个网络不受来自另一个网络攻击的安全技术。防火墙的组成可以表示为:防火墙＝过滤器＋安全策略(＋网关),它是一种非常有效的网络安全技术。防火墙的安全策略通常有两种:① 一切未被允许的就是禁止的。基于这一准则,防火墙封锁所有信息流,然后逐项开放允许的服务。② 一切未被禁止的就是允许的。基于这一准则,防火墙转发所有信息流,然后逐项屏蔽有害的服务。

(2) 加密技术

加密是指将数据进行编码,使它成为一种按常规不可理解的形式,这种不可理解的内容叫密文。解密是加密的逆过程,即将密文还原成原来可理解的形式(明文)。数据加密技术的关键元素包括密码算法和密钥。其中密码算法是一组打乱和恢复数据的指令集或一个数学公式。它能够使用密钥将明文信息转换成加密信息,或将加密信息还原成明文信息。密钥是加密和解密所需的一串数字,是算法中的可变参数。对同样的明文,可使用不同的加密算法。即使使用相同的加密算法,如果使用的密钥不同也会得出不同的密文。一个加密技术的可靠性主要取决于解密过程的数学问题的难度,而这取决于密钥的长度。电子商务中广泛应用的加密技术是对称密钥加密技术(私钥加密技术)和非对称密钥加密技术(公—私钥加密技术)。

(3) 认证技术

认证技术是电子商务安全技术的一个重要方面,它解决了交易中的信息的不可否认性、信息的完整性和身份认证等问题,能有效防范网上交易存在的篡改、伪造、抵赖等种种威胁,使电子商务活动公平、公正、可靠地进行。一般来说,认证技术主要包括数字摘要、数字信封、数字签名、数字时间戳和数字证书等。这些技术都与加密技术有关,都是加密技术的具体应用。

3. 电子商务安全协议

(1) 安全套接层协议——SSL协议

SSL(Secure Sockets Layer,安全套接层)协议是由网景(Netscape)公司于1994年年底推出的一种安全通信协议。它能够对信用卡和个人信息提供较强的保护,是对计算机之间整个会话过程进行加密的协议。SSL被用于Netscape Communicator和Microsoft浏览器,用以完成需要的安全交易操作。该协议向基于TCP/IP的客户服务器应用程序提供了客户端和服务器的鉴别、数据完整性及信息机密性等安全措施。SSL主要提供三方面的服务:认证用户和服务器,使它们能够确信数据将被发送到客户机和服务器上;加密数据以隐藏被传送的数据;维护数据的完整性,确保数据在传输过程中不被改变。

(2) 安全电子交易协议——SET协议

SET(Secure Electronic Transaction)协议是由美国Visa Card和MasterCard两大信用卡组织联合国际上多家科技机构,针对因特网购物的安全性而提出的一个国际标准。它是一个通过开放网络进行安全资金支付的技术标准,是一种为基于信用卡进行的电子交易提供安全措施的规则,是一种能广泛应用于Internet上的安全电子付款协议。它采用公钥密码体制和X.509数字证书标准,主要应用于B to C模式中保障支付信息的安全性。由于SET提供了消费者、商家和银行之间的认证,确保了交易数据的安全性、完整可靠性和交易的不可否认性,特别是保证不将消费者银行卡号暴露给商家等优点,因此它成为了目前公认的信用卡网上交易的国际安全标准。SET的目标体现在以下几个方面:信息在互联网上安全传输,不能被窃听或篡改;用户资料要妥善保护,商家只能看到订货信息,看不到用户的账户信息;持卡人和商家相互认证,以确定对方身份;软件遵循相同的协议和消息格式,具有兼容性和互操作性;保证网上交易的实时性,使所有支付过程都是在线的。

五、电子商务的影响

电子商务给人类的工作和生活方式、企业的生产经营、社会的生产和管理等各个领域都带来了巨大的影响,同时也为个人、企业及社会带来了巨大的经济效益。电子商务的发展会带给我们一个经济更加繁荣的时代,对社会的进步和经济的变革产生深远的影响。

1. 电子商务给个人带来的影响

(1) 生活方式的改变

网络融入了人们的日常生活,不同年龄的人都可以在网上找到自己活动的领域,人们可以在网上购物、看电影、玩游戏、聚会聊天、看书学习、投资理财、交费纳税、订房买票等。

(2) 消费方式的改变

购物不受时间和空间的限制,有更多的选择机会,服务个性化。

(3) 办公方式的改变

电子商务方式保证了及时通信和处理业务,因此可以实现灵活的办公方式,人们可以随时随地进行办公处理。电子商务使人们在家里办公成为可能。

2. 电子商务给企业带来的效益

充分认识电子商务的效益有利于企业坚定发展电子商务的决心和信心，提高自觉性和主动性，为企业赢得 21 世纪竞争的优势。

(1) 降低交易成本

电子商务能够降低营销成本，在任何商务活动中，经营者之间都要相互了解，互通信息，因此广告的宣传就备受企业的关注。与传统的广告方式相比，网络可以使企业以较低的费用进行广告宣传。企业可以利用免费站点制作链接和旗帜广告，也可以建立自己的 Web 站点，提供即时的商业信息、商品目录等内容。电子商务的另一个优势是能够降低企业的采购成本。对于企业来说，物资的采购是一个复杂的多阶段过程，需要耗费大量的时间、费用进行市场调查。而使用网络进行采购可以减少采购过程中人力、印刷、邮寄等的费用。在网上公开招标可以为企业提供更多的采购机会，带来更低的采购成本。

(2) 减少企业库存

生产计划送达供应商所需的时间越长，公司的库存就越大，并带来延迟和错误，同时使供应商对需求变化来不及作出所要求的快速反应。企业的库存越多，其运转费用就越高，效益就越低。通过网络企业可以迅速将市场需求信息传递给生产决策部门，同时企业的生产信息可以马上传递给供应商适时补充原材料供给，从而实现零库存管理。

(3) 缩短订货和生产周期

更快、更准确的订单处理可以降低安全库存量，提高库存补充自动化程度和增加客户满意度。另外，电子商务的应用加强了企业联系的深度和广度，使分布在不同地区的人员可以通过互联网协同工作，共同完成一个研究和开发项目。电子商务的应用可以将过去的信息封闭的分阶段合作方式改变为信息共享的协同工作，从而最大限度地减少因信息封闭而出现等待的时间。因此，电子商务可以缩短产品的生产周期，以同等的或降低的费用生产更多的产品。

(4) 提高服务质量

在企业的服务方面，电子商务改变了以往"以产品为中心"的传统营销观念，充分体现了"以人为中心"的新理念，提高了服务的质量和水平。Internet 的开放性和广泛性使电子商务打破了时空的限制，企业可以通过建立 Web 站点实现全球化及全天候的运作和服务，并且全方位展示企业产品及服务功能，从而有助于消费者更加全面地认识商品及服务。此外，电子商务使得商家为用户提供个性化的服务成为可能。

(5) 增加商业机会和开拓新的市场

电子商务打破了时间和空间的界限，企业可以随时随地宣传自己的企业形象，发布自己的产品信息，并与客户、合作伙伴进行全方位的信息交流和沟通；企业可以跨越国界把自己的市场拓展到世界上的任一角落，增加了企业的国际机遇。利用 Internet 销售产品的公司在全球性、网络化交易中更容易吸引新客户和新供应商、开拓新产品市场。通过网络，企业可以获得对本企业和产品感兴趣的客户群，同样企业也可以通过这种途径来开发对自己更有利的供应商。例如，在 Dell 公司 Web 站点上采购产品的消费者中，有 80% 的消费者和一半的小公司过去从未购买过 Dell 公司的产品。有 1/4 的人说，如果没有这一 Web 站点，他们将不会进行这次采购，而且他们的平均采购量高于 Dell 公司的其他顾客。

3. 电子商务给社会带来的效益

（1）传统的商业体系结构发生变化

电子商务打破了对市场的时空限制，传统的供需结合的信息交换活动将被电子商务系统替代。同时，电子商务减少了不必要的中间环节，降低了交易费用和成本，这些变化将改变传统的商业体系结构。在电子商务环境下，市场准入条件发生了变化，企业规模的大小对竞争能力的影响可能变得不像传统那样突出了。一些中小企业可能进入原来主要被大企业占有的市场，有的中小企业甚至可以像跨国公司那样去与大企业竞争。此外，电子商务的发展还促使了大量新兴行业的诞生。

（2）全社会的增值

电子商务带来的最直接的好处就是由于贸易范围的空前扩大而产生的全球贸易活动的大幅度增加，因而提高了贸易环节中大多数角色的交易量。因此，全球范围的经济形势将向一个良好的增长趋势发展。

（3）促进知识经济的发展

信息产业是知识经济的核心和主要的推动力，而电子商务又是目前信息产业中最具发展前途的。因此，电子商务的发展必将直接或间接地推动知识经济的浪潮。

电子商务给个人、企业和社会带来的效益并不止于此，还有许多潜在的效益，随着电子商务的发展，这些效益将越来越明显。我们应该重视电子商务并积极投入其中，跟上时代的步伐并从中受益。

第五节　决策支持系统

在20世纪70年代中期，Keen和Scott Moton首次提出了"决策支持系统"（Decision Support Systems，简称DSS）一词，标志着利用计算机与信息技术决策的研究与应用进入了一个新的阶段，并形成了决策支持系统这一新的学科体系。

一、决策支持系统的概述

DSS发展至今已有几十年的历史，有关它的定义始终存在着不同观点，但基本一致认为它的定义必须建立在对象所具有的特征之上。DSS的特征可以归纳为以下六个方面：① 对准上层管理人员经常面临的结构化程度不高、说明不够充分的问题；② 把模型和分析技术与传统的数据存取技术、检索技术结合起来；③ 易于为非计算机专业人员以交互会话的方式使用；④ 强调对环境及用户决策方法改变的灵活性与适应性；⑤ 支持但不是代替高层决策者制定决策；⑥ 充分利用先进信息技术快速传递和处理信息。

根据DSS的这些特征，有关专家学者先后给出了多种定义，这些定义可以综合为：DSS是以信息技术为手段，应用决策科学及有关学科的理论与方法，以人机交互的方式辅助决策者解决半结构化和非结构化的决策问题的信息系统。

综上所述，我们能比较全面地认识到 DSS 就是要组织与管理好所有能供决策使用的数据和信息、计算模型、分析方法与判断规则，在决策者与计算机交互过程中针对不同的问题，通过各种数据、模型与方法的综合作用来引导决策者完成一系列判断而获得问题的解决。

DSS 的目标是在人的分析与判断能力基础上，借助计算机和科学的方法支持决策者对半结构化和非结构化问题进行有效的决策，以获得尽可能令人满意的客观的解决方案。DSS 的目标要通过系统所提供的功能来实现，系统的功能由系统的结构所决定，不同结构的 DSS 功能不尽相同。总体上，DSS 的功能可归纳为以下九点：① 管理并及时提供与决策问题有关的组织内部信息，如订单要求、库存动态、生产能力与财务情况等；② 收集、管理并提供与决策问题有关的组织外部信息，如政策法规、经济统计、市场行情、同行动态与科技进展等；③ 收集、管理并提供各项决策方案执行情况的反馈信息，如订单或合同执行进程、物料供应计划落实情况、生产计划完成情况等；④ 能以一定的方式存储和管理与决策问题有关的各种求解模型，如定价模型、库存控制模型；⑤ 能够储存并提供常用的数学方法及算法，如回归分析方法、线性规划、最短路径算法等；⑥ 实现上述数据、模型、方法的修改和添加，如数据模式的变更、模型的连接或修改、各种方法的修改等；⑦ 能灵活地运用模型与方法对数据进行加工、汇总、分析、预测，得出所需的综合信息与预测信息；⑧ 具有方便的人机对话和图形输出功能，能满足随机的数据查询要求；⑨ 提供良好的数据通信功能，以保证及时收集所需的数据并将加工结果传送给使用者。

在整个 70 年代，研究开发出了许多比较有代表性的 DSS，如支持投资者对顾客证券管理日常决策的 Profolio Management System，用于产品推销、定价和广告决策的 Brandaid，用以支持企业短期规划的 Projector 及适用于大型卡车生产企业生产计划决策的 Capacity Information System 等。当时的 DSS 大多由模型库、数据库及人机交互系统等三个部件组成，被称为初级决策支持系统。

DSS 的发展主要体现在组成部件的扩展与部件组成的结构变化上，部件及结构的演变反映了 DSS 从专用到通用、从简单到复杂的发展过程。DSS 的发展与信息技术、管理科学、人工智能及运筹学等科学技术的发展密切相关。随着 DSS 研究与应用范围的扩大和层次的提高，新技术、新方法的不断推出与引入，DSS 的形式与功能会逐步走向成熟，实用性与有效性会进一步提高。

二、决策支持系统的组成结构

1. 决策支持系统的基本模式

DSS 由若干个部件按一定的结构组成，部件不同或者结构不同会构成功能略有差异的 DSS，但各种 DSS 的结构都是建立在某种基本模式之上。DSS 的基本模式反映 DSS 的形式及其与"真实系统"、人和外部环境的关系，其基本构成模式如图 11-4 所示。

由图 11-4 可以看出来，决策者需要运用自己的知识将其和 DSS 的相应输出结果相互结合起来才能对所管理的"真实系统"作出决策。对"真实系统"而言，提出的问题和操作的数据是输出信息流，而人们的决策则是输入信息流。图 11-4 的左下部表示了与 DSS

有关的基础数据,它包括来自"真实系统"并经过处理的内部信息、环境信息、与人的行为有关的信息等。图 11-4 的右边是最基本的 DSS,由模型库子系统、数据库子系统和知识库子系统等组成。决策者需要运用自己的经验与知识,并结合 DSS 相应的输出结果,对需要管理的"真实系统"作出判断和决策。

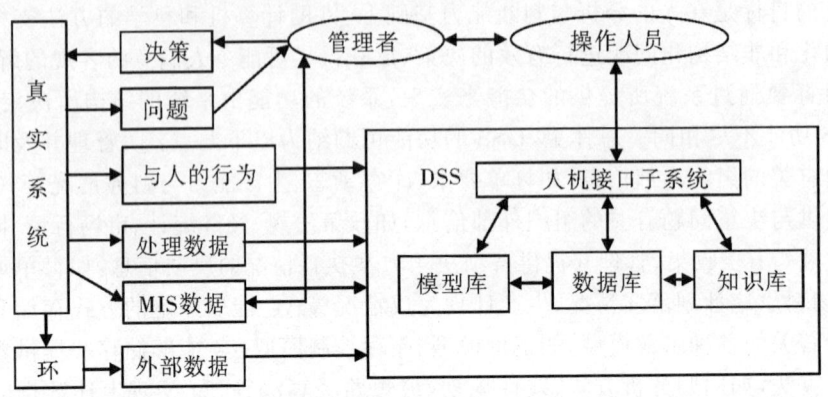

图 11-4　DSS 的基本构成模式

决策者在决策过程中是处在中心地位的,所以,他们在基本模式中同样占据着核心位置。由于 DSS 使用者面临的决策、规则和步骤并不是完全确定的,决策过程难以被明晰地表达,决策者的素质、解决问题的风格、所采用的方法都有较大差异,使得 DSS 在专用与通用、自动化程度的高低这两对矛盾中进行折中。一般情况下,我们应倾向于采用在求解过程、用户环境、适应性等方面具有较高柔性的、更多地强调决策者主观能动性的通用模式。

2. 决策支持系统的组成

决策支持系统由数据库子系统、模型库子系统、人机接口子系统和知识库子系统组成,各个组成部分的关系如图 11-5 所示。

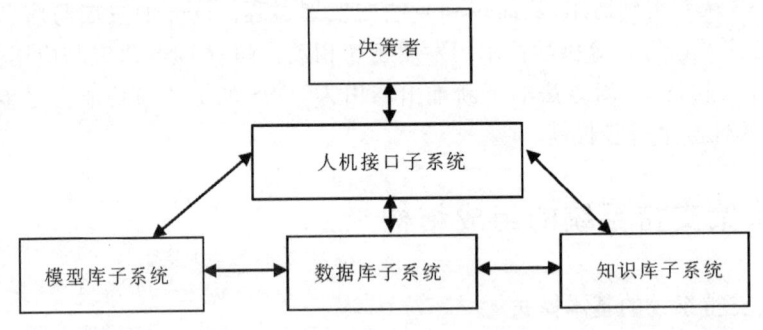

图 11-5　决策支持系统结构图

(1) 数据库子系统

数据库子系统是整个 DSS 的基础部分,也是决策的信息来源,用户使用 DSS 进行决策时,所需要的数据是各种各样的,有可能是内部数据也有可能是外部数据,所以 DSS 的数据库管理系统应该能管理多种数据库。数据库子系统的构成如图 11-6 所示。

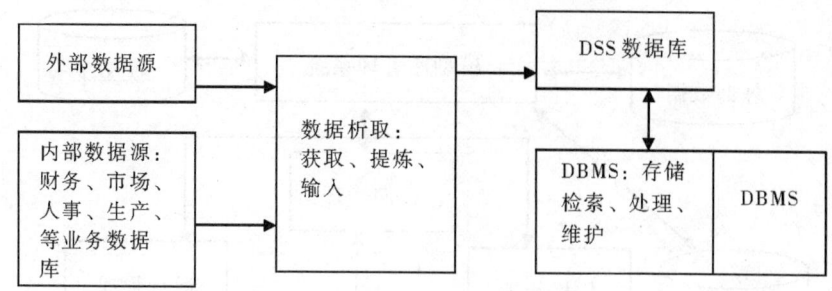

图 11-6　数据库子系统构成示意图

DSS 数据库子系统的主要工作是进行一系列复杂的数据转换,主要功能是利用数据获取和数据提炼过程,综合多种数据源的数据;能快速增添或减少数据源;利用决策者的语言描述数据的逻辑结构,便于决策者进行必要的增删;有处理个人的和非正式的数据的能力,决策者可以在个人判断的基础上进行不同方案的试验;具有管理广泛数据的能力。

源数据库和 DSS 数据库:源数据库是最原始的数据库,包括内部数据源和外部数据源。这些数据一般不能直接用于模型库的计算或知识库的推理,源数据库的内容比较庞杂多样,需要由 DSS 数据库中的数据析取模块从源数据库中抽取所需要的部分内容,形成 DSS 数据库。

数据库子系统的组成:DSS 数据库又称为二级数据库,它由数据析取模块形成,源数据库的数据因其繁杂性所以并不能全部进入 DSS 数据库,而是根据决策需要由数据析取模块析取,然后提供给模型和人机接口部分使用。在 DSS 系统中,二级数据库的生成与模型库的接口是由计算机自动来进行的。

数据析取模块:它为模型的运行准备和组织数据,功能一般包括数据获取、提炼和输入等。

数据库管理系统:用来提供存取数据库中数据的功能。

数据字典:用来维护系统中的数据定义、类型描述和数据源的描述。

数据查询模块:用来解释来自其他子系统的数据请求,通过查阅数据字典来确定如何满足这些请求,并阐述数据请求,最后将结果返回给人机接口子系统。

(2) 模型库子系统

模型库子系统是决策支持系统的核心,包括模型库(Model Base,简称 MB)和模型库管理系统(Model Base Management System,简称 MBMS),它的组成如图 11-7 所示。

建立 DSS 模型主要是采用功能较强的建模语言和一套建模过程,以及与数据管理功能相类似的模型管理功能。

① 模型库子系统的主要功能。它具备可以快速产生新模型的能力;具备可以支持各级决策者广泛利用模型进行分类或维护的能力;具备存取和集成"积木式"模型的能力,即存取和集成模型"建造块"的能力;具备通过数据库适当连接相互关联的模型的能力;具备存储、建造、修改、连接和调用模型的能力。

② 模型库子系统的三个层次。应用级是为决策者设计的专用的或共享的模型子系统;生成级由模型库管理系统、用户接口系统、数据管理系统、基础库等部分组成,其用户

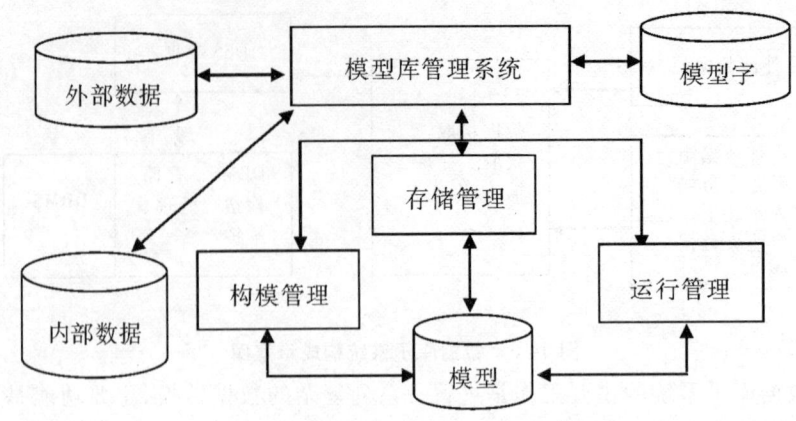

图 11-7 模型库子系统构成示意图

是设计人员。根据用户的要求,可以利用 DSS 来建立和维护有关系统;工具只是一些专用的或通用的软件,如构造模型的软件、图形软件、文字处理工具和模型化语言等。

通常的模型库子系统介于应用级和生成级之间,生成级是模型子系统的核心,在它的支持之下,决策者可以根据自己的意图来建立和使用模型。

③ 模型库子系统的组成。模型库是 DSS 的核心部分,由源码库和目标码库两部分组成,用于存储模型。它是各种模型的集合,在软件的结构中由许多程序模块组成。

模型字典:用来存放有关模型的描述性信息,比如限制、约束等和模型有关的数据。

内部数据库:这是模型库系统自己含有的数据库,它与总系统中的数据库是两个逻辑上独立的实体,可以由同一数据库管理系统支持。

模型库管理系统:它的功能是管理模型的建立、维护、调用、查询、运行、检验和评价,并对其进行集中的控制。

④ 模型库的模型分类。

按照模型求解的方法,可以把模型分为模拟方法类、规划方法类、计量方法类和投入产出方法类等。其中每一类又可以分出若干个子类,比如规划方法类可以分为线性规划、非线性规划、单目标规划、多目标规划等。

模型按照经济内容可以分为预测类模型、综合平衡类模型、结构优化类模型、经济控制类模型、综合控制类模型。

⑤ 模型在计算机中的存储方式。

模型在计算机中的存储方式有以下三种:a. 作为子程序来存储,这种方法适用于一切计算机的子程序,缺点是不利于管理;b. 作为数据来存储,这种方法把模型看成一组用数据表示的关系,这种存储方式便于利用数据库管理系统来对模型库进行管理,使模型库与数据库能用统一的方法来管理;c. 作为语句来存储,这种方法需要用一定的语言把模型写成语句集合,然后把每条语句作为一个记录存入文件。

(3) 人机接口子系统

人机接口子系统也称作对话子系统,它是由用户、终端和会话生成管理系统三部分组成的,人机接口子系统的构成如图 11-8 所示。

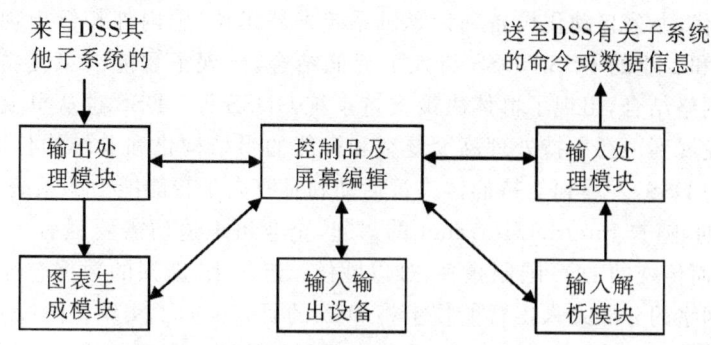

图 11-8 人机接口子系统构成示意图

人机接口子系统的主要功能如下：要具有处理各种对话形式的能力，并具备人机相互理解和适应的功能；具备使用户了解系统中现有的模型情况的能力，包括数量、功能运行等要求；具备使用户了解系统中现有数据情况的能力，包括模式、完整程度、数值和某些统计情况；具备为用户的会话提供灵活支持的能力；在决策过程结束之后，能把反馈结果送入系统，对现有模型提出评价及修改意见；当需要的时候，可以按照使用者要求的方式，方便地输出图形及表格。

（4）知识库子系统

知识库子系统主要支持解决半结构化和非结构化的决策问题（采用知识和推理的方法），它的作用实际上就是专家系统。

专家系统（ES）是人工智能（AI）的实际应用。专家系统是指一个基于知识的程序设计方法建立起来的计算机软件系统，它拥有某个特殊领域内专家的知识和经验，并能像专家那样运用这些知识、经验，通过推理、运算，作出智能决策。人类专家的价格昂贵，而计算机又很普及，为用计算机专家系统代替人类专家创造了条件。

三、决策支持系统的发展

20 世纪 70 年代初，国际上展开了对 MIS 为什么失败的讨论，当时 Michael Scott Morton 就提出了 DSS 的概念，人们称其为"用于辅助决策的一种计算机化的系统"，主要用于支持单个决策的管理决策活动。

70 年代中期，开始注重人机交互的作用，并强调利用快速开发工具和软件包支持决策者的决策分析和计算，但只有少数一些学院和研究所在关注 DSS 问题和进行 DSS 的研究。

70 年代末和 80 年代初，人们对 DSS 的认识演变为"利用适宜的、可得的技术改善管理决策和专业活动的有效性和效果"，群体决策支持系统的概念开始出现。计算机企业管理的重点逐渐由事务性处理转向企业的管理、控制、计划和分析等高层次决策制定方面，DSS 的应用和研发迅速增加。

80 年代中期，Elam 等人提出将 DSS 的概念发展为"利用智能技术和计算机技术，支持重大决策中的创造性思维和推理判断"。

进入 90 年代,办公自动化设备和计算机系统发展迅速,国内外相继出现了很多功能庞大的、通用的和专业的 DSS。DSS 与人工智能结合,出现了智能决策支持系统 IDSS;DSS 与计算机网络结合,出现了群体决策支持系统 GDSS 等。DSS 也从早期解决简单的 What-if 问题,发展到现在支持处理高度复杂和智能的半结构化和非结构化决策问题;从支持个人决策的 DSS,发展到支持群体决策活动和具有人工智能能力的系统。

90 年代中期,随着 Internet/Intranet 的兴起,企业组织迫切需要强有力的 DSS 来辅助其经营决策,而传统的 DSS 限制颇多,难以胜任。近年来,新兴的数据仓库和数据挖掘技术以及基于网络的分布式人工智能技术将 DSS 的研究推向了实用化阶段。

目前,GDSS 和 IDSS 的发展呈现上升趋势。我国单用户决策理论与应用研究处于发展阶段,并开发了一些成功的应用,但 GDSS 和 IDSS 离实用尚有距离。

小　结

本章主要讲述了供应链管理系统、客户关系管理系统、企业资源计划、电子商务技术和决策支持系统的概念、特征、基本框架及其在企业管理活动中的实际应用。

供应链管理系统是借助信息技术的支持、追求整个供应链的总成本最低、供应链上的各个节点有机结合以实现整个供应链整体效率最高、强调集成的一种管理思想和方法。供应链管理的起点是顾客的需求,供应链管理的对象是各个企业,供应链管理追求的是总成本的最小化和整个"链"的高效率。

客户关系管理是一种方法,是通过计算机管理企业与客户之间的关系,以实现客户价值最大化的方法,其核心思想是将客户(包括最终客户、分销商和合作伙伴)作为最重要的企业资源,通过深入的客户分析和完善的客户服务来满足客户需求,建立稳定、庞大的客户资源群体,取得最佳经济效益。它贯穿于企业内部与客户联系的经营和管理的各个方面,这种方法是以现有信息技术为实现手段,综合了企业各种非技术因素而形成的,它极大地提升了掌握和运用客户信息的能力。

企业资源计划是建立在信息技术基础上的,利用现代企业的先进管理思想,全面集成了企业所有资源信息,帮助企业提供决策、计划、控制与经营业绩评估的全方位和系统化的管理平台。它不仅仅是一个信息系统,还是一种管理理论、管理思想,利用企业所有资源,包括内部资源与外部市场资源,为企业制造产品或提供服务创造最优的解决方案,最终达成企业的经营目标。

电子商务分为狭义和广义两种。狭义的电子商务 EC(electronic commerce)特指运用因特网开展的交易(或与交易直接有关的)活动,仅将在 Internet 上进行的交易活动归属于电子商务。广义的电子商务 EB(electronic business)是指利用 IT 技术对整个商务活动实现电子化,将利用包括 Internet、Intranet、LAN 等各种不同形式网络在内的一切计算机网络以及其他信息技术进行的所有的商务活动都归属于电子商务。

决策支持系统是以信息技术为手段,应用决策科学及有关学科的理论与方法,以人机交互的方式辅助决策者解决半结构化和非结构化的决策问题的信息系统。

复习题

【思考题】
1. 结合国内外信息系统的现状,说明管理信息系统的最新发展。

【练习题】
简答题
1. 简述供应链系统的概念、特征和功能。
2. 简述客户关系管理系统的概念和基本技术。
3. 结合已实施 ERP 的企业,说明 ERP 的基本功能。
4. 简述电子商务的概念、功能和特征。
5. 简述决策支持系统的概念和特征。

【案例题】
　　一家 7000 人左右的老国营兵工企业为加强内部管理节能降耗决定实施 ERP 项目改造,为其进行项目实施的是一家新兴的软件开发商。在项目实施过程中,该开发商并没有为该企业引入先进的管理理念,项目实施的前期工作也做得很是马虎,既没有作必要的需求分析工作,也没有要求企业进行业务流程重组。在基础数据录入阶段,企业粗线条管理的基础数据又无法适应先进管理软件的基本要求,因此,开发方的工作人员勉强从各种数据中确定出系统所需的数据,但根本达不到系统上线的要求。在整个 ERP 实施过程中,培训工作做得算是不错的一个环节,但由于各级管理人员没有参加培训,直接影响了 ERP 实施的进程和效果。作为企业方各级管理人员对先进系统的引进缺乏工作热情,对 ERP 的认识又知之甚少,因此在实施过程中不断强调如何让 ERP 系统适应以前的粗放型管理流程,同时也人为制造出许多障碍,使开发商与企业间产生了激烈的矛盾与冲突。最终结果,开发商为了自身利益,要求实施人员对软件进行大幅度修改,尽量符合企业的要求,致使该系统无法正常发挥应有的精细管理理念,只在库存管理、人事管理和财务管理等方面起到了一些作用。

　　阅读上述材料,回答下列问题:
1. 该国企 ERP 实施失败,案例中列出了许多原因,你认为最核心的原因有哪些?
2. 你认为要使这家国企实施 ERP,应该怎么做?

参 考 文 献

[1] 李炎. 管理信息系统: 理论与实践[M]. 兰州: 兰州大学出版社, 2009.
[2] 郭宁, 郑小玲. 管理信息系统[M]. 北京: 人民邮电出版社, 2010.
[3] 李志刚. 决策支持系统原理与应用[M]. 北京: 高等教育出版社, 2005.
[4] 姜灵敏, 王金矿. 管理信息系统[M]. 北京: 人民邮电出版社, 2009.
[5] 周三多, 陈传明. 管理学原理[M]. 南京: 南京大学出版社, 2009.
[6] 段爱玲, 张红梅. 管理信息系统[M]. 北京: 机械工业出版社, 2009.
[7] 王道平. 管理信息系统(第3版)[M]. 北京: 电子工业出版社, 2012.
[8] 刘腾红. 管理信息系统——理论与应用[M]. 北京: 电子工业出版社, 2012.
[9] 陈鸣, 李兵, 贾永兴. 计算机网络——用自顶向下方法描述因特网特色(第二版)[M]. 北京: 人民邮电出版社, 2004.
[10] 杨冬青, 唐世谓. 数据库系统概念[M]. 北京: 机械工业出版社, 2005.
[11] 潘爱民. 计算机网络(第4版)[M]. 北京: 清华大学出版社, 2004.
[12] 百度百科 http://baike.baidu.com.
[13] 维基百科 http://zh.wikipedia.org.
[14] MBA智库百科 http://wiki.mbalib.com.
[15] 百度文库 http://wenku.baidu.com.
[16] 郭宁, 郑小玲. 管理信息系统[M]. 北京: 人民邮电出版社, 2010.
[17] 李焱. 管理信息系统: 理论与实践[M]. 兰州: 兰州大学出版社, 2009.
[18] 王要武. 管理信息系统[M]. 北京: 电子工业出版社, 2008.
[19] 段爱玲, 张红梅. 管理信息系统[M]. 北京: 机械工业出版社, 2009.
[20] 李永平. 管理信息系统[M]. 北京: 科学出版社, 2009.
[21] 易荣华. 管理信息系统[M]. 北京: 高等教育出版社, 2009.
[22] 王恒山. 管理信息系统[M]. 北京: 机械工业出版社, 2008.
[23] 张建华. 管理信息系统[M]. 北京: 中国电力出版社, 2008.
[24] 王虎, 张骏. 管理信息系统[M]. 武汉: 武汉理工大学出版社, 2007.
[25] Lisa Miller著. 姜锦虎, 王刊良等译. 管理系统信息案例[M]. 陕西: 西安交通大学出版社, 2009.
[26] 薛华成. 管理信息系统(第6版)[M]. 北京: 清华大学出版社, 2012.
[27] (美)劳顿著. 张政等译. 管理信息系统: 管理数字化公司(第11版)[M]. 北京: 清华大学出版社, 2011.
[28] (美)麦克劳德, (美)谢尔著. 张成洪等译. 管理信息系统(第10版)[M]. 北京: 电子工业出版社, 2007.

[29] Laudon K. C,Laudon J. P. 管理信息系统(英文版・精要版第 9 版)[M]. 北京:中国人民大学出版社,2013.

[30] 奥布赖恩,马拉卡斯著. 叶强等译. 管理信息系统(第 15 版)[M]. 北京:中国人民大学出版社,2012.

[31] 王延章等. 应急管理信息系统——基本原理、关键技术、案例[M]. 北京:科学出版社,2010.

[32] 李静. 管理信息系统实验教程[M]. 北京:北京师范大学出版社,2011.

[33] 王世文. 物流管理信息系统(第 2 版)[M]. 北京:电子工业出版社,2010.

[34] 杜文才,杜锋副. 旅游管理信息系统[M]. 北京:清华大学出版社,2010.

打造学术精品　服务教育事业
河南大学出版社
读者信息反馈表

尊敬的读者：

感谢您购买、阅读和使用河南大学出版社的 _____ 一书,我们希望通过这张小小的反馈表来获得您更多的建议和意见,以改进我们的工作,加强我们双方的沟通和联系。我们期待着能为您和更多的读者提供更多的好书。

请您填妥下表后,寄回或发 E-mail 给我们,对您的支持我们不胜感激！

1. 您是从何种途径得知本书的：
　　□书店　□网上　□报刊　□图书馆　□朋友推荐
2. 您为什么决定购买本书：
　　□工作需要　□学习参考　□对本书感兴趣　□随便翻翻
3. 您对本书内容的评价是：
　　□很好　□好　□一般　□差　□很差
4. 您在阅读本书的过程中有没有发现明显的专业及编校错误？如果有,它们是：
　　_____
　　_____
　　_____
5. 您对哪一类的图书信息比较感兴趣：_____
　　_____
6. 如果方便,请提供您的个人信息,以便于我们和您联系(您的个人资料我们将严格保密)：
　　您供职的单位：_____
　　您教授的课程(老师填写)：_____
　　您的通信地址：_____
　　您的电子邮箱：_____

请联系我们：
电话:0371－86059750　0371－86059701
传真:0371－86059750
E-mail:zyjyfs2308@163.com
通信地址:河南省郑州市郑东新区 CBD 商务外环路商务西七街中华大厦 2408 室
河南大学出版社职业教育出版分社